全国铁道职业教育教学指导委员会规划教材
高等职业教育城市轨道交通供电专业系列规划教材

城市轨道交通供变电技术

李学武　主编
彭大明　主审

中国铁道出版社

2017年·北京

内 容 简 介

本书为全国铁道职业教育教学指导委员会规划教材，高等职业教育城市轨道交通供电专业系列规划教材，全书以设备单元为载体，详细介绍城市轨道交通供电系统的主变电所、降压变电所、牵引降压混合变电所的组成，一次二次设备的结构、原理及运营要点等内容。

本书为高等职业技术学院电气化铁道技术专业、城市轨道交通供电专业的教学用书，也可作为城市轨道交通行业职工培训以及技术人员参考用书。

图书在版编目（CIP）数据

城市轨道交通供变电技术/李学武主编．—北京：中国铁道出版社，2012.7（2017.8 重印）

全国铁道职业教育教学指导委员会规划教材　高等职业教育城市轨道交通供电专业系列规划教材

ISBN 978-7-113-14664-1

Ⅰ.①城…　Ⅱ.①李…　Ⅲ.①城市铁路—供电装置—高等职业教育—教材　Ⅳ.①U239.5

中国版本图书馆 CIP 数据核字（2012）第 165437 号

书　　名：城市轨道交通供变电技术
作　　者：李学武　主编

策　　划：阚济存
责任编辑：阚济存　　编辑部电话：010-51873133　　电子邮箱：td51873133@163.com
封面设计：崔丽芳
责任校对：张玉华
责任印制：李　佳

出版发行：中国铁道出版社（100054，北京市西城区右安门西街 8 号）
网　　址：http://www.51eds.com
印　　刷：北京市昌平百善印刷厂
版　　次：2013 年 1 月第 1 版　　2017 年 8 月第 2 次印刷
开　　本：787 mm×1 092 mm　1/16　印张：14.75　字数：364 千
印　　数：3 001~6 000 册
书　　号：ISBN 978-7-113-14664-1
定　　价：32.00 元

前言

PREFACE

1969 年 10 月，第一条地铁线在北京建成通车，我国开始踏入城市轨道交通的门槛。进入 21 世纪后，城市轨道交通开始了高速发展，同时带动了从事城市轨道交通供电设备维修的高端技术应用型人才的需求。

供电系统是城市轨道交通的动力源泉。变电所作为城市轨道交通供电系统的重要组成部分，承担地铁列车与车站动力照明设备的供变电任务。本书以设备单元为载体，详细介绍城市轨道交通供电系统的主变电所、降压变电所、牵引降压混合变电所的组成，一次二次设备的结构、原理及运营要点。

本书共分十二章。绪论和第一章介绍电力系统和城市轨道交通系统的概况。第二章介绍变电所中高压开关电器及其操动机构的结构与原理。第三章介绍互感器结构与原理。第四章介绍干式变压器与整流机组的结构与原理。第五章介绍变电所中常见的电气主接线的结构、适用范围、优缺点、运行要点。第六章介绍组合式高压配电装置的结构与维护。第七章介绍各种类型城市轨道交通供电系统结构，介绍主变电所、降压变电所、牵引降压混合变电所的电气主接线、设备配置、运行方式以及中压环网结构与运行。第八章介绍接地相关概念以及城市轨道交通变电所室内外接地装置的敷设原则。第九章介绍城市轨道交通杂散电流防护与监测。第十章介绍电流的热效应和力效应以及常见高压电气设备选择的步骤和方法。第十一章介绍城市轨道交通变电所二次接线的电路结构与原理。第十二章介绍城市轨道交通变电所自用电系统结构体系、工作原理与运行维护。

本书内容相对全面，体系结构规范。各章设置了“复习思考题”环节，旨在引导读者学习，利于教师授课。本书为高等职业技术学院电气化铁道技术专业、城市轨道交通供电专业的教学用书，也可作为城市轨道交通行业职工培训以及技术人员参考用书。

本书由李学武主编，张家祥、程永胜副主编，彭大明主审。编写分工如下：李学武编写第七章、第八章、第十一章、第十二章、附录，并负责全书统稿工作。张家祥编写第二章、第四章。李铁群编写绪论、第一章、第三章。程永胜编写第五章、

第六章、第九章。杜庆彦编写第十章。编写过程中参阅了相关地铁公司、生产厂家的大量技术资料，在此一并致谢。

由于编者水平所限，书中疏漏和错误之处在所难免，诚恳欢迎读者提出宝贵意见。

编　者

2011 年 12 月

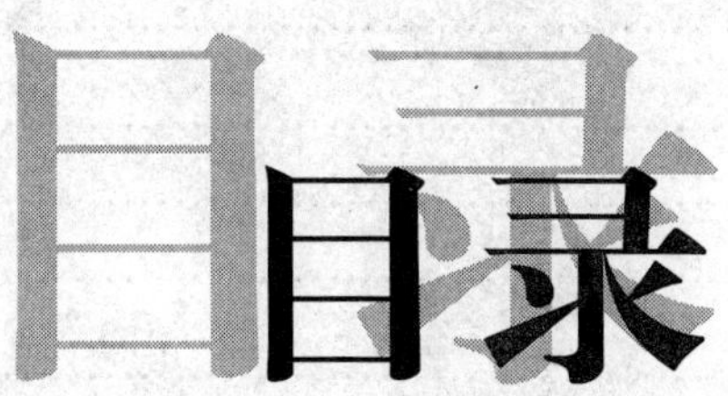

CONTENTS

绪　论

一、城市轨道交通的概念与分类

城市轨道交通(urban rail transit)是指采用专用轨道导向运行的城市公共客运交通系统，包括地铁系统、轻轨系统、单轨系统、有轨电车、磁浮系统、自动导向轨道系统、市域快速轨道系统。

城市轨道交通的定义包含了两个层面的含义：其一，城市轨道交通是指城市公共客运交通系统中的轨道交通系统。城市客运交通可分为个体交通和公共交通。自行车、摩托车、小汽车等属于个体客运交通方式；公共汽车、公共电车、城市轨道交通等属于公共客运交通方式。这里所说的城市轨道交通是指城市公共客运交通系统中的轨道交通系统。其二，采用专用轨道导向运行。构成城市轨道交通的各个类别有一个共同的特点，就是由“专用轨道”来导向。轨道包括钢轮钢轨系统中由钢轨、扣件和轨枕组成的专用轨道，也包括其他形式的“专用轨道”。

城市轨道交通的分类是根据城镇建设行业标准《城市公共交通分类标准》CJJ/T 114—2007 的规定确定的。在中国国家标准《城市公共交通常用名词术语》中，将城市轨道交通定义为“通常以电能为动力，采取轮轨运转方式的快速大运量公共交通之总称”。

目前城轨交通主要有三种形式：地铁、轻轨、独轨。

1. 地铁

地铁是地下铁道交通的简称，它是一种在城市中修建的快速、大运量的轨道交通，通常以电力牵引，其单向高峰小时客运能力可达 30 000 人次以上，它的线路通常设在地下隧道内，也有的在城市中心以外地区从地下转到地面或高架桥上，如图 0-1 所示。

图 0-1　广州地铁 2 号线

目前世界上一些著名的特大城市纽约、伦敦、巴黎、莫斯科、东京等，均已形成一定的城轨交通规模和网络，且以地铁为主干，延伸到城市的各个方向。伦敦是个国际大都市，有 700 多万人口，目前共建有 1 000 km 以上的轨道交通系统，其中总长 400 km 的地铁每天运送乘客 300 万人次。东京有 1 300 万人口，轨道交通系统有 2 000 km 以上，每天运送乘客 3 000 万人次，轨道交通运输担当了东京全部客运量的 80%。1 000 万人口的巴黎，轨道交通系统有1 200 km，轨道交通运输占全部客运量的 66%。

地铁有以下特征：

(1)全部或大部分线路建于地面以下。

(2)建设费用大、周期长、成本回收慢。

(3)行车密度大、速度高。

(4)客运量大。

(5)地铁列车的编组数决定于客运量和站台的长度，一般为 2～8 辆。

(6)地铁车辆消音减振和防火均有严格要求，既安全，又舒适。

(7)受电的制式主要有直流 750 V 第三轨受电或直流 1 500 V 架空线受电弓受电。

2. 轻轨

城市轻轨交通是在老式的地面有轨电车的基础上发展起来的，它与一般的铁路相比，其轨道和车辆都是轻型的，其运输系统相对也比较简单，较适宜于中等运量的城市客运交通，如图 0-2 所示。

国外开发的城市轻轨交通系统主要有三种类型：旧车改进型，新线建设型，新交通系统型。

图 0-2　大连城市轻轨

轻轨有以下特征：

(1)它是以钢轮和钢轨为车辆提供走行的一种交通方式，车辆以电力提供牵引动力，可以采用直流、交流或线性电机驱动。

(2)轻轨的建设费用比地铁少，每公里线路造价仅为地铁的 1/5～1/2 。

(3)轻轨交通的每小时单向运输能力一般为 2 万人次～4 万人次，它介于地铁和公共汽车之间，属于中等运能的一种公共交通形式。

(4)轻轨线路可以为地面、地下和高架混合型，一般与地面道路完全隔离，采用半封闭或全封闭专用车道。

(5)轻轨车辆有单节 4 轴车，双节单铰 6 轴车和 3 节双铰 8 轴车等。

(6)轻轨交通对车辆和线路的消音和减振有较高要求。

(7)电压制式以直流 750 V 架空线(或第三轨)供电为主，也有部分采用直流1 500 V 和直流 600 V 供电。

(8)轻轨车站分为地面、高架和地下三种形式。

3. 独轨

独轨交通的设想早在 19 世纪末已经形成。1901 年德国鲁尔地区的三个工业城市之间，在险峻的乌珀河谷上空建成条快速交通线，车辆吊在架空的导轨下面，沿着导轨行驶，后来三市合并成为乌珀塔尔市，这个独轨交通系统成为该市的一个标志。

图 0-3　重庆独轨线路

独轨交通用作城市公共交通，开始进展比较缓慢。日本从德国引进专利，近 30 年开发了多种独轨铁路，在世界城轨交通中独树一帜。我国重庆市从日本引进了独轨交通系统，如图 0-3 所示。

独轨交通采用高架轨道结构，按结构形式分为跨坐式和悬挂式两种类型。前者车辆的走行装置(转向架)跨骑在走行轨道上，其车体重心处于走行轨道的上方。后者车体悬挂于可在轨道梁上行走的走行装置的下面，其重心处于走行轨道梁的下方。

城市独轨铁路的优点：

(1)独轨铁路线路占地小，可充分利用城市空间，适宜于在大城市的繁华中心区建线，对城市景观及日照影响小。

(2)独轨线路构造较简单，建设费用低，为地铁的1/3左右。

(3)能实现大坡度和小曲线半径运行，可绕行城市的建筑物。

(4)一般采用轻型车辆，列车编组为4～6辆。

(5)走行装置采用空气弹簧和橡胶轮结构，并采用电力驱动，故运行噪声低，无废气，乘坐舒适。

(6)独轨铁路架于空中，具有交通和旅游观光的双重作用。

(7)跨座式轨道梁采用预应力混凝土梁制成，悬挂式轨道梁一般为箱形断面的钢结构。

城市独轨铁路交通的缺点：

(1)能耗大。由于其走行装置采用橡胶轮，它与混凝土轨面的滚动摩擦阻力比钢轮钢轨大，故其能耗比一般轨道交通约大40%，且有轻度的橡胶粉尘污染。

(2)运能较小，一般每小时单向最大客运量为1万～2万人次。

(3)独轨线路不能与常规的地铁、轻轨等接轨。

(4)道岔结构复杂、笨重、转换时间较长，从而延长了列车折返时间。

(5)列车运行至区间时发生事故，疏散和救援工作困难。

二、城市轨道交通的特点

城市轨道交通与城市道路交通相比有以下特点：

(1)安全。城市轨道交通因为有运量大的特点，人们在设计、建设、管理以及资金的投入方面，对城市轨道交通的安全特别重视。

(2)快捷。城市轨道交通不受地面环境影响。

(3)准时。城市轨道交通在其专用的轨道上行驶，在可靠技术支持下，按照运营计划行驶，一般都会正常准时运营。

(4)舒适。城市轨道交通的乘车环境比其他交通方式更舒适。

(5)运量大。城市轨道交通的车箱空间大，一列地铁可载2 000人以上。

(6)无污染(或少污染)。城市轨道交通的动力是电能，没有污染。

(7)占地少，不破坏地面景观。城市轨道交通线路主要在地下，占用城市地面面积少，不会破坏地面景观。

(8)投资大，技术复杂，建设周期长。城市轨道交通是一个庞大的系统工程，它涉及土建(装修)、机械、电子、供电、通信、信号等技术。设备多，点多面广，技术要求、技术含量高，系统性、严密性、联动性要求高。土建工程大而多，且建设的周期长。涉及的资金投入一般是4亿～6亿元/km。一般大城市建成一个200 km的地铁网，要投资上千亿的资金，且时间要10～20年。

三、城市轨道交通运营的设备系统

城市轨道交通由许多设备系统所组成，不同的设备系统完成着轨道交通的不同功能。以地铁为例，一般分为车辆(RST)及车辆段设备(WSH)，供电设备[又分为：交流高中压(HMV)，牵引供电(TPS)，接触网(OCS)，电力监控(SCA)]，线路(轨道)，通信(TEL)，信号(SIG)，车站设备监控(BAS)，防灾报警(FAS)，气体灭火系统(GFS)，环控系统(ECS)，电、扶梯(ESC)，屏蔽门(PSD)，自动售检票系统(AFC)等。

复习思考题

1. 简述城市轨道交通的概念及其分类。
2. 简述城市轨道交通的设备系统。

第一章　电力系统基本知识

第一节　电力系统概述

一、电力系统

1. 概念

为了提高供电的可靠性和经济性，将许多分散的各种形式的发电厂，通过送电线路、变电站和电力用户连接起来，就形成了电力系统。由发电机、升压和降压变电站、输配电线路及用电设备有机连接起来的总体，即称为电力系统。

电力系统加上发电厂的“动力部分”称为动力系统。所谓动力部分，包括发电机的原动机（如汽轮机、水轮机），原动机的力能部分（热力锅炉、水库、反应堆）等。

电力系统中，由各种不同电压等级的输配电线路将升压和降压变电站连接在一起的部分称为电力网。

动力系统、电力系统、电力网的示意图如图 1-1 所示。

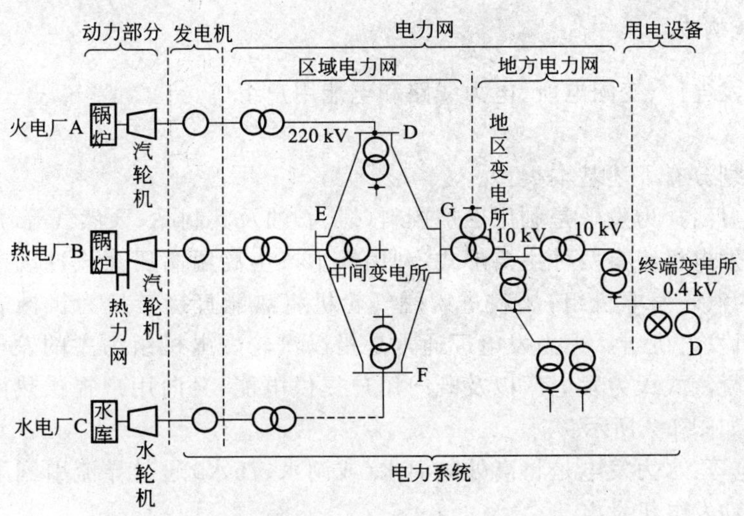

图 1-1　动力系统、电力系统、电力网的示意图

2. 建立电力系统的优越性

建立电力系统在技术上和经济上都可以达到很大的效益，其主要优点如下。

(1)可减少系统中总装机容量。由于电力系统中各用户的最大负荷并不是同时出现的，因此，系统中综合最大负荷总是小于各发电厂单独供电的最大负荷的总和。从而，联网后，由于系统综合最大负荷的降低，也就可以相应地减少系统中总装机容量。在电力系统中，备用容量只需占系统总容量 20%，其中负荷备用 2%～5%，事故备用 10%左右，检修备用 8%左右。

(2)合理利用动力资源。电力系统形成后，既可以将发电厂建造在一次能源产地，又可以将不同形式的能源发电厂连接起来，统一调度，使各种动力能源得到合理的利用。

(3)提高供电的可靠性。在电力系统中，由于是多电源联合供电，机组的台数越多，即使个别机组或电源发生故障，其他机组或电源仍可以在出力允许的情况下多带负荷，因此，可以提高供电可靠性。

(4)可装设大容量机组。建成后的电力系统，由于总负荷的增大，总装机容量的增大，因此可装设大容量机组。大容量的机组效率高，每千瓦投资以及维持费用都比多台小机组经济得多。但是，电力系统中所采用的最大机组容量，以不超过总装机的15%～20%为宜。

(5)提高电能质量。电能质量是在保证供电可靠性的前提下，用频率、电压和电源电压的波形来衡量。由于系统容量大，负荷波动时所引起的频率和电压波动就会小，电能的质量可以提高。

(6)提高运行的经济性。建立电力系统后，除了充分利用动力资源可以提高运行的经济性外，在系统中更重要的是要经济合理地分配各发电厂或各机组的负荷，使运行经济、效率高的机组多带负荷，效率低、发电成本高的机组少带负荷，从而降低生产电能的成本。

3. 对电力系统运行的基本要求

(1)保证安全、可靠，连续地对用户进行供电，完成年发电量计划。

(2)保证电能质量，电压和频率都不能超过规定的范围。

(3)保证电力系统运行的经济性。在电能生产，输送和分配过程中应尽量做到消耗少、效率高、成本低。

二、电力系统构成

电力系统由发电厂、变配电所、电力线路和电能用户组成。

1. 发电厂

按使用能源划分有下述基本类型。

(1)火力发电厂：火力发电是利用燃烧燃料(煤、石油及其制品、天然气等)所得到的热能发电。火力发电的发电机组有两种主要形式：利用锅炉产生高温高压蒸汽冲动汽轮机旋转带动发电机发电，称为汽轮发电机组；燃料进入燃气轮机将热能直接转换为机械能驱动发电机发电，称为燃气轮机发电机组。火力发电厂通常是指以汽轮发电机组为主的发电厂。包括仅向用户提供电能的凝汽式火力发电厂以及既向用户提供电能、又向用户提供热能的热电厂。火力发电生产过程如图1-2所示。

(2)水力发电厂：水力发电是将高处的河水(或湖水、江水)通过导流引到下游形成落差推动水轮机旋转带动发电机发电。

水力发电厂可分为堤坝式水电厂、引水式水电厂和抽水蓄能式水电厂三类。

堤坝式水电厂在河流的适当位置上修建拦河水坝，形成水库，抬高上游水位，利用坝的上下游水位形成的较大落差，引水发电。例如：刘家峡、丹江口、葛洲坝、三峡水电站。

引水式水电厂建在水流湍急的河道上或河床坡度较陡的地方，由引水管道引入厂房。

抽水蓄能式水电厂，建有上池和下池，上下池落差数百米。用电低谷时，该厂机组用剩余电力将下池的水抽往上池，将电能转化为势能，这就是填谷；电力系统负荷高峰时，机组又利用上池的蓄水发电，将势能转化为电能，补充电力系统供电不足，这就是削峰。当然，什么时候蓄能，什么时候发电，要在电网的控制下进行。例如十三陵抽水蓄能电厂、广州抽水蓄能电站。

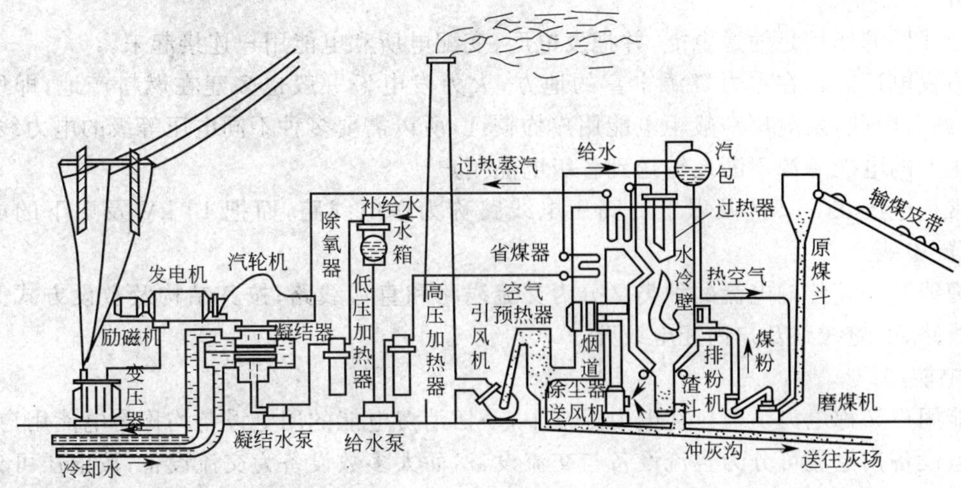

图 1-2 火力发电生产过程示意图

(3)核能发电厂:核能发电是利用原子反应堆中核燃料(例如铀)慢慢裂变所放出的热能产生蒸汽(代替了火力发电厂中的锅炉)驱动汽轮机再带动发电机旋转发电。以核能发电为主的发电厂称为核能发电厂,简称核电站。根据核反应堆的类型,核电站可分为压水堆式、沸水堆式、气冷堆式、重水堆式、快中子增殖堆式等。

(4)风力发电场:利用风力吹动建造在塔顶上的大型桨叶旋转带动发电机发电称为风力发电,由数座、十数座甚至数十座风力发电机组成的发电场地称为风力发电场。

(5)其他还有地热发电厂、潮汐发电厂、太阳能发电厂等。

2. 变配电所

变电所的任务是接受电能、变换电压和分配电能,即受电—变压—配电。

配电所的任务是接受电能和分配电能,但不改变电压,即受电—配电。

变电所可分为升压变电所和降压变电所两大类:升压变电所一般建在发电厂,主要任务是将低电压变换为高电压;降压变电所一般建在靠近负荷中心的地点,主要任务是将高电压变换到一个合理的电压等级。

降压变电所根据其在电力系统中的地位和作用不同,又分枢纽变电站、中间变电所、地区变电所和终端变电所(工业企业变电所)等。

枢纽变电站位于电力系统的枢纽点,汇集多个电源,连接电力系统高压和中压的几个部分,电压等级一般为 330～500 kV。这种变电所一旦停电,将造成大范围停电,引起系统解列,甚至整个系统瘫痪。因此,枢纽变电所对电力系统运行的稳定和可靠性起着重要作用。

中间变电所的电压等级一般为 220～330 kV,汇集 2～3 个电源和若干线路,高压侧起交换功率的作用,或使长距离输电线路分段,同时降压对一个区域供电。这样的变电所在系统中主要起中间环节的作用,故称中间变电所。全所停电后,将引起区域电网的解列。

地区变电所的电压等级一般为 110～220 kV,主要向一个地区用户供电,是一个地区或一个中小城市的主要变电所,一旦停电,将造成该地区或城市供电的紊乱,甚至中断供电。

终端变电所位于配电线路的末端,接近负荷处,电压等级一般为 35～110 kV,经降压后直接向用户供电。降压后的电压一般为 10 kV 和 0.4 kV,分别向不同的用户供电。

3. 电力线路

电力线路的作用是输送电能，并把发电厂、变配电所和电能用户连接起来。

水力发电厂需建在水力资源丰富的地方，火力发电厂一般也多建在燃料产地，即所谓的"坑口电站"，因此，发电厂一般距电能用户均较远，所以需要多种不同电压等级的电力线路，将发电厂生产的电能源源不断地输送到各级电能用户。

通常把电压在 35 kV 及以上的高压电线路称为送电线路，而把 10 kV 及以下的电力线路，称为配电线路。

电力线路按其传输电流的种类又分为交流线路和直流线路；按其结构及敷设方式又可分为架空线路、电缆线路及户内配电线路。

4. 电能用户

电能用户又称电力负荷。在电力系统中，一切消费电能的用电设备均称为电能用户。

用电设备按电流可分为直流设备与交流设备，而大多数设备为交流设备；按电压可分为低压设备与高压设备，1 000 V 及以下的属低压设备，高于 1 000 V 的属高压设备；按频率可分为低频(50 Hz 以下)，工频(50 Hz)及中、高频(50 Hz 以上)设备，绝大部分设备采用工频；按工作制分为连续运行、短时运行和反复短时运行设备三类；按用途可分为动力用电设备(如电动机)、电热用电设备(如电炉、干燥箱、空调器等)、照明用电设备、试验用电设备、工艺用电设备(如电解、电镀、冶炼、电焊、热处理等)。用电设备分别将电能转换为机械能、热能和光能等不同形式的适于生产、生活需要的能量。

三、电力系统额定电压

为了便于电器制造业的生产标准化和系列化，国家规定了标准电压等级系列。在设计时，应选择最合适的额定电压等级。所谓额定电压，就是某一用电设备(电动机、电灯等)、发电机和变压器等在正常运行时具有最大经济效益的电压。

我国规定的额定电压，按电压高低和使用范围分为三类。

第一类额定电压是 100 V 及以下的电压等级，主要用于安全照明、蓄电池及开关设备的直流操作电压。直流为 6 V、12 V、24 V、48 V；交流单相为 12 V 和 36 V，三相线电压为 36 V。

第二类额定电压是 100～1 000 V 之间的电压等级。这类额定电压应用最广、数量最多，如动力、照明、家用电器和控制设备等。

第三类额定电压是 1 000 V 及以上的高电压等级，见表 1-1，主要用于电力系统中的发电机、变压器、输配电设备和用电设备。

表 1-1　第三类额定电压　　单位:kV

用电设备与电网额定电压	交流发电机	变压器		设备最高工作电压
		一次绕组	二次绕组	
3	3.15	3 及 3.15	3.15 及 3.3	3.5
6	6.3	6 及 6.3	6.3 及 6.6	6.9
10	10.5	10 及 10.5	10.5 及 11	11.5
	13.8	13.8		
	15.75	15.75		
	18	18		
	20	20		

续上表

用电设备与电网额定电压	交流发电机	变压器		设备最高工作电压
		一次绕组	二次绕组	
35		35	38.5	40.5
110		110	121	126
220		220	242	252
330		330	363	363
500		500	550	550
750		750	825	825

1. 电力线路的额定电压

电力线路(或电网)的额定电压等级是国家根据国民经济发展的需要及电力工业的水平,经全面技术经济分析后确定的。它是确定各类用电设备额定电压的基本依据。

2. 用电设备的额定电压

由于用电设备运行时,电力线路上要有负荷电流流过,因而在电力线路上引起电压损耗,造成电力线路上各点电压略有不同。但成批生产的用电设备,其额定电压不可能按使用地点的实际电压来制造,而只能按线路首端与末端的平均电压即电力线路的额定电压 U 来制造。所以用电设备的额定电压规定与同级电力线路的额定电压相同。

3. 发电机的额定电压

由于电力线路允许的电压损耗为±5%,即整个线路允许有 10% 的电压损耗,因此为了维护线路首端与末端平均电压的额定值,线路首端(电源端)电压应比线路额定电压高 5%,而发电机是接在线路首端的,所以规定发电机的额定电压高于同级线路额定电压 5%,用以补偿线路上的电压损耗。

4. 电力变压器的额定电压

(1)电力变压器一次绕组的额定电压,有两种情况:

① 当电力变压器直接与发电机相连,则其一次绕组的额定电压应与发电机额定电压相同,即高于同级线路额定电压 5%。

② 当变压器不与发电机相连,而是连接在线路上,则可将变压器看作是线路上的用电设备,因此其一次绕组的额定电压应与线路额定电压相同。

(2)变压器二次绕组的额定电压

变压器二次绕组的额定电压,是指变压器一次绕组工作上额定电压下而二次绕组开路时的电压,即空载电压。而变压器在满载运行时,二次绕组内约有 5%的阻抗电压降。因此分两种情况讨论:

①如果变压器二次侧供电线路很长(例如较大容量的高压线路),则变压器二次绕组额定电压,一方面要考虑补偿变压器二次绕组本身 5% 的阻抗电压降,另一方面还要考虑变压器满载时输出的二次电压要满足线路首端应高于线路额定电压的 5%,以补偿线路上的电压损耗。所以,变压器二次绕组的额定电压要比线路额定电压高 10% 。

②如果变压器二次侧供电线路不长(例如为低压线路或直接供电给高、低压用电设备的线路),则变压器二次绕组的额定电压,只需高于其所接线路额定电压 5%,即仅考虑补偿变压器内部 5%的阻抗电压降。

第二节　供电质量指标

电力系统中的所有电气设备都必须在一定的电压和频率下工作。电气设备的额定电压和额定频率是电气设备正常工作并获得最佳经济效益的条件。因此电压、频率和供电的连续可靠是衡量电能质量的基本参数。

一、电压及波形

交流电的电压质量包括电压的数值与波形两个方面。电压质量对各类用电设备的工作性能、使用寿命、安全及经济运行都有直接的影响。

1. 电压偏移

电压偏移又称电压偏差，是指用电设备端电压与用电设备额定电压之差对额定电压的百分数，即

$$\Delta U\% = \frac{U - U_N}{U_N} \times 100\% \tag{1-1}$$

加在用电设备上的电压在数值上偏移额定值后，对于感应电动机，其最大转矩与端电压的平方成正比，当电压降低时，电动机转矩显著减小，以致转差增大，从而使定子、转子电流都显著增大，引起温升增加，绝缘老化加速，甚至烧毁电动机；而且由于转矩减小，转速下降，导致生产效益降低，产量减少，产品质量下降。反之，当电压过高，激磁电流与铁损都大大增加，引起电机的过热，效率降低。对电热装置，这类设备的功率与电压平方成正比，所以电压过高将损伤设备，电压过低又达不到所需温度。电压偏移对白炽灯影响显著，白炽灯的端电压降低10%，发光效率下降 30% 以上，灯光明显变暗；端电压升高 10% 时，发光效率将提高 1/3，但使用寿命将只有原来的 1/3 。

电压偏移是由于供电系统改变运行方式或电力负荷缓慢变化等因素引起的，其变化相对缓慢。我国规定，正常情况下，用电设备端子处电压偏移的允许值为：

(1)电动机±5%；

(2)照明灯一般场所±5%；在视觉要求较高的场所+5%，－2.5%；

(3)其他用电设备无特殊规定时±5%。

《电能质量供电电压允许偏差》(GB 12325—1990)规定电力系统在正常运行条件下，用户受电端供电电压的允许偏差为：

(1)35 kV 及以上供电和对电压质量有特殊要求的用户为额定电压的+5%～－5%；

(2)10 kV 及以下高压供电和低压电力用户为额定电压的+7%～－7%；

(3)低压照明用户为额定电压的+5%～－10%。

2. 波形畸变

近年来，随着硅整流、晶闸管变流设备、微机及网络和各种非线性负荷的使用增加，致使大量谐波电流注入电网，造成电压正弦波波形畸变，使电能质量大大下降，给供电设备及用电设备带来严重危害，不仅使损耗增加，还使某些用电设备不能正常运行，甚至可能引起系统谐振，从而在线路上产生过电压，击穿线路设备绝缘，还可能造成系统的继电保护和自动装置发生误动作，并对附近的通信设备和线路产生干扰。

二、频　　率

我国采用的工业频率(简称工频)为 50 Hz。当电网低于额定频率运行时,所有电力用户的电动机转速都将相应降低,因而工厂的产量和质量都将不同程度受到影响。频率的变化还将影响到计算机、自控装置等设备的准确性。电网频率的变化对供配电系统运行的稳定性影响很大,因而对频率的要求比对电压的要求更严格,频率的变化范围一般不应超过±0.5 Hz。

三、可 靠 性

供电的可靠性是衡量供配电质量的一个重要指标,有的把它列在质量指标的首位。衡量供配电可靠性的指标,一般以全年平均供电时间占全年时间的百分数来表示,例如,全年时间为 8 760 h,用户全年平均停电时间 87.6 h,即停电时间占全年的 1%,则供电可靠性为 99%。

根据突然中断供电所造成的损失程度分类,可以分为一级负荷、二级负荷、三级负荷。

1. 一级负荷

一级负荷是指突然中断供电将会造成人身伤亡或会引起周围环境严重污染的;将会造成经济上的巨大损失的;将会造成社会秩序严重混乱或在政治上产生严重影响的。一级负荷应由两个相互独立的电源供电。如果两个电源不是相互独立而有联系时,应该做到在发生故障时,两个电源的任何部分不会同时受到损坏。或者有些一级负荷允许在很短的时间内能中断供电,能在发生任何一种故障时,有一个电源不中断供电。或由值班人员完成必要的操作,迅速恢复一个电源的供电。

2. 二级负荷

二级负荷是指突然中断供电会造成经济上较大损失的;将会造成社会秩序混乱或政治上产生较大影响的。二级供电负荷最好能有两个电源供电。如果供电条件有困难或负荷较小时,可以用一个 6 kV 以及 6 kV 以上的专用线路供电。如果采用电缆供电时,可以另外设一条备用电缆,而且该电缆要经常处于运行状态。

3. 三级负荷

三级负荷是指不属于上述一类和二类负荷的其他负荷。三级供电负荷对供电无特殊要求。

第三节　电力系统中性点运行方式

运行中星形连接的发电机和变压器的中性点称为电力系统的中性点。

在电力系统中,当变压器或发电机的三相绕组为星形连接时,其中性点可有三种运行方式:中性点直接接地、中性点不接地和中性点经消弧线圈接地。中性点直接接地系统常称大电流接地系统,中性点不接地系统和中性点经消弧线圈接地系统称小电流接地系统。

电力系统中性点的运行方式选择是一个综合性问题,它与电压等级、单相接地短路电流、过电压水平、继电保护配置等有关,直接影响系统的绝缘水平、系统供电的可靠性和连续性。

一、中性点直接接地方式

如图 1-3 所示,中性点的电位在电网的任何工作状态下均保持为零。在这种系统中,当发生一相接地时，这一相直接经过接地点和接地的中性点短路，一相接地短路电流的数值最大，因而应立即使继电保护动作，将故障部分切除。

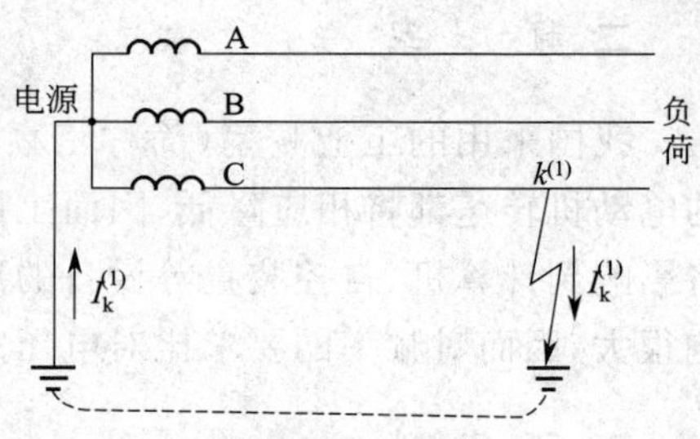

图 1-3　中性点直接接地或低阻接地的电力系统

中性点直接接地或经过电抗器接地系统，在发生一相接地故障时，故障的送电线被切断，因而使用户的供电中断。运行经验表明，在 1 000 V 以上的电网中，大多数的一相接地故障，尤其是架空送电线路的一相接地故障，具有瞬时的性质，在故障部分切除以后，接地处的绝缘可能迅速恢复，而送电线可以立即恢复工作。目前在中性点直接接地的电网内，为了提高供电可靠性，均装设自动重合闸装置，在系统一相接地线路切除后，立即自动重合，再试送一次，如为瞬时故障，送电即可恢复。

中性点直接接地的主要优点是它在发生一相接地故障时，非故障相地对电压不会增高，因而各相对地绝缘即可按相对地电压考虑。电网的电压愈高，经济效果愈大；由于接地电流较大，继电保护一般都能迅速而准确地切除故障线路，且保护装置简单，工作可靠。

二、中性点不接地方式

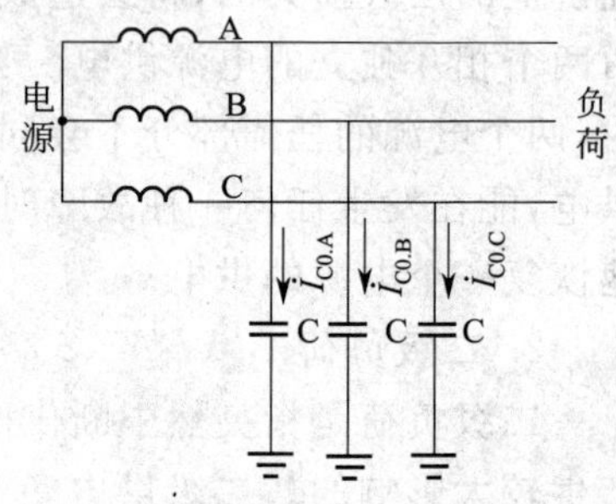

图 1-4　中性点不接地电力系统

中性点不接地方式如图 1-4 所示。

1. 正常运行时

$$U_A+U_B+U_C=0$$

$$I_A+I_B+I_C=0$$

三相电压对称，三相导线对地电容电流也是对称的，三相电容电流相量之和为零，这说明没有电容电流经过大地流动。

2. 单相金属性接地故障时（C 相）

故障相对地电压、中性点对地电压、非故障相对地电压分别为

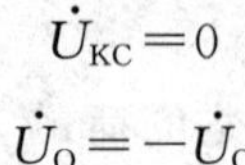

$$\dot{U}_{KC}=0$$

$$\dot{U}_O=-\dot{U}_C$$

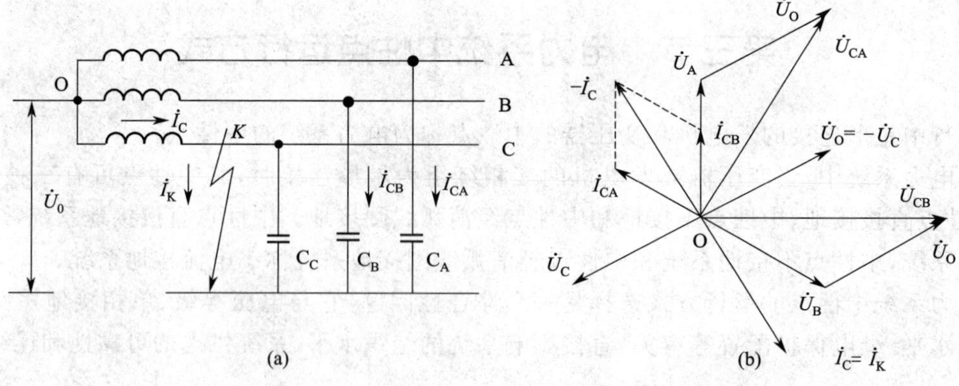

图 1-5　中性点不接地电力系统 C 相发生单相金属性接地故障

(a)电路图；(b)向量图

$$\dot{U}_{KA}=\dot{U}_A+\dot{U}_O=\dot{U}_A-\dot{U}_C=\sqrt{3}\dot{U}_C e^{-j150^\circ}$$

$$\dot{U}_{KB}=\dot{U}_B+\dot{U}_O=\dot{U}_B-\dot{U}_C=\sqrt{3}\dot{U}_C e^{+j150^\circ}$$

中性点不接地系统单相接地故障的结论：

(1)故障相对地电压降为零；非故障相对地电压升高为线电压，且相位相差 60°。因此，线路及各种电气设备的绝缘要按线电压设计，绝缘投资所占比重加大，显而易见，电压等级越高绝缘投资越大。

(2)三相之间的线电压仍然对称，用户的三相用电设备仍能照常运行，但允许继续运行的时间不能超过 2 h。

(3)接地电流在故障处可能产生稳定的或间歇性的电弧。

(4)如果接地电流大于 30 A 时，将形成稳定电弧，成为持续性电弧接地，这将烧毁电气设备和可能引起多相相间短路。

(5)如果接地电流大于 5 A 而小于 30 A，则有可能形成间歇性电弧；间歇性电弧容易引起弧光接地过电压，其幅值可达(2.5～3)U_φ，将危害整个电网的绝缘安全。

(6)如果接地电流在 5 A 以下，当电流经过零值时，电弧就会自然熄灭。

三、中性点经消弧线圈接地方式

消弧线圈是安装在变压器或发电机中性点与大地之间的具有气隙铁芯的电抗器。

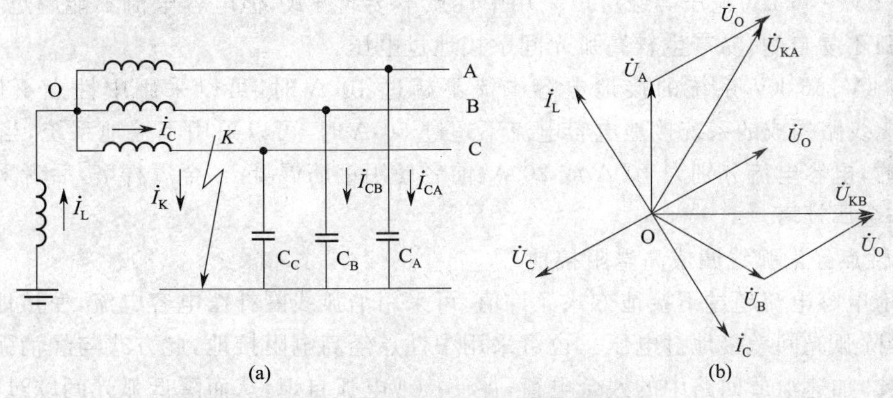

图 1-6　中性点经消弧线圈接地电力系统的单相接地

(a)电路图；(b)向量图

1. 单相(C 相)金属性接地故障

C 相发生接地时，中性点电压变为$-U_C$，在消弧线圈作用下，产生电感电流(滞后 90°)，其数值为

$$I_L=U_C/X_L=U/X_L$$

当发生单相接地故障时，接地故障相与消弧线圈构成了另一个回路，接地故障相接地电流中增加了一个感性电流，它和装设消弧线圈前的容性电流的方向刚好相反，相互补偿，减少了接地故障点的故障电流，使电弧易于自行熄灭，从而避免了由此引起的各种危害，提高了供电可靠性。

2. 消弧线圈的补偿方式

(1)全补偿方式：按 $I_L=I_C$ 选择消弧线圈的电感，使接地故障点电流为零，此即全补偿方式。这种补偿方式并不好，因为当感抗等于容抗时，电力网将发生谐振，产生危险的高电压或过电流，影响系统安全运行。

(2)欠补偿方式：按 $I_L < I_C$ 选择消弧线圈的电感，此时接地故障点有未被补偿的电容电流流过。采用欠补偿方式时，当电力网运行方式改变而切除部分线路时，整个电力网对地电容将减少，有可能发展成为全补偿方式，导致电力网发生谐振，危及系统安全运行；另外，欠补偿方式容易引起铁磁谐振过电压等其他问题，所以很少被采用。

(3)过补偿方式：按 $I_L > I_C$ 选择消弧线圈的电感，此时接地故障点有剩余的电感电流流过。在过补偿方式下，即使电力网运行方式改变而切除部分线路时，也不会发展成为全补偿方式，致使电力网发生谐振。同时，由于消弧线圈有一定的裕度，今后电力网发展，线路增多、对地电容增加后，原有消弧线圈还可继续使用。因此，采用过补偿方式。

四、中性点运行方式的选择

1. 中性点不接地

中性点不接地方式单相接地时允许带故障运行 2 h，供电连续性好，接地相故障电流为线路及设备的电容电流，但同时非接地相的相电压升高为原来的$\sqrt{3}$倍，过电压水平要求高，线路及设备要求有较高的工频绝缘水平。系统标称电压越高，此中接地方式对电气设备投资的影响越大，不宜用于 110 kV 以上电压等级。

在 10 kV～66 kV 电压等级可以采用中性点不接地方式，但电容电流不能超过允许值，否则接地电弧不易自熄，易产生较高弧光间歇接地过电压。

当 35 kV、66 kV 系统的接地电容电流不超过 10 A 时，可以采用中性点不接地方式。10 kV 电缆线路构成的系统接地电容电流不超过 30 A 时，可以采用不接地系统，当 10 kV 为架空线路时，电容电流分别为 10 A 或 20 A，前者使用钢筋混凝土、金属杆塔，后者采用非钢筋混凝土、非金属杆塔。

2. 中性点经消弧线圈或高电阻接地

当接地电容电流超过不接地方式允许值，可采用消弧线圈补偿电容电流，使接地电弧瞬间熄灭，以消除弧光间歇接地过电压。也可采用中性点经高电阻接地，此方式与经消弧线圈的接地方式相比，加速泄放回路中的残余电荷，促使接地电弧自熄，从而降低弧光间歇过电压，同时可提供一定的电流和零序电压，使接地保护动作。高电阻接地一般多用于大型发电机中性点。

采用不接地还是消弧线圈等接地方式，与接地电容电流有关，而接地电容电流的大小与供电线路采用架空还是电缆线路相关。

3. 中性点直接接地或小电阻接地

中性点直接接地或小电阻接地方式的单相接地短路电流很大，故障设备或线路需立即切除，降低了供电连续性。但由于过电压较低，设备和线路的绝缘水平可以选择低一些，降低了设备造价，特别是在交流高压系统，经济效益会比较明显。110 kV 及以上电压等级多采用直接接地或小电阻接地。

交流高压系统的接地方式由当地城市电力部门确定。由于城市轨道交通供电系统中的交流中压系统均采用电缆，若仍采用消弧线圈接地，需要较大容量的消弧线圈。目前，交流中压系统的接地方式既有弧线圈接地，也有小电阻接地方式。

复习思考题

1. 发电厂和变电所的类型有哪些？分别说明发电厂的生产过程和变配电所的作用。

2. 供电设备、用电设备和电力网的额定电压之间有何关系？

3. 供电质量指标主要有哪些？

4. 电力系统中性点运行方式主要有哪些？各自的应用范围是什么？

5. 中性点不接地运行方式中发生单相金属性接地故障时电压电流特点是什么？对运行有何要求？

第二章 高压开关电器

第一节 概　　述

一、气体电弧原理

1. 电弧的概念

当开关电器开断电路时，如果电路电压超过 10～20 V，电流超过 80～100 mA，触头刚刚分离后，触头之间就会产生强烈的白光，称为电弧。电弧是开关电器在开断过程中不可避免的现象。电弧的实质是一种气体放电现象。

2. 电弧放电的特征及危害

(1)电弧由三部分组成，包括阴极区、阳极区和弧柱区。

(2)电弧温度很高。电弧放电时，能量高度集中，弧柱中心区温度可达 10 000 ℃左右，电弧表面温度也会达到 3 000～4 000 ℃。

(3)电弧是一种自持放电现象。电极间的带电质点不断产生和消失，处于一种动平衡状态，弧柱区电场强度很低，一般仅为 10～200 V/cm。

(4)电弧是一束游离的气体。它的质量很轻，在电动力、热力和其他外力作用下，能迅速移动、伸长、弯曲和变形。

由于电弧具有上述特征，所以电弧存在会对电力系统和电气设备造成危害，主要有：

(1)电弧的存在延长了开关电器开断故障电路的时间，加重了电力系统短路故障的危害。

(2)电弧产生的高温，将使触头表面熔化和汽化，烧坏绝缘材料。对充油电气设备还可能引起着火、爆炸等危险。

(3)由于电弧在电动力、热力作用下能移动，很容易造成飞弧短路和伤人或引起事故的扩大。

电弧存在时，尽管开关触头断开，电路中仍有电流流通，只有当电弧熄灭后，电路中才无电流通过而真正断开。

3. 电弧的产生

(1)电弧产生的根本原因

产生电弧的根本原因是开关触头在分断电流时，触头间电场强度很大，使触头本身的电子及触头周围介质中的电子被游离而形成电弧电流。

(2)产生电弧的游离方式

①热电子发射

高温炽热的阴极表面能够向空间发射电子。当断路器的动、静触头分离时，触头间的接触压力及接触面积逐渐缩小，接触电阻增大，使接触部位剧烈发热，导致阴极表面温度急剧升高而发射电子，形成热电子发射。发射电子的多少与阴极表面温度及阴极的材料有关。

②强电场发射

当开关电器分闸的瞬间，由于动、静触头的距离很小，触头间的电场强度就非常大，使触头内部的电子在强电场作用下被拉出来，就形成强电场发射。

③碰撞游离

从阴极表面发射出的电子在电场力的作用下高速向阳极运动，在运动过程中不断地与中性质点(原子或分子)发生碰撞。当高速运动的电子积聚足够大的动能时，就会从中性质点中打出一个或多个电子，使中性质点游离，这一过程称为碰撞游离。新产生的电子将和原有的电子一起以极高的速度向阳极运动，当碰撞其他中性质点时，将再次发生碰撞游离。这样连续不断的碰撞游离，就使气体介质中带电质点大量增加，具有很大的电导，在外加电压作用下，气体介质被击穿，形成电弧放电。

④热游离

触头间电弧燃烧的间隙，称为弧隙。弧隙的温度很高，弧柱的温度可达 5 000～13 000 ℃。弧柱中气体分子在高温作用下产生剧烈热运动，动能很大的中性质点互相碰撞时，将被游离而形成电子和正离子，这种现象称为热游离。弧柱导电就是靠热游离来维持的。

从上述可见：电弧由碰撞游离产生，靠热游离维持，而阴极则借强电场或热电子发射提供传导电流的电子，因此，维持电弧稳定燃烧的电压就不需要很高。

(3)开关电弧形成的过程

断路器断开过程中电弧是这样形成的：触头刚分离时突然解除接触压力，阴极表面立即出现高温炽热点，产生热电子发射；同时，由于触头的间隙很小，使得电压强度很高，产生强电场发射。从阴极表面逸出的电子在强电场作用下，加速向阳极运动，发生碰撞游离，导致触头间隙中带电质点急剧增加，温度骤然升高，产生热游离并且成为游离的主要因素，此时，在外加电压作用下，间隙被击穿，形成电弧。

4. 电弧的熄灭

电弧中发生游离的同时，还存在着相反的过程，即去游离。若去游离作用始终大于游离作用，则电弧电流减少，直至电弧熄灭。因此，要熄灭电弧，就必须加强去游离作用。

(1)电弧的去游离形式

电弧的去游离过程包括复合和扩散两种形式。

①复合

复合是正、负带电质点相互结合变成不带电质点的现象。由于弧柱中电子的运动速度很快，约为正离子的 1 000 倍，所以电子直接与正离子复合的几率很小。一般情况下，先是电子碰撞中性质点时，被中性质点捕获变成负离子，然后再与质量和运动速度相当的正离子互相吸引而接近，交换电荷后成为中性质点。还有一种情况就是电子先被固体介质表面吸附后，再被正离子捕获成为中性质点。

②扩散

扩散是弧柱中的带电质点逸出弧柱以外，进入周围介质的现象。扩散有三种形式：其一为温度扩散，由于电弧和周围介质间存在很大温差，使得电弧中的高温带电质点向温度低的周围介质中扩散，减少了电弧中的带电质点；其二为浓度扩散，这是因为电弧和周围介质存在浓度差，带电质点就从浓度高的地方向浓度低的地方扩散，使电弧中的带电质点减少；其三为利用吹弧扩散，在断路器中采用高速气体吹弧，带走电弧中的大量带电质点，以加强扩散作用。

(2)影响去游离的因素

①电弧温度

电弧是由热游离维持的,降低电弧温度就可以减弱热游离,减少新的带电质点的产生。同时,也减小了带电质点的运动速度,加强了复合作用。通过快速拉长电弧,用气体或油吹动电弧或使电弧与固体介质表面接触等,都可以降低电弧的温度。

②介质的特性

电弧燃烧时所在介质的特性在很大程度上决定了电弧中去游离的强度,这些特性包括:导热系数、热容量、热游离温度、介电强度等。若这些参数值大,则去游离过程就越强,电弧就越容易熄灭。

③气体介质的压力

气体的压力越大,电弧中质点的浓度就越大,质点间的距离就越小,复合作用越强,电弧就越容易熄灭。在高度的真空中,由于发生碰撞的几率减小,抑制了碰撞游离,而扩散作用也很强。

④触头材料

当触头采用熔点高、导热能力强和热容量大的耐高温金属时,减少了热电子发射和电弧中的金属蒸气,有利于电弧熄灭。

除了上述因素以外,去游离还受电场电压等因素的影响。

5. 交流电弧特性和熄灭的条件

(1)交流电弧的特性

在交流电路中,电流瞬时值随时间变化,因而电弧的温度、直径以及电弧电压也随时间变化,电弧的这种特性称为动特性。由于弧柱的受热升温或散热降温都有一定过程,跟不上快速变化的电流,所以电弧温度的变化总滞后于电流的变化,这种现象称为电弧的热惯性。

在一个周期内交流电弧及电压随时间的变化如图 2-1 所示。电弧电压呈马鞍形变化,即电流小时,电弧电压高,电流大时,电弧电压减小且接近于常数。图 2-1(a)、(b)分别代表一般冷却和加强冷却的电流、电压变化曲线。由图可见,加强冷却可使电弧电压尖峰增高。

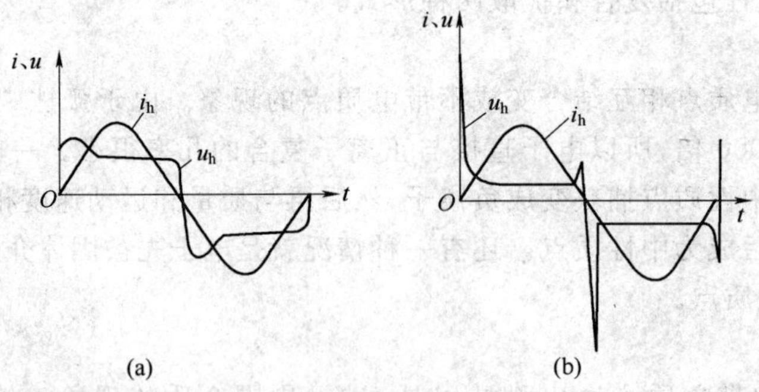

图 2-1 交流电弧电压作用曲线

(a)一般冷却;(b)加强冷却

总之,交流电弧在交流电流自然过零时将自动熄灭,但在下半周随着电压的增高,电弧又重燃。如果电弧过零后,电弧不发生重燃,电弧就此熄灭。

由于交流电弧存在动特性，使交流电弧比直流电弧容易熄灭。

(2)交流电弧熄灭的条件

交流电流过零后，电弧是否重燃取决于弧隙介质介电强度和弧隙电压的恢复。

①弧隙介质介电强度的恢复

弧隙介质能够承受外加电压作用而不致使弧隙击穿的电压称为弧隙的介电强度。当电弧电流过零时电弧熄灭，而弧隙的介质强度要恢复到正常状态值还需一定的时间，此恢复过程称之为弧隙介电强度的恢复过程，以耐受的电压 $U_j(t)$ 表示。

弧隙介质介电强度的恢复过程中，$U_j(t)$ 主要取决于开关电器灭弧装置的结构和灭弧介质的性质。图 2-2 为不同介质的介电强度恢复过程曲线。

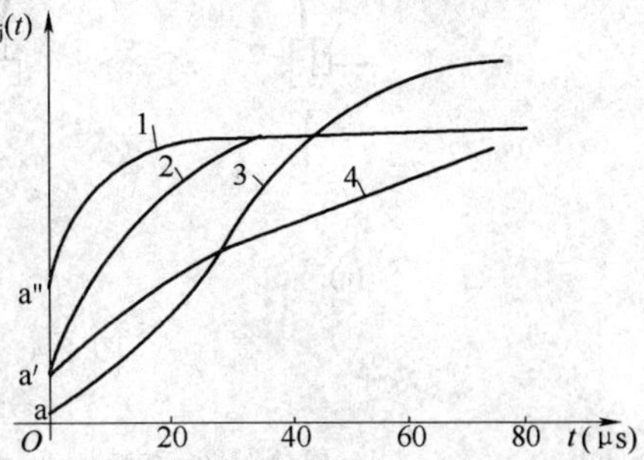

图 2-2　介质强度恢复过程曲线

1—真空；2—SF_6；3—空气；4—油

②弧隙电压的恢复过程

电流过零前，弧隙电压呈马鞍形变化，电压值很低，电源电压的绝大部分降落在线路和负载阻抗上。电流过零时，弧隙电压正处于马鞍形的后峰值处。电流过零后，弧隙电压从后峰值逐渐增长，一直恢复到电源电压，这一过程中的弧隙电压称为恢复电压，其电压恢复过程以 $U_{hf}(t)$ 表示。电压恢复过程与线路参数、负荷性质等有关。受线路参数等因素的影响，电压恢复过程可能是周期性的变化过程，也可能是非周期性的变化过程。

③交流电弧熄灭的条件

在电弧电流过零时，电弧自然熄灭。电流过零后，弧隙中同时存在着两个作用相反的恢复过程，即介质介电强度恢复过程 $U_j(t)$ 和弧隙电压的恢复过程 $U_{hf}(t)$。图 2-3 为恢复电压与介电强度曲线。由图可见：如果弧隙介质强度在任何情况下都高于弧隙恢复电压，则电弧熄灭；反之，如果弧隙恢复电压高于弧隙介质强度，弧隙就被击穿，电弧重燃。因此，交流电弧的熄灭条件为：

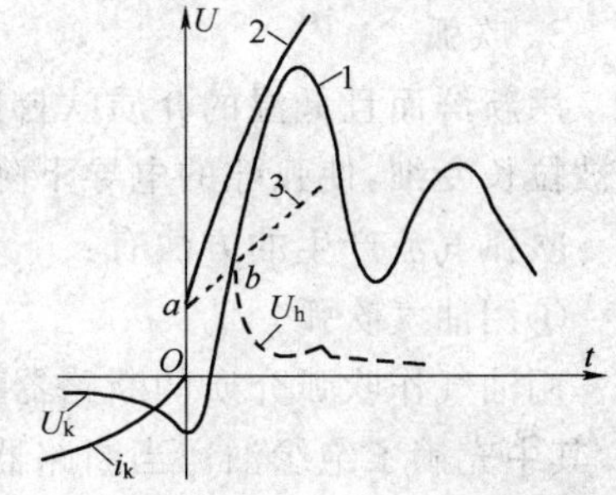

图 2-3　恢复电压和介质强度曲线

1—弧隙恢复电压曲线；

2、3—弧隙介质强度曲线

$$U_j(t) > U_{hf}(t)$$

式中　$U_j(t)$——弧隙介质强度；

$U_{hf}(t)$——弧隙恢复电压。

二、开关电器中常用的灭弧方法

1. 提高触头的分闸速度

迅速拉长电弧，有利于迅速减小弧柱中的电位梯度，增加电弧与周围介质的接触面积，加强冷却和扩散的作用。因此，现代高压开关中都采取了迅速拉长电弧的措施灭弧，如采用强力分闸弹簧，其分闸速度已达 16 m/s 以上。

2. 采用多断口灭弧

如图 2-4 所示开关电器的多断口触头的示意图。每一相有两个或多个断口相串联。在熄弧时，多断口把电弧分割成多个相串联的小电弧段。多断口使电弧的总长度加长，导致弧隙的

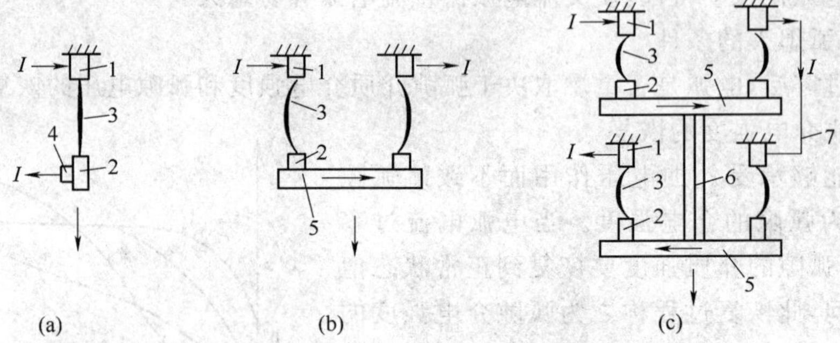

图 2-4　一相有多个断口的触头示意图

(a)单断口;(b)双断口;(c)四断口

1—静触头;2—动触头;3—电弧;4—可动触头;5—导电横担;6—绝缘杆;7—连线

电阻增加;在触头行程、分闸速度相同的情况下,电弧被拉长的速度成倍增加,使弧隙电阻加速增大,提高了介电强度的恢复速度,缩短了灭弧时间。采用多断口时,加在每一断口上的电压成倍减少,降低了弧隙的恢复电压,也有利于熄灭电弧。在要求将电弧拉到同样的长度时,采用多断口结构成倍减小了触头行程,也就减小了开关电器的尺寸。

3. 吹弧

用新鲜而且低温的介质吹拂电弧时,可以将带电质点吹到弧隙以外,加强了扩散,由于电弧被拉长变细,使弧隙的电导下降。吹弧还使电弧的温度下降,热游离减弱,复合加快。

吹弧气流产生的方法有:

①用油气吹弧

用油气作吹弧介质的断路器称为油断路器。在这种断路器中,有用专用材料制成的灭弧室,其中充满了绝缘油。当断路器触头分离产生电弧后,电弧的高温使一部分绝缘油迅速分解为氢气、乙炔、甲烷、乙烷、二氧化碳等气体,其中氢的灭弧能力是空气的 7.5 倍。这些油气体在灭弧室中积蓄能量,一旦打开吹口,即形成高压气流吹弧。

②用压缩空气或六氟化硫气体吹弧

将 20 个左右大气压的压缩空气或 5 个大气压左右的六氟化硫气体(SF_6)先储存在专门的储气罐中,断路器分闸时产生电弧,随后打开喷口,用具有一定压力的气体吹弧。

③产气管吹弧

产气管由纤维、塑料等有机固体材料制成,电弧燃烧时与管的内壁紧密接触,在高温作用下,一部分管壁材料迅速分解为氢气、二氧化碳等,这些气体在管内受热膨胀,增高压力,向管的端部形成吹弧。

按吹弧方向的不同,吹弧可分为以下几种。

a. 纵吹

吹弧的介质(气流或油流)沿电弧方向的吹拂称为纵吹,如图 2-5(a)所示。纵吹能增强弧柱中的带电质点向外扩散,使新鲜介质更好地与炽热电弧接触,加强电弧的冷却,有利于迅速灭弧。

b. 横吹

横吹时气流或油流的方向与触头运动方向是垂直的,或者说与电弧轴线方向垂直,如图

2-5(b)、(c)所示，横吹不但能加强冷却和增强扩散，还能将电弧迅速吹弯吹长。有介质灭弧栅的横吹灭弧室，栅片能更充分地冷却和吸附电弧，加强去游离。在相同的工作条件下，横吹比纵吹效果要好。

c. 纵横吹

由于横吹灭弧室在开断小电流时因室内压力太小，开断性能较差。为了改善开断小电流时的灭弧性能，可将纵吹和横吹结合起来。在大电流时主要靠横吹，小电流时主要靠纵吹，这就是纵横吹灭弧室，如图 2-6 所示。

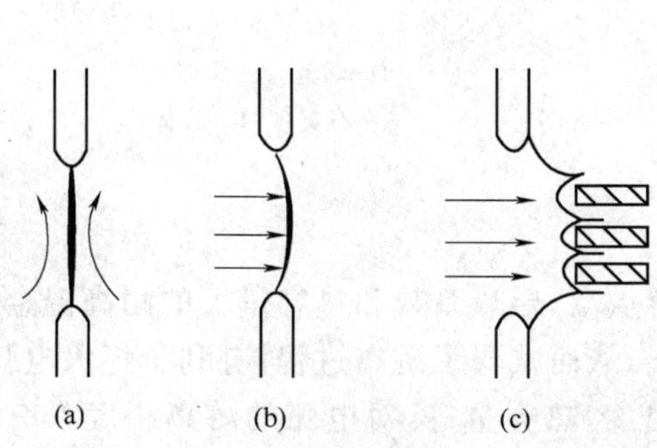

图 2-5　吹弧示意图

(a)纵吹；(b)横吹；

(c)带介质灭弧栅的横吹

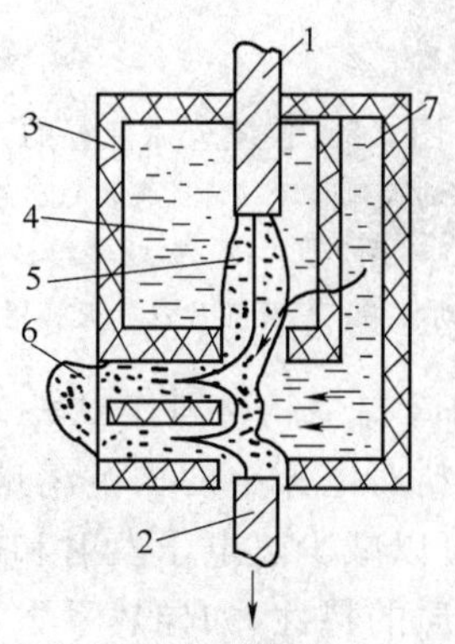

图 2-6　横吹灭弧室示意图

1—静触头；2—动触头；3—密闭燃烧室；4—变压器油；

5—电弧；6—横吹孔；7—空气囊

4. 短弧原理灭弧

这种灭弧方法常用于低压开关电器中，其灭弧装置是一个金属栅灭弧罩，利用将电弧分为多个串联的短弧的方法来灭弧。图 2-7 为金属灭弧栅熄弧。由于受到电磁力的作用，电弧从金属栅片的缺口处被引入金属栅片内，一束长弧就被多个金属片分割成多个串联的短弧。如果所有串联短弧阴极区的起始介质强度或阴极区的电压降的总和永远大于触头间的外施电压，电弧就不再重燃而熄灭。采用缺口铁质栅片，是为了减少电弧进入栅片的阻力，缩短燃弧时间。

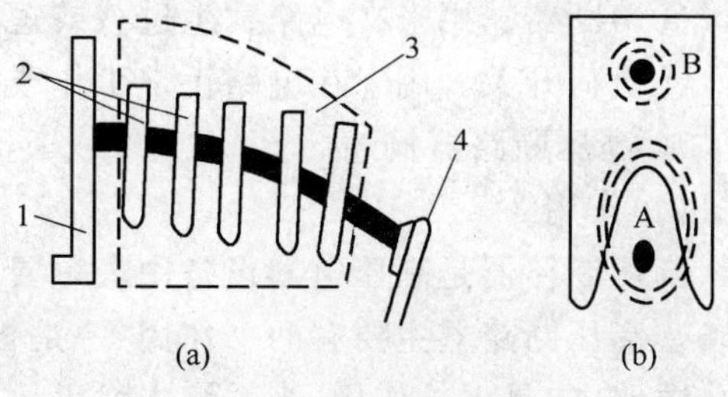

图 2-7　金属灭弧栅熄弧

(a)灭弧装置；(b)灭弧原理

1—静触头；2—金属栅片；3—灭弧罩；4—动触头

5. 利用固体介质的狭缝狭沟灭弧

低压开关电器中也广泛应用狭缝灭弧装置。该灭弧装置的灭弧片是由石棉水泥或陶土制成的。触头间产生电弧后，在磁吹装置产生的磁场作用下，将电弧吹入由灭弧片构成的狭缝中，把电弧迅速拉长的同时，使电弧与灭弧片内壁紧密接触，对电弧的表面进行冷却和吸附，产生强烈的去游离。图 2-8 为狭缝灭弧装置的工作原理图。

图 2-9 为石英砂熔断器使用狭沟灭弧原理。石英砂熔断器中的熔丝熔断时，在石英砂的狭沟中产生电弧。由于受到石英砂的冷却和表面吸附作用，使电弧迅速熄灭。同时，熔丝气化时产生的金属蒸气渗入石英砂中遇冷而迅速凝结，大大减少了弧隙中的金属蒸气，使得电弧容易熄灭。

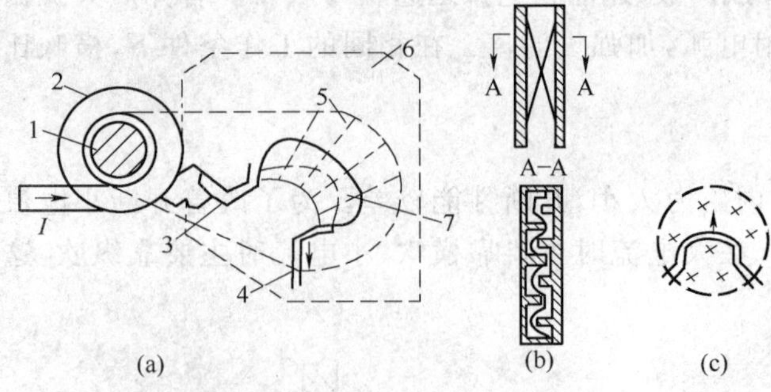

图 2-8　狭缝灭弧装置的工作原理

(a)灭弧装置；(b)灭弧片；(c)磁吹弧原理

1—磁吹铁芯；2—磁吹绕组；3—静触头；

4—动触头；5—灭弧片；6—灭弧罩；7—电弧移动

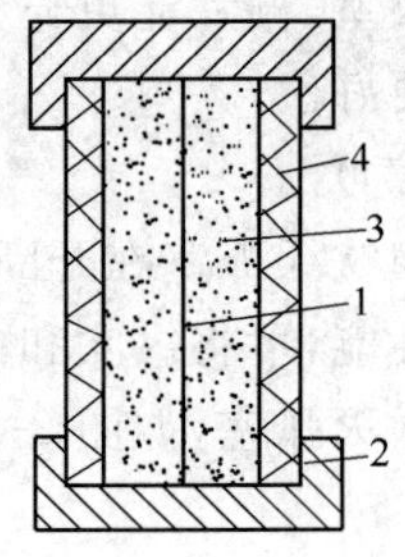

图 2-9　石英砂灭弧原理

1—熔丝；2—铜帽；

3—石英砂；4—管体

6. 用耐高温金属材料作触头、优质灭弧介质灭弧

触头材料对电弧中的去游离也有一定影响，用熔点高、导热系数和热容量大的耐高温金属制作触头，可以减少热电子发射和电弧中的金属蒸气，从而减弱了游离过程，有利于熄灭电弧。

灭弧介质的特性，如导热系数、电强度、热游离温度、热容量等，对电弧的游离程度具有很大影响，这些参数值越大，去游离作用就越强。在高压开关中，广泛采用压缩空气、六氟化硫(SF_6)气体、真空等作为灭弧介质。

三、高压开关电器

用来关合和开断电路的电器，称为开关电器。它包括：

①断路器。用来在电路正常工作和发生故障时关合和开断电路。

②隔离开关。主要用于将高压设备与电源隔离，以保证检修工作人员的安全。

③熔断器。用来在电路发生过载或短路时依靠熔件的熔断开断电路。

④负荷开关。用来在电路正常工作或过载时关合以及开断电路，不能开断短路电流。

1. 高压断路器概述

(1)作用

高压断路器是高压电器设备中最重要的设备，是一次电力系统中控制和保护电路的关键设备。高压断路器主要有两个作用：一是控制作用，即根据电力系统的运行要求，接通或断开工作电路；二是保护作用，当系统中发生故障时，在继电保护装置的作用下，断路器自动断开故障部分，以保证系统中无故障部分的正常运行。

(2)高压断路器的基本要求

根据以上所述，断路器在电力系统中承担着非常重要的作用，不仅应能接通和断开负荷电流，而且还应能断开短路电流。因此，断路器必须满足以下基本要求。

①工作可靠

断路器应能在规定的运行条件下长期可靠地工作，并能正确地执行分、合闸的命令，顺利完成接通或断开电路的任务。

②具有足够的开断能力

断路器在断开短路电流时，触头间要产生能量很大的电弧。因此，断路器必须具有足够强

的灭弧能力才能安全、可靠地断开电路，并且还要有足够的热稳定性。

③具有尽可能短的切断时间

在电路发生短路故障时，短路电流对电气设备和电力系统会造成很大的危害，所以断路器应具有尽可能短的切断时间，以减少危害，并有利于电力系统的稳定。

④具有自动重合闸性能

由于输电线路的短路故障大多数是瞬时的，所以采用自动重合闸可以提高电力系统的稳定性和供电可靠性。即在发生短路故障时，继电保护动作使断路器分闸，切断故障电流，经无电流间隔时间后自动重合闸，恢复供电。如果故障仍然存在，断路器则立即跳闸，再次切断故障电流。这就要求断路器具有在短时间内连续切除故障电流的能力。

⑤具有足够的机械强度和良好的稳定性能

正常运行时，断路器应能承受自身重量、风载和各种操作力的作用。系统发生短路故障时，应能承受电动力的作用，以保证具有足够的动稳定。断路器还应适应各种工作环境条件的影响，以保证在各种恶劣的气象条件下都能正常工作。

⑥结构简单、价格低廉

在满足安全、可靠要求的同时，还要断路器结构简单、体积小、重量轻、价格合理。

2. 高压断路器的类型

按安装地点可分为屋内式和屋外式两种。

根据断路器采用灭弧介质的不同，断路器有如下几种类型。

(1)油断路器

采用变压器油作为灭弧介质和绝缘介质的断路器叫油断路器。变压器油只作为灭弧介质和触头开断后弧隙绝缘介质，而带电部分与地之间的绝缘采用瓷介质的断路器，由于油量较少，称为少油断路器。它可用于各级电压的户内、外变电所。

(2)六氟化硫(SF_6)气体断路器

采用规定压力的、具有优良灭弧性能和绝缘性能的SF_6气体作为灭弧介质和弧隙绝缘介质的断路器叫六氟化硫断路器。它主要用于110 kV及以上大容量变电所及频繁操作的场所。

(3)真空断路器

真空断路器是指触头在$133.3\times10^{-4}\sim133.3\times10^{-8}$ Pa的真空中开闭电路的断路器。目前，它主要用于35 kV及以下用户中要求频繁操作的场所。

3. 高压断路器的技术参数

高压断路器的特性和工作性能，可用它的基本参数来表征。断路器的基本参数有：

(1)额定电压U_N

额定电压是指断路器长时间运行时能承受的正常工作电压。它不仅决定了断路器的绝缘水平，而且在相当程度上决定了断路器的总体尺寸。三相电路中，额定电压均指线电压。

(2)最高工作电压

由于电网不同地点的电压可能高出额定电压10%左右，故制造厂规定了断路器的最高工作电压。对于220 kV及以下设备，其最高工作电压为额定电压的1.15倍；对于330 kV的设备，规定为1.1倍。

(3)额定电流I_N

额定电流是指铭牌上标明的断路器可长期通过的工作电流。断路器长期通过额定电流时，各部分的发热温度不会超过允许值。额定电流也决定断路器触头及导电部分的截面。

(4)额定开断电流 I_{NK}

额定开断电流是指断路器在额定电压下能正常开断的最大短路电流的有效值。它表征断路器的开断能力。开断电流与电压有关，当电压不等于额定电压时，断路器能可靠切断的最大短路电流有效值，称为该电压下的开断电流。当电压低于额定电压时，开断电流比额定开断电流有所增大。

(5)额定断流容量 S_{NK}

额定断流容量也表征断路器的开断能力。在三相系统中，它和额定开断电流的关系为

$$S_{NK}=\sqrt{3}U_N I_{NK}$$

式中　U_N——断路器所在电网的额定电压；

I_{NK}——断路器的额定开断电流。

由于 U_N 不是残压，故额定断流容量不是断路器开断时的实际容量。

(6)关合电流 i_{Ncl}

保证断路器能关合短路，不致于发生触头熔焊或其他损伤所允许接通的最大短路电流。

(7)动稳定电流 i_{es}

动稳定电流是指断路器在合闸位置时，允许通过的短路电流最大峰值。它是断路器的极限通过电流，其大小由导电和绝缘等部分的机械强度所决定，也受触头的结构形式的影响。

(8)热稳定电流 I_{Nt}

热稳定电流是指在规定的某一段时间内，允许通过断路器的最大短路电流。热稳定电流表明了断路器承受短路电流热效应的能力。

(9)全开断(分闸)时间 t_0

全开断时间是指断路器接到分闸命令瞬间起到各相电弧完全熄灭为止的时间间隔，它包括断路器固有分闸时间 t_{gf} 和燃弧时间 t_h，即 $t_0=t_{gf}+t_h$。

断路器固有分闸时间是指断路器接到分闸命令瞬间到各相触头刚刚分离的时间；燃弧时间是指断路器触头分离瞬间到各相电弧完全熄灭的时间。全开断时间 t_0 是表征断路器开断过程快慢的主要参数。t_0 越小，越有利于减小短路电流对电气设备的危害、缩小故障范围、保持电力系统的稳定，如图 2-10 所示。

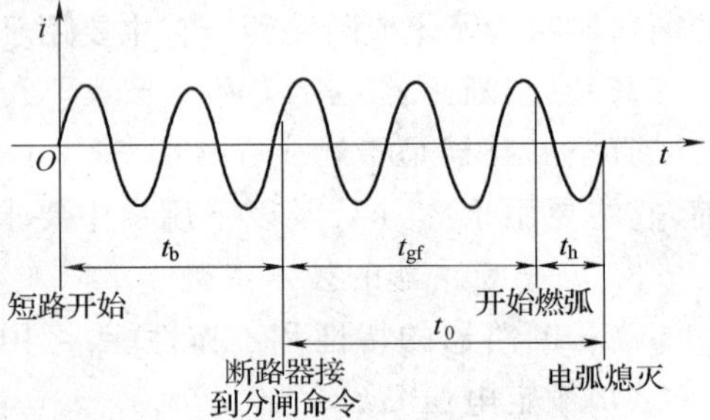

图 2-10　断路器开断时间示意图

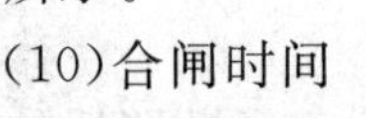
(10)合闸时间

合闸时间是指从操动机构接到合闸命令瞬间起到断路器接通为止所需的时间。合闸时间决定于断路器的操动机构及中间传动机构。一般合闸时间大于分闸时间。

(11)操作循环

操作循环也是表征断路器操作性能的指标。我国规定断路器的额定操作循环如下。

自动重合闸操作循环：分→θ→合分→t→合分

非自动重合闸操作循环：分→t→合分→t→合分

以上两个操作循环中，分表示分闸操作；合分表示合闸后立即分闸的动作；θ 表示无电流

间隔时间，标准值为 0.3 s 或 0.5 s；t 表示强送电时间，标准时间为 180 s。

4. 开关电器的操动机构

操动机构是用来驱使高压开关进行分合闸，并使高压开关合闸后维持在合闸状态的电气设备，简称机构。由于相同的机构可配用不同型号的高压开关，因此机构一般独立于高压开关本体，有独立的型号。根据操动机构的作用，它一般有下列几部分组成。

(1)能量转换装置

其作用是把其他形式的能量转换成机械能，使操动机构按规定目的发生机械运动。这种装置如电磁铁、电动机、液压传动工作缸、压缩空气工作缸等。该装置应能提供足够的操作功用以克服高压开关的机械静力矩和短时的电动力矩，保证高压开关的分、合闸速度。

(2)传动机构

它是操动机构的执行元件，用以改变操作功的大小、方向、位置，使高压开关改变工作状态。它多由连杆机构、拐臂、拉杆、油、气管道等元件组成。要求它的机械惯性小，传动速度大，能量损失少，动作准确、可靠。

(3)保持与脱扣机构

保持与脱扣机构是指既可使高压开关可靠的保持在合闸位置，又可迅速解除合闸位置，使高压开关进入自由分闸状态的装置。

保持机构多由动作灵活的机械卡销组成。脱扣机构多由连杆机构组成，如四连杆等。不同的操动机构有不同形式的保持与脱扣装置，但都应稳定可靠、动作灵活。脱扣机构的失灵将使高压开关拒绝分闸或误分闸，造成严重后果。

脱扣机构的自由脱扣是指不论合闸作功元件处在何种位置(如断路器处在合闸过程中)，只要分闸作功元件起动，机构都应使断路器可靠分闸。

(4)控制系统

有电控、气控、油控等类型，用于实现对高压开关的远距离控制，保持或释放操作功能。

(5)缓冲装置

缓冲装置用于吸收作功元件完成分、合闸操作后剩余的操作功，使机构免受机械冲击。缓冲装置应有较短的复位时间，以便为下次动作做好准备。如弹簧缓冲器，橡皮缓冲器，油、气缓冲器等。

(6)闭锁装置

其作用在于防止高压开关的误操作和误动作。如位置闭锁(弹簧储能不合要求时机构拒动)、高压力与低压力闭锁(指油、气压力不合要求时机构拒动)等。

操动机构的类型及特点如表 2-1 所示。

表 2-1　常见操动机构的类型及特点

类型	基本特点	使用场合
手动机构	用人力合闸，用已储能的弹簧分闸；不能遥控合闸操作及自动重合闸。结构简单，须有自由脱扣机构；关合能力决定于操作者，不易保证	可用于电压 10 kV，开断电流 6 kA 以下的断路器或负荷开关
弹簧机构	用合闸弹簧(用电动机或手力储能)合闸，靠已储能的分闸弹簧分闸；动作快，能快速自动重合闸；能源功率小；结构较复杂，冲击力大，构件强度要求较高；输出力特性与本体反力特性配合较差	35 kV 及以下断路器配用的操动机构的主要品种

续上表

类型	基本特点	使用场合
液压机构	以高压油推动活塞实现合闸与分闸。动作快，能快速自动重合闸。结构较复杂，密封要求高、工艺要求高。操作力大、冲击力小、动作平稳	适用于110 kV及以上的断路器，是超高压断路器配用的操动机构的主要品种
弹簧储能液压机构	以碟状弹簧组压缩储能，高压油推动活塞实现合闸与分闸，动作快。综合了弹簧机构、液压机构的优点	适用于中压、高压断路器
气动机构	以压缩空气推动活塞往复运动，使断路器分、合闸，或仅用压缩空气推动活塞合闸（或分闸），而以已储能的弹簧分闸（或合闸）动作快，能快速自动重合闸；合闸力容易调整；制造工艺要求较高；需压缩空气源，操作噪声大	适用于有压缩空气源的开关站
电动机机构	通过二级齿轮变速和蜗轮蜗杆减速，将电动机的连续旋转变换为主传动轴的一定角度的偏转	一般用来驱动隔离开关

第二节 SF_6断路器

一、SF_6气体的特性

六氟化硫是一种无毒、不燃的气体，具有优异的绝缘性能和灭弧性能，将其应用于断路器、变压器和电缆等电气设备，显示出矿物油无可比拟的优越性。

1. SF_6气体的优良特性

其一，SF_6气体热容量大。SF_6气体的分子在分解时吸收的能量多，对弧柱的冷却作用强。其二，SF_6气体环境下的电弧能量小。SF_6气体在高温时分解出的硫、氟原子和正负离子，与其他灭弧介质相比，在同样的弧温时有较大的游离度。在维持相同游离度时，弧柱温度较低。因此，SF_6气体中电弧电压较低，燃弧时的电弧能量小，对灭弧有利。其三，SF_6气体分子的负电性强。所谓负电性，是指SF_6气体分子极易捕获、吸附自由电子形成低活动性负离子的特性。SF_6气体负电性强，加强了去游离，降低导电率。在电弧电流过零后，弧柱温度将急剧下降，分解物急速复合。因此，SF_6气体弧隙的介电性能恢复速度很高，能耐受很高恢复电压，电弧在电流过零后难重燃。

2. SF_6气体的危害及其对策

SF_6的危害主要体现在两个方面，其一是高温电弧分解产物和其本身（或分解产物）与接触介质发生化学反应生成物对生物的毒性作用；其二是六氟化硫（SF_6）作为一种温室气体对环境的危害。

电器设备内的SF_6气体在高温电弧发生作用时而产生某些有毒产物，这种物质对绝缘材料、金属材料、玻璃、电瓷等含硅材料有很强的腐蚀性。例如：SF_6气体分解物与水的继发性反应；与电极（Cu-W合金）及金属材料（Al、Cu）反应而生成某些有毒产物；与含有硅成分的环氧酚醛玻璃丝布板（棒、管）等绝缘件，或以石英砂、玻璃作填料的环氧树脂浇注件、模压件以及瓷瓶、硅橡胶、硅脂等起化学作用，生成SiF_4、$Si(CH_3)_2F_2$等产物。

因此，在制造、运用和检修SF_6断路器时，应该注意以下几个方面：

(1)必须严格控制SF_6气体中的水分。现在通常从以下几个方面采取措施：加强断路器的密封；组装断路器时，先要对零部件进行彻底烘干；严格控制SF_6气体中含水量；严格控制断路器充气前的含水量；在SF_6断路器内部加装吸附剂。

(2)由于 SF_6 气体在灭弧时会产生有毒气体和粉尘，在排放废气和拆开断路器灭弧部件时，应戴防毒面具、防护手套、长袖工作服，尽量不露出皮肤，处理有毒废料时应戴防护手套。

(3)排出 SF_6 废气时，应通过滤罐过滤有毒粉尘后放到大气中。

(4)断路器部件的拆装、检修一般应在干燥、清洁的室内进行，现场检修时天气应稳定无雨且空气湿度不得大于 80%。

(5)为防止断路器内部进入潮气和灰尘，拆卸处理过的部件应马上用塑料布(袋)包好并系紧。

二、SF_6 断路器的结构类型

常见的 SF_6 断路器结构按照对地绝缘方式不同分两种类型：

1. 落地罐式。这种断路器的总体结构如图 2-11 所示。它把触头和灭弧室装在充有 SF_6 气体并接地的金属罐中，触头与罐壁间绝缘采用环氧树脂支持绝缘子，引出线靠绝缘瓷套管引出。该结构便于安装电流互感器，抗震性能好，但系列性能差。

2. 瓷柱式。瓷柱式断路器灭弧室可布置成"T"形或"Y"形，220 kV 的 SF_6 断路器随开断电流增大，制成单断口断路器，布置成单柱式，如图 2-12 所示。灭弧室位于高电位，靠支柱绝缘瓷套对地绝缘。

目前的城市轨道交通供电系统中，一般在 110 kV 电压等级断路器采用 SF_6 断路器，而在 110 kV 和 35 kV(或者 35 kV)的配电装置中采用 SF_6 组合电器(GIS)，这将在第六章中予以介绍。

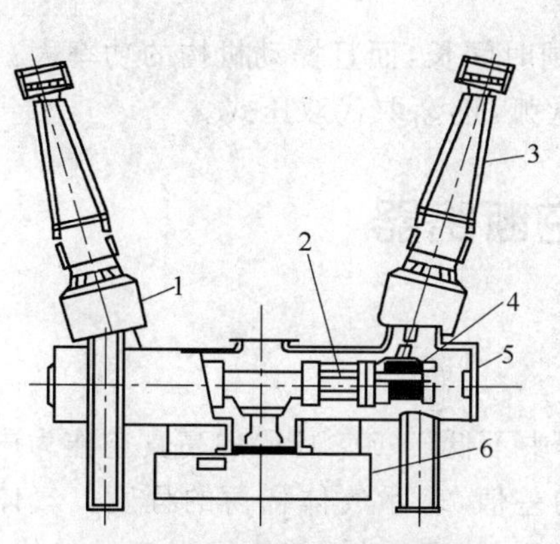

图 2-11　500 kV SF_6 断路器

1—套管式电流互感器；2—灭弧室；3—套管；4—合闸电阻；5—吸附剂；6—操作机构箱

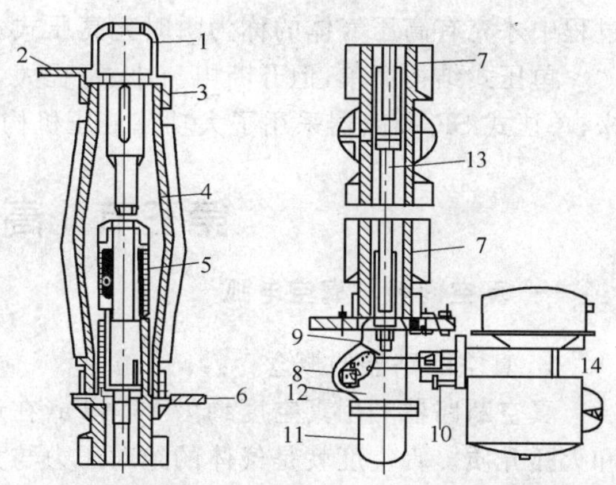

图 2-12　单压式定开距灭弧室绝缘套支柱型断路器

1—帽；2—上接线板；3—密封圈；4—灭弧室；5—动触头；6—下接线板；7—支柱绝缘套；8—轴；9—操作机构传动杆；10—辅助开关传动杆；11—吸附剂；12—传动机构箱；13—液压机构；14—操作拉杆

三、SF_6 断路器灭弧室的结构与灭弧过程

SF_6 断路器灭弧室结构可分为单压式和双压式两种。

1. 单压式(压气式)灭弧室

单压式灭弧室又称压气式灭弧室。只有一个气压系统，即常态时只有单一压力的 SF_6 气体。灭弧室的可动部分带有压气装置，分闸过程中，压气缸与触头同时运动，将压气室内的气体压缩。触头分离后，电弧即受到高速气流纵吹而将电弧熄灭。灭弧室中，压气活塞是固定不

动的，静触头与动触头之间的开距也是固定不变的。灭弧室的工作过程如图 2-13 所示。

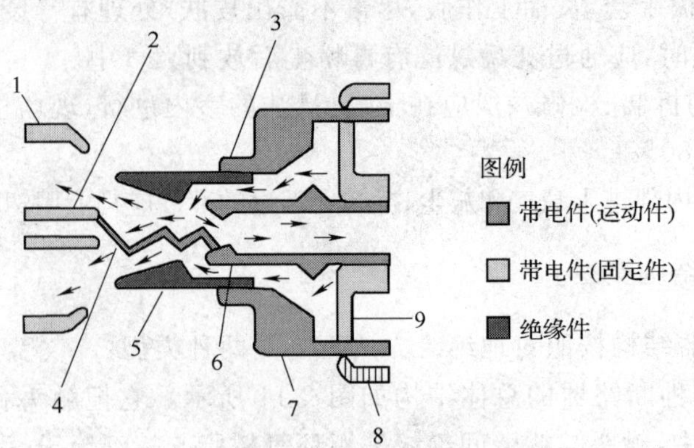

图 2-13 SF_6断路器灭弧原理图

1—静主触头；2—静弧触头；3—动主触头；4—电弧；
5—喷嘴；6—动弧触头；7—汽缸；8—中间触指；9—活塞

2. 双压式灭弧室

它有高压和低压两个气压系统，灭弧时，高压室控制阀打开，高压 SF_6气体经过喷嘴吹向低压系统，再吹向电弧使其熄灭。灭弧室内正常时充有高压气体的称为常充高压式；仅在灭弧过程中才充有高压气体的称为瞬时充高压式。

单压式结构简单，但开断电流小、行程大，固有分闸时间长，而且操动机构的功率大。近年来，单压式 SF_6断路器采用了大功率液压机构和双向吹弧，逐渐取代双压式。

第三节　高压真空断路器

一、真空间隙与真空电弧

1. 真空断路器的概念

真空断路器利用真空度约为 10^{-4} Pa(在运行过程中不低于 10^{-2} Pa)的高真空作为内绝缘和灭弧介质。真空度就是气体的绝对压力与大气压的差值，表示气体稀薄的程度。气体的绝对压力值越低，真空度越高。当灭弧室内被抽成 10^{-4} Pa 的真空时，其绝缘强度比绝缘油、一个大气压力下的 SF_6和空气的绝缘强度高很多。

2. 真空间隙的绝缘性能

真空间隙的气体稀薄，分子的自由行程较大，发生碰撞游离的几率很小，因此真空间隙具有很高的绝缘强度。当真空间隙在某一电压下击穿几次后，由于触头表面的毛刺被冲击掉，触头表面光洁度提高，真空间隙在该电压下就不再击穿了，击穿电压将会升高，这种现象叫真空间隙的老化。这是真空间隙独具的特点。

真空间隙的绝缘强度与很多因素有关，主要与真空间隙的长度、真空度、电极材料、电极表面状态、形状、大小、施加电压的波形和频率等因素有关。

3. 真空电弧的形成与熄灭

(1)真空电弧的形成

形成真空电弧主要有三个阶段。

第一阶段，触头蒸发形成金属蒸气。在触头带电流分离时，由于接触压力减小，触头由面接触变为点接触（触头间形成金属小桥），电流集中通过金属桥。在分断过程中，其一，金属桥被拉长，截面减小，电阻增大，桥上耗散功率大，温度急剧升高，金属桥熔化并产生高温金属蒸气；其二，触头表面结合不牢固的金属团粒（如金属加工时残留的毛刺），在静电场力的作用下，离开电极表面，加速通过真空间隙轰击电极，使电极和团粒的温度升高，蒸发出高温金属蒸气；其三，触头表面尖端突起部分的电场极强，因强电场发射自由电子所形成的电子束（预放电电流，其值为 10^{-5}～10^{-3} A）轰击阳极，也可使阳极发热，蒸发出金属蒸气。

第二阶段，自由电子穿过高温金属蒸气。运动中带电的金属团粒与电极间形成强电场，此电场可使团粒和电极表面发射大量自由电子。当高速运动的自由电子穿过高温金属蒸气云时，使金属原子电离产生带电离子，离子的定向移动形成传导电流。

第三阶段，形成阴极斑点。电极表面发射自由电子的尖端或突起，很快发展成阴极斑点，其温度极高，不断蒸发金属蒸气，补充金属蒸气的损失，阴极斑点发射的电子又电离金属蒸气，补充离子的损失，触头间的预放电电流就转变成自持的真空电弧。

因此，真空电弧的形成是一个电离过程。阴极斑点是真空电弧的生命线。真空电弧是电离状态的金属蒸气电弧。

（2）真空电弧的形态

①扩散型电弧。当电弧电流小于100 A时，触头间只存在一束电弧，触头上只有一个阴极斑点，并在触头表面做不规则的运动。当电弧电流大于100 A、小于6 kA时，阴极斑点会从一个分裂为若干个，并在阴极表面不断向四周扩散，电弧以许多完全分离的并联电弧的形态存在。这种形态的电弧为扩散型电弧，如图2-14(a)所示。

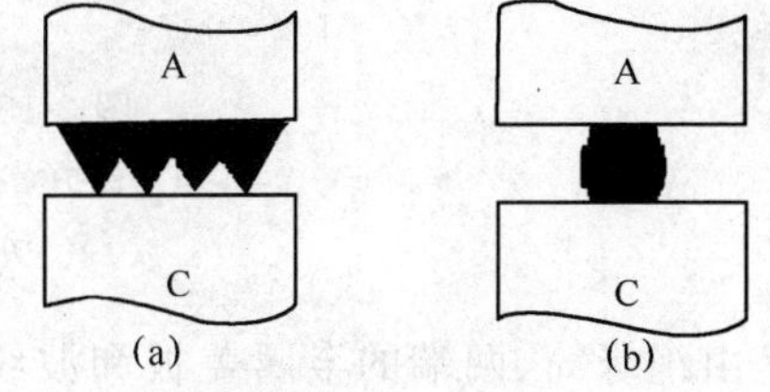

(a)　(b)

图2-14　电弧形态

(a)扩散型电弧；(b)集聚型电弧

②集聚型电弧。当电极上电弧电流大于10 kA时，阴极斑点受电磁力的作用相互吸引，使所有的阴极斑点集聚成一个运动速度缓慢的阴极斑点团（其直径可达1～2 cm），形成单束大弧柱，且电极强烈发光，触头表面将出现熔坑，这种形态的电弧称为集聚型电弧，如图2-14(b)所示。

（3）电弧的熄灭

对扩散型电弧，电流过零时，真空电弧熄灭。阴极斑点所造成的熔区在电弧熄灭后 10^{-7}～10^{-8} s内便凝固。阴极和阴极斑点便不再向弧柱区提供电子和金属蒸气，而残余的等离子体内的各种粒子在数个微秒内向四周扩散完，弧区介电强度迅速提高，实际上已变成了真空间隙，足以承受很高的恢复电压而不致击穿。扩散型电弧过零后很容易熄灭。

对集聚型电弧，电流过零时，电弧熄灭，但触头表面有面积和厚度相当大的熔区，这些熔区需要毫秒数量级的时间才能冷却，在这段时间内，电极仍向弧区输送大量金属蒸气和带电粒子，在恢复电压上升过程中，弧区相当于一个充气间隙，不可避免要发生重新击穿。只有当触头开距足够大，阴极斑点产生的金属蒸气不足以维持带电粒子扩散时，真空电弧才熄灭。故集聚型电弧难以熄灭，应设法避免。一般在触头结构上采取措施，防止触头表面发生过分严重的局部熔化和烧损。

总之，真空电弧的熄灭，主要取决于触头的阴极现象、电极发热程度及离子向弧柱外迅速扩散的作用。

二、真空断路器的分类

按照不同的分类方法，真空断路器可分为以下几种：

①按真空灭弧室的布置方式分为落地式、悬挂式、综合式和接地箱式等。

②按真空灭弧室的外壳分为玻璃外壳式、陶瓷外壳式两种。

③按触头形状分为横磁吹式、纵磁吹式两种。

真空断路器由真空灭弧室、绝缘支撑、传动机构、操作机构、机座（框架）等组成。目前的城市轨道交通供电系统中，一般在 35 kV、10 kV 电压等级采用真空断路器，并且与其他电器组合后被封装在 SF_6 组合电器（GIS）或者在空气组合电器（AIS）中。

三、真空灭弧室

真空灭弧室是真空断路器中的核心部件，其结构如图 2-15、图 2-16 所示。真空灭弧室的外壳是由绝缘筒、两端的金属盖板和波纹管所组成的密封容器。灭弧室内有一对触头，分别焊接在各自的导电杆上，波纹管的另一个端口与动端盖的中孔焊接，动导电杆从中孔穿出外壳。由于波纹管可以在轴向上自由伸缩，所以这种结构既能实现在灭弧室外带动动触点做分合运动，又能保证真空外壳的密封性。

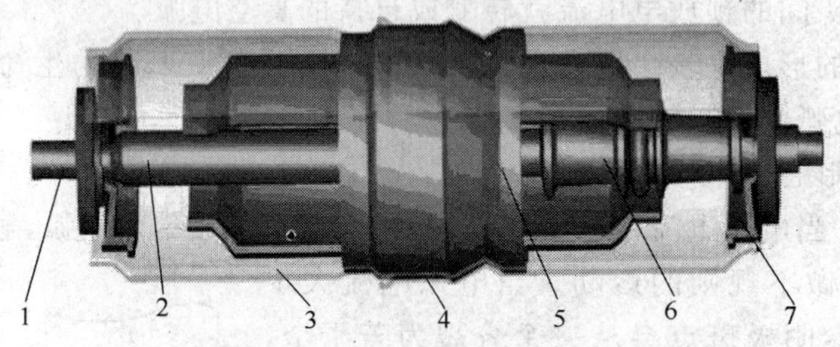

图 2-15　玻璃外壳真空灭弧室的剖视图

1—保护帽；2—静触头装配；3—玻璃壳；4—屏蔽罩；5—动触头装配；6—波纹管；7—动端盖板

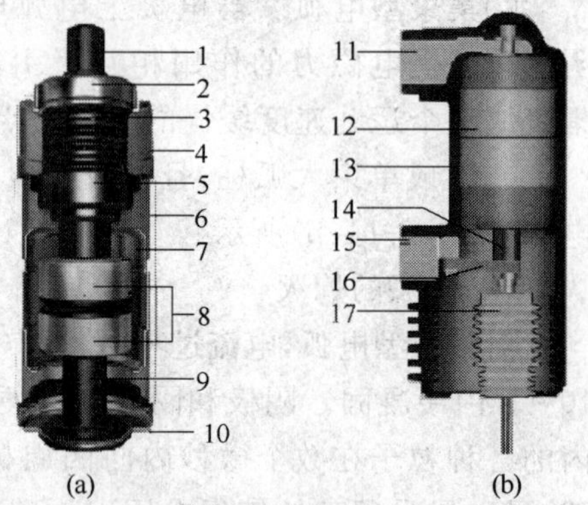

图 2-16　陶瓷外壳真空灭弧室结构

(a)WVT 真空灭弧室剖视图；(b)WVT 固封极柱剖视图

1—动导电杆；2—导向套；3—波纹管；4—动盖板；5—波纹管屏蔽罩；6—管壳；7—屏蔽筒；8—触头系统；9—静导电杆；10—静盖板；11—上出线端；12—真空灭弧室；13—环氧树脂壁；14—动出线杆；15—下出线端；16—软连接；17—绝缘拉杆

下面简要的介绍灭弧室中主要部件及各部分的作用。

(1)外壳

外壳是真空灭弧室的密封容器，它不仅要容纳和支持灭弧室内的各种部件，而且当动、静触头在断开位置时起绝缘作用。因此，整个外壳通常由绝缘材料和金属组成。对外壳的要求首先是气密封要好，其次是要有一定的机械强度和绝缘性能。

(2)波纹管

波纹管既要保证灭弧室完全密封，又要在灭弧室外部操动时使触头作分合运动。常用的波纹管有液压成形和膜片焊接两种形式，所用材料以不锈钢为最好。波纹管的侧壁可在轴向上伸缩，其允许伸缩量决定了灭弧室所能获得的触头最大开距。一般情况下，波纹管的疲劳寿命也决定了灭弧室的机械寿命。

(3)屏蔽罩

触头周围的屏蔽罩主要是用来吸附燃弧时触头上蒸发的金属蒸气，防止绝缘外壳因金属蒸气的污染而引起绝缘强度降低和绝缘破坏，同时，也有利于熄弧后弧隙介质强度的迅速恢复。屏蔽罩还能起到使灭弧室内部电压均匀分布的作用。在波纹管外面用屏蔽罩，可使波纹管免遭金属蒸气的烧损。

屏蔽罩的导热性能越好，其表面冷却电弧的能力也就越好。因此，制造屏蔽罩常用材料为无氧铜。

(4)触头

触头是真空灭弧室内最为重要的元件，灭弧室的开断能力和电气寿命主要由触头状况来决定。目前真空灭弧室的触头系统，就接触方式而言，都是对接式的。根据触头开断时灭弧的基本原理的不同，可分为非磁吹触头和磁吹触头两大类。

非磁吹型圆柱状触头最简单，机械强度好，易加工，但开断电流小。

磁吹触头又分为横向磁吹触头和纵向磁吹触头两类，如图 2-17、图 2-18 所示。对横向磁吹触头，当断路器分闸时，触头间产生电弧，由于触头的特殊结构，电弧电流产生横向磁场，对电弧进行横向吹弧，提高了灭弧能力。对纵向磁吹触头，当开断电流时，由于流过线圈的电流在弧区产生一定的纵向磁场，使电弧电压降低和集聚电流值提高，极大地提高了触头的开断能力和电气寿命。

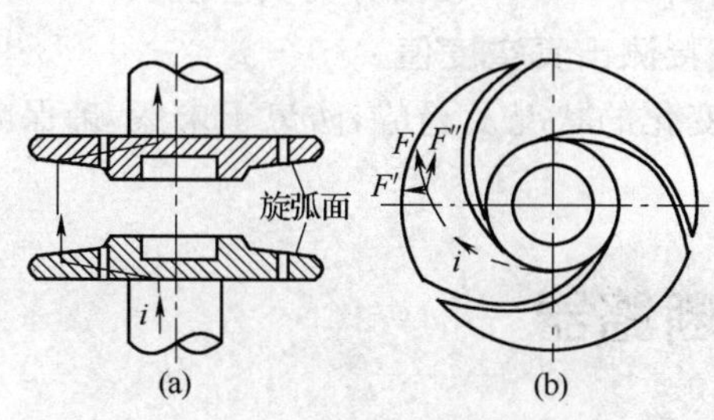

图 2-17　中接式螺旋槽横磁吹触头

(a)侧视图；(b)俯视图

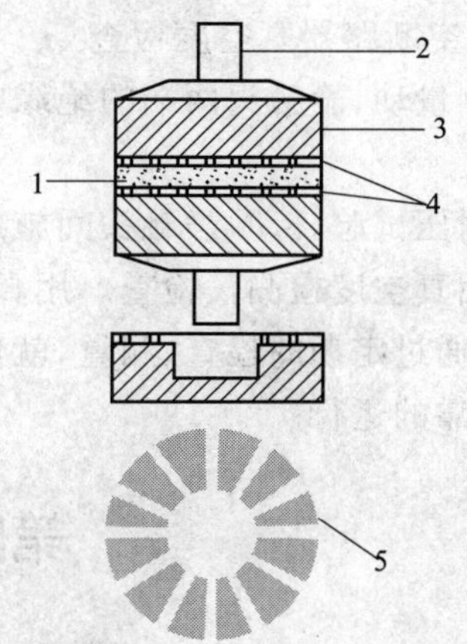

图 2-18　强力纵磁吹触头

1—横磁电弧；2—导电杆；3—横磁场线圈；4—触头片；5—触头片俯视图

四、真空断路器的使用

1. 操作过电压及其抑制

用真空断路器断开电路时，可能会出现操作过电压，主要形式有：

(1)截流过电压。所谓截流就是强制交流电流在自然过零前突然过零的现象，由于电路中存在电感，因此会发生过电压。

(2)切断电容性负载时的过电压。这是因熄弧后间隙发生重击穿而引起的。所以，真空断路器的重击穿几率越小越好。

(3)高频多次重燃过电压。是因为断路器开断感性电流时，当间隙被击穿后电弧重燃，因电路参数影响，击穿后电流中含有高频分量，当高频分量的幅值很大时，受其影响，间隙被反复击穿，使负载侧的电压不断升高，从而产生较高的过电压。

操作过电压对其电气设备尤其是电机绕组绝缘危害很大。因此，必须采取抑制方法。常用的方法有：

(1)采用低电涌真空灭弧室。这种灭弧室既可降低截流过电压，又可提高开断能力。

(2)在负载端并联电容。既可以降低，也可减缓恢复电压的上升陡度。

(3)在负载端并联电阻和电容。它不仅能降低截流过电压及其上升速度，而且在高频重燃时可使振荡过程强烈衰减，对抑制多次重燃过电压有较好的效果，电阻一般选 100～200 Ω，电容选 0.1～0.2 μF。

(4)串联电感。可降低过电压的上升陡度和幅值。

(5)安装避雷器。用它限制过电压的幅值。

2. 真空断路器优缺点

根据断路器的机构特点和适用范围，断路器的优缺点有：触头开距小，动作快；燃弧时间短，触头烧损轻；寿命长，适于频繁操作；体积小，结构紧凑，真空灭弧室不需检修，维修工作量小；防火、防爆性能好；制造工艺复杂，造价高；监视真空度变化的简易装置尚未解决；开断小电流时，有可能产生较高的过电压，需采取降低过电压的措施。

3. 真空断路器真空度检查

(1)测量动、静触头两端的绝缘电阻。用 1 000 V 兆欧表，绝缘电阻大于 500 MΩ，说明真空度良好。

(2)耐压试验。动、静触头间施加交流工频电压，耐压 1 min，无击穿为真空度良好。

(3)用真空度检测仪检查。用真空度检测仪可直接测出真空度值。

这样通过定期的检查、测量，就可以掌握真空度变化的状况及趋势，防患于未然，确保断路器安全可靠的运行。

第四节　直流断路器

直流断路器一般为机械式、单相快速断路器。城轨交通供电系统中，直流断路器应用于牵引变电所整流装置牵引侧以及馈线侧，一般以直流开关柜的形式出现，较常见的是瑞士赛雪龙公司生产的断路器的 UR 系列（额定电流 500～4 000 A）和 HPB 系列（额定电流 4 500 A、6 000 A）。较常见的直流开关柜有 MB 型和 KMB 型。

1. 直流断路器

图 2-19、图 2-20、图 2-21 分别为直流快速断路器的外部结构图、原理图。它是一种双向、单极单元。它采用了电磁吹弧、电动操作系统、直接瞬时过流脱扣、间接快速脱扣（用户可选项）和空气自然冷却方式等技术。间接脱扣器由一个线圈和一个电子控制装置组成，线圈固定在断路器上，电子控制装置（由放电电容和电子开关组成）单独安装。1 000～6 000 A 的断路

器，其响应时间仅为几毫秒。

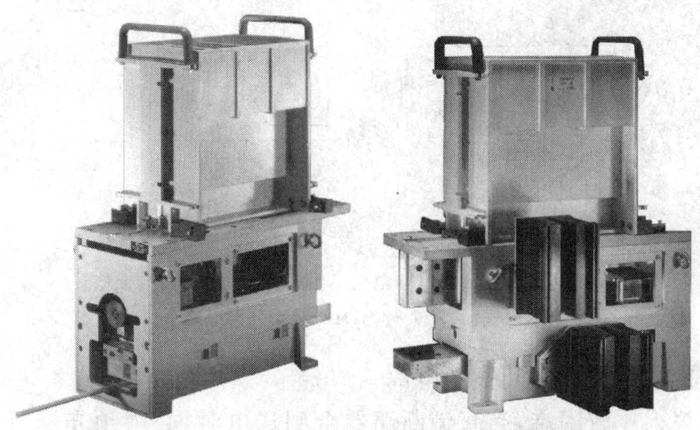

图 2-19 HPB45 系列断路器和 HPB60 系列断路器

图 2-20 UR26/36/40 系列断路器

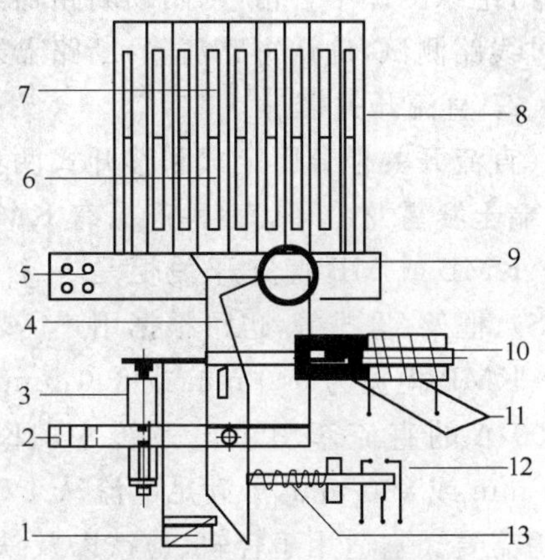

图 2-21 直流断路器 UR36 原理图

1—间接过流脱扣器；2、5—导体连接排；3—直接过流脱扣器；4—动触头；6—金属栅片；7—消电离板；8—灭弧室；9—吹弧线圈；10—合闸线圈；11—接触弹簧；12—辅助开关；13—分闸弹簧

与交流电弧不同，直流电弧只能靠强制电流为零来熄灭，在电弧能量不变的前提下，促使电弧电流接近于零，意味着必须提高电弧电压，使之高于断路器的工作电压。可以通过合理的措施迅速提高电弧电压，如在中、低压直流回路中使用电磁吹弧断路器，从而达到灭弧的目的。对高压直流回路，必须相应地降低电压和电流，对要求分闸更快的断路器，通过加接 LC 谐振电路产生人工电流零点来灭弧，这需要非常精确和可靠的电子技术，如图 2-22 所示。

以瑞士赛雪龙公司生产的 UR 系列直流断路器为例，当断路器跳闸后，主回路磁场将动、静触头之间产生的电弧吹入灭弧室，灭弧室采用冷阴极设计，由许多相互绝缘的灭弧板（金属栅片）组成，一旦电弧进入灭弧室就被金属栅片分裂为许多串联的小弧段。因为每两块灭弧板之间的电压降约为 40 V，所以总的电弧电压便大大增加（取决于灭弧板的数量），一般不超过额定电压的两倍。电弧电流大大减少，从而电弧得以迅速熄灭。燃烧的气体从上端逸出，并在

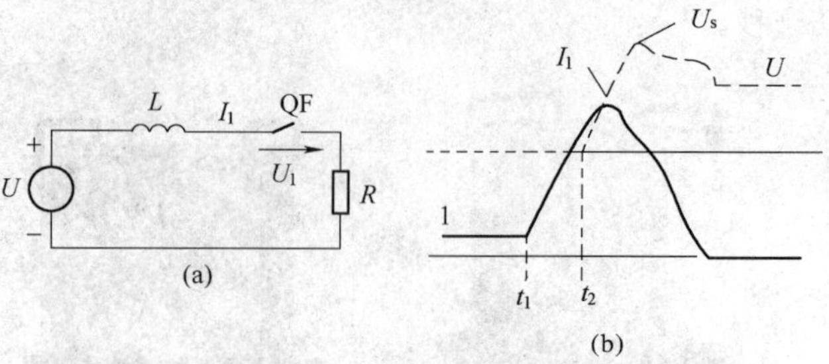

图 2-22 直流灭弧原理

(a)简化后等效回路；(b)电流 I_a 曲线和电弧电压 U_a 曲线

t_1—短路发生时刻；t_2—触头分离时刻

位于金属灭弧板上部的绝缘板之间被去电离。

鉴于直流电弧熄灭比较困难，当直流断路器合闸送电时，必须预先进行线路测试，即首先通过线路测试装置对将要合闸送电的线路进行绝缘性能测试，绝缘合格，则给断路器送出合闸命令；绝缘测试不合格，则闭锁断路器禁止合闸。当运行的线路跳闸后，禁止盲目重合闸，只有通过线路测试，确认短路清除，断路器才能自动重合闸。

2. 直流开关柜

直流开关柜分固定式和移开式两种。移开式开关柜就是断路器固定安装在可移开的手车上，瑞士赛雪龙公司代表性产品有 KMB 型、MB 型等。

KMB 或 MB 直流开关柜是一个集成系统。包括断路器手车、控制和保护系统(SEPCOS)、框架、母排等，也可根据用户需求，加装转换开关或隔离开关。其工作状态如图 2-23 所示。KMB 柜宽为 600 mm 或 800 mm，它适用于额定工作电压低于 3 000 V，额定电流最大至 6 000 A 的直流牵引供电系统中。KMB 断路器柜内部结构如图 2-24 所示。MB 柜宽为 500 mm 或 800 mm，可满足电流从 1 000 A 到 6 000 A，电压从直流 750 V 至 3 000 V 的各种应用需要。它适用于轻轨、地铁以及铁路多种场合。MB 断路器柜内部结构如图 2-25 所示。

图 2-23 直流开关柜工作状态

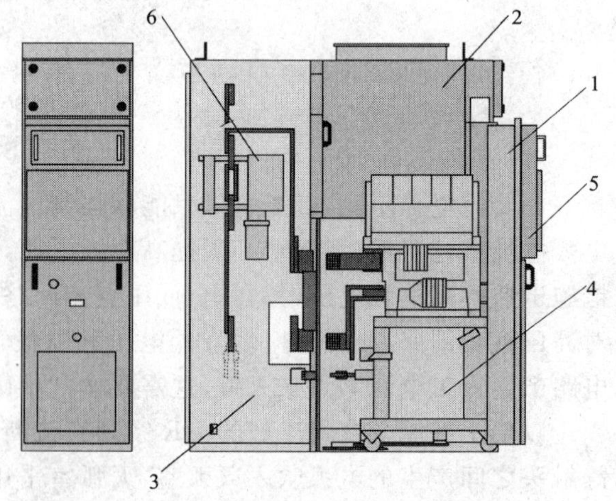

图 2-24 KMB 断路器柜

1—断路器手车；2—断路器室；3—柜后母线室；4—测量室；5—低压室；6—转换(隔离)开关

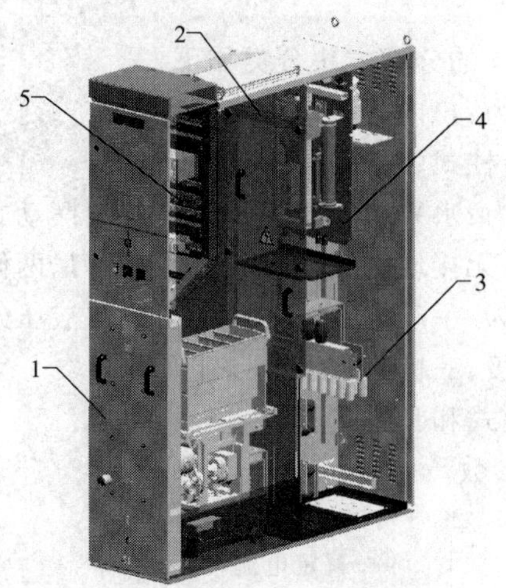

图 2-25　MB 断路器柜内部结构

1—断路器手车；2—断路器室；3—柜后母线室；4—测量室；5—低压室

第五节　隔离开关与高压熔断器

一、隔离开关

1. 隔离开关的用途

隔离开关又称刀闸，是一种没有专门灭弧装置的高压开关电器，在电力系统中，其主要作用有：

(1)隔离电源。利用隔离开关断口的可靠绝缘能力，使需要检修或分段的线路与带电线路相互隔离，以确保检修工作的安全。

(2)隔离开关与断路器配合进行倒闸操作。操作隔离开关时必须注意：绝不允许带负荷电流分闸，否则，断口间产生的电弧将烧毁触头或形成三相弧光短路，造成供电中断。因此，当隔离开关与断路器串联于电路中运行时，隔离开关必须遵守先合后分的原则；在并联时，必须遵守先分后合的原则。

(3)通断小电流电路。用隔离开关可以通、断电压互感器和避雷器电路；通、断激磁电流不超过 2 A 的空载变压器电路；通、断电容电流不超过 5 A 的空载线路；通、断母线和直接接在母线上的电气设备的电容电流；通、断变压器中性点的接地线。

(4)在某些终端变电所中，快分隔离开关与接地开关相配合，代替断路器的工作。

2. 隔离开关的技术要求

(1)有明显的断开点。

(2)断口应有足够可靠的绝缘强度。

(3)具有足够的动、热稳定性。

(4)结构简单，分、合闸动作灵活可靠。

(5)隔离开关与断路器配合使用时，应具有机械的或电气的连锁装置，以保证正常的操作顺序。

(6)主闸刀与接地闸刀之间设有机械的或电气的连锁装置，保证二者之间的动作顺序。

3. 隔离开关的分类

隔离开关种类很多，按不同的分类方法分类如下。

(1)按装设地点的不同分为：户内式和户外式两种。

(2)按绝缘支柱数目分为：柱式、双柱式和三柱式三种。

(3)按动触头运动方式分为：水平旋转式、垂直旋转式、摆动式和插入式等。

(4)按有无接地闸刀分为：无接地闸刀、一侧有接地闸刀、两侧有接地闸刀三种。

(5)按操动机构的不同分为：手动式、电动式、气动式和液压式等。

(6)按极数分为：单极、双极、三极三种。

(7)按安装方式分为：平装式和套管式等。

4. 国产隔离开关型号与参数

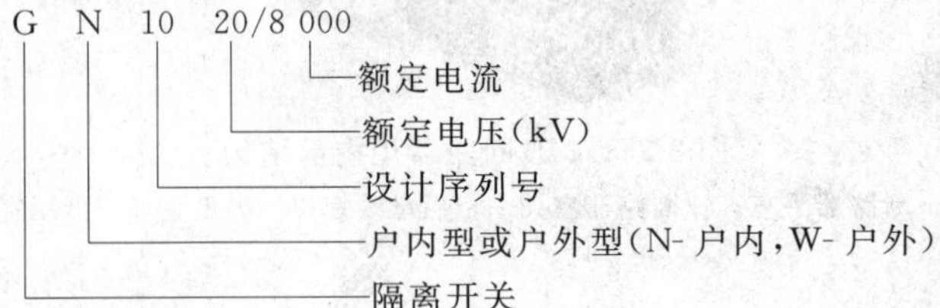

5. 直流馈线隔离开关

直流馈线隔离开关用于城市轨道交通供电系统的牵引变电所直流馈线侧，电压等级 DC 1 500 V 或者 DC 750 V，安装在变电所室内或者室外接触网钢柱上。都是闸刀式结构、线接触，由底座、支持瓷瓶、静触头、闸刀、操作瓷瓶和转轴等构成。图 2-26、图 2-27、图 2-28 为直流馈线隔离开关结构示意图。

图 2-26　某厂家生产的直流馈线隔离开关

6. 三工位隔离开关

三工位隔离开关常用于全封闭组合电器(GIS)中，所谓三工位是指三个工作位置：隔离开关主断口接通的合闸位置；主断口分开的隔离位置；接地侧的接地位置。

图 2-27　安装在室内的直流馈线隔离开关

图 2-28　安装在室外接触网钢柱上的直流馈线隔离开关

三工位隔离开关其实就是整合了隔离开关和接地开关两者的功能，并由一把刀来完成，这样就可以实现机械闭锁，防止主回路带电合地刀，因为一把刀只能在一个位置，而不像传统的隔离开关，主刀是主刀，地刀是地刀，两把刀之间就可能出误操作。而三工位隔离开关用的是一把刀，一把刀的工作位置在某一时刻是唯一的，不是在主闸合闸位置，就是在隔离位置或接地位置，避免了误操作的可能性。

以 GN_{36}-12D 系列隔离开关为例，外形如图 2-29 所示。该开关由焊接底架、触刀、支柱绝缘子、汇流排、触头座、套管、轴、拉杆、停挡、拐臂、接地触刀组成，焊接底架是由 4 mm 钢板折弯并与角钢焊成的矩形框架，支柱绝缘子、套管、轴承座等安装在底架上，导电套管采用环氧树脂压力注射成型（简称 APG 工艺）使导电杆与环氧树脂紧密结合。利用导电套管方便了开关柜体的分割，达到铠装式的要求。触座部分直接与支柱绝缘子连接，调整简单，分、合闸时，只要操作手柄转动与轴相连的拐臂，通过连杆带动触刀旋转达到合闸、隔离、接地的位置。从而保证了维修时工人的绝对安全。导电部分主要由触刀和触头组成，触刀由两块铜板固定在导电套管导电杆上，外加磁锁板，从而加强触刀的刚性，使其在通过短路电流时，具有良好的动热稳定性。触刀对触头的接触方式采用球点接触，减少了装配时的工艺难度，保证了接触良好。该开关可垂直、水平安装在柜内。

图 2-29　GN_{36}-12D 系列隔离开关外形图

二、高压熔断器

1. 熔断器的作用及种类

熔断器是最简单和最早采用的一种保护电器，并兼有开关作用。常和被保护的电气设备串接于电路中使用。当电路中流过短路电流时，利用熔件产生的热量使本身熔断，从而切断电路，起到保护电气设备、缩小事故范围的作用。通常用于保护功率较小和对保护性能要求不高的电气设备。

熔断器可分为限流和不限流两大类。在熔件熔化后，其电流未达到最大值之前就（熔断）立即减小到零的熔断器称为限流熔断器。这种熔断器中装有特种灭弧物质（如一定粒度的石英砂）或熔件熔断时产生特种灭弧介质（如产气纤维管在电弧高温下分解出的氢气等），故具有很强的灭弧能力。在熔件熔化后，电流几乎不减小，继续增至最大值，电流经一次或几次过零后，电弧才熄灭（熔件熔断）切断电路的熔断器称为不限流熔断器。这种熔断器中无特殊的灭弧介质或熔件熔断时不产生特种灭弧介质，仅靠熔断时产生电弧使熔件熔化，从而拉长电弧，最后使电弧熄灭，故灭弧能力较弱，熔断时间较长。

2. 熔断器的基本结构

(1)外壳（又称熔件管）

熔断器的熔件管有瓷、胶木、产气纤维等几种。瓷熔件管内一般充有石英砂，用于限流熔断器，胶木熔件管一般用于不限流熔断器。

(2)熔件（又称保险丝）

熔件用不同材质的金属（如铜、铅、锡、锌等）制成不同形状、不同截面，以通过不同的额定电流，如丝状、片状、栅状等。

(3)金属触头及触头座

熔件管两端装有金属触头(两触头间用熔件电连接)并与触头座相配合。一般由铜材料制成。它们允许通过的最大工作电流称为熔断器的额定电流。在使用熔断器时，应使熔件的额定电流小于或等于熔断器的额定电流。

(4)支持绝缘子及底座

支持绝缘子固定在底座上，用于安装固定金属静触头座及熔件管。低压熔断器一般无支持绝缘子，触头座直接安装在底板上。

3. 熔断器的保护特性

(1)保护特性的概念

熔断器串联在电路中使用，安装在被保护设备或线路的电源侧。当电路中发生过负荷或短路时，熔体被过负荷或短路电流加热，并在被保护设备的温度未达到破坏其绝缘之前熔断，使电路断开，设备得到了保护。熔体熔化时间的长短，取决于熔体熔点的高低和所通过的电流的大小。熔体材料的熔点越高，熔体熔化就越慢，熔断时间就越长。熔体熔断电流和熔断时间之间呈现反时限特性，即电流越大，熔断时间就越短，其关系曲线称为熔断器的保护特性，也称安秒特性，如图 2-30 所示。

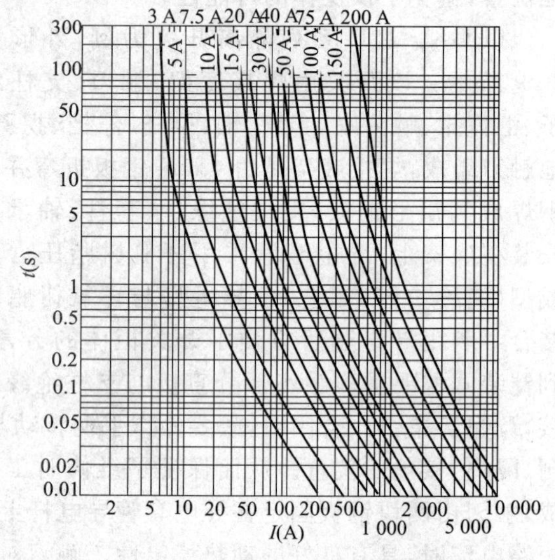

图 2-30　熔断器的保护特性曲线

(2)影响熔件熔断时间的主要因素

熔断时间与通过熔件的电流大小有关。当通过熔件的电流小于或等于其额定电流时，熔件熔断的时间无限长，对同一材质的熔件通过熔件的电流比其额定电流越大，熔件的熔断时间越短。

熔断时间与熔件的材质有关。一般条件下(熔件的长度、截面积相等)，熔件的熔点越低，熔断时间越短。但一般在高压熔断器中却采用高熔点的铜丝，而不采用低熔点的铅锡合金丝作熔件。这是因为铜丝经过处理后，其保护特性优于铅锡合金丝的缘故。

当铜丝和铅锡合金丝的使用长度相等，其额定电流也相等时，由于铅锡合金丝电阻率大，通过额定电流时，其发热量多。又因其熔点低，为保证其通过额定电流不致熔断，其截面积制造的较大，以减小发热量，因而体积大(即热容量大)，通过同一短路电流时，熔断时间较长。铜丝的电阻率较小，通过相同的额定电流时，发热量少，制造的截面积较小，因而体积较小，热容量较小，通过同一短路电流时，熔断时间较短。当额定电流较小时，铜丝的截面积将很小，不便安装，若做的截面便于安装时，铜丝截面又较大，允许通过的电流又远大于需要的额定电流。当铜丝达到熔化温度(1 080 ℃)时，设备绝缘早已热击穿，失去保护作用。但铜丝的断路能力大，保护特性好，为利用这些优点，可设法降低其熔化温度。最简单有效的方法是冶金效应法(或称金属熔剂法)，即使难熔金属在某种合金状态下变为易熔材料的方法。如在难熔金属铜熔件的表面焊上易熔金属锡的小球，当熔件发热到锡的熔化温度时，小球先熔化，渗入铜丝内产生铜锡合金，该合金的熔点比铜大为降低，且发热量剧增，因此，铜丝将首先在焊有小锡球处熔断，产生电弧，电弧的高温足使铜丝沿全长熔化，切断电路。

影响熔断器保护特性的其他因素还有：①安装熔件不慎损伤熔件或接触不良；②熔件老化或质量不高；③熔件长度不等；④不适当的采用材质不同的代用熔件；⑤石英砂的纯度、粒度、湿度不合要求等。

(3)保护特性的作用

按照保护特性选择熔体才能获得熔断器动作的选择性。所谓选择性，是指当电网中有几级熔断器串联使用时，分别保护各电路中的设备，如果某一设备发生过负荷或短路故障时，应当由保护该设备(离该设备最近，即该设备或线路的主保护)的熔断器熔断，切断电路，即为选择性熔断；如果保护该设备的熔断器不熔断，而由上级熔断器熔断或者断路器跳闸(即该设备或线路的后备保护)，即为非选择性熔断。发生非选择性熔断时，扩大停电范围，造成不应有的损失。

当熔断器多级串联使用时，应注意保护特性的配合，合理选择各级熔断器熔件的额定电流，以使熔断器有选择性的动作，缩小事故范围。为此，一般应使前一级(靠近电源)熔件的额定电流大于后一级(靠近负载)熔件额定电流 2～3 个等级，即可使熔断器有选择性的动作。

4. 熔断器的主要优缺点

熔断器结构简单，安装维修方便。故在功率较小和对保护特性要求不高的配电装置中得到广泛的应用。在 1 kV 以下低压系统中常与刀开关配合代替自动空气开关，在 10 kV 系统中常与高压负荷开关配合代替高压断路器。

熔断器不能作正常的分、合电路使用。因熔断器动作后必须更换熔件，势必造成局部停电。另外，其保护特性易受外界因素的影响，故在 1 kV 以上高压系统中仅用于保护电压互感器和功率较小的电力变压器。

5. 高压熔断器举例

图 2-31 为 RN5 型熔断器，这种熔断器主要由熔管、接触座支柱绝缘子和底座组成。图 2-32 为熔体管的结构示意图。熔体管由熔管(瓷管)、端盖、顶盖、陶瓷芯、熔体和石英砂等组成。熔管用滑石陶瓷或高频陶瓷制成，具有较高的机械强度和耐热性能。熔管不仅是灭弧装置的主要组成部分，而且还起着支持和保护熔体的作用。端盖用铜制成，熔体通过端盖与接触座接触组成导电回路。顶盖也用铜制成，用来封闭熔管。充入熔管的石英砂形成大量细小的固体介质狭缝狭沟，对电弧起分割、冷却和表面吸附(带电粒子)作用，同时缝隙内骤增的气体压力也对电弧起强烈的去游离作用，所以电弧被迅速熄灭。

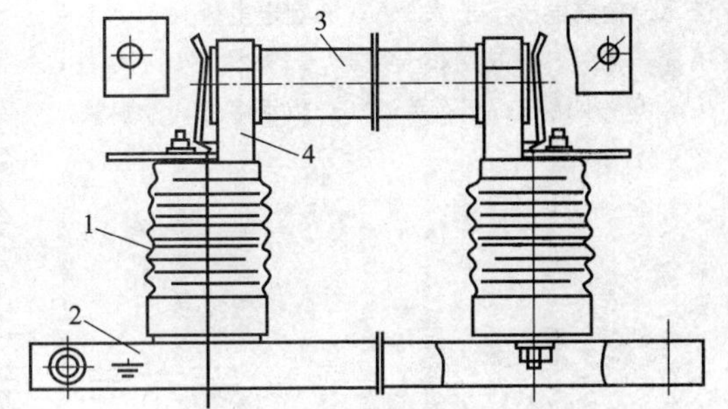

图 2-31　所示为 RN5 型熔断器外形图

1—支柱绝缘子；2—底架；3—熔管；4—接触座

图 2-33 为 RW3-10 型跌落式熔断器。户外跌落式熔断器主要作用是作为电力输电线路和电力变压器短路和过负荷保护使用。上静触头和下静触头分别固定在瓷绝缘子的上下端。鸭嘴罩可绕销轴 O_1 转动，合闸时，鸭嘴罩里的抵舌(搭钩)卡住上动触头同时并施加接触压力。一旦熔体熔断，熔管上端的上动触头就失去了熔体的拉力，在销轴弹簧的作用下，绕销轴 O_2 向下转动，脱开鸭嘴罩里的抵舌，熔管在自身重力的作用下绕轴 O_3 转动而跌落。熔管由层卷纸板或环氧玻璃钢制成，两端开口，内壁衬以石棉套，既防止电弧烧伤熔管，还具有吸湿性。熔体

熔断后，在电弧高温作用下，熔管内壁分解产生的氢气、二氧化碳等向管的两端喷出，对电弧产生纵吹作用，使其在过零时熄灭。

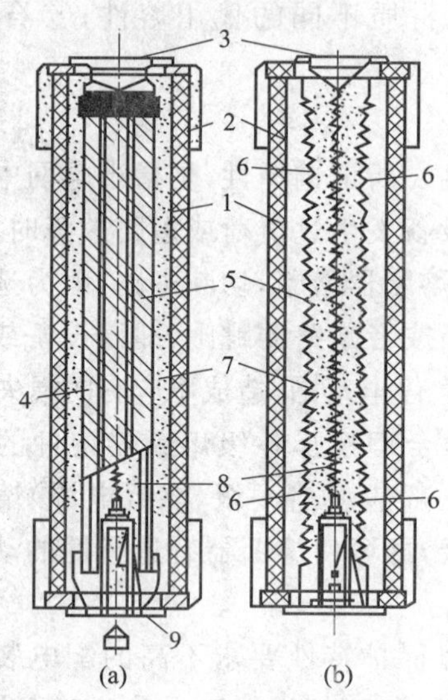

图 2-32　熔体管的结构示意图

(a)额定电流小于 7.5 A；(b)额定电流大于 7.5 A

1—熔管；2—端盖；3—顶盖；4—陶瓷芯；5—熔件；6—小锡球；7—石英砂；8—指示熔件；9—弹簧

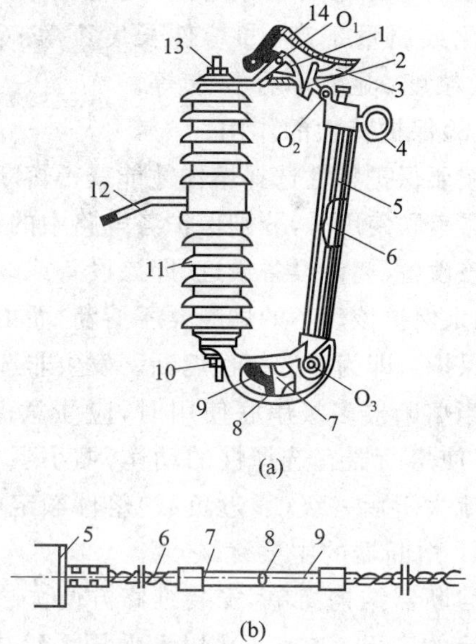

图 2-33　RW3-10 型跌落式熔断器结构原理

(a)熔断器外形图；(b)熔断器熔件构造

1—上静触头；2—上动触头；3—抵舌；4—操作环；5—熔管；6—熔丝；7—下动触头；8—托架；9—下静触头；10—下接线端；11—瓷绝缘子；12—固定板；13—上接线端；14—鸭嘴罩；15—钮扣；16—绞线；17—紫铜套；18—小锡球；19—熔体；O_1、O_2、O_3—销轴

第六节　弹簧操动机构

弹簧操动机构是一种以弹簧储能(压缩储能和拉伸储能两种类型)机械杆件传递操作功的一种操动机构，如图 2-34 所示。城市轨道交通供电系统中，中压(35 kV 或者 10 kV)真空断路器一般配用弹簧操动机构。

弹簧操动机构内部结构如图 2-35 所示，其工作原理示意图如图 2-36 所示。其工作原理叙述如下：分闸时磁铁 1 励磁，分闸钩子 2 脱离，分闸弹簧 3 释放能量，断路器 4 分闸。合闸时，合闸电磁铁 5 励磁，合闸钩子 6 脱离，合闸弹簧 7 释放能量，分闸弹簧 3 受到压缩储存能量，断路器 4 合闸。合闸后，机构自动进行储能，过程如下：电动机 8 通电工作，合闸弹簧 7 受到压缩储存能量。压缩到位后通过限位开关切断电动机 8 受电回路。

弹簧操动机构的额定操作顺序如下：(1)断路器处在分闸位，分合闸弹簧均未储能；(2)起动电动机(约 7 s)或手动对合闸弹簧储能；(3)按合闸按钮使合闸弹簧释放能量，驱使断路器合闸(≤0.08 s)并通过机械传动装置对分闸弹簧储能；(4)断路器合闸后自动起动电动机对合闸弹簧储能；(5)按分闸按钮使分闸弹簧释放能量驱使断路器分闸(≤0.04 s)；(6) 按合闸按钮使断路器合闸。此后，操动机构按(3)→(4)→(5)→(6)的动作顺序循环动作。

图 2-34 弹簧操动机构外形图

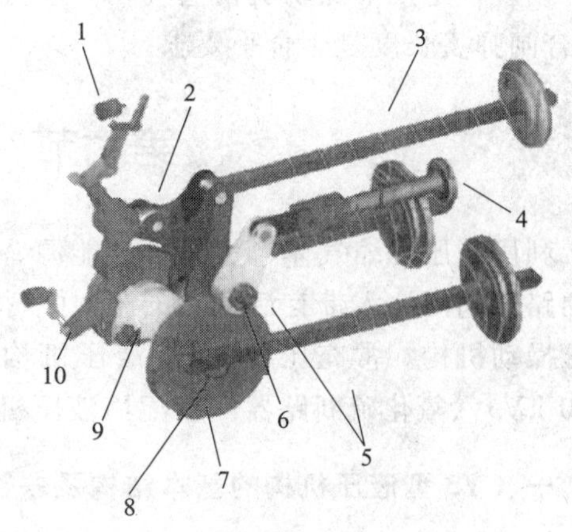

图 2-35 弹簧操动机构内部结构图

1—电磁铁；2—主杆；3—分闸弹簧；4—缓冲装置；
5—双合闸弹簧；6—主轴；7—齿轮；8—凸轮轴；
9—凸轮；10—合闸控制器

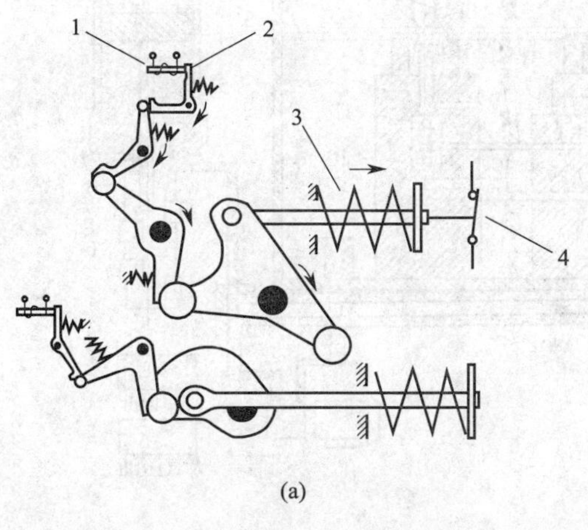

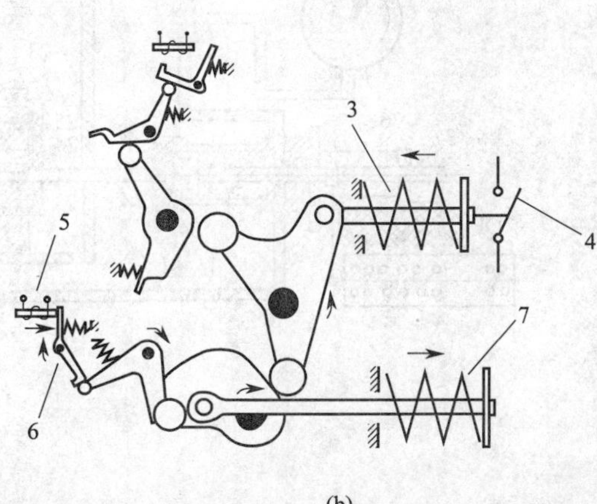

图 2-36 弹簧操动机构工作原理示意图

(a)分闸原理图；(b)合闸原理图；(c)储能原理图

弹簧操动机构初次使用前，要进行分、合闸，手动电动储能的性能试验。按规程和检修工艺定期对操动机构各机械运动部分进行润滑，检查各部位螺栓是否松动，若有松动，则予以紧固。按规程定期对操动机构电气元件进行预防性试验。定期检查合、分闸弹簧是否完整无损，分、合闸弹簧长度是否合乎要求。

第七节　液压操动机构

利用高压压缩气体（氮气）作为能源、液压油（10 号航空油）作为传递能量的介质，经特定的油路和阀门注入带有活塞的工作缸中，推动活塞往复运动，驱使断路器分、合闸的机构，称为液压操动机构。常充压、差动式液压机构如图 2-37 所示。城市轨道交通供电系统中，高压（110 kV）六氟化硫断路器一般配用液压机构。

一、CY3 型液压机构的基本结构及各部作用

CY3 型液压机构自成一独立部分，它通过伸出机构箱的活塞杆与断路器本体的水平拉杆相连，其余部件均封闭在机构箱内部。其主要组成部分如下。

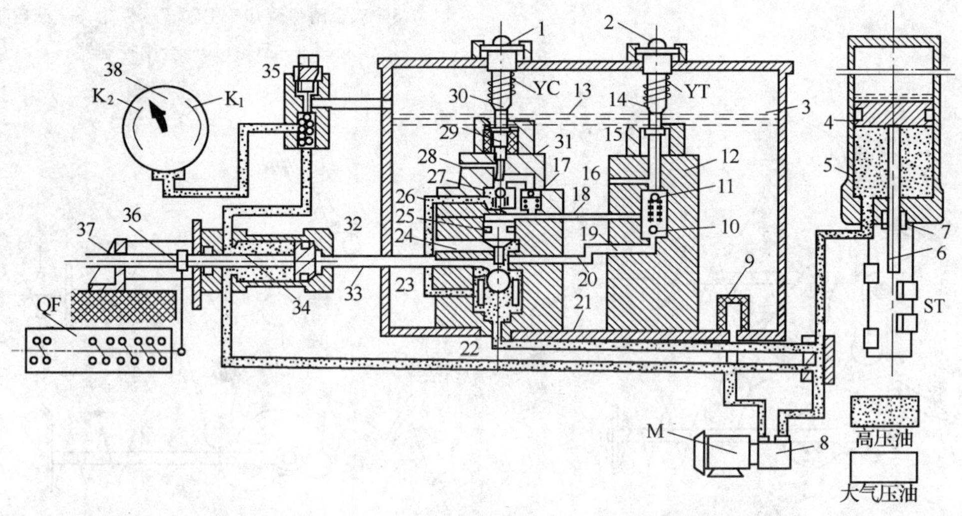

图 2-37　CY3 型操动机构的液压系统

1—合闸按钮；2—分闸按钮；3—密封圈；4—活塞；5—储压筒；6—活塞杆；7—密封圈；8—油泵；9—滤油器；10、11—球阀；12—分闸电磁阀；13—油；14—分闸电磁铁；15—推动杆；16—泄油孔；17—逆止阀；18—油道；19—节流接头；20、21—油道；22—接头；23—合闸二级阀；24—泄油孔；25—合闸二级阀活塞；26—油管道；27—合闸一级阀；28—泄油孔；29—推杆；30—合闸电磁铁；31—合闸电磁阀；32—工作缸；33—合闸管道；34—活塞杆；35—放油阀；36—传动拉杆；37—导向支架；38—电接点压力表；YC—合闸线圈；YT—分闸线圈；ST—微动开关；M—电动机；QF—断路器辅助联动接点；K_1、K_2—电接点压力表的静触点

1. 油泵

电动油泵 8 是机构的能量转换装置，它将电能转换成油的位能，为液压系统提供一定数量和一定压力的高压油。根据技术要求升高液压系统的压力和补充高压油，以满足正常操作断路器的需要。

油泵采用双柱塞式结构。通过靠背轮与电动机作钢性连接。油泵的低压端用一根塑料软管和油箱中的滤油器9连接组成吸油回路。低压油经单向阀进入油泵，经油泵升压变为高压油后通过油泵出口的单向阀进入高压油管（一般为铜管），高压油管经单向阀与四通接头相连，高压油经从四通接头引出的高压油管，分别送入储压器、工作缸、电磁阀中。

2. 储压器

储压器是液压机构的能源，属于充气活塞式结构，由钢制储压筒5、活塞4、活塞杆6、充气逆止阀、帽盖和密封圈7等组成。活塞4把储压器内的气和油隔离开。在储压器活塞上方预先充入一定压力的氮气。当油泵工作时，将高压油不断打入储压筒活塞下方，当油压高于氮气压力时，高压油推动活塞向上运动，进一步压缩氮气，从而使氮气储备了能量，并在储压筒内积存了足够的高压油。当油压上升到规定压力时，储能过程完成。活塞杆上升脱离微动开关ST，将油泵电机电源切断，此时储压筒内油、气压力相等。由于活塞将氮气与油隔开，故对活塞的密封要求很高，一般采用O形、V形两道油封，以防止油、气互相渗透。活塞上表面一般有20 mm深的液压油，起密封和润滑作用。活塞杆经油封伸出储压筒外并与基座上的5个微动开关ST相配合，用于控制油泵电机；监视油压（油压异常时发出信号）；实现断路器在油压异常时的分、合闸闭锁等。

1ST、2ST的主要作用是蓄能时的油压控制。它通过储压器活塞杆的位置直接反映储压器内部积蓄的高压油量（当储压器内予充氮气没有泄漏时，也反映了液压系统的油压）。

当机构进行合分闸操作或泄漏油时，储压器内油量减小，液压系统油压降低，储压器活塞杆向下移动，当其圆周末端部分触动2ST时油泵电机自动启动，为液压系统补充油压，直到活塞杆圆周末端部分脱离1ST，油泵电机自动停机为止。

3ST，4ST，5ST的主要作用是操作时的油压控制。其中3ST的作用是当油压偏低，储压器活塞杆通过1ST、2ST、3ST直到其圆周末端部分触动3ST时，不允许合闸，实现合闸闭锁。4ST的作用是当油压下降到蓄压器活塞杆圆周末端部分触动4ST时，不允许分闸或自动分闸。5ST的作用是当蓄压器活塞杆通过1ST、2ST直到圆周末端部分触动5ST时，不允许进行重合闸操作。

3. 阀系统

阀系统是机构的控制、传动系统，使高压油经特制的油路和阀门进入工作缸，以驱动工作缸中活塞运动。它由油箱（储存一定量的常压油）、分合闸按钮（控制分合闸电磁阀）、滤油器（使液压油经过滤后重新使用）、加热器（低温时给液压油加热以保证液压油的工作性能）、分合闸电磁阀（控制油路）、放油阀（用于释放高压油或检修换油时释放低压油）等部分组成。

合闸电磁阀由合闸一级阀27、逆止阀17（两阀为ϕ5.5 mm钢球）、合闸二级阀23（ϕ17 mm钢球）和合闸二级阀活塞25及相应的油路等组成。

分闸电磁阀由两个单向球阀10、11（ϕ5.5 mm钢球）及相应的油路组成。

4. 工作缸系统

工作缸是机构的执行元件和能量转换器。它将压缩氮气的位能经液压油的传递变换为工作活塞直线往复运动的机械能，驱使断路器改变工作状态。主要由工作缸、活塞及杆、油封、导向支架、辅助转换开关等组成。

工作活塞根据压差原理往复运动。工作活塞左侧装有活塞杆，致使活塞左右两侧面积不等（右侧大，左侧小），根据压差原理，当活塞两侧压强相等时，因受力面积不等，两侧接受压力

不等，使活塞向左运动，断路器合闸。当活塞右侧高压油经泄油道放入油箱中时，右侧为常压，左侧为高压，则活塞向右运动，断路器分闸。

5. 控制板

控制板上装有起动器(接触器)、中间继电器、辅助开关、电接点压力表、接线端子排及控制线路等。用于监视、控制系统的油压，保证机构可靠动作。

K_1、K_2 是电接点压力表的触点，其主要作用是当油压异常升高或异常降低时接通电路以控制油压。

其中 K_1 的作用是液压系统发生油压异常升高时，K_1 接通电路，中间继电器动作，切断油泵电机电源，油泵电机自动停止。K_2 的作用是液压系统发生油压异常降低时，K_2 接通电路，中间继电器动作，切断油泵电机电源，油泵电机自动停止。

二、工作原理

1. 分闸状态

如图 2-37 所示，储压器内的氮气已储压到额定值。此时，高压油经油路 21 进入合闸二级阀 23，使其关闭，堵塞油路 33；高压油经油路 26 进入合闸一级阀 27，使其关闭，堵塞油路 18；高压油经另一油路送入工作缸左侧，使活塞 34 移至最右位置，断路器处于分闸状态。同时高压油经工作缸左侧进入放油阀 35，使其关闭，堵塞放油回路。高压油经放油阀 35 进入电接点压力表 38，使其显示正常油压。由于阀系统中的放油回路均被堵死，高压油的压力就能保持住，为断路器合闸准备好了条件。断路器辅助开关中一对接点闭合，送出分闸位置信号。

2. 合闸过程

按下合闸按钮 1，电磁铁线圈 YC 通电，电磁铁铁芯 30 向下冲击，推动杆 29 向下运动，堵塞放油回路 28，同时打开合闸一级阀 27，从油路 26 来的高压油经合闸一级阀 27 进入逆止阀 17，并经过 17 进入油路 18。从油路 18 来的高压油使合闸二级阀活塞 25 向下运动，堵塞放油回路 24，同时打开合闸二级阀 23，使从油路 21 来的高压油经 23 进入油路 33，并经 33 进入工作缸右侧，根据压差原理，推动活塞 24 迅速向左运动，使断路器合闸(此时活塞两侧均有高压油)。同时油路 18 中的高压油进入分闸电磁阀 12，使球阀 11 堵塞放油回路 16。此时合闸按钮返回，YC 失电，30、29 返回，打开放油回路 28。压力差使合闸一级阀 27 关闭，逆止阀 17 也复位关闭。油路 18 中保持正常工作压力，使 25 不能复位，断路器维持在合闸状态。当二级阀活塞 25 上部的油有所泄漏、油压降低时，高压油经已打开的合闸二级阀 23、油路 20、补油孔 19(ϕ0.5 mm)，打开球阀 10 向油路 18 中补油，可使断路器维持在合闸状态。

3. 分闸过程

按下分闸按钮 2，分闸电磁铁线圈 YT 通电，铁芯 14 向下运动，推动杆 15 打开球阀 11，使油路 18 中的高压油经球阀 11、油路 16 放入油箱。活塞 25 上部的高压力消失，变为常压。由于压力差的存在，25 上升复位，打开放油回路 24，使合闸二级阀 23 上升关闭；油路 33、工作缸右侧的高压油变为常压油，根据压差原理，工作活塞左侧的高压油推动活塞 34 迅速向右运动，使断路器分闸。分闸时，节流孔的作用是限制高压油经管道 20 从分闸电磁阀泄掉，以缩短分闸电磁阀动作的时间。

CY3 型液压机构的分、合闸都是利用液压油传递能量来实现的，因此它所操纵的断路器(如 SW6-110 型断路器)中不再装设分闸弹簧。但在底架部分装有合闸保持弹簧，以免在断路器正常运行时，由于某种原因机构工作压力降低引起断路器缓慢分闸。

三、CY3 型液压操动机构维修调整要点

1. 检修机构时，应十分注意机构的清洁度。任何一点微小的污物混入液压系统中，都会造成机构的渗漏、误动作，甚至会造成滑动密封面研坏的严重后果。因此，检修机构时，应用汽油清洗，不允许使用棉纱，以保证液压油的纯净。

2. 环境温度过低时，应起动加热器，以保证液压油的流动性，否则将影响断路器分、合闸速度及密封的可靠性。一般情况下，加热器在 0℃时投入，+10℃时切除。

3. 正常情况下，油泵每天起动一次，若起动次数过多，说明高压油路渗油加快、密封损坏要及时修理。

4. 储压器的压力是微动开关 ST 的位置保证的，压力表的读数仅供参考。因为影响油压的因素很多，如温度、预充氮气的压力、摩擦力、压力表的精度等。当压力表的读数与微动开关对应的压力不相符合时，不能随意改变微动开关的位置来调整压力，因为微动开关的位置除了反映油压的大小外，还要保证储压器内存有一定的油量供操作用。只要压力稳定在某数值不随时间变化（温度影响除外），就不要调整。必须检修微动开关时，一定要注意使其位置不变。

5. 断路器在正常运行中，若机构失压，除合闸保持弹簧起作用外，可采用机械闭锁工具（如卡板）卡在水平连杆的接头上，使断路器维持在合闸状态，再检修机构。但机构检修后起动油泵时必须按下合闸按钮让高压油立即进入工作缸右侧，才能使断路器可靠地保持在合闸状态，然后取下卡板。否则，高压油将进入工作缸左侧，断路器将分闸，造成供电中断。

6. 机构的空载调试应注意下列事项

（1）液压系统内存有气体时，会使机构的速度、时间特性不稳定，油泵打油时间长。因此机构投入运行前，应首先排除油泵和液压系统内的气体。液压系统排气，打开高压放油阀。油泵排气，拧开油泵上的放气塞。

（2）检查储压器中预充氮气的压力。将油压放到零，起动油泵，压力表指针突然上升到 P_m 值，然后缓慢上升；停止油泵工作，打开放油阀，使压力表指针缓慢下降，当降到 P_d 时，油压突然降到零。则预充氮气压力 P_y 为：$P_y=(P_m+P_d)/2$。

（3）检查储压器活塞杆行程，一般为(182±3)mm。

（4）检查压力控制系统，调整各微动开关，使之能按规定压力可靠分合。

（5）油泵打压时间（从零压升到规定停止压力）不应超过 3 min。

（6）在零压时起动油泵，当油压达到氮气预压力时，按分、合闸按钮就可实现慢分、慢合，慢分、慢合操作用于检查工作缸活塞动作是否平稳，并测量工作活塞行程是否为(132±1)mm。

（7）进行电动快速分、合闸操作，检查电磁阀系统工作的可靠性。

（8）机构应进行密封检查。其方法是：停止压力，机构分别在分、合闸位置静置 8 h，不应有渗油现象，储压器下降不应超过 2 mm。

（9）机构应进行高压强度检查。其方法是：在合闸位置，用人为方法启动微动开关，使系统压力升高到 $9.8\times350\times10^4$ Pa，持续 5 min，储压器活塞杆位置应不变。否则，说明液压系统有渗漏。作此实验时应注意安全。

7. 开关在合闸位置，打开放油阀，工作缸活塞杆伸出长度的缩短应不超过 2 mm，否则说明合闸保持弹簧的拉力不够，应予以调整。

8. 检修应按检修工艺及标准进行。

第八节　弹簧储能液压机构

弹簧储能液压操动机构是一种以弹簧储能，液压传递的一种操动机构。具有机构、紧凑、重量轻、与断路器组装简单方便、部件少、噪声低、免维修等优点。这里介绍 HMB-2 型弹簧储能液压操动机构，如图 2-38 所示。其工作原理如图 2-39 所示。

图 2-38　HMB-2 型弹簧储能液压操动机构图

1. 储能过程

液压泵 11 将油加压输送到高压储油箱 5，其储能活塞 3 与碟形弹簧 1 连接。根据弹簧的行程，碟状弹簧的储能状态由控制杆 15 反映出来并带动液压控制系统中的马达起停开关，液压泵与高压储油箱之间装有逆止阀，防止停泵时压力下降。

2. 合闸过程

工作活塞 7 带有活塞杆的一侧与高压储油箱 5 相连接，工作活塞顶端那一侧与低压储油箱 6 连接，就能可靠的保持分闸位置，一旦合闸电磁阀 17b 动作，转换阀 18 切换，堵塞住工作活塞顶端侧与低压储油箱 5 的通路，同时接通工作活塞顶端侧与高压储油箱 5 的通路，因为在工作活塞顶端侧的面积大于工作活塞杆侧的面积，所以活塞顶端侧的压力大于活塞杆侧的压力，此压力差推动工作活塞运动到合闸位置。

碟形弹簧按照切换操作需要的油量释放张力。这些油量能立即由液压泵补充。在系统压力一直维持的时候，工作活塞停留在合闸位置，机械闭锁 9 由压力控制，防止万一失压状态下出现慢分。

3. 分闸过程

当分闸电磁阀 17a 动作，转换阀 18 切换到初始位置，即堵塞住高压油路，接通低压油路，此刻工作活塞杆侧的高压与工作活塞顶端的低压形成压力差，工作活塞即运动到分闸位置。

HMB-2 型弹簧储能液压操动机构的电气数据参数如下：

储能电机	电机储能时间		<1 min
	电压	交流/直流	220/220 V
	功率	交流/直流	0.47/0.47 kW
二次回路	合闸线圈	额定电压(DC)	220 V
	分闸线圈	额定电流(DC)	1.4 A
		线圈电阻(20℃)	(154±5)Ω
	加热器	额定电压(AC)	220 V
		功率	100 W
操动机构重量			200 kg

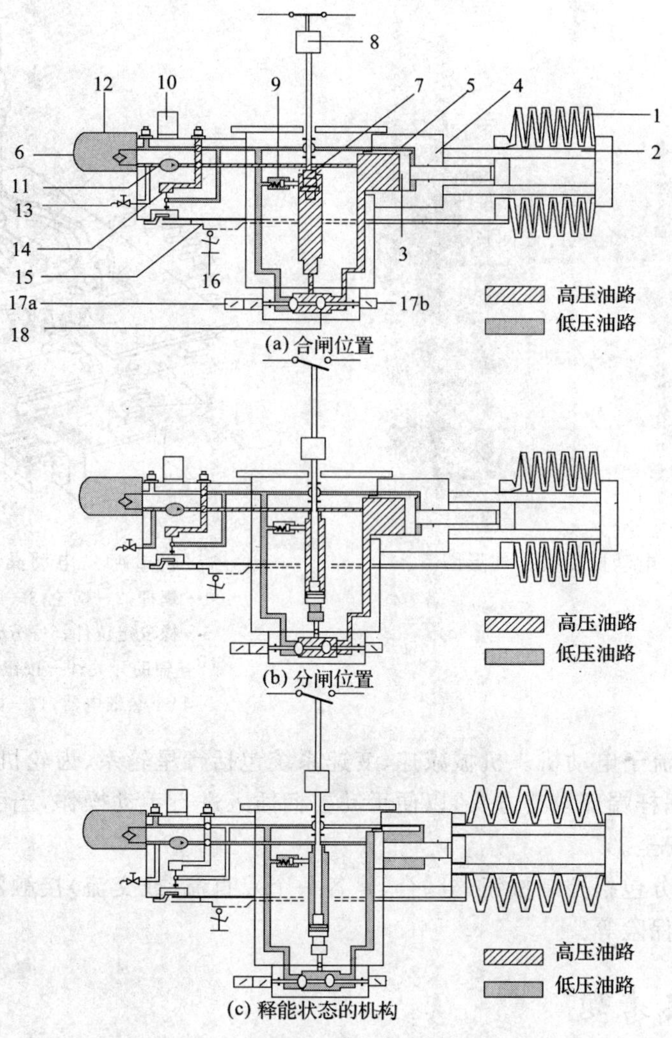

图 2-39 HMB-2 型弹簧储能液压操动机构工作原理

1—碟形弹簧圆柱；2—拉紧螺柱；3—储能活塞；4—储能缸；5—高压储油箱；6—低压储油箱；7—工作活塞；8—断路器连接轴；9—机械闭锁；10—电动机；11—液压泵；12—带油过滤器的低压储油箱；13—放油阀；14—溢流阀/压力释放阀；15—控制连杆；16—弹簧行程开关；17a—分闸电磁阀；17b—合闸电磁阀；18—转换阀

第九节 电动操动机构

电动机操动机构是高压隔离开关配套用的一种操动机构。通过二级齿轮变速和蜗轮蜗杆减速，在无载流情况下操作高压隔离开关，以切换线路，并对电器设备与带电的高压线路进行电气隔离。操动机构的外形如图 2-40 所示，内部结构如图 2-41 所示。

电动机构采用交直流两用电动机驱动，通过机械变速传动系统，将动力传递给机构输出轴，安装时借助钢管等与隔离开关相连接，以实现驱动隔离开关分、合闸。该机构主要由电动机、机械减变传递系统、电气控制系统和箱壳组成。

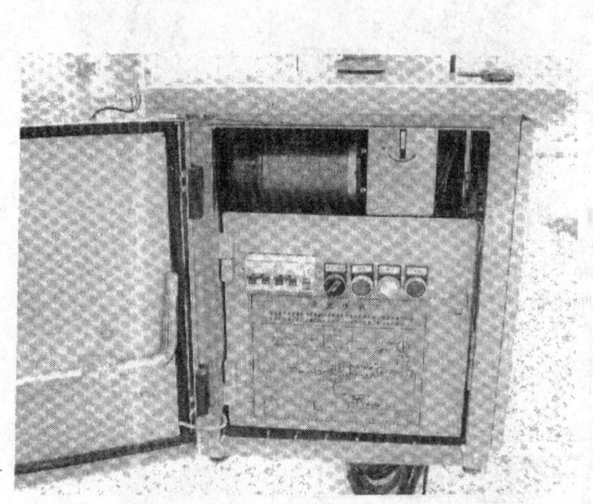

图 2-40　电动操动机构外形图

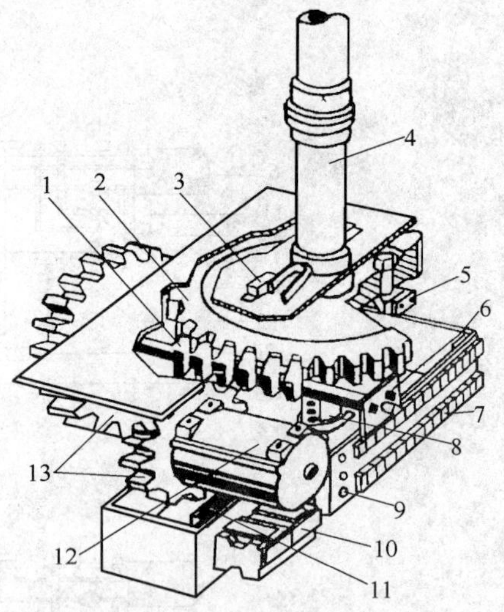

图 2-41　电动操动机构结构图

1—蜗杆；2—蜗轮；3—微动开关；4—主轴；
5—橡皮定位件；6—分合指示；7—接线座；
8—辅助开关；9—按钮；10—交流接触器；
11—热继电器；12—电动机；13—齿轮

电动机为整流子电动机。机械减速、变速系统包括行星轮系、齿轮机构、蜗轮蜗杆机构、平面四联机构，在蜗杆端部设有方头，以便手动摇柄插入进行手动操作，当手动摇柄插入时，自动切断电源，保证安全。

电气控制部分包括控制按钮（分、合、停各一个）、直流（或交流）接触器、辅助开关、电阻、延时继电器及速断保险等。

复习思考题

1. 气体电弧有什么特征？对电力系统和电气设备有哪些危害？
2. 电弧的游离和去游离方式各有哪些？影响去游离的因素是什么？
3. 交流电弧有什么特征？熄灭交流电弧的条件是什么？
4. 什么是弧隙介质强度和弧隙恢复电压？
5. 开关电器中常采用的基本灭弧方法有哪些？
6. 高压断路器的作用是什么？对其有哪些基本要求？
7. 高压断路器有哪几类？其技术参数有哪些？
8. 简述高压断路器结构的及各部分功能。
9. 简述 SF_6 气体为什么具有优良的灭弧性能和绝缘性能？
10. 为什么 SF_6 断路器必须严格控制 SF_6 气体中的水分？采取了哪些措施？
11. 简述单压力 SF_6 断路器的灭弧原理。
12. 真空间隙独具的特点是什么？真空间隙为什么具有优良的灭弧性能和绝缘性能？
13. 真空间隙的绝缘强度主要与什么因素有关？

14. 真空电弧的本质是什么？简述真空电弧是怎样形成的。

15. 真空电弧熄灭的原理是什么？

16. 真空灭弧室主要由几部分组成？各部分作用是什么？

17. 真空断路器如何检查其真空度？

18. 高压隔离开关在线路中的主要作用是什么？

19. 隔离开关配合断路器进行停、送电操作时，应遵守的安全操作规定是什么？

20. 高压负荷开关、高压熔断器的作用是什么？

21. 操动机构的功能是什么？

22. 弹簧型操作机构的额定操作顺序是什么？

23. 根据设备结构图简述弹簧型操作机构的工作过程。

24. CY3 型操作机构主要有哪几部分组成？各部分主要功能是什么？工作缸的工作原理是什么？

25. 根据设备结构图简述 CY3 型液压操作机构的储能、分闸、合闸工作过程。

26. 根据设备结构图简述弹簧储能液压操作机构的储能、分闸、合闸工作过程。

27. 什么是三工位隔离开关？简述其结构特点及其优势。

28. 简述直流断路器的结构及其灭弧原理。

第三章 互 感 器

第一节 概 述

一、互感器与系统的连接

互感器是一种特殊的变压器，其基本机构与变压器相同，依变压器工作原理。其一、二次绕组与系统的连接方式如图 3-1 所示。

图 3-1 中，V、A、kW·h 分别为电压表、电流表和电度表，TV、TA 分别为电压互感器和电流互感器。

互感器用在各种电压等级的交流回路中。电流互感器的原绕组（一次绕组）串联于一次电路，而副绕组（二次绕组）与测量仪表或继电器的电流线圈串联。电压互感器的原绕组并联于一次电路内，而副绕组与测量仪表或继电器的电压线圈并联。

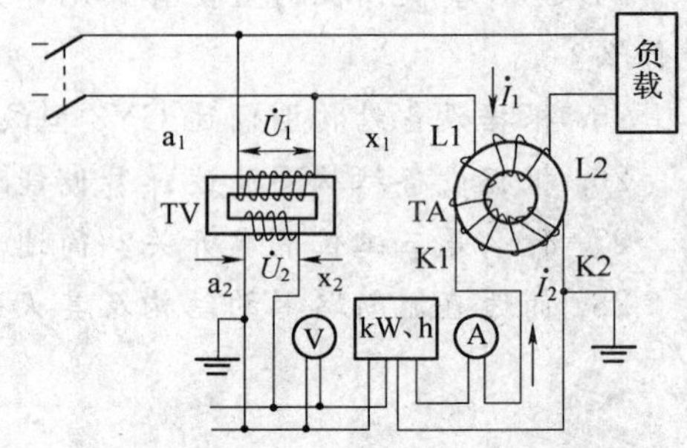

图 3-1 互感器与系统的连接图

二、互感器的作用

1. 将电信号变成规定范围内小信号。电压互感器二次侧额定电压为 100 V 或 $100/\sqrt{3}$ V，电流互感器二次额定电流为 5 A 或 1 A。使测量仪表和继电器标准化和小型化，二次设备按此电压、电流设计，经济技术性能较好。

2. 将二次设备与一次系统高压设备实行电气隔离，且互感器二次绕组接地，保证了二次设备和人身安全。另外二次系统不受一次系统的限制，接线灵活、维护、调试、检修方便，便于实现远距离集中控制、保护、测量。

三、互感器的类型

互感器包括电流互感器和电压互感器。电流互感器有光电式和电磁式两种，电压互感器有光电式、电磁式和电容分压式。

第二节 电磁型电流互感器

一、电流互感器工作原理

电流互感器是一种小容量特殊变压器，正常运行时存在磁势平衡方程为

$$\dot{F}_1+\dot{F}_2=\dot{F}_0$$

因

$$\dot{F}=\dot{I}W$$

故

$$\dot{I}_1W_1+\dot{I}_2W_2=\dot{I}_eW_1 \tag{3-1}$$

$$\frac{\dot{I}_1-\dot{I}_e}{\dot{I}_2}=\frac{W_2}{W_1}$$

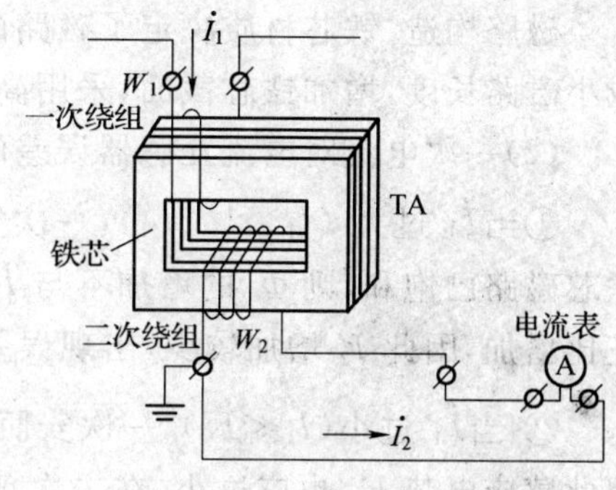

图 3-2　电流互感器基本结构

式中　F_1、F_2——原、副边电流产生的磁势；

F_e——铁芯中激磁磁势；

I_1、I_2——分别为原、副边的电流；

I_e——正常运行时的激磁电流；

W_1、W_2——原、副绕组匝数。

我们将电流互感器额定电流比定义为原、副绕组的额定电流之比，即

$$K_i=\frac{I_N}{I_n}$$

令原、副绕组的匝数之比 $K_W=\frac{W_2}{W_1}$，由于激磁电流 I_e很小可忽略，即

$$K_i=K_W=\frac{I_N}{I_n}=\frac{W_2}{W_1} \tag{3-2}$$

由于激磁电流 I_e的存在，电流互感器就有误差产生。

二、电流互感器的误差

1. 电流误差（比值差）

电流误差是指以电流互感器副边测量的二次电流值乘以额定电流比与一次侧实际电流之差对一次电流实际值的百分比，即

$$\Delta I=\frac{K_iI_2-I_1}{I_1}\times 100\% \tag{3-3}$$

电流误差会引起所有仪表和继电器产生误差。

2. 角误差（相角误差）

电流互感器的角误差是指二次电流相量 $\dot{I}_2$ 旋转 180°以后，与一次电流相量间的夹角 δ。规定旋转后的二次电流相量超前于一次相量时，角误差 δ 为正，反之为负。

角误差对功率型测量仪表和继电器以及反映相位的保护装置会有影响。

3. 复合误差

当电流互感器原边流过短路电流时，铁芯趋向饱和。此时激磁电流含大量高次谐波，即使一次电流为正弦波，二次电流也不会是正弦波，就不能用相量图来分析一、二次电流的关系，这样要用到复合误差。

复合误差的定义是：在稳态情况下，电流互感器的二次电流瞬时值乘以额定电流比与一次电流瞬时值之差的有效值对一次电流有效值的百分数

$$\varepsilon_c=\frac{1}{I_1}\sqrt{\frac{1}{T}\int_0^T(K_iI_2-I_1)\mathrm{d}t}\times 100\% \tag{3-4}$$

选择保护用电流互感器（P 级）时用到此参数。

4. 影响电流互感器误差的因素

（1）电流互感器的磁路构造、铁芯材质（产品本身的误差）

磁路构造、铁芯材质决定了磁路的磁阻，减少电流互感器磁路磁阻可以使误差降低，所以减小磁路长度，增加铁芯截面，采用高导磁率材料作铁芯误差会减少。

(2)一次电流对电流互感器误差的影响(应用条件造成的误差)

①当$\dot{I}_1$过大($I_1 \gg 1.2I_N$)，一次安匝$\dot{F}_1=\dot{I}_1W_1$太大，使激磁磁势$\dot{F}_e$过大，即I_0过大，但铁芯磁路已饱和，则Φ_e的增加不与I_1成正比，那么在二次绕组产生的感应电势E_2也与I_1成正比增加，因此I_2增加较少，出现误差。

②当$\dot{I}_1$过小($I_1 \ll I_N$)，一次安匝$F_1=I_1W_1$太小，使激磁磁势F_e过小，即I_e过小、Φ_e小，因此感应电势E_2也应过小，在二次负载不变的情况下，I_2应按比例减小，但由于铁芯具有磁滞现象，此时铁芯中剩磁将起主导作用、也就是说Φ_e不随I_1按比例减少，E_2由剩磁决定，相应的I_2不按比例减小，出现误差。

所以互感器应工作在额定电流附近。

(3)二次负载及功率因数的影响(应用条件造成的误差)

当一次电流及二次负载功率因数不变时，增加二次负载会使E_2增大，从而激磁电流I_e增大，误差增大。所以要减小误差，二次负载必须限制在某个范围(额定负载)内。

当二次功率因数角增加时，电流误差增大、δ减小。反之，二次功率因数角减小时，电流误差减小，δ增大。

5. 减小电流互感器误差的一般方法

(1)“削减匝数”法。

由于误差的存在，电流互感器的二次电流总是偏小，制造电流互感器时，人为削减副绕组线圈匝数1～2匝，减小了W_2，要维持磁势平衡关系不变，I_2必然增加。

(2)设计时，在串级式电流互感器铁芯上增加平衡绕组、连耦绕组，抵消漏磁，减小误差。

(3)增大铁芯磁导率，减小激磁电流。

(4)正确选择电流互感器，使其工作在标准条件下。

三、电流互感器的技术参数

1. 电流互感器的准确度级

电流互感器的测量误差，可以用其准确度级来表示，准确度级是指在规定的二次负荷变化范围内，一次电流为额定值时的最大电流误差。一般0.1、0.2级主要用于实验室精密测量和供电容量超过一定值(月供电量超过100万kW·h)的线路或用户；0.5级的可用于收费用的电能表；0.5～1级的用于发电厂、变电所的盘式仪表和技术上用的电能表；3级、5级的电流互感器用于一般的测量和某些继电保护上；5P和10P级的用于继电保护，在旧型号产品中用B、C、D级表示。

2. 保护级电流互感器的10%误差曲线

10%误差曲线主要是用于选择继电保护用的电流互感器和复式整流装置，或者根据已给定的电流互感器确定其二次负载阻抗，选择二次电缆的截面。

用于保护的电流互感器在可能出现的最大短路电流范围内，最大误差不能超过10%，当I_1增加到一定值时，电流互感器的比值差为10%，此时的一次电流I_1与一次额定电流I_N之比n称为10%倍数，又因为电流互感器的误差还受二次负载阻抗影响，随着互感器所带的负载不

同，10%倍数也不同，电流互感器10%倍数与二次允许最大负载阻抗 Z_{2n} 的关系曲线，称为10%误差曲线。根据电网参数计算出一次电流倍数 n，($n=I_1/I_N$)。由图3-3中查出最大允许二次负载阻抗值，如果实际二次负载阻抗(包括该TA二次侧串联的所有继电器线圈阻抗、二次电缆阻抗和接触电阻)小于该允许值，则认为电流互感器的误差满足要求。如果不满足要求，则应：增大电流互感器的变比；增大二次电缆截面面积；降低接触电阻；减少电流互感器二次侧串联的线圈数量等。

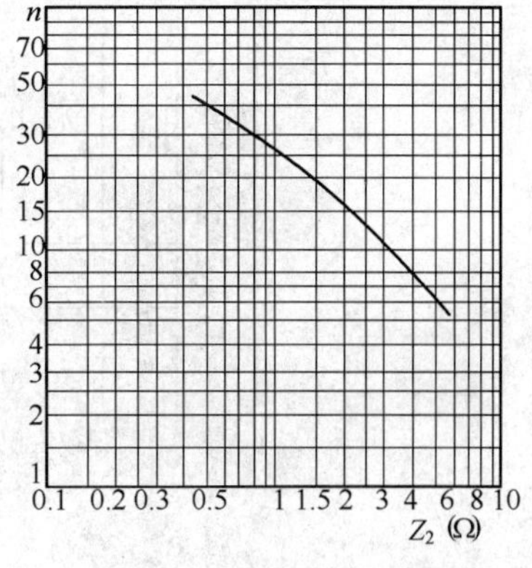

图3-3　10%误差曲线

3. 电流互感器的额定容量

电流互感器的额定容量 S_{N2} 指电流互感器在额定二次电流和额定二次阻抗下运行时，二次绕组输出的容量。由于电流互感器的额定二次电流为标准值(5 A或1 A)，也为了便于计算，有的厂家提供电流互感器的额定阻抗 Z_{N2} 值。

因电流互感器的误差和二次负荷有关，故同一台电流互感器使用在不同准确级时，会有不同的额定容量。

四、电流互感器的接线

1. 电流互感器的极性

电流互感器在连接时，要注意其端子的极性，如图3-4所示。按照规定，我国互感器和变压器的绕组端子，均采用"减极性"标号法。用"减极性"法所确定的"同名端"，实际上就是"同极性端"，即在同一瞬间，两个同名端同为高电位或同为低电位。按规定，电流互感器的一次绕组端子标以L1、L2，二次绕组端子标以K1、K2，L1与K1为同名端，L2与K2为同名端。如果一次电流从L1流向L2，则二次电流应从K2流向K1。

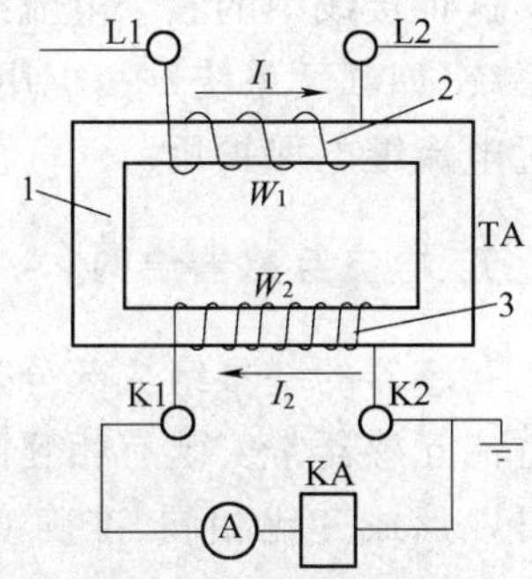

图3-4　电流互感器

1—铁芯；2—一次绕组；3—二次绕组

2. 电流互感器的接线方式

电流互感器的接线方式分为一相式接线(单相接线)、两相V形接线、两相电流差接线、三相星形接线方式，如图3-5所示。

(1)一相式接线(单相接线)

电流线圈通过的电流，反映一次电路某一相的电流。通常用于负荷平衡的三相电路，如低压动力线路中，供测量电流或接过负荷保护装置之用。

(2)两相V形接线

这种接线也称为两相不完全星形接线。在继电保护装置中，这种接线称为两相两继电器接线或两相的相电流接线。在中性点不接地的三相三线制电路中(如6～10 kV高压电路中)，广泛用于测量三相电流、电能及作过电流继电保护用。

(3)两相电流差接线

这种接线也称为两相交叉接线，适用于中性点不接地的三相三线制电路中(如6～10 kV高压电路中)供过电流继电保护用，也称为两相一继电器接线。

(4)三相星形接线

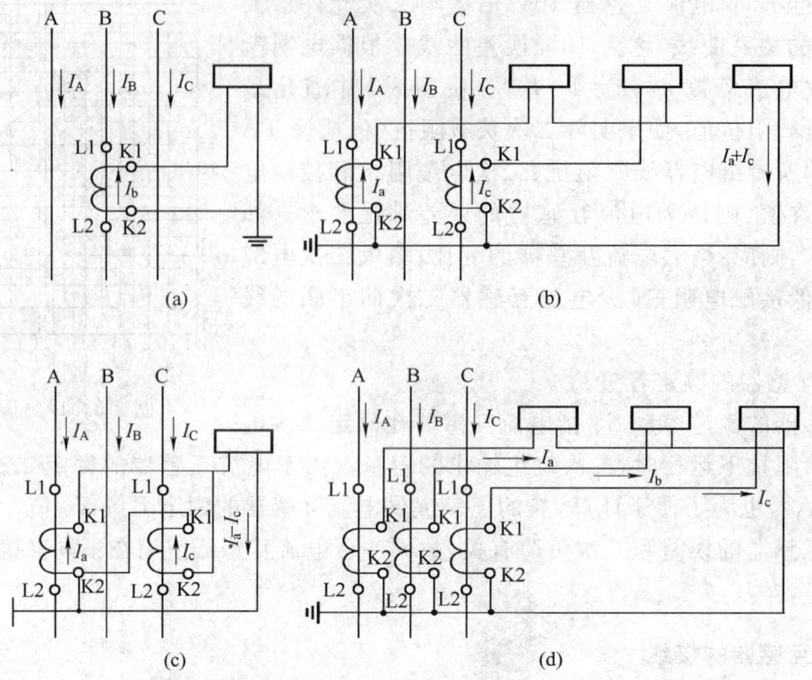

图 3-5　电流互感器的接线方式

(a)一相式接线;(b)两相 V 形接线;(c)两相电流差接线;(d)三相星形接线

这种接线中的三个电流线圈，正好反应各相的电流，广泛用在一般负荷不平衡的三相四线制系统(如 TN 系统)中，也用在负荷可能不平衡的三相三线制系统中，作三相电流、电能测量及过电流继电保护用。

五、电流互感器结构

互感器的基本组成部分是绕组、铁芯、绝缘物和外壳。为了节约材料和降低投资，一台高压电流互感器常安装有相互间没有磁联系的独立的铁芯环和二次绕组，并共用一次绕组。这样可以形成变比相同、准确度级不同的多台电流互感器。常用的电流互感器有下面几种：套管式电流互感器；充油式电流互感器；电容式电流互感器；SF_6 气体绝缘倒立式电流互感器；穿墙式环氧电流互感器。

1. 套管式电流互感器

单匝式电流互感器的一次绕组由单根直导体构成，如图 3-6 所示。互感器的一次心柱和二次绕组之间的绝缘，可以采用绝缘套、充油绝缘套、充油电容绝缘套、SF_6 绝缘套、环氧等。铁芯是硅钢片卷制成螺旋式环形状，这样可以加快制造过程、减少铁芯损耗和减低误差。二次绕组均匀地绕在铁芯上，以利减少漏磁。制成的二次绕组套在绝缘套外面，例如变压器套管电流互感器，穿墙套管电流互感器，断路器套管电流互感器等都是这类结构。

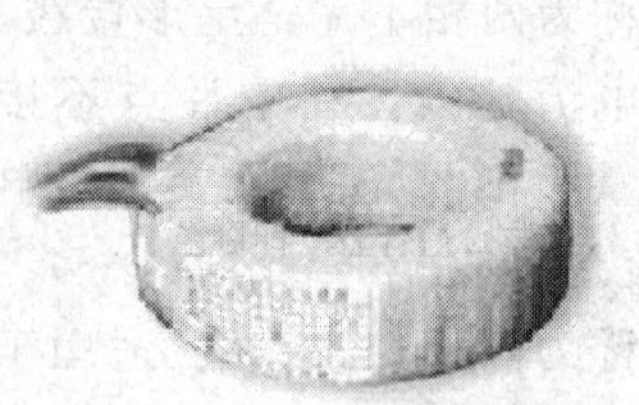

图 3-6　套管式电流互感器外形图

2. 充油式电流互感器

(35～110) kV 电流互感器多数采用充油式。LCWD1-35 型电流互感器有两个环形铁芯，铁芯外面绕二次绕组(一个 0.5 级和一个 P 级)，一次绕组穿过铁芯与二次绕组构成“8”字式的链状，如图 3-7(a)所示。一、二次绕组外面各用多层皱纹纸包缠后相互绝缘，整个“8”字链型绕组放置在注满变压器油的绝缘套中。绝缘套与金属底座及油枕两端均垫耐油橡胶密封圈，用螺栓紧固。油枕两侧装有一次绕组的出线端 L1 及 L2、L3 与油枕直接贯通，L1 靠小绝缘套绝缘。二次线端从底座引出。为了防止油的受潮和减轻油的劣化，油枕内一般装有隔膜。

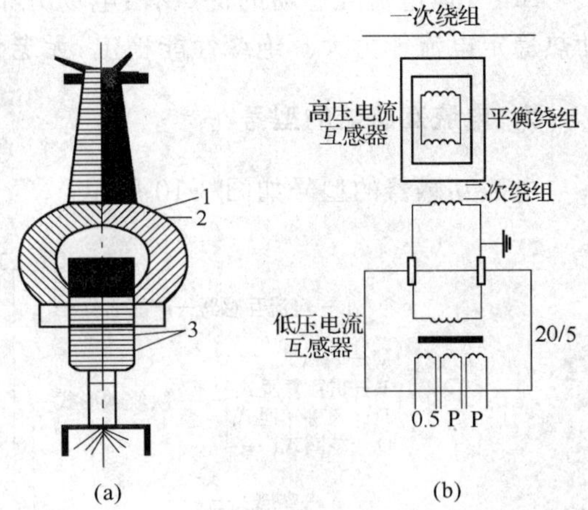

图 3-7　充油式电流互感器图

(a)110 kV“8”字型绕组电流互感器绕组结构图；(b)L-110 型电流互感器原理结构图

1—绕组；2—一次绕组；3—二次绕组及铁芯

L-110 型电流互感器采用串级原理结构，如图 3-7(b)所示。

为了增强一次绕组和二次绕组间的耦合，在上、下两个铁芯柱上设置了平衡绕组。高压电流互感器一次绕组的两个出线端由绝缘套顶部油枕上引出，二次绕组和置于绝缘套底部底座的低压电流互感器的一次绕组相连。低压电流互感器有 3 个二次绕组(0.5，P，P)，分别绕在 3 个环形铁芯上，其一次绕组则绕在 3 个绕有二次绕组的环形铁芯上。

3. SF_6气体电流互感器

SF_6气体电流互感器适用于 110 kV、50 Hz 电力系统中作电流、电能测量及继电保护用。该产品主要由躯壳、高强度瓷套、底座、一次导电杆、二次绕组等部分组成。产品顶部装有压力释放装置，以避免突发性事故的发生。底座上设有 SF_6 阀门及密度继电器和二次接线板等。图 3-8、图 3-9 分别为电流互感器外形图和内部结构图。

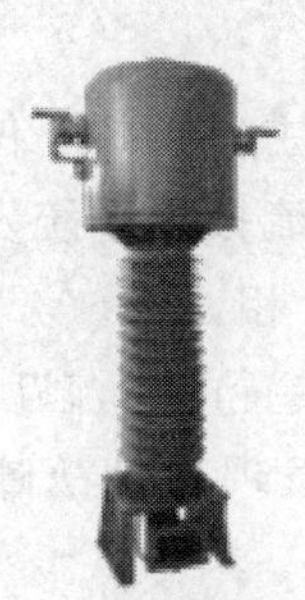

图 3-8　SF_6气体绝缘电流互感器外形图

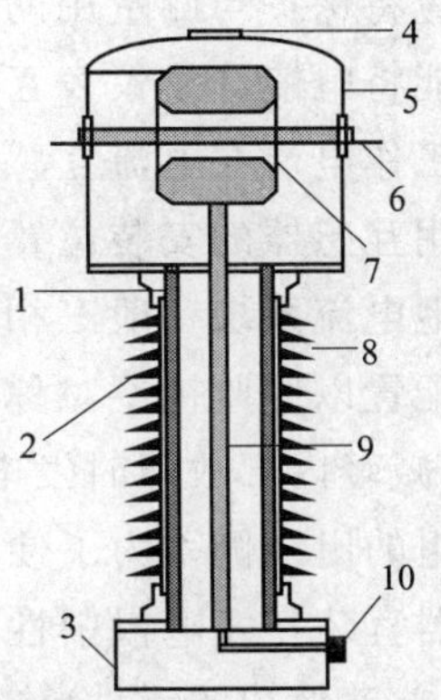

图 3-9　SF_6气体绝缘电流互感器内部结构

1—玻璃纤维和树脂制造高强度套管；2—浇注在套管上的硅橡胶伞裙；3—底座；4—防爆片；5—外壳；6—一次引线；7—铁芯外壳；8—复合绝缘套管；9—二次引线套管；10—二次接线盒

SF_6气体电流互感器的优点有:电场分布均匀,局部放电量低。倒立式结构,气体绝缘,抗动热稳定电流能力大。绝缘性能稳定,无老化现象。维护简便,运行安全,无爆炸及火灾可能。

六、电流互感器的型号

电流互感器的型号如图 3-10 所示。

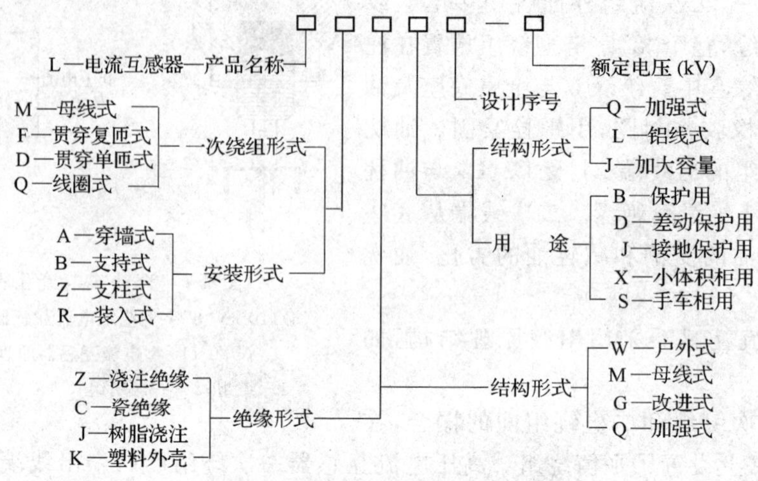

图 3-10　电流互感器型号

七、电流互感器的配置原则

电流互感器应按下列原则配置。

(1)每条支路的电源侧均装设足够数量的电流互感器,供该支路测量、保护使用。此原则同于开关电器的配置原则,因此有断路器与电流互感器紧邻布置。配置的电流互感器应满足下列要求:

①一般应将保护与测量用的电流互感器分开。

②尽可能将电能计量仪表互感器与一般测量用互感器分开,前者必须使用 0.5 级互感器,并应使正常工作电流在电流互感器额定电流的 2/3 左右。

③保护用互感器的安装位置应尽量扩大保护范围,尽量消除主保护的不保护区。

④大接地电流系统一般三相配置以反应单相接地故障;小电流接地系统发电机、变压器支路也应三相配置以便监视不对称程度,其余支路一般配置于 A、C 相。

(2)为了减轻内部故障时发电机的损伤,用于自动调节励磁装置的电流互感器应布置在发电机定子绕组的出线侧。为了便于分析和在发电机并入系统前发现内部故障,用于测量仪表的电流互感器宜装在发电机中性点侧。

(3)配备差动保护的元件,应在元件各端口配置电流互感器,当各端口属于同一电压级时,互感器变比应相同,接线方式相同。Y/△-11 接线组别变压器的差动保护互感器接线应分别为三角形与星形以实现两侧二次电流的相位校正。

(4)为了防止支持式电流互感器套管闪络造成母线故障,电流互感器通常布置在断路器的出线或变压器侧。

八、电流互感器的使用注意事项

1. 电流互感器的接线应保证正确性。一次绕组和被测电路串联，而二次绕组应和连接的所有测量仪表、继电保护装置或自动装置的电流线圈串联，同时要注意极性的正确性，一次绕组与二次绕组之间应为减极性关系，一次电流若从同名端流入，则二次电流应从同名端流出。

2. 电流互感器二次侧所接负载是测量仪表、继电器的电流线圈等，它们匝数少、阻抗小，通过的电流非常大，因此电流互感器在正常运行状态下近似于短路状态。

3. 电流互感器的二次绕组绝对不允许开路。这是因为电流互感器正常工作时，二次电流有去磁作用，使合成磁势很小。当二次绕组开路时，二次电流的去磁作用消失，一次电流将全部用来激磁，这时，将在二次侧产生超过正常值几十倍的磁通，结果会使铁芯过热而损坏互感器。同时，由于铁芯中磁通的急剧增加，在二次绕组上产生过电压，可能达到数百甚至数千伏，将危及人身和设备安全。因此，为了防止二次绕组开路，规定在二次回路中不准装熔断器等开关电器。如果在运行中必须拆除测量仪表或继电器及其他工作时，应首先将二次绕组短路。

4. 电流互感器的二次侧必须可靠接地，但接地点只允许有一个。这是为了防止一、二次绕组之间绝缘损坏或击穿时，一次高电压窜入二次回路，危及人身和设备安全。

第三节　电压互感器

一、电磁型电压互感器

1. 电磁型电压互感器工作原理

电压互感器相当于降压变压器。工作时，一次绕组并联在一次电路中，而二次绕组并联仪表、继电器的电压线圈。因此电磁型电压互感器具有以下特点：电压低，额定电压一般为 100 V；容量小，只有几十伏安或几百伏安；负荷阻抗大，工作时其二次侧接近于空载状态，且多数情况下它的负荷是恒定的。

电压互感器的一次电压 U_1 与其二次电压 U_2 之间数值关系是

$$U_1 \approx (N_1/N_2)U_2 \approx K_u U_2 \tag{3-5}$$

式中　N_1、N_2——电压互感器一次和二次绕组匝数；

K_u——电压互感器的变压比。

2. 电磁式电压互感器的误差

由于电压互感器存在励磁电流和内阻抗，使二次电压和一次电压大小不等，相位差也不等于 180°，即电压互感器测量结果会存在误差，通常用电压误差和角误差表示。

(1)电压误差：电压误差为二次电压的测量值乘额定互感比所得一次电压的近似值与实际一次电压之差对一次电压实际值的百分比。

$$\Delta U = \frac{K_u U_2 - U_1}{U_1} \times 100\% \tag{3-6}$$

(2)角误差：角误差为旋转 180°的二次电压向量与一次电压相量之间的夹角。规定旋转后的二次电压相量超前于一次相量时，角误差 δ 为正，反之为负。

角误差对功率型测量仪表和继电器以及反映相位的保护装置会有影响。

影响电压互感器误差的运行工况是二次负荷、功率因数和一次电压的值。

①一次电压的影响。电压互感器一次额定电压已标准化，将一台互感器用于高或低的电压等级中，或运行中离额定电压偏离太远，励磁电流和角都会随着发生变化，电压互感器的误差就会增大。故正确地使用互感器，应使一次额定电压与电网的额定电压相适应。

②二次负荷及功率因数的影响。如果一次电压不变，则二次负载阻抗及功率因数直接影响误差的大小。当接带的负荷过多，二次负载阻抗下降，二次电流增大，在电压互感器绕组上的电压降上升，使误差增大；二次负载的功率因数过大或过小时，除影响电压误差外，角误差也会相应的增大。因此，要保证电压互感器的测量误差不超过规定值，应将其二次负载阻抗和功率因数限制在相应的范围内。

3. 电磁式电压互感器的结构与型号

(1)电磁式电压互感器的分类

①按安装地点可分为户内式和户外式。

②按相数可分为单相式和三相式。高压电压互感器一般为单相结构，只有 20 kV 以下才制成三相式。

③按每相绕组数可分为双绕组和三绕组式。三绕组电压互感器有两个二次侧绕组：基本二次绕组和辅助二次绕组。辅助二次绕组供接地保护用。

④按绝缘可分为干式、浇注式、油浸式、串级油浸式和电容式等。干式多用于低压；浇注式用于(3～35) kV；油浸式主要用于 35 kV 及以上的电压互感器。

(2)电磁式电压互感器的结构类型

①35 kV 及以下的电压互感器。35 kV 及以下电压互感器的结构和普通变压器基本一致。根据其绝缘方式的不同，可分为干式、环氧浇注式和油浸式三种。干式电压互感器一般只用于低压的户内配电装置；浇注式电压互感器用于(3～35) kV 户内配电装置；油浸式电压互感器 JDJJ2-35 型、JDJ2-35 型被广泛用于 35 kV 系统中。

②(110～220) kV 电压互感器。随着电压的升高，电压互感器绝缘尺寸需增大。为了减少绕组绝缘厚度，缩短磁路长度，110 kV 及以上电压互感器采用串级式，铁芯不接地，由绝缘板支撑。图 3-11 为 JCC1-110 串级式电压互感器结构原理图，一次绕组分两部分，分别绕在上下两铁芯上，二次绕组只绕在下铁芯柱上并置于一次绕组的外面。铁芯和一次绕组的中点相连。当电网电压 U 加到互感器一次绕组时，其铁芯的电位为(1/2)U。而且一次绕组的两个出线端与铁芯间的电位差、一二次绕组间的电位差以及二次绕组和铁芯间的电位差都是(1/2)U。这就降低了对铁芯与一次绕组之间以及一、二次绕组之间的绝缘要求。

图 3-12 为两台 110 kV 电压互感器串接组成的 220 kV 电压互感器的原理图。一次绕组分四级，当电网施加到电压互感器上的电压为 U 时，下互感器铁芯的对地电位为(1/4)U，上互感器铁芯的对地电位为(3/4)U，上下两个铁芯间的电位差为(1/2)U。

JDX-110 型电压互感器的铁芯是接地的，为单级绝缘结构。JCC 型电压互感器有一个二次绕组，供测量和保护用；一个剩余电压绕组，三相接成开口三角，测量零序电压用。

JDCF 型和 JDX-110 型电压互感器均由两个二次绕组，测量和保护分开以及一个剩余电压绕组。

电磁型电压互感器可以视为电感元件，与断路器端口并联电容或线路电容形成振荡回路，在操作时，往往会发生铁磁谐振损坏设备。降低电压互感器磁密是减少此类事故发生的措施之一。

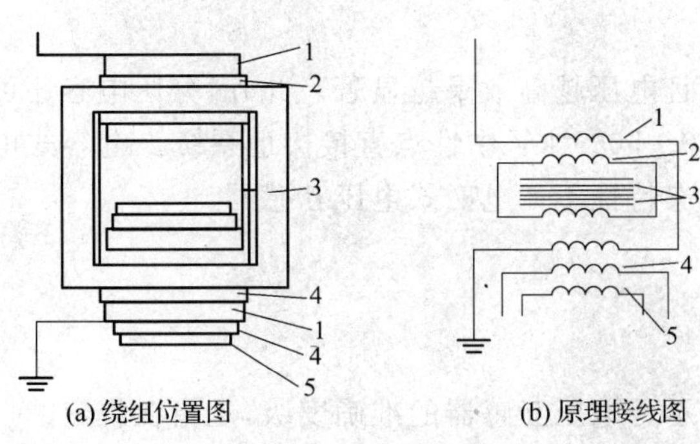

图 3-11　110 kV 电压互感器的结构

(a)绕组位置图　(b)原理接线图

1—一次绕组；2—平衡绕组；3—铁芯；

4—二次绕组；5—附加二次绕组

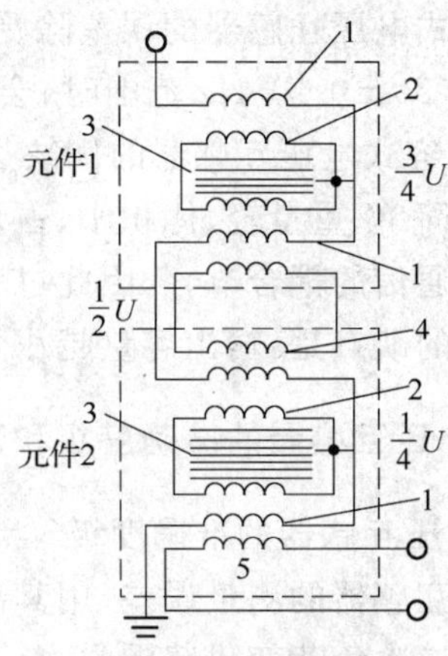

图 3-12　由两台 110 kV 电压互感器串接成 220 kV 电压互感器的原理图

1—一次绕组；2—平衡绕组；3—铁芯；

4—连耦绕组；5—二次绕组

(3)电磁式电压互感器的型号(图 3-13)

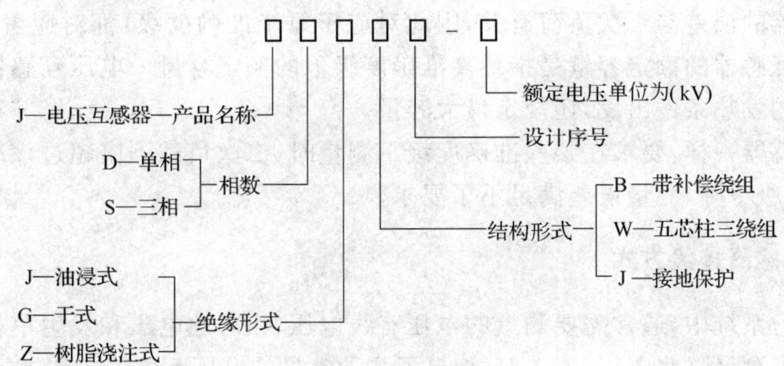

图 3-13　电磁式电压互感器的型号

二、电容式电压互感器

1. 电容式电压互感器工作原理

原理接线如图 3-14 所示。

电容式电压互感器实质上是一个电容分压器，在被测装置的相和地之间接有电容 C_1 和 C_2，按反比分压，C_2 上的电压为：

$$U_{c2}=\frac{U_1C_1}{C_1+C_2}=KU_1 \tag{3-7}$$

式中　K——分压比，$K=C_1/(C_1+C_2)$。

2. 电容式电压互感器的误差

电容式电压互感器的误差由空载误差，负载误差和阻尼器负载电流产生的误差等几部分组成。

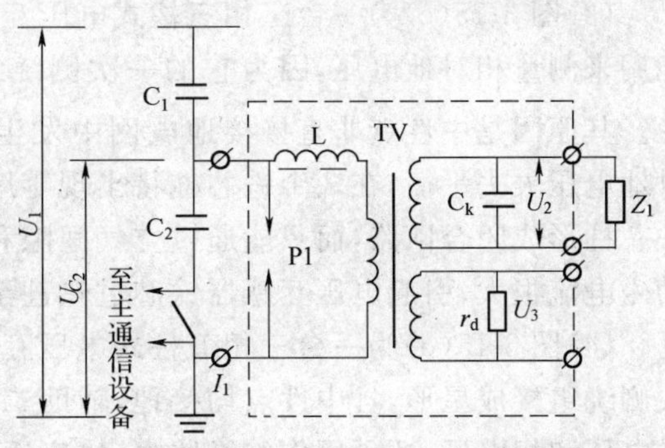

图 3-14　电容式电压互感器原理接线图

电容式电压互感器的误差除受 U_1、Z_{21} 和 conϕ_2 的影响外，还与电源频率有关，当系统频率变化超出(50±0.5) Hz 范围时，会产生附加误差。

3. 电容式电压互感器的优缺点

结构简单、重量轻、体积小、占地少、成本低，且电压越高效果越显著。此外，分压电容还可兼作载波通信的耦合电容，因此，广泛应用于(110～500) kV 中性点直接接地系统。电容式电压互感器的缺点是：输出容量越小，误差越大，暂态特性不如电磁式电压互感器。

三、电压互感器的准确度级和额定容量

1. 电压互感器的准确度级

电压互感器的测量误差，用其准确度级来表示。电压互感器的准确度级，是指在规定的一次电压和二次负荷变化范围内，负荷的功率因数为额定值时，电压误差的最大值。

电压互感器的测量精度有 0.2、0.5、1、3、3P、6P 六个准确度级，同电流互感器一样，误差过大，影响测量的准确性，或对继电保护产生不良影响。0.2、0.5、1 级的适用范围同电流互感器，3 级的用于某些测量仪表和继电保护装置。保护用电压互感器用 P 表示，常用的有 3P 和 6P。

2. 电压互感器的额定容量

电压互感器的误差与二次负荷有关，因此对应于每个准确度级，都对应着一个额定容量，但一般说电压互感器的额定容量是指最高准确度级下的额定容量。电压互感器按最高电压下长期工作允许的发热条件出发，还规定最大容量。

与电流互感器一样，要求在某些准确度级下测量时，二次负载不应超过该准确级规定的容量，否则准确度级下降，测量误差满足不了要求。

四、电压互感器接线方式

在三相电力系统中，通常需要测量的电压有线电压、相对地电压和发生单相接地故障时的零序电压。为了测量这些电压，图 3-15 给出了几种常见的电压互感器接线方式。

(1)图 3-15(a)为一台单相电压互感器的接线。可测量某一相间电压(35 kV 及以下的中性点非直接接地电网)或相对地(110 kV 及以上中性点直接接地电网)。

(2)图 3-15(b)为两台单相电压互感器接成 V，v，形连接。广泛用于 20 kV 及以下中性点不接地或经消弧线圈接地的电网中，测量线电压，不能测量相电压。

(3)图 3-15(c)为一台三相三柱式电压互感器接成 Y，yn 形接线，只能用来测量线电压，不能用来测量相对地电压，因为它的一次侧绕组中性点不能引出，故不能用来监视电网对地绝缘。其原因是中性点非直接接地电网中发生单相接地时，非故障相对地电压升高 $\sqrt{3}$ 倍，三相对地电压失去平衡，在 3 个铁芯柱将出现零序磁通。由于零序磁通是同相位的，不能通过 3 个铁芯柱形成闭合回路，而只能通过空气间隙和互感器外壳构成通路。因此磁路磁阻很大，零序励磁电流很大，引起电压互感器铁芯过热甚至烧坏。

(4)图 3-15(d)为一台三相五柱式电压互感器接成 Y，y，△形接线。其一次侧绕组、基本二次侧绕组接成星形，且中性点均接地，辅助二次侧绕组接成开口三角形。这种接线可用来测量线电压和相电压，还可用作绝缘监察，故广泛用于小接地电流电网中。

(5)图 3-15(e)为三台单相三绕组电压互感器接成 Y，y，△形接线，广泛应用于 35 kV 及以

上电网中，可测量线电压、相电压和零序电压。这种接线方式下发生单相接地时，各相零序磁通以各自的电压互感器铁芯构成回路，因此对电压互感器无影响。这种接线方式的辅助二次侧绕组接成开口三角形，对于(35～60) kV 中性点非直接接地电网，其相电压为 $100/\sqrt{3}$V，对中性点直接接地电网，其相电压为 100 V。

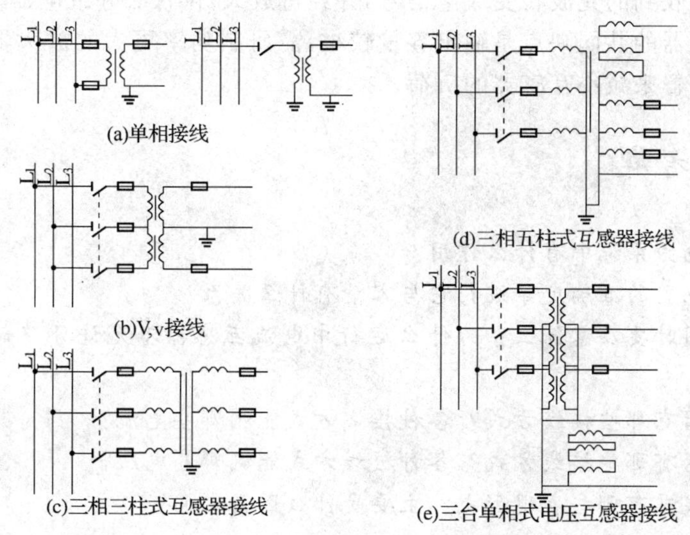

图 3-15　电压互感器接线方式

五、电压互感器的配置

1. 电压互感器配置原则

应满足测量、保护、同期和自动装置的要求；保证在运行方式改变时，保护装置不失压、同期点两侧都能方便地取压。

2. 电压互感器配置方案

(1)母线。(6～220) kV 电压级的每组主母线的三相上应装设电压互感器，旁路母线则视回路出线外侧装设电压互感器的需要而确定。

(2)线路。当需要监视和检测线路断路器外侧有无电压，供同期和自动重合闸使用，该侧装一台单相电压互感器。

(3)发电机。一般在出口处装两组。一组(三只单相、双绕组接线)用于自动调节励磁装置。一组供测量仪表、同期和继电保护使用，该组电压互感器采用三相五柱式或三只单相接地专用互感器，接成 Y0/y0 接线，辅助绕组接成开口三角形，供绝缘监察用。当互感器负荷太大时，可增设一组不完全星形连接的互感器，专供测量仪表使用。50 MW 及以上发电机中性点常还设一单相电压互感器，用于 100%定子接地保护。

(4)变压器。变压器低压侧有时为了满足同步或继电保护的要求，设有一组电压互感器。

六、新型互感器

新型互感器的研制是光电子、光纤通信和数字信号处理技术的发展和应用。新型互感器的特点是：高低压间没有直接的电磁联系，使绝缘结构大为简化；测量过程中不需要消耗很大能量；测量范围宽，暂态相应快，准确度高；二次绕组数量增多，满足多重保护需要；重量轻、成本低。新型互感器按高、低压部分的耦合方式，可分为无线电电磁波耦合、电容耦合和光电耦合式，其中光电式互感器性能最佳，研制工作进展很快。光电式互感器的原理是利用石晶材料的磁电效应和电场效应，将被测的电压、电流信号转换成光信号，经光通道传播，由接收装置进行数字化处理将接收到的光波转变成电信号，并经过放大，供仪表和继电器使用。

非电磁式互感器的共同缺点是输出容量较小，需研制功率更大的放大器或采用小功率的半导体继电保护装置来减小互感器的负荷。

复习思考题

1. 互感器在电力系统中有什么作用？
2. 什么是互感器的准确度等级？它与容量有什么关系？
3. 互感器使用时要注意什么？为什么运行中电流互感器不允许开路而电压互感器不允许短路？
4. 电流互感器有那些接线方式？各种接线方式能测哪些电流？
5. 电压互感器有那些接线方式？各种接线方式能测哪些电压？
6. 互感器的误差有哪些表现形式？主要受什么因素影响？
7. 简述电容式电压互感器结构原理。
8. 什么是电流互感器的10%倍数？10%倍数曲线有什么作用？

第四章　干式变压器与整流机组

第一节　干式变压器

一、干式变压器结构与原理

干式变压器具有无油化的特点，在电压等级较低和容量较小的条件下，特别是地下变电所等安全防火等级要求较高的场合，得到了越来越广泛的应用。

城轨交通供电系统中，用于降压变电所的配电变压器和用于牵引变电所整流机组的降压变压器，一般采用干式变压器。干式变压器有浸渍式、气体绝缘式和包封绕组式。由于包封绕组干式变压器其绕组不易受潮，维护方便，且体积较小，故在城市轨道交通变电所中得到了广泛的应用。鉴于此，以下介绍的内容以包封绕组干式变压器为主。

包封绕组干式变压器的绕组用固体绝缘包封，各个绕组可以分别装模后用环氧树脂浇注，也可以用浸树脂的玻璃纤维包绕来包封。前者称为浇注式，当环氧树脂中加填料，树脂层较厚时称厚绝缘浇注式；当绕组外面用玻璃纤维包绕再行浇注，树脂层较薄时称为薄绝缘浇注式，也称为绕包浇注式。这类干式变压器的主绝缘仍留有空气间隙，纵绝缘则多数情况下全由固体绝缘构成。除绕组外，其他方面与油浸式一样。

干式变压器外观结构如图 4-1 所示。

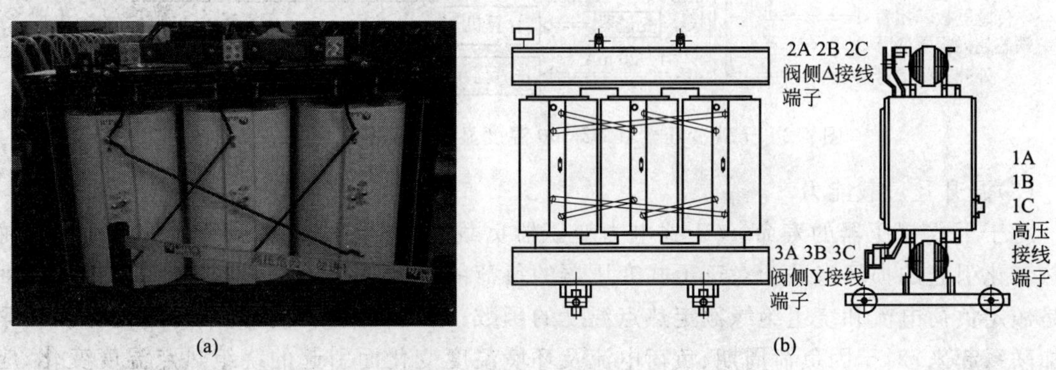

图 4-1　干式变压器外观图

(a)工作图片；(b)牵引用干式变压器外形图

(1)结构

干式变压器主要由线圈、铁芯、器身和辅件构成，其基本工作原理与普通油浸变压器一样。绕组结构基本上与油浸式变压器相同，多采用圆筒式，较大容量的干式变压器绕组可采用饼式。干式变压器在绕组外加上非油绝缘介质，以增加线圈的绝缘性能，环氧树脂浇注干式变压器就是采用难燃、阻燃的环氧树脂作为绝缘材料，以浇注的方式与绕组一起固化，从而减少变压器线圈的体积。

用于变压器线圈的电流导体主要有铜和铝两大类，其结构形式有线形导体和箔形导体两种。其中箔形导体在节省材料降低成本方面有较大的优势，得到国内外厂家的青睐。

(2)温控、温显系统

温控系统通过温控箱和安装在低压绕组中的 PTC 测温元件实现对变压器的温度检测和控制。对于自冷变压器配置二温控制箱，若由于故障或超载运行而使变压器绕组温度超过安全值，温控箱会发出报警信号直至发出超温跳闸信号。对于强迫风冷变压器配置四温控制箱，冷却风机的开停取决于绕组的温度，温度高于某一数值时，风机启动，对变压器进行强迫风冷；若温度进一步升高，温控箱将会发出相应的超温报警信号或超温跳闸信号。温显系统直观地显示变压器运行过程中绕组或铁芯的温度，可与温控系统配合使用。对于 TTC-300 温度显示控制系统，如图 4-2 所示，其采用 PTC 非线性电阻和 PT100 线性铂电阻双重保护测温，用 LED 做温度显示，单片机控制，可显示绕组和铁芯温度，可校调控制温度、自动/手动启停风机，自动发出报警、跳闸信号，此信号同时送向变电所综合自动化系统。

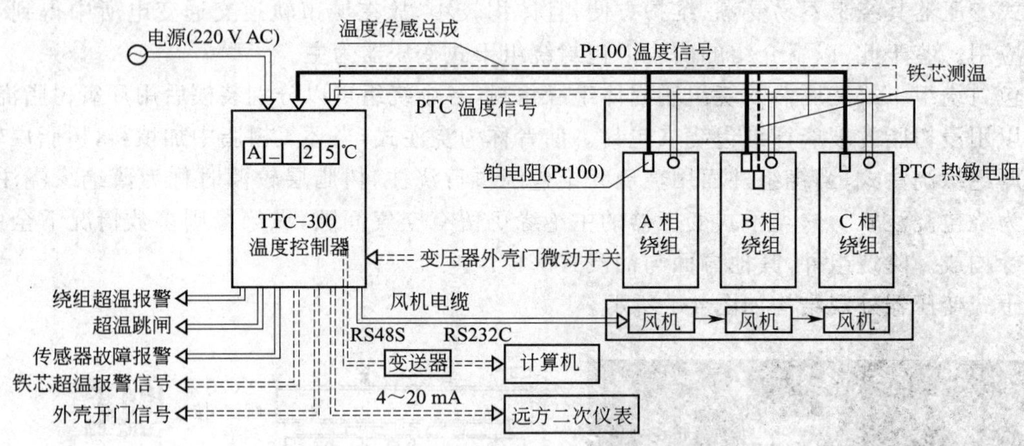

图 4-2　干式变压器 TTC-300 温度显示控制系统原理示意图

(3)温升及过载能力

对于干式变压器的寿命，《干式电力变压器负载导则》指出，干式变压器的寿命与其绝缘因热老化引起的损坏有关。对于干式变压器的负荷能力计算作出一定的规定：即正常预期寿命是额定负荷电流和绕组绝缘额定热点温度的函数；把绕组热点温度的增加与绝缘损坏率的增加联系起来；对于因负荷周期、负荷电流及环境温度变化而引起的绕组热点温度变化，应规定计算方法，以计算绕组热点温度变化对变压器绝缘热老化的影响；将在负荷周期内各因素综合作用下的实际寿命损失与正常寿命加以对比，对负荷周期内任何参数都可进行调整，以得到变压器的正常使用寿命。

对于不同绝缘耐热等级干式变压器在额定使用条件下的温升限值见表 4-1。

干式变压器事故过负荷的允许数值和时间应遵循制造厂的规定，若无制造厂的规定资料时，可参考表 4-2。对于 SC 系列环氧树脂浇注绝缘干式电力变压器的过负荷能力曲线如图 4-3 所示，图中分别给出了不同环境温度(40℃或 20℃)和运行条件下，过载容量与过载时间的关系曲线。

表 4-1　不同绝缘耐热等级干式变压器在额定使用条件下的温升限值

绝缘等级	绝缘系统的温度等级（℃）	绕组热点温度（℃）		额定电流下绕组平均温升限值(K)
		额定值	最高允许值	
A	105	95	140	60
E	120	110	155	75
B	130	120	165	80
F	155	145	190	100
H	180	175	220	125
C	220	210	250	150

表 4-2　非气体绝缘的干式变压器在事故情况下允许的最大短时过载时间

过载(%)	20	30	40	50	60
允许时间(min)	60	45	32	18	5

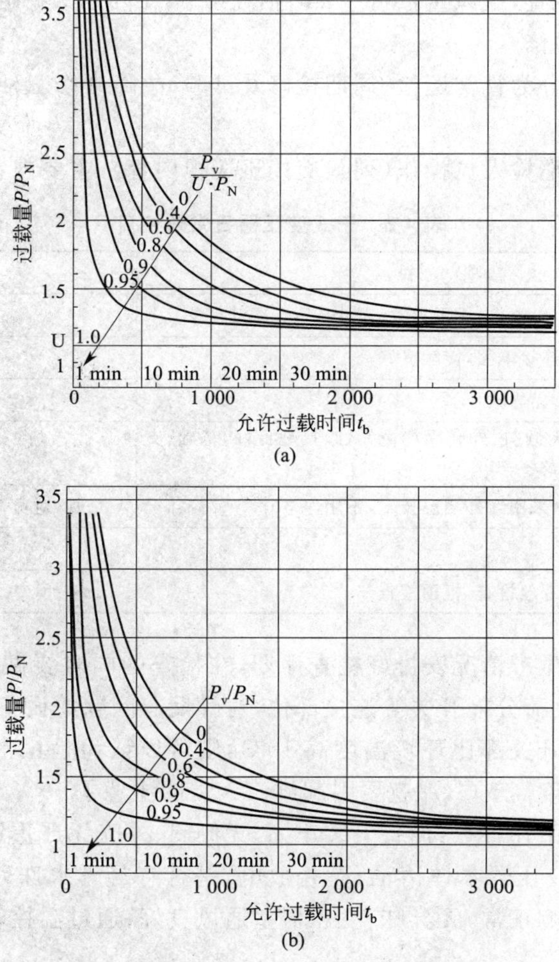

图 4-3　SC 系列环氧树脂浇注绝缘干式电力变压器的过负荷能力曲线

(a)环境温度 $\theta_B=20$℃；(b)环境温度；P_N—额定容量；P_V—起始负载；P—过载容量

二、干式变压器的运行与维护

干式变压器包括降压变电所中的动力变压器和牵引变电所中的整流变压器。干式变压器的使用条件、绝缘材料和冷却方式均与油浸式变压器有差异,因此,干式变压器具有其本身自有的运行特点。

(1)干式变压器的使用条件

环境温度不高于 40 ℃,海拔不超过 1 000 m,若环境温度高于 40 ℃或海拔超过 1 000 m 时,应按 GB 6450 的有关规定作适当的定额调整。

对于防护等级为 IP00 的无外壳的变压器,应在变压器的周围安装隔离栏栅,以防止误碰变压器。在城市轨道交通变电所中使用的保护等级一般为 IP20,即外壳可防止大于 12 mm 的固体异物进入。

冷却方式有空气自冷(AN)和强迫风冷(AF)两种。对空气自冷(AN)和强迫风冷(AF)的变压器,均需保证变压器有良好的通风能力,当变压器安装在地下室或其他通风能力较差的环境时,需增设散热通风装置,通风量按每 1 kW 损耗(P_0+P_K)需 2～4 m^3/min 风量选取。

(2)干式变压器的检修

干式变压器的检修分为日常巡检、周期检修及试验、故障维修三种。

①日常巡检

由变电所值班员或巡检人员操作(列入交接班巡视内容),主要内容见表 4-3。

表 4-3　干式变压器日常巡检目

序号	项　　目	周　　期
1	变压器负荷检查,电流、电压无异常,表计指示无摆动现象	每天
2	电气连接部分应连接牢固,接触良好	每天
3	设备的音响正常,无异味	每天
4	设备安装牢固,无倾斜、外壳无严重锈蚀、接地良好,基础、支架应无严重破损剥落	每月
5	变压器温度检查(采用红外测温技术,不用停电)	每月(对负荷较重的变压器可适当缩短)
6	外壳外观检查	每天
7	变压器柜体外壳螺丝检查,柜顶检查	每月

维修人员根据实际生产情况安排好检查计划,在检查的同时要做好记录并保存好。重点检查变压器电缆接头、负荷分接开关等连接部位,对怀疑有问题的设备要及时报告。例如一个变压器的三相负荷分接开关都比环境温度高 10℃,则可以认为是正常的,但是如果其中一相的温度比其他两相的温度高 5℃,那就要引起维修人员的注意了。

巡视检查还应注意下述各点:设备安装牢固,无倾斜、外壳无严重锈蚀、接地良好,基础、支架应无严重破损剥落;变压器本体清洁;是否放电,是否有凝露水珠;电气连接部分应连接牢固,接触良好;设备的音响正常,无异味;变压器室通风良好;通过温控箱检查变压器运行温度。

②周期检修

干式变压器的检修周期一般为半年,对于运行环境较恶劣的可以适当缩短。它的维护项目见表 4-4。

表 4-4　干式变压器维护项目

序号	维 护 项 目	质 量 标 准
1	清扫一次侧电缆头	无尘，无污渍
2	清扫二次侧连接端	无尘
3	清扫绝缘支撑件	无尘
4	清扫变压器保护外壳	无尘
5	清扫一二次绕组间的风道	无尘
6	一次绕组表面	无尘，无污渍
7	检查一次侧电缆头	紧固，无松动
8	检查二次侧连接处(含中性线)	紧固，无松动
9	检查接地线	紧固，无松动
10	检查 PTC 及引出端子	无松动
11	检查分接头连接	无松动
12	检查绝缘支撑件	各支撑件安装牢固，没有发生移动；无破损
13	检查低压侧铜铝过渡处	无腐蚀
14	检查高压绕组	无破损、裂纹、放电
15	检查铁芯	无破裂变形
16	绝缘子	绝缘子安装牢固，无破损、放电痕迹

③故障维修

干式变压器的使用寿命长，正常情况下可以达到 30～50 年，在寿命周期内基本不用考虑故障维修。但是受城市轨道交通环境影响，特别是地下变电所，例如鼠害、冷凝水、潮气等很可能会进入变压器内部导致闪络、放电，甚至短路从而损坏变压器。因此，备品备件例如绝缘漆、绝缘子、高低压线圈、硅钢片等变压器零部件必须备足(或者能方便从市场上购买)，对于由于潮气或冷凝水引起的闪络、放电，只要进行除潮和加涂绝缘漆即可。而对于拆装线圈等工作，设备维修人员必须经过专门的培训，掌握变压器拆卸及安装技能。

第二节　整 流 机 组

一、牵引变电所的整流机组结构与原理

整流机组由变压器和整流器组成。整流机组是地铁牵引变电所最重要的设备，其作用是将环网电缆 35 kV AC(或 33 kV AC、10 kV AC)电压降为交流 1 180 V，再整流输出直流 1 500 V DC，经网上电动隔离开关给接触网供电，实现直流牵引。整流机组的接线方式将对电网的质量有很大影响。

为了提高功率因数、降低牵引变压器网侧线电压波形畸变，以减少对电网的干扰，以及降低输出直流电压的纹波系数，城轨交通供电系统中的牵引整流机组采用等效 24 脉波整流电路。

(1)整流机组接线选择的考虑

在考虑变压器的连结组别时，一个重要的因素就是考虑高次谐波的影响。国际上公认谐波“污染”是电网的公害，所以必须采取措施加以限制。在国家标准 GB/T 14549—1993《电能

质量 公用电网谐波》中对谐波作出了限制。整流机组作为大功率整流设备，属于非线性负荷，从电网吸收非正弦电流，引起电网电压畸变，因此整流机组属于重要的谐波源。为了抑制整流机组谐波对电网的影响，通常的措施是将变压器的一次或二次绕组接成三角形，使励磁电流的三次谐波或零序分量能够流通，使三倍次谐波或三的整流倍次谐波电流不注入电网。同时增加变压器二次侧的相数，波形会更平滑，可以有效地减少谐波。因此，在确定地铁整流机组的规格时，考虑采用带三角形连结的变压器，同时尽可能地增加整流的相数，以减少谐波“污染”。

(2)Dy11d0－Dy1d2 联结法

基于以上考虑，可选择两台变压器，一台(T_1)联结组别为 Dy11d0，另一台(T_2)为 Dy1d2，其中 D 联结绕组为延边三角形，如图 4-4 所示。根据两台变压器的接线，可作出其相量图如图 4-5 和图 4-6 所示。

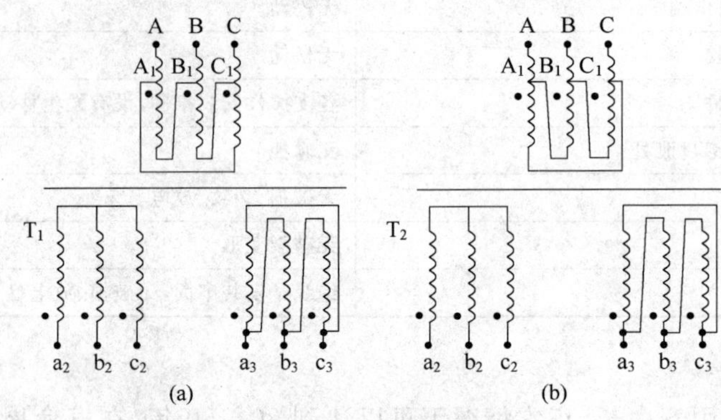

图 4-4 Dy11d0－Dy1d2 变压器连结图

(a)1 号整流变压器；(b)2 号整流变压器

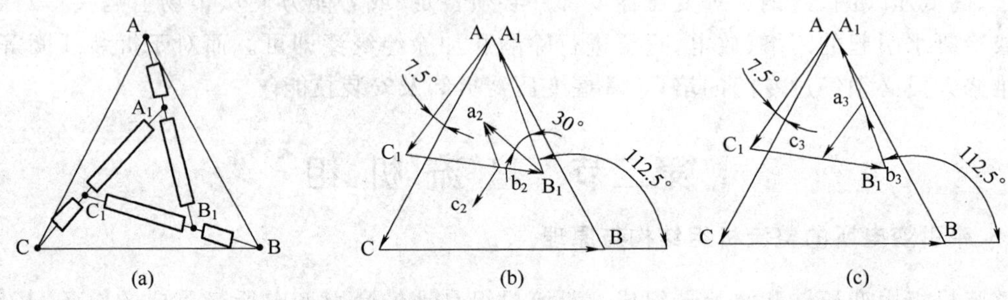

图 4-5 变压器 T_1 的结构及相量图

(a)一次侧 D 联结绕组连结；(b)二次侧 y 联结绕组相量图；(c)二次侧 d 联结绕组相量图

分析图 4-5 和图 4-6 的相量图可知，若以水平右方向为参考方向，则可得其他电压相量的相位角分别为：

(1)对于变压器 T_1

一次侧电压相量 U_{A1B1} 的相位角为 112.5°；

二次侧电压相量 U_{a2b2} 的相位角为 142.5°(y 结)，U_{a3b3} 的相位角为 112.5°(d 结)。

(2)对于变压器 T_2

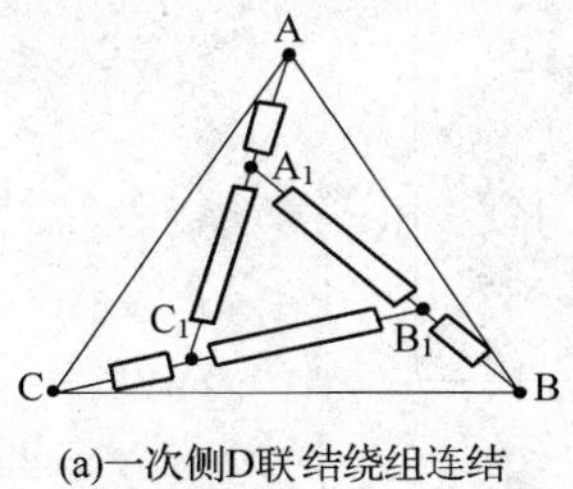

(a)一次侧D联结绕组连结

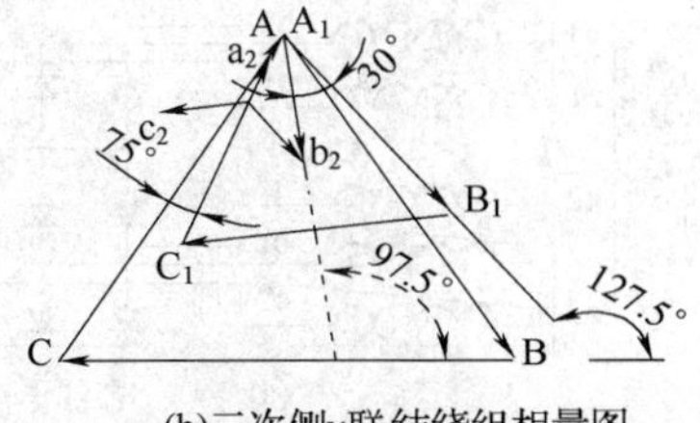

(b)二次侧y联结绕组相量图

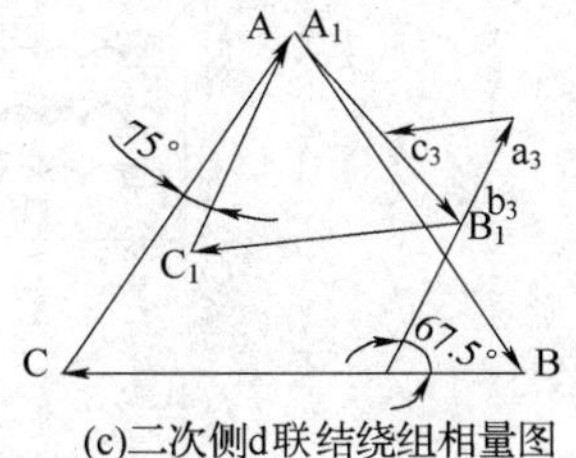

(c)二次侧d联结绕组相量图

图 4-6 变压器 T_2 的结构及相量图

一次侧电压相量 U_{A1B1} 的相位角为 127.5°；

二次侧电压相量 U_{a2b2} 的相位角为 97.5°(y 结)，U_{a3b3} 的相位角为 67.5°(d 结)。

由图 4-5 和图 4-6 的相量图并利用上面分析结果可知，对于同一台变压器，其阀侧(二次侧)绕组同名端线电压的相位差为 30°(142.5°－112.5°＝97.5°－67.5°＝30°)；而两台变压器网侧(一次侧)并联接入电网时，相当于其一次侧电压各移相 7.5°(不同的旋转方向)，使 T_1 变压器一次侧三角形绕组电压与 T_2 原边三角形绕组线电压有 15°的相位差(127.5°－112.5°＝15°)，而两台变压器二次侧对应的线电压相角差为 45°(142.5°－97.5＝112.5°－67.5°＝45°)，上述的结果如图 4-7 所示。

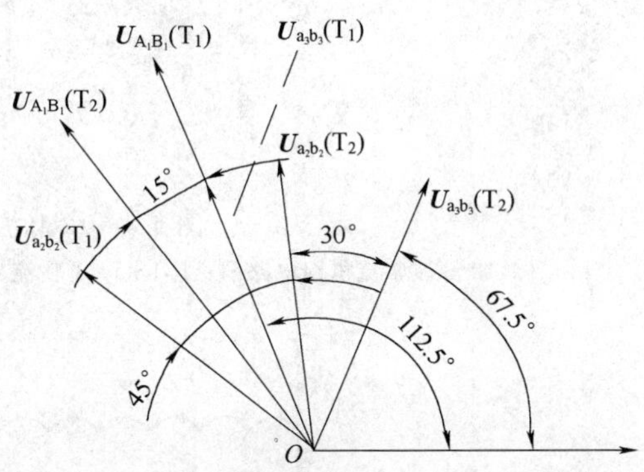

图 4-7 两台变压器的相量关系图

(3)整流机组的输出波形

两台变压器分别接入整流器整流，构成两台整流机组，1 号整流机组由变压器 T_1 和整流器组成，2 号整流机组由变压器 T_2 和整流器组成。12 脉波整流机组电路和矢量图如图 4-8 所示。如果只考虑 1 号整流机组整流后输出的直流电压波形时，可得到其直流波形如图 4-9 所示，其输出直流波形在一个周期中脉动 12 次，每个波动的间隔为 30°电角度。

2 号整流机组的输出直流波形变化规律和 T_1 一样的，同样是 12 脉动的波形，如图 4-10 所示。但由于两台整流机组是同时运行的，而且其直流输出是并联接在直流母线上的。前面已经分析过，变压器 T_1 和 T_2 的一次绕组通过延边三角形的结法移相后，具有 15°的相位差，因此其整流后输出的波形也具有 15°的相位差。

两台整流机组并联运行后输出的直流波形如图 4-10 所示，即在一个周期内为 24 脉波。图 4-10 可由图 4-9 的波形叠加其本身平移 15°后的波形处理后得到。

由上述分析可知，地铁牵引变电所中获得的 24 脉波整流是由两台整流机组并联运行等效而成的。即单台整流器由 2 个三相 6 脉冲全波整流桥组成，其中一个整流桥接至变压器二次侧“Y”型绕组，另一个整流桥接至变压器二次侧“D”型绕组。两个整流桥并联连接构成 12 脉波整流。为了实现 24 脉波整流，在两台变压器的原边将绕组接成延边三角形，使其分别顺时针和逆时针移相 7.5°。两台变压器的二次侧电压相位差为 45°而两台整流机组的直流输出波形实际上有 15°的相位差，将其并联运行就等效成 24 脉波整流。

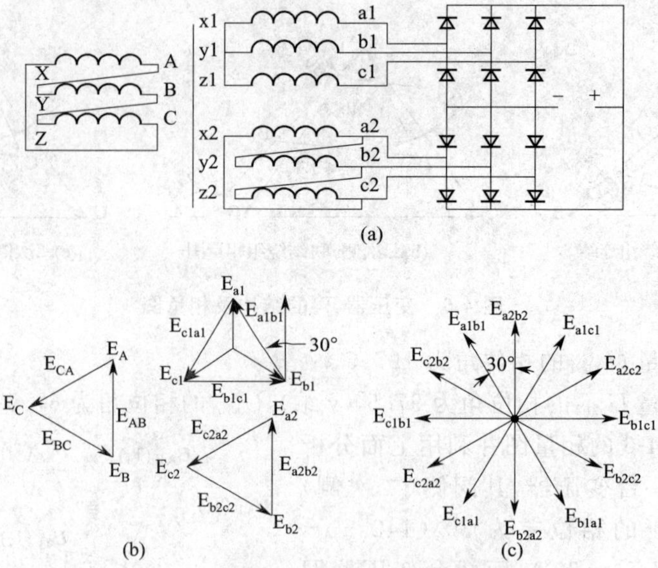

图 4-8　12 脉波整流机组电路和矢量图

(a)12 脉波整流机组电路图;(b)D/dy11 整流变压器绕组电压矢量图;(c)12 脉波整流绕组导电顺序图

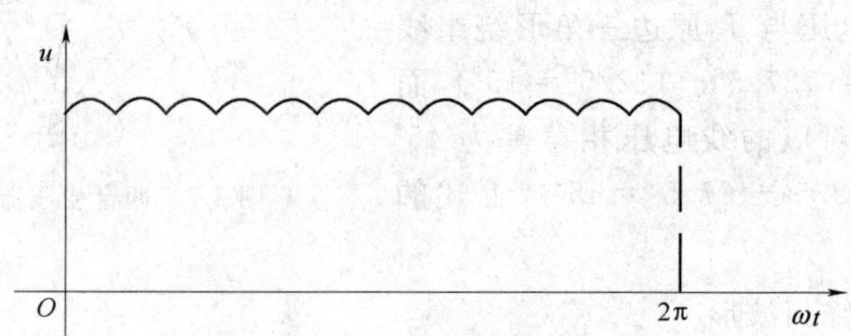

图 4-9　单台变压器整流后输出的波形(一个周期)

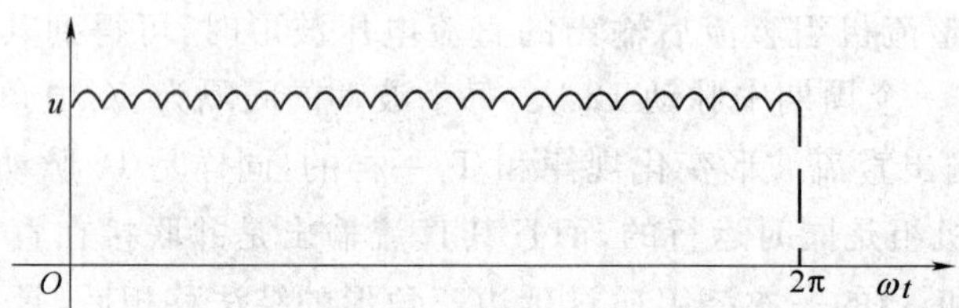

图 4-10　两台变压器整流后输出的波形(一个周期)

二、整流机组的运行与维护

对于整流器组来说,由于其工作电压不是很高,故对绝缘水平的要求相对较低。检修时,一些高压试验项目如交直流耐压试验、局部放电试验等一般都可以不用做,只要用兆欧表测试其绝缘合格后就可以送电投入运行。但是由于受整流器的负荷特性影响,其内部一次元件容易松动,因此平时对设备的巡视维护工作很重要,特别是对整流器、熔断器、RC 回路等一次元件的紧固、过热监测等工作要极为重视。

牵引整流器的维修分为日常巡视、周期性维护检修。

1．日常巡视

由变电所值班员或巡检人员操作(列入交接班巡视内容)，巡视内容见表 4-5。

表 4-5　整流器巡视项目

序	项　　目	周　　期
1	外壳，接地部分良好	每月
2	设备无异常声响，无异常气味	每天
3	设备无过热现象(采用红外测温量)	每月，重点检查 RC 回路中的各个元件有无过热现象
4	电压，电流各表运行正常，各个表计的读数无异常	每天
5	二次端子连接紧固，整齐	每月，目视检查
6	检查二极管的熔断器有无熔断	每天
7	散热器散热正常，RC 回路工作正常	每天
8	整流器柜体外壳螺丝检查，柜顶检查	每月

2．周期性维护检修

整流器的维护检修周期一般为一年，对于运行环境较恶劣特别是灰尘较大的整流器应该适当缩短。其项目见表 4-6。

表 4-6　整流器维护项目

序号	检修项目	标　准	采用方法
1	清扫二极管、散热器、熔断器	无积尘	用纯棉布清洁或吸尘器或不大于 0.1 MPa 干燥的压缩空气
2	清扫绝缘件	无积尘、无污垢	
3	清扫电阻电容	无积尘	
4	清扫母排	无积尘、无污垢、表面无氧化	
5	清扫电流互感器	无积尘	
6	清扫逆流保护模块	无积尘	不大于 0.1 MPa 干燥的压缩空气
7	检查母排连接	无松动	目视、力矩扳手
8	检查电缆进出线连接	紧固、无松动	
9	二极管与熔断器连接	用 24 N·m 力矩扳手紧固无松动	
10	检查熔断器	无熔断	目视
11	检查绝缘件	无破损、裂痕	
12	检查电容器	有无放电现象	
13	检查 CT 二次线	无松动	目视、手摇
14	检查逆流保护模块连接		
15	主回路绝缘测量(正、负母排)	＞1.5 MΩ(甩保护模块进线、表计线后测)	用 2 500 MΩ 兆欧表

复习思考题

1．干式变压器的结构特点是什么？

2．简述干式变压器的日常巡检项目和维护项目。

3．简述整流机组的巡视项目和维护项目。

4．简述牵引变电所整流机组的工作特点。

第五章 电气主接线

第一节 电气主接线概述

一、电气主接线的概念

变电所的电气主接线是指由断路器、隔离开关、互感器、避雷器、主变压器、母线和电缆等高压一次设备，按一定的顺序连接起来用于表示接受和分配电能的电路。

电气主接线反映变电所的基本结构和性能，在运行中表明电能的输送和分配关系、一次设备的运行方式，成为实际运行操作的依据。

二、电气主接线图

主接线图一般用单线图表示。单线图是表示三相相同的交流电气装置中一相连接顺序的图，当三相不完全相同时，则用多线图表示。

在主接线图中，它使用国标文字及图形符号。而电气设备的状态按正常状态画出，所谓正常状态就是指电路中无电压和外力作用下开关的状态，即断开状态。例如隔离开关都是以断开状态画出，如果特殊情况则应注明。供安装使用的电气主接线图，在图上要标出主要电气设备的规格型号。

三、电气主接线的基本要求

电气主接线的设计正确与否对电力系统的安全、经济运行，对电力系统的稳定和调度的灵活性，以及对电气设备的选择、配电装置的布置、继电保护及控制方式的拟定等都有重大的影响。在选择电气主接线时，应注意发电厂或变电所在电力系统中地位、进出线回路数、电压等级、设备特点及负荷性质等条件，并满足下列基本要求。

1. 保证必要的供电可靠性和保证电能质量

保证必要的供电可靠性和保证电能质量，是电气主接线应满足的最基本要求。主接线的可靠性主要是指主电路故障或检修所带来的不利影响限制在一定范围内，以提高供电的能力和电能的质量。一般从以下几个方面对主接线的可靠性进行定性分析。

(1)断路器检修时能否不影响供电；

(2)断路器或母线故障以及母线检修时，尽量减少停运的回路数和停运时间，并要保证对重要用户的供电；

(3)尽量避免发电厂、变电所全部停运的可能性；

(4)大机组、超高压电气主接线应满足可靠性的特殊要求。

2. 具有一定的灵活性和方便性

应能灵活地投入和切除某些机组、变压器或线路，从而达到调配电源和负荷的目的；能满足电力系统在事故运行方式、检修运行方式和特殊运行方式下的调度要求；当需要进行检修时，应能够很方便地使断路器、母线及继电保护设备退出运行进行检修，而不致影响电力网的运行或停止对用户供电；必须能够容易地从初期接线过渡到最终接线，以满足扩建的要求。

3. 具有一定的经济性

应力求简单，以节省断路器、隔离开关、电流互感器、电压互感器及避雷器等一次设备的投资；要尽可能简化继电保护和二次回路，以节省二次设备和控制电缆；应采取限制短路电流的措施，以便选择轻型的电器和小截面的载流导体；要为配电装置的布置创造条件，以节约用地和节省有色金属、钢材和水泥等基建材料；应经济合理地选择主变压器的形式、容量和台数，要避免出现两次变压，以减少变压器的电能损耗。

四、电气主接线分类

母线是接受和分配电能的装置，是电气主接线和配电装置的重要环节。电气主接线一般按有无母线分类，即分为有母线和无母线两大类。

有母线的主接线形式包括单母线和双母线。单母线又分为单母线无分段、单母线有分段、单母线分段带旁路母线等形式；双母线又分为普通双母线、双母线分段、3/2 断路器、双母线及带旁路母线的双母线等多种形式。

无母线的主接线形式主要有单元接线、桥形接线和角形接线等。

五、电气主接线中开关电器的配置原则

当线路或高压配电装置检修时，需要有明显可见的断口，以保证检修人员及设备的安全。故在电气回路中，在断路器可能出现电源的一侧或两侧均应配置隔离开关。若馈线的用户侧没有电源时，断路器通往用户的那一侧，可以不装设隔离开关。若电源是发电机，则发电机与出口断路器之间可以不装隔离开关。但有时为了便于对发电机单独进行调整和试验，也可以装设隔离开关或设置可拆卸点。

当电压在 110 kV 及以上时，断路器两侧的隔离开关和线路隔离开关的线路侧均应配置接地开关。对 35 kV 及以上的母线，在每段母线上也应设置 1～2 组接地开关，以保证电器和母线检修时的安全。

六、电气设备的运用状态

运行中的电气设备是指全部带电或一部分带电以及一经操作即带有电压的电气设备。所谓一经操作即带有电压的电气设备是指现场停用或备用的电气设备，它们的电气连接部分和带电部分之间只用断路器或隔离开关断开，并无拆除部分，一经合闸即带有电压。因此运行中的电气设备具体指的是现场运行、备用和停电的设备。如电气设备某一部分已从电气连接部分拆下，并已拆离原来的安装位置而远离带电部分，则就不属于运行中的电气设备。现场中全部带有电压的设备即处于运行状态，而其中一部分带有电压或一经操作才带有电压的设备是处于备用状态或停用状态以及检修状态。

电气设备的运用状态有运行状态、热备用状态、冷备用状态和检修状态。

(1)运行状态

电气设备的运行状态，是指断路器和隔离开关都在合闸位置，将电源至受电端间的电路接通，其间的电气设备及二次设备均处于带电工作的状态。

(2)热备用状态

电气设备的热备用状态，是指断路器在断开位置，而隔离开关仍在合闸位置，其特点是断路器一经操作即接通电源。

(3)冷备用状态

电气设备的冷备用状态，是指设备的断路器及隔离开关均在断开位置。其显著特点是该设备(如断路器)与其他带电部分之间有明显的断开点。设备的冷备用根据工作性质分为断路器冷备用与线路冷备用等。现分别叙述如下。

①“断路器冷备用”时，接在断路器上的电压互感器及所用变压器的高低压熔断器应取下，高压侧隔离开关应拉开，如高压侧无法断开，则拉开低压侧隔离开关。线路上的电压互感器、所用变压器、高压隔离开关不拉开和低压熔断器不取下。

②“线路冷备用”时，接在线路上的电压互感器、所用变压器高低压熔断器一律取下，高压侧隔离开关应拉开，如高压侧无法断开，则应断开低压侧。

③“电压互感器与避雷器”的冷备用，当其与高压隔离开关及低压熔断器隔离后，即处于冷备用状态，无高压隔离开关的电压互感器，当低压侧熔断器取下后即可处于冷备用状态。

④母线从运行或检修转为冷备用应包括母线电压互感器转为冷备用。

(4)检修状态

电气设备的检修状态，是指设备的断路器和隔离开关均已断开，待检修设备(如断路器)两侧装设了保护接地线(或合上接地隔离开关)并悬挂了工作标示牌，安装了临时遮栏，该设备即作为处于检修状态。装设临时遮栏的目的是将工作场所与带电设备区域相隔离，限制工作人员的活动范围，以防在工作中因疏忽而误碰带电部分。

检修应根据工作性质分为断路器检修和线路检修等。

①断路器检修是指设备的断路器与两侧隔离开关均拉开，断路器的操作熔断器及合闸电源熔断器已取下，在断路器两侧装设了保护接地线或合上接地隔离开关，并做好安全措施。检修的断路器若与两侧隔离开关之间接有仪表变压器(或变压器)，则该仪表变压器的隔离开关拉开或取下高低压熔丝，高压侧无法断开时则取下低压熔丝，如有母差保护、母差电流互感器回路应拆开并短路接地(二次回路应作相应的调整)。

②“线路检修”是指线路断路器及其两侧隔离开关拉开，并在线路出线端挂好接地线(或合上线路接地隔离开关)。如有线路仪表变压器(或变压器)，应将其隔离开关拉开或取下高低压熔断器。

③变压器检修也可分为断路器或变压器检修。挂接地线或合上接地隔离开关的地点应分别在断路器两侧或变压器各侧。

④母线检修状态是指该母线从冷备用转为检修，即在冷备用母线上挂好接地线(或合上母线接地隔离开关)。母线由检修转为冷备用，是指拆除该母线的接地线(或拉开母线接地隔离开关)，应包括母线电压互感器转为冷备用。母线从冷备用转为运行，是指有任一路电源断路器处于热备用状态，一经合闸，该母线即可带电，包括母线电压互感器转为运行状态。凡不符合上述状态的操作，调度员在发布操作命令时必须明确提出要求，以便正确执行倒闸操作。

七、倒闸操作注意事项

电气设备有多种不同的运行状态，要将电气设备由一种运行状态转变到另一种运行状态，就需要进行一系列的倒闸操作。所谓改变运行状态，就是拉开或合上某些断路器和隔离开关，包括断开或投入相应的直流回路；改变继电保护和自动装置的定值或运行状态，临时接地线等。倒闸操作主要是指为适应供电系统运行方式改变的需要，而必须进行的拉、合断路器、隔离开关、高压熔断器等(简称为一次设备)的操作。为适应一次设备运行状态的改变，继电保护及自动装置(简称二次设备)运行状态也应作相应的改变，如继电器保护装置的投入或退出、保护定值的调整等。为了保证上述操作正确无误地进行，要求在操作过程中进行必要的检查。

倒闸操作均需有电力调度的命令。一次设备按地铁公司要求统一编号，未经职能部门书面同意，任何人不得擅自更改一次设备编号。模拟盘上一次设备编号和一次设备本体编号要与电力系统一次图、监控屏幕中编号一致，模拟盘、监控屏幕上一次设备的位置要与实际运行方式一致。重大停送电操作按供电部门停送电通知单执行；一般停送电操作按签批的工作票执行。在试验位置进行的开关分、合试验及联锁信号试验，不需要停送电通知单。

一切倒闸操作必须由两人执行，一人操作，一人监护或监控，监护或监控人由具有一定资质和操作技能者担任，复杂的操作应由值班负责人担任监护。倒闸操作应由操作人按操作顺序填写操作票，经电力调度员审核后，方可执行。操作时应严格执行有关制度，严禁与进行操作无关的谈话。每操作完一项，在操作票上相应条目打勾作为完成的记号。全部操作完成后应进行复查。

倒闸操作注意事项如下：

(1)明确主接线倒闸作业前后的运行方式，特别掌握电源的供电情况和各开关设备的通断情况。

(2)明确倒闸操作中相应的继电保护及自动装置调整和转换。

(3)停电时，从负荷侧开始，先分断负荷侧开关，后分电源侧开关；送电时，先合电源侧开关，后合负荷侧开关。这样使开合的电流最小，万一发生操作失误，可以将影响面降到最小。

(4)隔离开关与断路器串联时，隔离开关应先合后分。隔离开关与断路器并联时，隔离开关应先分后合，隔离开关无论是分闸还是合闸都是在断路器闭合状态下进行，从而保证了隔离开关不带负荷操作。

(5)隔离开关带接地刀闸时，送电时应先断接地闸刀，后合主刀闸；停电时应先断主刀闸，后合接地刀。否则造成接地短路。

八、变电所的类型

本变电所的母线上有其他变电所的负荷电流通过称为系统功率穿越。根据变电所在电网中的位置、重要程度和从电力系统取得电源的方式不同，如图 5-1 所示，可分为下列几种形式：

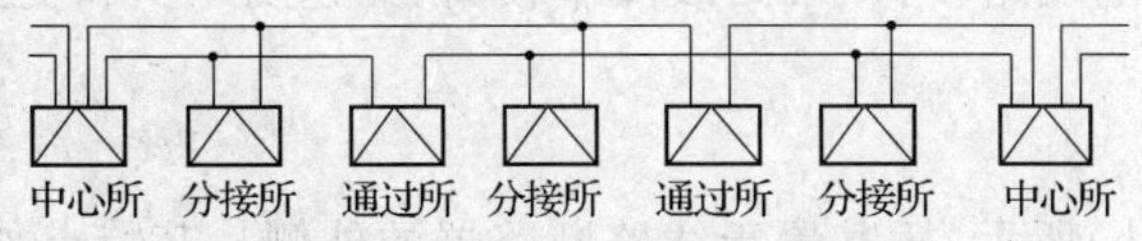

图 5-1　变电所类型示意图

(1)中心变电所，具有 4 路及以上电源进线并有系统功率穿越，除了完成一般变电所的功能，还向其他变电所供电。

(2)中间(或终端)变电所，变电所有 2 路电源进线的为中间(或终端)变电所，其中有系统功率穿越的称为通过式变电所；没有系统功率穿越的称为分接式变电所。

第二节　常见电气主接线

一、桥形接线

1. 概述

当只有两台主变压器和两条电源进线线路时，可以采用如图 5-2 所示的接线方式。这种接线称为桥式接线。

桥式接线的桥臂由断路器 QF_L 及其两侧隔离开关组成，正常运行时处于接通或断开状态（由系统运行方式决定）。根据桥臂的位置又可分为内桥接线、外桥接线和双断路器桥形接线三种形式。

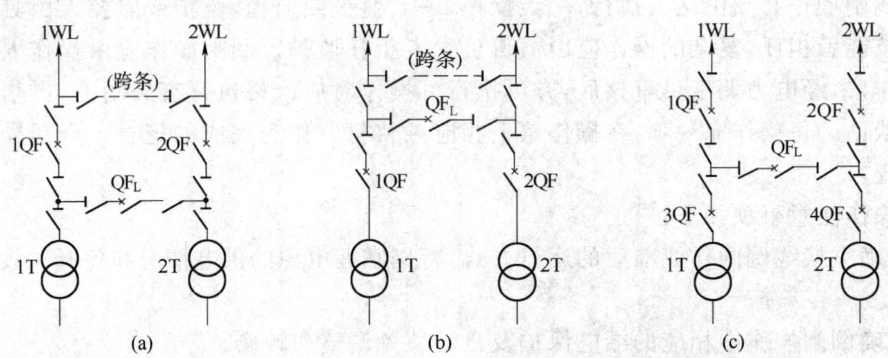

图 5-2　桥形接线图（QF_L—联络断路器或桥断路器）

(a)内桥接线；(b)外桥接线；(c)双断路器桥形接线

2. 内桥接线

内桥接线如图 5-2(a)所示，桥臂置于线路断路器 1QF、2QF 的内侧，靠近主变压器 1T、2T。其特点如下：

(1)线路 1WL 或者 2WL 发生故障时，仅故障线路的断路器 1QF 或者 2QF 跳闸，其余三条支路可继续工作，并保持相互间的联系。

(2)变压器故障时，联络断路器 QF_L 及与故障变压器同侧的线路断路器 1QF 或者 2QF 均自动跳闸，使未故障线路的供电受到影响，需经倒闸操作后，方可恢复对该线路的供电。

(3)线路运行时变压器操作复杂。

内桥接线适用于输电线路较长、线路故障率较高、穿越功率少和变压器不需要经常改变运行方式的场合。

3. 外桥接线

外桥接线如图 5-2(b)所示，桥臂置于线路断路器的外侧。其特点如下：

(1)变压器发生故障时，仅跳故障变压器支路的断路器 1QF 或者 2QF，其余支路可继续工作，并保持相互间的联系。

(2)线路发生故障时，联络断路器 QF_L 及与故障线路同侧的变压器支路的断路器 1QF 或者 2QF 均自动跳闸，需经倒闸操作后，方可恢复被切除变压器的工作。

(3)线路投入与切除时,操作复杂,影响变压器的运行。

这种接线适用于线路较短、故障率较低、主变压器需按经济运行要求经常投切以及电力系统有较大的穿越功率通过桥臂回路的场合。

4. 双断路器桥型接线

桥式接线属于无母线的接线形式,简单清晰,设备少,造价低,也易于发展过渡为单母线分段或双母线接线。但因内桥接线中变压器的投入与切除要影响到线路的正常运行,外桥接线中线路的投入与切除要影响到变压器的运行,而且更改运行方式时需利用隔离开关作为操作电器,故桥式接线的工作可靠性和灵活性较差。

为了提高供电可靠性,克服内、外桥形接线的不足,使运行方式的调度操作更为方便,确保安全可靠供电,可在高压母线与主变压器进线之间增设断路器,其原理接线如图 5-2(c)所示,这种接线方式在 35/10 kV 的变电站中大量采用。

二、单母线接线

1. 单母线接线

为使每一台主变压器能从任一电源回路获得电能,这就需要设置汇流母线,以便将各电源回路电能汇集起来,再分配到各个用电回路,以提高供电的可靠性和经济性。

如果电源回路和用电回路都通过断路器、隔离开关接在同一套母线上,则构成单母线接线,如图 5-3 所示。

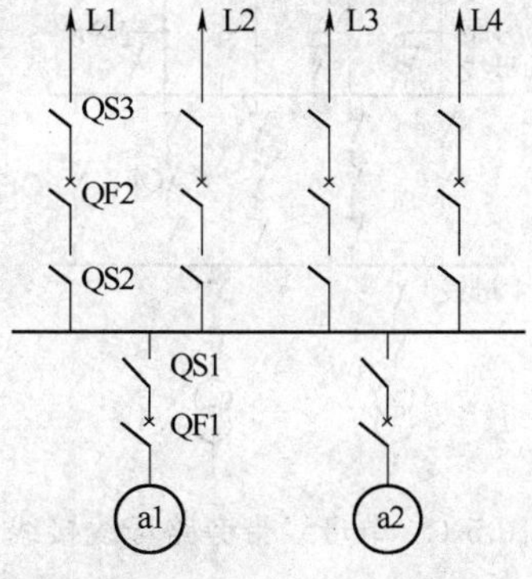

图 5-3 单母线接线

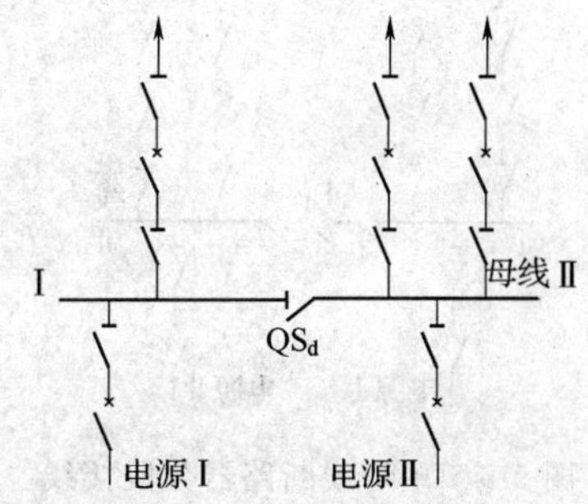

图 5-4 单母线隔离开关分段接线

这种接线的优点是接线简单,投资少;操作方便,容易扩建。缺点如下:(1)检修母线或母线隔离开关,全厂(所)停电;(2)母线或母线隔离开关故障,全厂(所)停电;(3)检修出线断路器,该回路停电。

因此,这种接线只适用于小容量和用户对供电可靠性要求不高的发电厂或变电所中。为了克服以上缺点,可采用母线分段和加旁路母线的措施。

2. 单母线分段接线

(1)单母线隔离开关分段接线

如图 5-4 所示,当任一段母线(Ⅰ段或Ⅱ段)及其母线隔离开关停电检修,可以通过事先断开分段隔离开关 QS_d,使另一段母线的工作不受影响。

当分段隔离开关 QS_d 投入,两段母线同时运行期间,若任一段母线发生故障,仍将造成整个配电装置的短时停电。只有将与母线相连的所有断路器跳闸后，才可以用分段隔离开关QS_d将故障段母线隔开，方能恢复非故障段母线的运行。

(2)单母线断路器分段接线

如图 5-5 所示，当分段断路器 QF_d接通运行时，任一段母线发生故障时，在继电保护的作用下，分段断路器和接在故障段上的电源回路断路器便自动断开。这使非故障段母线可以继续运行，缩小了母线故障的停电范围。

当分段断路器断开运行时，分段断路器除装有继电保护装置外，还应装有备用电源自动投入装置，分段断路器断开运行，有利于限制短路电流。

采用单母线断路器分段接线的优点：

①在正常情况下检修母线时，可不中断另一段母线的运行。

②任一段母线发生故障时，在继电保护装置的作用下，母线分段断路器断开，从而保证了非故障段母线的不间断供电。

③可满足采用双回线路供电的重要用户供电可靠性要求。

采用单母线断路器分段接线的缺点：

①当一段母线或母线隔离开关故障或检修时，该段母线上的所有回路都要在检修期间内停电。

②当采用接于不同段母线的双回线路供电时，常使架空线路出现交叉跨越。

③ 扩建时需要向两个方向均衡扩建。

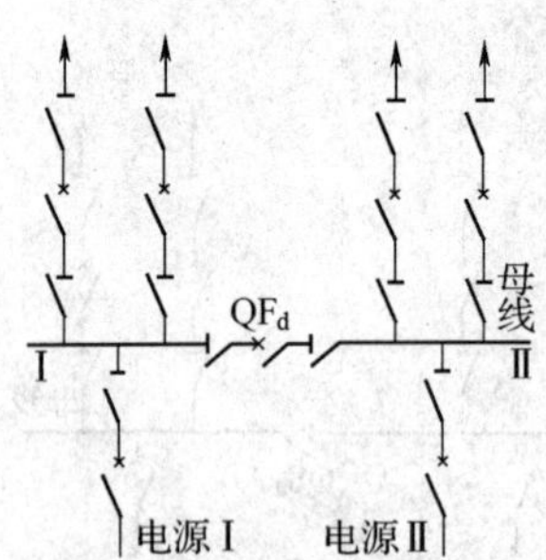

图 5-5　单母线断路器分段接线

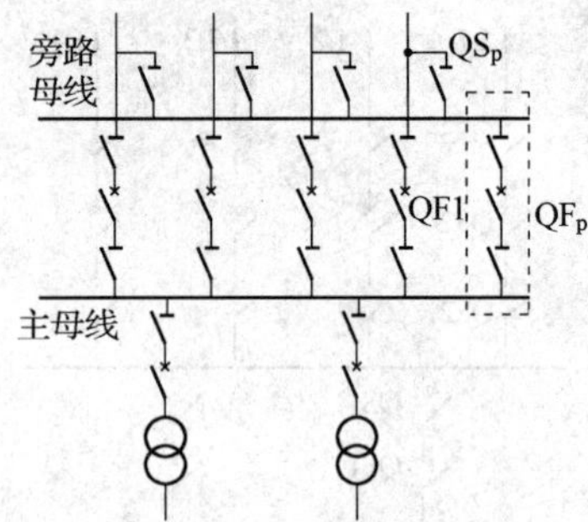

图 5-6　单母线带旁路母线接线

单母线分段的数目取决于电源的数目、电网的接线及主接线的运行方式，一般以 2～3 段为宜。其连接的回路数一般比不分段的单母线接线增加一倍，但仍不宜过多。

主要应用于中、小容量发电厂的电气主接线；各类发电厂的厂用电接线以及进出线数量比较多的(6～220) kV 变电所中。

(3)单母线带旁路母线接线

如图 5-6 所示，在工作母线外侧增设一组旁路母线，并经旁路隔离开关引接到各线路的外侧。另设一组旁路断路器 QF_p(两侧带隔离开关)跨接于工作母线与旁路母线之间。

当任一回路的断路器需要停电检修时，该回路可经旁路隔离开关 QS_p绕道旁路母线，再经旁路断路器 QF_p及其两侧的隔离开关从工作母线取得电源。此途径即为“旁路回路”或简称“旁路”。

平时旁路断路器和隔离开关均处于分闸位置，旁路母线不带电。当需检修某线路断路器

时，首先合上旁路断路器两侧的隔离开关，然后合上旁路断路器向旁路母线空载升压，检查旁路母线无故障后，再合上该线路的旁路隔离开关。此后，断开该出线断路器及其两侧的隔离开关，这样就由旁路断路器代替了该出线断路器工作。

单母线带旁路母线接线方式的最大优点是供电可靠性高。断路器故障检修时，可不停电进行检修，供电可靠，运行灵活，适用于向重要用户供电，出线回路较多的变电所尤为适用，该接线方式仅适用于 110 kV 及以下电压等级的母线。

旁路断路器在同一时间只能代替一个线路断路器的工作。但母线出现故障或检修时，仍会造成整个主母线停止工作。为了解决这个问题，可以采用带旁路母线的单母线分段接线。

(4)单母线带旁路母线分段接线

这种接线方式兼顾了旁路母线和母线分段两方面的优点。为了减少投资，可不专设旁路断路器，而用母线分段断路器兼作旁路断路器，常用的接线如图 5-7 所示。该接线供电可靠性高，一般用在(35～110) kV 的变电所。在正常工作时，靠旁路母线侧的隔离开关 QS3、QS4 断开，而隔离开关 QS1、QS2 和断路器 QF_d 处于合闸位置(这时 QS_d 是断开的)，主接线系统按单母线分段方式运行。当需要检修某一出线断路器(如 1WL 回路的 1QF)时，可通过倒闸操作，将分段断路器作为旁路断路器使用，即由 QS1、QF_p、QS4 从Ⅰ母线接至旁路母线，或经 QS2、QF_p、QS3 从Ⅱ母线接至旁路母线，再经过 $1QS_p$ 构成向 1WL 供电的旁路。此时分段隔离开关 QS_d 是接通的，以保持两段母线并列运行。

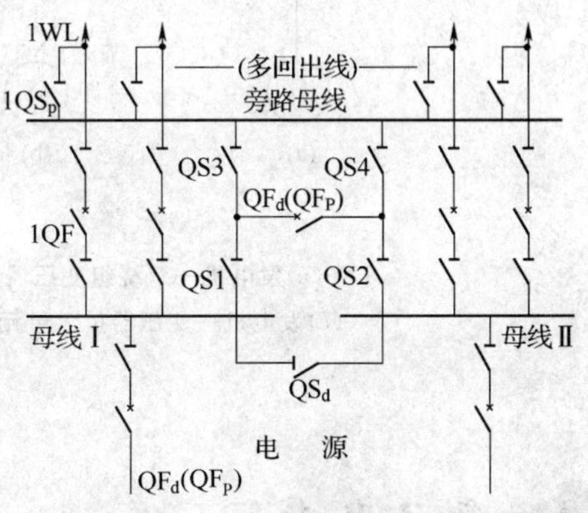

图 5-7　单母线带旁路母线分段接线

现以检修 1QF 为例，简述其倒闸操作步骤：

①向旁路母线充电，检查其是否完好。合上 QS_d；断开 QF_p 和 QS2；合上 QS4；再合上 QF_p，使旁路母线空载升压，若旁路母线完好，QF_p 不会自动跳闸。

②接通 1WL 的旁路回路；合上 $1QS_p$。这时有两条并列的向 1WL 供电的通电回路。

③将线路 1WL 切换至旁路母线上运行。断开断路器 1QF 及其两侧的隔离开关，并在靠近断路器一侧进行可靠接地。这时，断路器 1QF 退出运行，进行检修，但线路 1WL 继续正常供电。

三、单元接线

如图 5-8(a)、(b)所示，电源线路(或发电机)与变压器直接连接成一个单元，组成线路(发电机)—变压器组，称为单元接线。其中图 5-8(a)是发电机—双绕组变压器单元接线，发电机出口处除了接有厂用电分支外，不设母线，也不装出口断路器，发电机和变压器的容量相匹配，必须同时工作，发电机发出的电能直接经过主变压器送往升高电压电网。发电机出口处可装一组隔离开关，以便单独对发电机进行实验，200 MW 及以上的发电机，由于采用分相封闭母线，不宜装设隔离开关，但应有可拆连接点。图 5-8(b)是发电机—三绕组变压器单元接线，为了在发电机停止工作时，变压器高压侧和中压侧仍能保持联系，发电机与变压器之间应装设断路器和隔离开关。

为了减少变压器及其高压侧断路器的台数，节约投资与占地面积，可采用图 5-8(a)、(b)所示的扩大单元接线。图 5-8(c)为两台发电机与一台双绕组变压器的扩大单元接线，图 5-8(d)为两台发电机与一台低压分裂绕组变压器的扩大单元接线，这种接线可限制变压器低压侧的短路电流。扩大单元接线的缺点是运行灵活性较差。

单元接线的优点是接线简单、投资少、占地少、操作方便、经济性好；由于不设发电机电压母线，减少了发电机电压侧发生短路故障的几率。

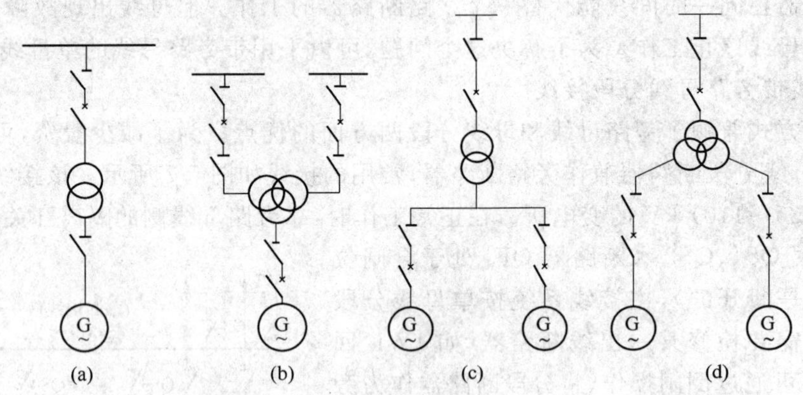

图 5-8　单元接线

(a)发电机—双绕组变压器单元接线；(b)发电机—三绕组变压器单元接线；
(c)发电机—变压器扩大单元接线；(d)发电机—分裂绕组变压器扩大单元接线

复习思考题

1. 什么是变电所的电气主接线？
2. 设计变电所的电气主接线要满足哪些基本要求？
3. 在倒闸作业中必须遵守的基本原则是什么？
4. 列表说明变电所常用的电气主接线型式的特点和适用范围，可以采用的运行方式。

第六章　成套配电装置

第一节　配电装置概述

一、概　　述

配电装置是按电气主接线的要求，把一、二次电气设备如开关设备、保护电器、检测仪表、母线和必要的辅助设备组装在一起构成的在供配电系统中进行接受、分配和控制电能的总体装置。

配电装置按安装的地点，可分为户内配电装置和户外配电装置。为了节约用地，一般 35 kV 及以下配电装置宜采用户内式，而城市轨道交通变电所中一般均采用户内式配电装置。

配电装置还可分为装配式配电装置和成套配电装置。电气设备在现场组装的配电装置称为装配式配电装置。在制造厂按照一定的线路接线方案预先组装成柜再运到现场安装，制造厂成套供应的设备，称为组合电器或开关柜。

组合电器或开关柜是将电气主电路分成若干个单元，每个单元即一条回路，将每个单元的断路器、隔离开关、电流互感器、电压互感器以及保护、控制、测量等设备集中装配在一个整体柜内（通常称为一面或一个高压开关柜），多个高压开关柜在发电厂、变电所或配电所安装后组成的配电装置称为成套配电装置。

由于城市轨道供电系统变电所都建在城市中心地带，所以，其配电装置都选择采用成套配电装置，并布置在户内。

高压成套配电装置按主要设备的安装方式分为固定式和移开式（手车式）；按开关柜隔室的构成形式分为铠装式、间隔式、箱型、半封闭型等；按其母线系统分有单母线型、单母线带旁路母线型和双母线型；根据一次电路安装的主要元器件和用途分有断路器柜、负荷开关柜、高压电容器柜、电能计量柜、高压环网柜、熔断器柜、电压互感器柜、隔离开关柜、避雷器柜等。按照绝缘介质划分，包括 AIS 和 GIS 两种。AIS（Air Insulated Switchgear）是以大气绝缘（包括大气与固体绝缘组成的复合绝缘）的开关柜，GIS（Gas Insulated Switchgear）是以 SF_6 气体为绝缘介质的开关柜。

开关柜在结构设计上要求具有“五防”。所谓“五防”即防止误操作断路器，防止带负荷拉合隔离开关（防止带负荷推拉小车），防止带电挂接地线（防止带电合接地开关），防止带接地线（接地开关处于接地位置时）送电，防止误入带电间隔。

配电装置应满足的基本要求是：

(1)设计应符合国家技术经济政策，满足有关规程要求。

(2)设备选择合理，技术性能可靠。

(3)布置整齐、清晰、有足够的安全距离保证人身和设备安全，操作、巡视、检修方便。

(4)在保证安全、可靠的条件下，力求降低造价，减少工程量和占地面积。

(5)留有发展扩建的余地。

城市轨道交通供电系统中，110 kV 及以上采用 GIS(断路器采用 SF_6 断路器)，35 kV 开关柜采用 GIS(断路器采用真空断路器)，10 kV 开关柜采用 AIS(断路器采用真空断路器)，0.4 kV 开关柜采用 AIS(断路器采用空气断路器)。

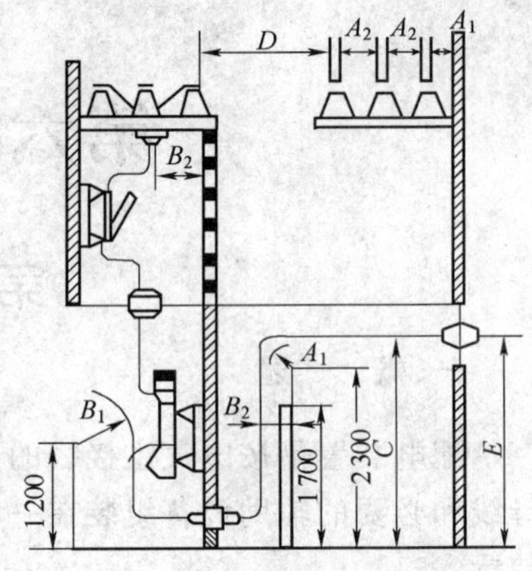

图 6-1　屋内配电装置最小安全净距校验图

二、配电装置的最小安全净距

配电装置的各种结构尺寸，是综合考虑到设备外形尺寸、检修维护和搬运的安全距离、电气绝缘距离等因素决定的。各种间隔距离中最基本的是空气中不同相的带电部分之间或各带电部分对接地部分之间的空间最小安全净距，在国家标准中称为 A 值。在此距离下，无论是处于正常或最高工作电压之下，或处于内外过电压下，空气间隙均不致被击穿。我国《高压配电装置设计技术规程》规定的屋内、屋外配电装置的安全净距见表 6-1 和表 6-2，其中，B、C、D、E 等类电气距离是在 A 值的基础上再考虑运行维护、搬运和检修工具活动范围及施工误差等因素确定的。图 6-1 为屋内配电装置最小安全净距校验图。

表 6-1　屋内配电安全净距　（单位：mm）

符号	适应范围	额定电压(kV)								
		3	6	10	15	20	35	63	110J	110
$A1$	带电部分至接地部分之间 网状和板状遮栏向上延伸线距地 2.3 m 处与遮栏上方带电部分之间	75	100	125	150	180	300	550	850	950
$A2$	不同相的带电部分之间 断路器和隔离开关的断口两侧引线带电部分之间	75	100	125	150	180	300	550	900	1 000
$B1$	栅状遮栏至带电部分之间 交叉的不同时停电检修的无遮栏带电部分之间	825	850	875	900	930	1 050	1 300	1 600	1 700
$B2$	网状遮栏至带电部分之间	175	200	225	250	280	400	650	950	1 050
C	无遮栏裸导体至地楼面之间	2 500	2 500	2 500	2 500	2 500	2 600	2 850	3 150	3 250
D	平行的不同时停电检修的无遮栏裸导体之间	1 875	1 900	1 925	1 950	1 980	2 100	2 350	2 650	2 750
E	通向屋外的出线套管至屋外通道的路面	4 000	4 000	4 000	4 000	4 000	4 000	4 500	5 000	5 000

注：①110J 系指中性点有效接地电网。

②当为板状遮栏时，其 $B2$ 值可取 $A1+30$ mm。

③通向屋外配电装置的出线套管至屋外地面的距离，不应小于表中所列屋外部分之 C 值。

④海拔超过 1 000 m 时，A 值应进行修正。

表 6-2　屋外配电安全净距　　(单位:mm)

符号	适应范围	额定电压(kV)					
		3～10	15～20	35	63	110J	110
A1	带电部分至接地部分之间 网状遮栏向上延伸线距地 2.5 m 处与遮栏上方带电部分之间	200	300	400	650	900	1 000
A2	不同相的带电部分之间 断路器和隔离开关的断口两侧引线带电部分之间	200	300	400	650	1 000	1 100
B1	设备运输时,其外廓至无遮栏带电部分之间 交叉的不同时停电检修的无遮栏带电部分之间 栅状遮栏至绝缘体和带电部分之间	950	1 050	1 150	1 400	1 650	1 750
B2	网状遮栏至带电部分之间	300	400	500	750	1 000	1 100
C	无遮栏裸导体至地面之间 无遮栏裸导体至建筑物、构筑物顶部之间	2 700	2 800	2 900	3 100	3 400	3 500
D	平行的不同时停电检修的无遮栏带电部分之间 带电部分与建筑物、构筑物的边沿部分之间	2 200	2 300	2 400	2 600	2 900	3 000

注:①110J 系指中性点有效接地电网。

②海拔超过 1 000 m 时,A 值应进行修正。

③本表所列各值不适用于制造厂的产品设计。

屋外配电装置使用软导线时,由于软母线在风力、温度即覆冰等情况下,导线会伸缩和摆动,无法保证上面规定的安全净距,在不同的过电压和工作电压下,考虑到不同风力影响,其带电部分至接地部分和不同相带电部分之间的安全净距,应根据表 6-3 进行校验,并应采用其中最大数值。

表 6-3　不同条件下的计算风速和安全净距　　(单位:mm)

条　件	校验条件	计算风速(m/s)	A 值	额定电压(kV)			
				35	63	110J	110
雷电过电压	雷电过电压和风偏	10	A1	400	650	900	1 000
			A2	400	650	1 000	1 100
操作过电压	操作过电压和风偏	最大设计风速的 50%	A1	400	650	900	1 000
			A2	400	650	1 000	1 100
最大工作电压	最大工作电压短路和 10m/s 风速时的风偏		A1	150	300	300	450
	最大工作电压和最大设计风速时的风偏		A2	150	300	500	500

注:在气象条件恶劣如最大设计风速为 35 m/s 及以上,以及雷暴时风速较大的地区,校验雷电过电压时的安全净距,其计算风速采用 15 m/s。

第二节　GIS 组合电器

一、概　　述

GIS 是由断路器、隔离开关、接地开关、互感器、避雷器、母线、连接件等单元，封闭在接地的金属体内组成，其内部充有一定压力并有优异灭弧和绝缘能力的 SF_6 气体。由于 GIS 既封闭又组合，故占地面积小，占用空间少，基本不受外界环境影响，不产生噪声和无线电干扰，运行安全可靠，且维护工作量少，在城网建设和改造工程中，得到广泛的应用。它的突出优点是：

(1)最大限度地缩小整套配电装置的占地面积和空间体积，结构十分紧凑。(110～220) kV GIS 占地面积仅为敞开式变电站(AIS)的 1/10，这在人口高度集中的大都市和密集的负荷中心，显得更为重要。

(2)全封闭的电器结构，不受污染、雨雷、尘沙及盐雾等各种恶劣自然环境条件的影响，减少了设备事故的可能性，特别适合工业污染和气候恶劣以及高海拔地区。

(3)安装方便。因 GIS 已向三相共箱化、复合化和智能化方向发展，一般由整件或若干单元组成，可大大缩短安装工期。

早在 20 世纪 50 年代，高压电器的绝缘介质就用 SF_6 气体代替了空气；20 世纪 60 年代中期，美国制造了第一套 GIS 设备，使高压电器发生了质的飞跃，也给配电装置带来了一次革命。30 年来，GIS 设备发展很快，欧洲、美洲、中东的电力公司都规定配电装置要用 GIS 设备，在亚洲、非洲、澳洲的发达国家也基本上规定要用 GIS 设备，在南非有 800 kV GIS 设备投入运行。国际大电网会议在 1992 年统计，各国已投入运行的 GIS 变电站近 2 000 所。

我国 GIS 设备的研制工作起步于 20 世纪 60 年代，与世界其他国家基本同步；1971 年我国首次试制成功 110 kV GIS 设备，并投入运行。大亚湾、秦山核电站，广州抽水蓄能电站，四川二滩水电站，浙江北仑港、上海石洞口、广东沙角等火电厂，广东江门、云南草铺等变电站，三峡水电站的升压变电站。

自 20 世纪 80 年代开始，国产大型 GIS 设备也投入电网系统运行，共达 407 个间隔，较大的有广西天生桥水电站的 500 kV GIS 设备、渭南变电站的 330 kV GIS 设备、上海杨树浦电厂的 220 kV GIS 设备等。

二、地铁变电所 GIS 结构

1. 中压圆筒形 GIS

如图 6-2 所示的 8DA10 型 GIS 是德国西门子公司推出的开关设备。也是西门子公司的第一种将免维护真空开关管封闭在充有 SF_6 绝缘气体的金属外壳内的开关设备。

该 GIS 每相有两个接地的铸铝圆筒外壳，呈 T 形排列。上部圆筒中装有母线、隔离开关，下部圆筒中装有真空断路器，电流互感器放在圆筒之下，电缆接头由下部引出。采用免维护的真空断路器、紧凑式的三工位隔离开关，断路器操动机构为弹簧储能操动机构。

2. 中压柜型 GIS

中压柜型 GIS 开关柜，外壳采用优质不锈钢板和覆铝锌钢板材料制成，接地牢固，完全能承受运行中出现的正常和瞬时压力。外壳的制造工艺采用优质不锈钢板、先进的激光焊接技术和对抗老化、耐温升的绝缘材料，保证开关柜气室具有极高的气密性。中压柜型 GIS 开关

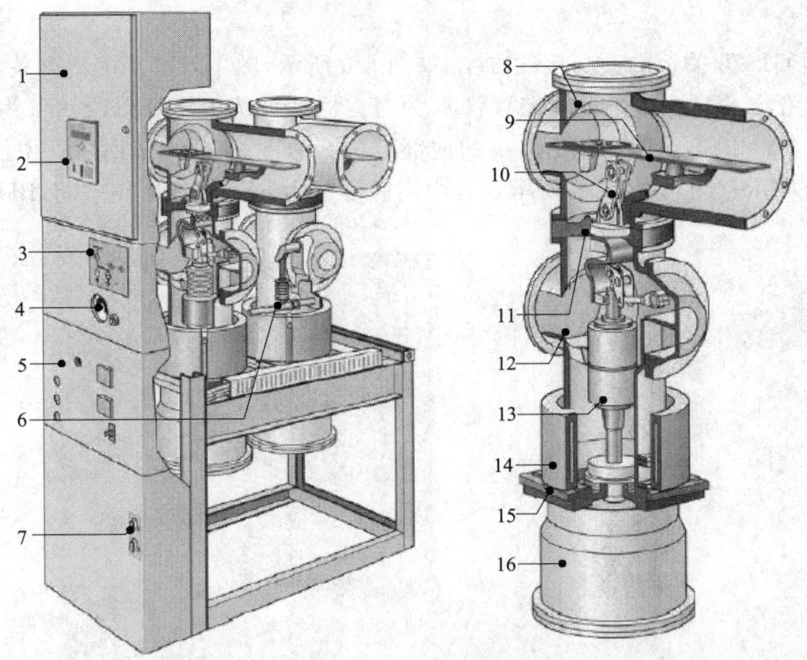

图 6-2　8DA10 型 GIS 开关设备

1—低压室；2—微机保护装置；3—操动机构，三工位开关联锁机构，以及三工位开关和断路器的位置指示器；4—馈线气室的气压计；5—断路器操动机构；6—真空断路器操作杆；7—电压检测系统；8—母排室；9—母排；10—三工位隔离开关；11—三工位开关和断路器间的气密室套管；12—断路器室；13—真空断路器；14—电流互感器；15—极支撑板；16—连接器

柜工作状态，如图 6-3 所示。

图 6-3　中压柜型 GIS 开关柜工作状态图

采用弹簧储能操动机构的真空断路器，采用复合式电流/电压传感器，而不是传统的电流、电压互感器。

中压柜型 GIS 开关柜结构，如图 6-4 所示。其高压室分为上下两个独立隔离的密封气室，上气室为隔离/接地开关单元和主母线进出端；下气室为断路器单元、电流互感器和电缆进出端。断路器单元和隔离/接地开关单元与主回路为插拔式柔性连接，装配和维护方便。

开关柜间采用外部母线连接装置，装于柜顶，柜间连接母线采取的是各单元母线分割连接式，不需要现场充气。主母线系统插接方式连接如图 6-5 所示。所有连接件作镀银处理，使用环形镀银弹簧。开关柜内设专用的母线室，三相母线在一个气室内，母线室设有独立的气体监视器，当压力上升或降低时，监视器能发出报警信号或使断路器跳闸。使用的铜母线具有耐火、抗爬电、抗电弧的绝缘措施，柜之间的母线室间用接地金属隔板隔开，母线由绝缘套管中穿过，且其孔口密封。如母线发生事故，不影响邻近的间隔。

气室的结构采用模块化设计，每个气室都是独立的功能单元，具备安装方便、更换简单。独立气室及气室连接处可靠密封，每个封闭压力系统年漏气率<1%，工厂出厂标准为年漏气

率＜0.2％。

中压柜型GIS开关柜的一次接线方案，如图6-6所示，图中，DS为隔离开关，ES为接地开关，VCB为断路器，VD为带电显示装置，LA为避雷器，PT为电压互感器，CT为电流互感器，CH为电缆接头。中压柜型GIS出线柜的内部结构示意图，如图6-7所示。中压柜型GIS进线柜的内部结构示意图，如图6-8所示。其中阴影部分为SF_6气体密闭空间，BUS为母线。

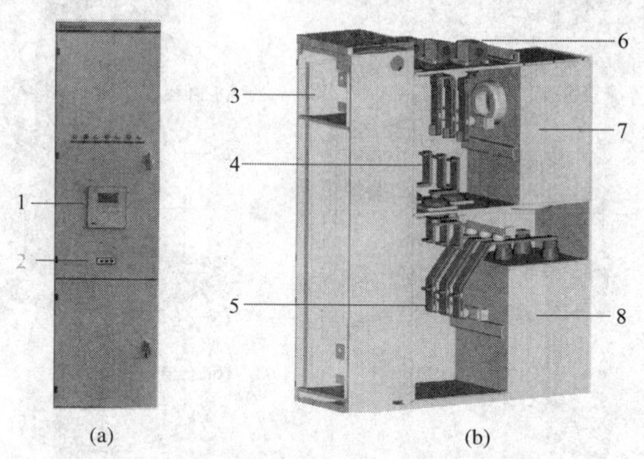

图6-4　中压柜型GIS开关柜结构图

1—综合继电保护装置；2—带电显示装置；3—二次室；4—上气室；
5—下气室；6—柜间连接；7—释压室；8—电缆室
(a)正面图；(b)柜体结构图

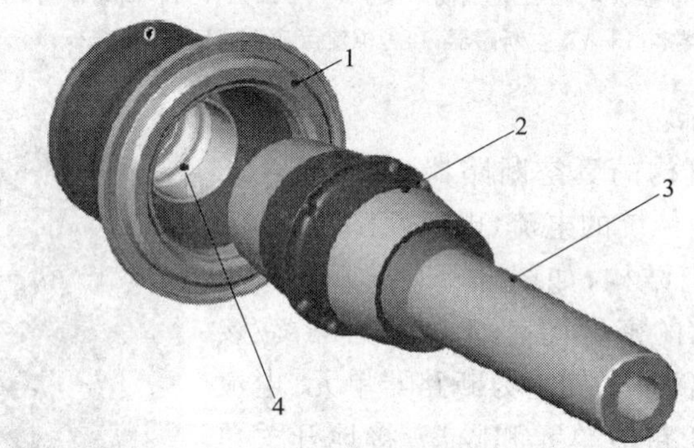

图6-5　中压柜型GIS柜顶插接式母线

1—母线插座；2—硅橡胶绝缘套；3—主导电棒；4—环形弹簧触头

三、GIS开关柜运行管理

1. SF_6气体管理

(1)压力(密度)管理

SF_6气体压力(密度)是表征GIS开关柜性能的宏观标志。必须经常保持在产品技术条件规定的范围内。

(2)水分管理

控制GIS水分含量的基本原则是保证所含水蒸气的露点在−5 ℃以下，使固体绝缘件的沿面闪络电压不致因凝露而降低；保证与电弧分解物作用的生成物很少，不致引起设备损坏或

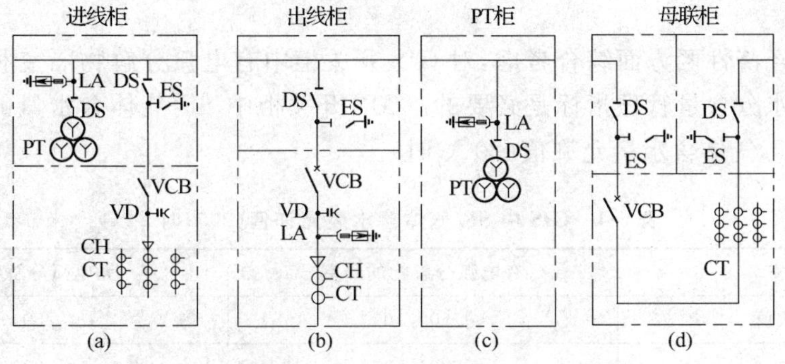

图 6-6 中压柜一次方案图

(a)进线柜;(b)出线柜;(c)PT 柜;(d)母联柜

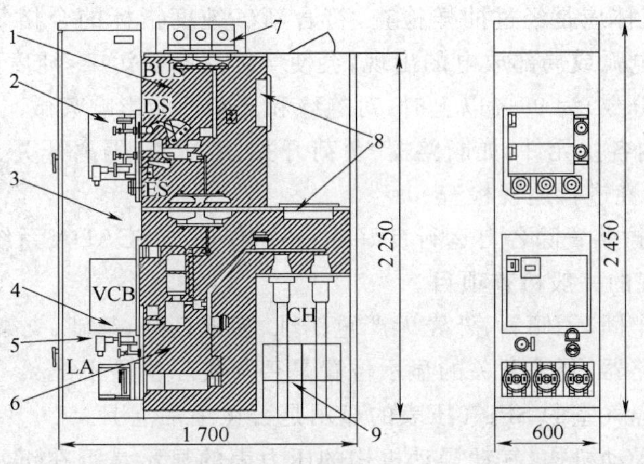

图 6-7 中压出线柜结构示意图

1—隔离/接地开关气室;2—隔离/接地开关操动机构;3—低压室;4—断路器操动机构;5—压力表;6—断路器气室;7—绝缘母线;8—泄压装置;9—电缆室

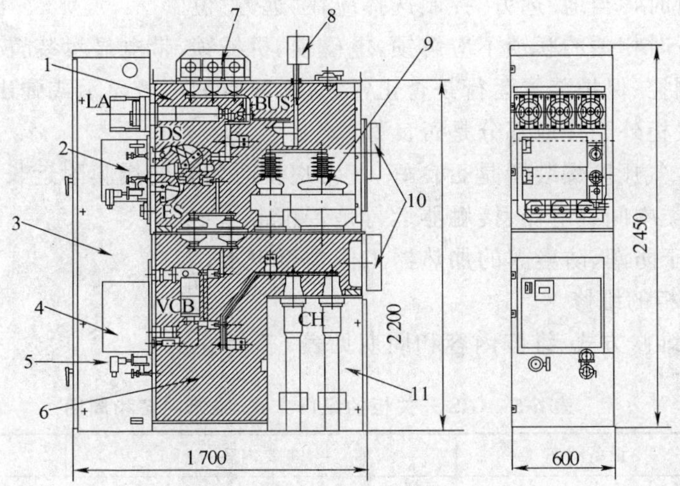

图 6-8 中压进线柜结构示意图

1—隔离/接地开关气室;2—隔离/接地开关操动机构;3—低压室;4—断路器操动机构;5—压力表;6—断路器室;7—绝缘母线;8—PT 隔离开关;9—电压互感器;10—释压装置;11—电缆室

性能下降。

从安全性和经济性两方面综合考虑，对 GIS 开关柜中有电弧分解物隔室和无电弧分解物隔室制定不同的水分含量管理指标是必要的。GIS 开关柜中 SF_6 气体含水量的要求可参见表 6-4，即 GIS 中 SF_6 气体含水量允许值(20 ℃时)。

表 6-4　GIS 中 SF_6 气体含水量允许值(20℃时)

隔　室	有电弧分解物的隔室	无电弧分解物的隔室
交接验收值	$\leqslant 150\times10^{-6}$	$\leqslant 250\times10^{-6}$
运行值	$\leqslant 300\times10^{-6}$	$\leqslant 500\times10^{-6}$

(3)纯度管理

充入 GIS 的气体应是经过抽样检查，符合新气纯度指标的合格气体。运行一般时间后，随着空气的侵入、电弧或局部放电的出现，会使气体逐渐被污染，纯度降低。试验表明，当 SF_6 气体含量(体积百分数)为 95%以上时，对绝缘和开断性能影响甚微。

2. 对开关柜内各主元件，如断路器、负荷开关、熔断器、隔离开关、接地开关、避雷器、互感器等仍需按各自特性进行巡视检查。

3. 各测控、保护装置除各自运行良好外，还需保证与 SCADA 系统通信正常。

4. 开关柜巡视的一般检查项目。

(1)设备安装牢固，无倾斜、外壳无严重锈蚀、接地良好，基础、支架应无严重破损剥落。

(2)检查各断路器、隔离开关的显示位置是否与实际位置相符。

(3)检查各间隔气室的 SF_6 气压表的显示是否在正常范围。

(4)检查液压操动机构、气动操动机构的压力表的显示是否在正常范围，以判断是否有漏油、漏气现象；弹簧操动机构的储能弹簧是否在储能位置。检查操动机构是否有锈蚀，传动装置是否有脱位、变形现象。

(5)正常运行时，“当地/远方”控制选择应在“远方”位。

(6)正常运行时相关的联锁不应解锁，电磁锁、机械锁、带电显示装置正常。

(7)检查各测控、保护装置运行是否正常，有无异常的信号显示或弹出告警栏。

(8)检查开关柜外壳接地部分是否良好。

(9)检查 SF_6 气压防爆装置是否良好，正常巡视时勿在防爆膜附近长时间停留。

(10)检查各类中间继电器、接触器运行是否正常。

(11)检查用于防潮、防凝露的加热器工作是否正常。

5. GIS 开关柜的维修

一般 GIS 的维修方式、维修内容和周期见表 6-5。

表 6-5　GIS 开关柜的维修方式、维修内容和周期

序号	维修方式	设备状态	主要内容	周　期
1	巡视检查	正常运行	检查分合闸指示及信号 记录介质压力、温度 检查有无异常声音、臭味或痕迹	每天或数天

续上表

序号	维修方式	设备状态	主要内容	周　期
2	一般维修	停运	分合闸操作试验	3～5 年
			操作机构及控制柜外部检查	
			测定绝缘电阻等	
3	全面维修	停运，机构解体	检查操作机构和控制柜内零件，必要时应更换	6～10 年
			操作特性测试	
			密度继电器和压力开关调整	
4	临时检查	停运，是否解体视情况而定	更换磨损件	达到规定操作次数或发现异常时
			进行必要的修理、清理或更换零件	
5	抽样检查	是否停运视项目而定	气体抽检	视抽查项目和运行情况而定
			开关元件抽检，进行必要的检修、清理和更换零件	

第三节　AIS 组合电器

AIS 组合电器是指以空气绝缘的(3～35) kV 的成套配电装置(或高压开关柜)。发电厂和变电站中常用的高压开关柜有移开式和固定式两种。

一、固定式高压开关柜

固定式高压开关柜的柜内所有电器部件(包括其主要设备如断路器、互感器和避雷器等)都固定安装在不能移动的台架上。固定式开关柜具有构造简单，制造成本低，安装方便等优点；但内部主要设备发生故障或需要检修时，必须中断供电，直到故障消失或检修结束后才能恢复供电，因此固定式高压开关柜一般用在企业的中小型变配电所和负荷不是很重要的场所。

近年来，我国设计生产的一系列符合 IEC 标准的新型固定式高压开关柜，下面以 HXGN 系列(固定式高压环网柜)、XGN 系列(交流金属箱型固定式封闭高压开关柜)和 KGN 系列(交流金属铠装固定式高压开关柜)为例来介绍固定式高压开关柜的结构与特点。

1. HXGN 系列固定式高压环网柜

高压环网柜是为适应高压环形电网的运行要求设计的一种专用开关柜。高压环网柜主要采用负荷开关和熔断器的组合方式，正常电路通断操作由负荷开关实现。而短路保护由具有高分断能力的熔断器来完成。这种负荷开关加熔断器的组合柜与采用断路器的高压开关柜相比，体积和重量都明显减少，价格也便宜很多。而一般(6～10) kV 的变配电所，负荷的通断操作较频繁，短路故障的发生却是个别的，因此，采用负荷开关—熔断器的环网柜更为经济合理。所以，高压环网柜主要适用于环网供电系统、双电源辐射供电系统或单电源配电系统，可作为变压器、电容器、电缆、架空线等电器设备的控制和保护装置，也适用箱式变电站，作为高压电器设备。

HXGN1-10 型高压环网柜的外形图和内部剖面图如图 6-9 所示。它由三个间隔组成：电缆进线间隔、电缆出线间隔、变压器回路间隔。主要电气设备有高压负荷开关、高压熔断器、高压隔离开关、接地开关、电流和电压互感器、避雷器等。并且具有可靠的防误操作设施，有“五防”功能。在我国城市电网改造和建设中得到广泛的应用。

2. XGN 系列的箱型固定式金属封闭高压开关柜

金属封闭开关柜是指开关柜内除进出线外，其余完全被接地金属外壳封闭的成套开关设备。XGN 系列箱型固定式金属封闭开关柜是我国自行研制开发的新一代产品，该产品采用 ZN28、ZN28E、ZN12 等多种型号的真空断路器，也可以采用少油断路器。隔离开关采用先进的 GN30-10 型旋转式隔离开关，技术性能高，设计新颖。柜内仪表室、母线室、断路器室、电缆室用钢板分隔封闭，使之结构更加合理、安全可靠性高，运行操作及检修维护方便。在柜与柜之间加装了母线隔离套管，避免一个柜子故障时波及邻柜。

XGN_2-10 系列开关柜外形和内部结构图如图 6-10 所示。该型号适用于(3～10) kV 单母线、单母线带旁路系统中作为接受和分配电能的高压成套设备，为金属封闭箱型结构，柜体骨架由角钢焊接而成，柜内有钢板分隔成断路器室、母线室，柜具有较高的绝缘水平和防护等级，内部不采用任何形式的相间和相对地隔板及绝缘气体，二次回路不采用二次插头(即无论在何种状态下，保护和控制回路始终是贯通的)，产品的各项技术指标符合《3～35 kV 交流金属封闭开关设备》(GB 3906—1991)和国家标准及“五防”要求。

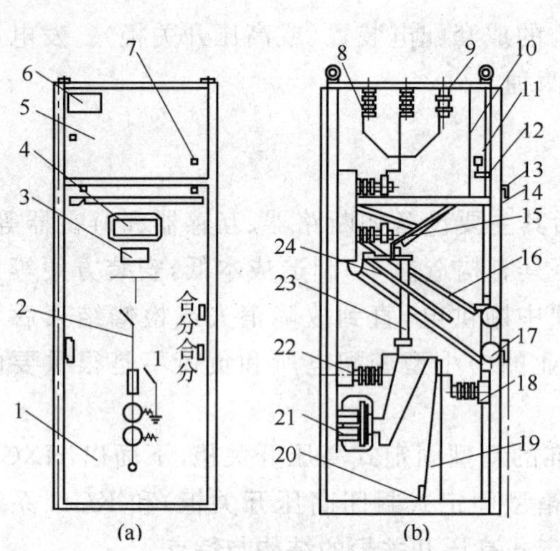

图 6-9 HXGN1-10 型高压环网开关柜

(a)外形图；(b)剖面图

1—下门；2—模拟电路；3—显示器；4—观察孔；5—上门；6—铭牌；7—组合开关；8—母线；9—绝缘子；10、14—隔板；11—照明灯；12—端子排；13—旋钮；15—负荷开关；16、24—连杆；17—负荷开关操动机构；18、22—支架；19—电缆(自备)；20—固定电缆支架；21—电流互感器；23—高压熔断器

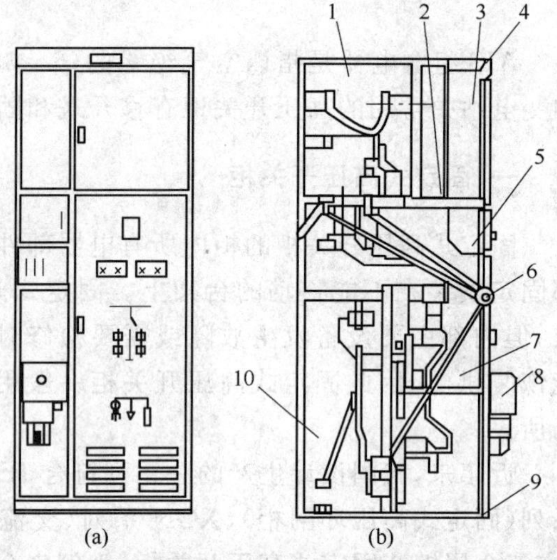

图 6-10 XGN_2-10-07D 型金属封闭高压开关柜

(a)外形图；(b)剖面图

1—母线室；2—压力释放通道；3—仪表室；4—二次小母线室；5—组合开关室；6—手动操动机构及联锁机构；7—主开关室；8—电磁操动机构；9—接地母线；10—电缆室

3. KGN 系列的固定式交流金属铠装高压开关柜

所谓金属铠装开关柜是指柜内的主要组成部件(如断路器、互感器、母线等)分别装在接地金属隔板隔开的隔室中的金属封闭开关设备。它具有“五防”功能，其性能符合 IEC 标准。

二、手车式(移开式)高压开关柜

手车式高压开关柜是将成套高压配电装置中的某些主要电器设备(如高压断路器、电压互感器和避雷器等)固定在可移动的手车上,另一部分电器设备则装置在固定的台架上。当手车上安装的电器部件发生故障或需检修、更换时,可以随同手车一起移出柜外,再把同类备用手车(与原来的手车同设备、同型号)推入,就可以立即恢复供电,相对于固定式开关柜,手车式高压开关柜的停电时间大大缩短。因为可以把手车从柜内移开,又称为移开式高压开关柜。这种开关柜检修方便安全,恢复供电快,供电可靠性高,但价格较高,主要用于大中型变配电所和负荷较重要、供电可靠性要求较高的场所。

手车式高压开关柜的主要新产品有 KYN 系列、JYN 系列等。

1. KYN 系列金属铠装移开式高压开关柜

KYN 系列户内金属铠装移开式开关柜是消化吸收国内外先进技术,根据国内特点设计研制的新一代开关设备。用于接受和分配高压、三相交流 50 Hz 单母线及母线分段系统的电能并对电路实行控制、保护和检测的户内成套配电装置,主要用于发电厂、中小型电机送电、工矿企业配电以及电业系统的二次变电所的受电,送电及大型高压电动机起动及保护等。

KYN28A-12 型开关柜的外形结构和内部剖面图如图 6-11 所示。该类型可分为靠墙安装的单面维护型和不靠墙安装的双面维护型。由固定的柜体和可抽出部件(手车)两大部分组成。

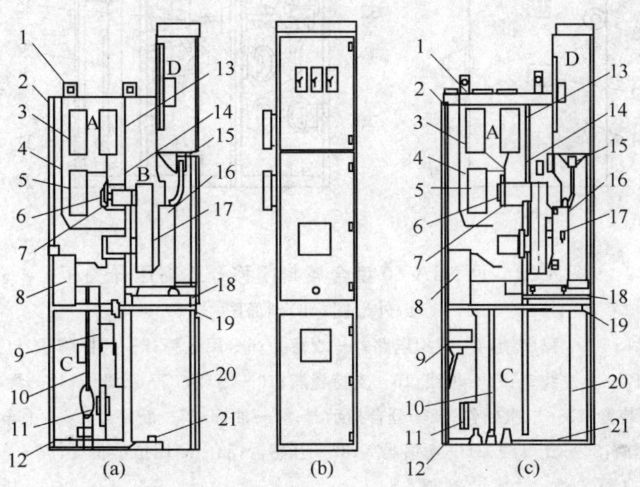

图 6-11　KYN28A-12 型金属铠装移开式高压开关柜

(a)不靠墙安装的结构图;(b)外形图;(c)靠墙安装的结构图

A—母线室;B—断路器手车室;C—电缆室;D—继电器仪表室

1—泄压装置;2—外壳;3—分支母线;4—母线套管;5—主母线;6—静触头装置;7—静触头盒;8—电流互感器;9—接地开关;10—电缆;11—避雷器;12—接地母线;13—装卸式隔板;14—隔板(活门);15—二次触头;16—断路器手车;17—加热去湿器;18—可抽出式隔板;19—接地开关操动结构;20—控制小线槽;21—底板

该开关柜完全金属铠装,由金属板分隔成手车室、母线室、电缆室和继电器仪表室,每一单元的金属外壳均独立接地。在手车室、母线室、电缆室的上方均设有压力释放装置,当断路器或母线发生内部故障电弧时，伴随电弧的出现，开关柜内部气压上升达到一定值后，压力释放装置释放压力并排泄气体，以确保操作人员和开关柜的安全。配用真空断路器手车，性能可靠、使用安全，可实现常年免维修。该开关柜也具有“五防”功能。

2. JYN 系列户内交流金属封闭移开式高压开关柜

JYN 系列户内交流金属封闭移开式高压开关柜在高压、三相交流 50 Hz 的单母线及单母线分段系统中作为接受和分配电能用的户内成套配电装置。整个柜为间隔型结构，由固定的壳体和可移开的手车组成。柜体用钢板或绝缘板分隔成手车室、母线室、电缆室和继电器仪表室，而且具有良好的接地装置和“五防”功能。JYN2A-10 型金属封闭移开式高压开关柜的外形图和内部剖面图如图 6-12 所示。

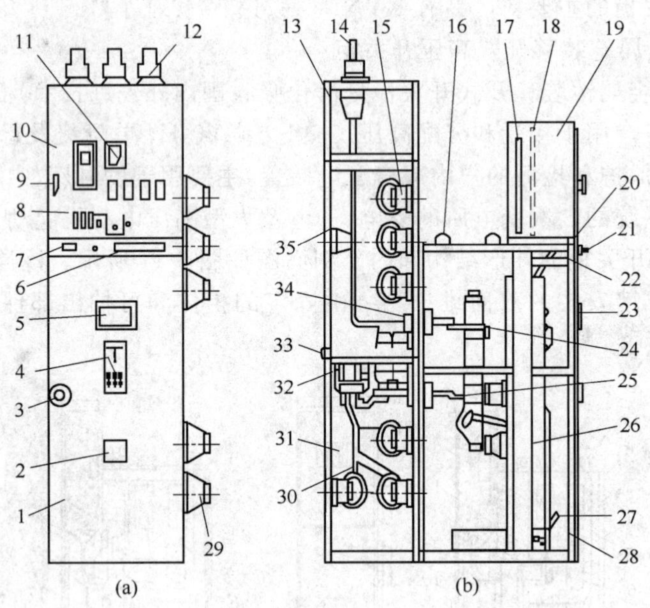

图 6-12　JYN2A-10 型金属封闭移开式高压开关柜

(a)外形图；(b)剖面图

1—手车室门；2—铭牌；3、8—程序锁；4—模拟电路；5—观察孔；6—用途牌；7—厂标牌；9—门锁；10—仪表室门；11—仪表；12—穿墙套管；13—上进线室；14—母线；15—支持瓷瓶；16—吊环；17—小母线；18—继电器安装板；19—仪表室；20—减震器；21—紧急分闸装置；22—二次插件；23—分合指示器；24—油标；25—断路器；26—手车；27—一次锁定连锁结构；28—手车室；29—绝缘套筒；30—支母线；31—互感器室；32—互感器；33—高压指示装置；34—一次触头盒；35—母线室

三、开关柜运行的一般要求

(1)为了保证安全，开关柜一般均有完备的“五防”功能，即防止带负荷分、合隔离开关和隔离插头；防止误分误合断路器负荷开关和接触器(允许提示性)；防止接地开关在合闸位置时关合断路器、负荷开关等；防止带电时误合接地开关；防止误入带电间隔。正常运行时，需保证各联锁装置投入使用，电磁锁、机械锁、带电显示装置等防电气误操作的闭锁装置正常。

(2)对移开式开关柜的运行操作需注意：只有当断路器、负荷开关或接触器处于分闸位置时，隔离插头方可抽出或插入；只有当装有断路器的小车处于确切位置时，断路器、负荷开关或接触器才能进行分合操作；只有当接地开关处于分闸位置时，装有断路器的小车方可推入工作

位置；只有当装有断路器的小车向外拉到试验位或随后的其他位置即隔离触头间形成足够大的绝缘间隙后，接地开关方允许合闸。

复习思考题

1. 解释什么是最小安全净距？
2. 什么是GIS组合电器？举例简述中压筒型、中压柜型、高压柜型GIS的基本结构。
3. 高压开关柜的“五防”是什么？

第七章　城轨交通供电系统

第一节　概　　述

城市轨道交通供电系统是为城市轨道交通运营提供所需电能的系统，它不仅为城市轨道交通电动列车提供牵引用电，而且还为城市轨道交通运营服务的其他设施提供电能，如照明、通风、空调、给排水、通信、信号、防灾报警、自动扶梯等。在城市轨道交通的运营中，供电一旦中断不仅会造成城市轨道交通运输的瘫痪，而且还会危及乘客生命安全和造成财产的损失。因此，高度安全、可靠而又经济合理的电力供给是城市轨道交通正常运营的重要保证和前提。

地铁供电系统由两大部分组成：一部分为由城市电网引入的电源；另一部分为地铁内部供电系统，即通常所说的供电系统，包括主变电所、牵引供电系统、动力照明供配电系统和电力监控系统组成。地铁供电系统对城市电网是用户，对地铁内部的用电设备是电源，作为城市电网的一个重要用户，一般都直接从城市电网取得电能，无需单独建设电厂。城市电网对地铁供电的电压等级目前国内有 110 kV、63 kV、35 kV 和 10 kV，20 kV 电压等级也已作为方案被提出，究竟采用哪一种电压等级，由不同城市电网构成的特点和地铁的实际需要而定。

一、城市电网对地铁的供电方式

城市电网对地铁的供电方式有三种：集中式供电、分散式供电和混合式供电。

1. 集中式供电

地铁在其线路附近建设自己专用的主变电所，电压等级根据地区不同，一般为 110 kV，东北地区为 63 kV。根据地铁线路的长短，可以建设一座或几座主变电所。采用集中式供电方式，除考虑主变电所的负荷平衡，还应考虑与其他地铁线路的资源共享，可为几条线路同时供电。根据城市路网规划并结合城市电网规划，规划好轨道交通所需建设的主变电所，其站位应尽量在几条线路的交汇点。我国南方城市如上海、广州、深圳和南京地铁等，多采用 110/35 kV 集中式供电方式。

2. 分散式供电

沿地铁线路从城市电网直接引入地铁所需要的电源，国内一般为 10 kV，因 35 kV 电压等级在城市电网中将逐步消失，而 20 kV 电压等级城市电网还没有确立，分散式供电多为 10 kV 电压等级，如北京地铁和大连轻轨等。

3. 混合式供电

以集中式供电为主，分散式供电作为补充的一种供电方式。这种供电方式也只能是 10 kV 电压等级。

二、供电系统的构成

对于集中式供电方式，由以下几部分构成：

(1)主变电所。为地铁建设的专用变电所，只有采用集中式供电方式时才设置，专为地铁牵引供电系统和供配电系统供电。主变电所一般沿地铁线路靠近车站的位置建设，以便于电缆线路的引入。

(2)中压网络。联系主变电所、牵引变电所、降压变电所的供电网络，一般采用电缆线路、环网供电方式。

(3)牵引供电系统。专为电动车辆服务，包括牵引变电所、沿线敷设的牵引网。

(4)动力照明供配电系统。专为地铁除电动车辆以外的所有动力照明负荷供电，如车站和区间的动力、照明及其他为地铁服务的自动化用电设施，供配电系统包括降压变电所、低压配电系统。

(5)电力监控系统。电力监控系统是贯穿于整个供电系统的监视控制部分，是控制技术在电力系统中的应用。电力监控系统由控制中心、通信通道和被控站系统组成，对全线变电所及沿线供电设备实行集中监视、控制和测量。控制中心由数据服务器、通信前置机、工程师工作站及模拟盘显示器等组成，完成对所采集数据的分析、计算、存储、设备状态监视以及控制命令的发送等功能。被控站系统由变电所上位 PLC 或后台计算机、所内通信通道及下位 PLC 组成，完成对设备状态、信号等数据的采集、整理、简单分析计算及所内控制等功能。

牵引供电系统和动力照明供配电系统的电源电压一般是一致的，如北京地铁、平壤地铁为 10 kV，广州地铁、南京地铁为 35 kV，巴黎地铁为 15 kV，莫斯科地铁为 10 kV，纽约地铁为 34.5 kV，德黑兰地铁为 20 kV，之所以各城市地铁供电系统电源电压等级不同，主要是因为不同城市的电网结构不同。

目前国内一般将牵引变电所和降压变电所合建在一起。也有牵引供电系统和动力照明供配电系统电源电压不相同的，如上海地铁和香港地铁，牵引供电系统电源电压为 33 kV，33 kV 这一电压等级是按国际标准设备成套引进而形成的，并非我国标准。动力照明供配电系统电源电压为 10 kV，它们的电源均来自 110 kV 主变电所。因此，牵引供电系统和供配电系统是地铁供电系统不可分割又相互联系的两个组成部分。集中式供电地铁供电系统构成框图如图 7-1 所示，分散式供电的如图 7-2 所示。

分散式供电只比集中式供电少建主变电所，电源直接从城市电网引入。

三、供电系统的分割与接口

地铁工程是一项复杂的系统工程，是由多个工种和系统共同组成一个庞大的系统工程，供电系统仅是这些系统中的一个组成部分，它直接影响着城市轨道交通运行的安全。接口可分为硬接口，即可见接口，如与结构、建筑、各系统设备之间等接口；也有软接口，即隐形接口，如与各系统之间的技术参数匹配、规约一致等接口。这些必须在设计阶段标示清楚接口关系，划清接口界面，确定接口内容，提出接口要求，进行接口管理，如处理不好，会影响工程建设和设备稳定运行。如与电动车辆之间既有硬接口，也有软接口，硬接口就是授电方式——架空接触网、接触轨；软接口是电压等级、列车编组、牵引变电所与电动车辆的保护配合。

供电系统内部各设备间的接口包括牵引变电所、降压变电所、接触网系统、杂散电流防护间的接口。供电系统与其他系统的接口，如与外电源、土建、线路、轨道、限界、行车组织等以及与车辆、通信、信号等专业的接口关系，必须在设计阶段明确，以使各专业和系统的建设有序进行。

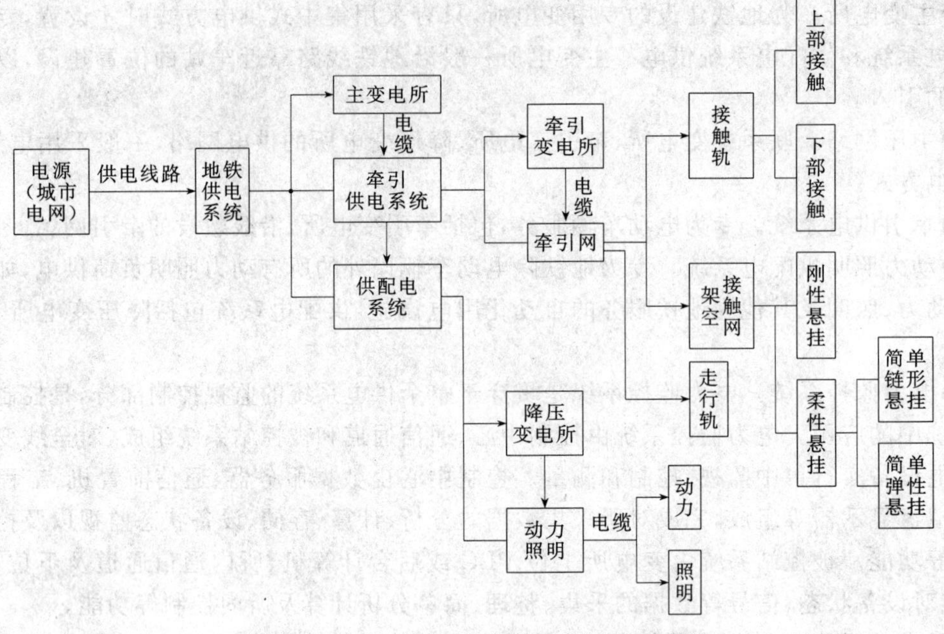

图 7-1 集中式供电地铁供电系统构成框图

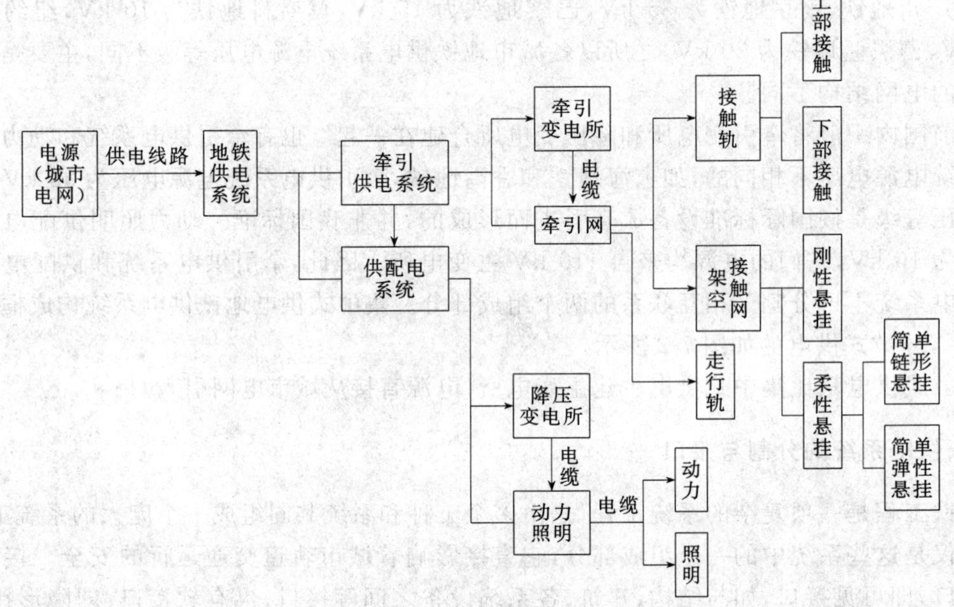

图 7-2 分散式供电地铁供电系统构成框图

地铁工程是一个大的综合性工程，在实际工程中，地铁供电系统的设计和施工不可能由一个设计单位或施工单位单独完成，必须进行适当的分割，以利于进行设计和施工，其分割和接口一般按以下原则处理，如图 7-3 所示。

(1)电源。由城市电源点至主变电所或牵引/降压变电所电源引入线的终端(JK1-JK2)；因为牵涉到与城市电网的连接，这一部分一般由城市供电部门完成。

(2)主变电所由电源引入端至中压开关柜的引出端，JK2-JK3；由于主变电所需接入城市高压电网，一般由城市供电部门设计施工。

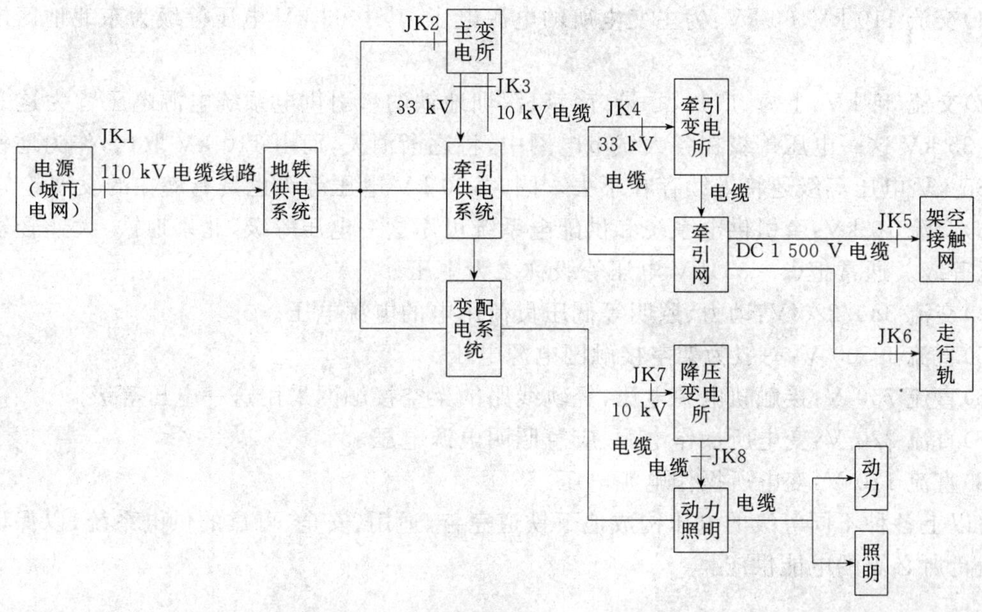

图 7-3　地铁供电系统分割与接口

(3)中压网络。对集中式供电，由主变电所中压开关柜的引出端至网络末端牵引/降压变电所中压开关柜的引入端，对于分散式供电，由牵引/降压变电所中压开关柜的城市电源引入端至网络末端牵引/降压变电所中压开关柜的引入端。

(4)牵引变电所。由中压电源引入端起，经变压、整流后，正极至接触网电动隔离开关的引入端；负极至走行轨回流排的引出端(JK4-JK5 和 JK6)。引入、引出的划分均以电流流通方向为准。

(5)牵引网。正极由接触网电动隔离开关引入端至负极回流排引出端(JK5-JK6)。

(6)降压变电所。由中压电源的引入端至低压开关柜的引出端(JK7-JK8)。

(7)动力照明。由降压变电所低压开关柜引出端至用电设备(JK8—用电设备)，动力照明一般由土建设计单位设计。

四、供电要求及电压等级

一般大工厂和企业用电多集中在一个地方，而地铁用电则在沿线路的几千米到几十千米范围内的一条线上，这是地铁与其他用户不同的地方。

地铁作为城市电网的重要用户，属一级负荷。地铁供电系统的主变电所、牵引变电所、降压变电所，都要求能获得两路电源。对双路电源的要求是：

(1)双路电源要求来自不同的变电所或同一变电所的不同母线。

(2)双路电源应分列运行，互为备用，即当一路电源故障时，由另一路电源承担全部一、二级负荷。

(3)电源容量按地铁远期用电量设计。为便于运营管理和减少损耗，要求集中式供电的主变电所的站位和分散式供电的电源点，要尽量靠近地铁线路，以减少引入地铁的电缆截面积及电缆通道的距离，尽量减少电缆通道和城市地下管网的交叉和干扰。

地铁供电系统电压等级有以下几种：

(1)交流 110 kV、63 kV:为主变电所的电源电压,其中 63 kV 电压等级为东北地区电网所特有。

(2)交流 35 kV:上海、广州、香港、南京、深圳地铁的牵引供电系统电源电压皆为这一电压等级。35 kV 这一电压等级在各大城市电网中,将逐渐消失,而由 110 kV 取代,作为地铁内部专用,35 kV 电压等级还将继续存在下去。同时,20 kV 电压等级也具有潜在的发展趋势。

(3)交流 10 kV:牵引供电系统和供配电系统可用这一电压等级,北京地铁、大连轻轨为这一电压等级。通常把(3～35)kV 电压等级称之为中压。

(4)交流 380/220 V:动力、照明等低压负荷用电的电源电压。

(5)直流 1 500 V:一般为架空接触网电源电压。

(6)直流 750 V:接触轨电源电压,轻轨线路的架空接触网采用这一电压等级。

(7)直流 220 V:变电所操作电源、应急照明电源电压。

(8)直流 110 V:变电所操作电源电压。

由以上各种不同等级的电压构成地下铁道完善、适用、安全、可靠的供电系统,以保证地铁正常运行所必需的电能供应。

第二节 主 变 电 所

一、主变电所功能与类型

城市轨道交通供电系统按一类负荷设计,每条轨道线路设置两个主变电所,每个主变电所平时由两路互为备用的独立电源供电,以实现不间断供电。

主变电所从发电厂或城市电网区域变电所获得高压(如 110 kV)电源,经降压形成 35(33) kV 或 10 kV 以中压环网形式向布置在沿线的牵引变电所、降压变电所输送电能。每个主变电所的主变容量设计满足最大高峰小时负荷的要求,并满足当一个主变电所发生故障(不含中压母线故障)时,另一个主变电所能承担全线牵引负荷及全线动力Ⅰ、Ⅱ级负荷的供电要求。电缆载流量也满足最大高峰小时负荷的要求,同时当主变电所正常运行、环网中一条电缆故障时,能保证地铁正常运行。

按照电气主接线的不同,目前城轨交通供电系统中的主变电所有两种类型:内桥接线主变电所和线路变压器组接线主变电所。

二、主变电所主要电气设备

1. 主变压器

主变电所使用的主变压器为三相油浸电力变压器,带有载调压开关和自动调压装置,主变压器下方设置储油设施。

2. 开关柜

主变电所使用的开关柜主要有高压(110 kV)开关柜和中压(35 kV 或者 10 kV)交流开关柜。

①110 kV 开关柜

110 kV 开关柜是户内安装的 GIS 组合电器。GIS 的中文全称是六氟化硫气体绝缘金属全封闭组合电器,一般采用 SF_6 断路器、液压操动机构。除母线为三相共箱式外,其余均为三

相分箱式。

②中压开关柜

中压开关柜也采用GIS，均为三相分箱式，采用真空断路器。开关柜的操动机构为弹簧储能式或液压弹簧式，采用三工位隔离开关和接地刀闸。

3. 接地电阻

作为主变压器二次侧中性点接地电阻，放置在专门房间。

4. 控制室设备

主要包括控制屏、信号屏、交直流屏，以及按照要求安装在控制室内的计量屏和保护屏。

5. 自用电变压器

作为所内用电电源，多为干式变压器，单独房间安装。

三、主变电所电气主接线及其运行方式

城市轨道交通主变电所，设置两路高压电源进线（110 kV），可以都是专线，或者一路专线一路“T”接。设置两台主变压器，变压器接线形式均选用三相 Y，d 接线，大部分采用 110/35 kV 两线圈变压器，少数由于城市历史原因采用 110/10 kV 两线圈变压器。两台主变压器互为备用，正常情况下并列运行，各承担约 50％的用电负荷。

按照其 110 kV 侧的电气主接线结构，可以分为两种：内桥接线的主变电所和线路—变压器组接线的主变电所。

1. 线路—变压器组接线的主变电所

某线路—变压器组接线的主变电所的电气主接线如图 7-4 所示。

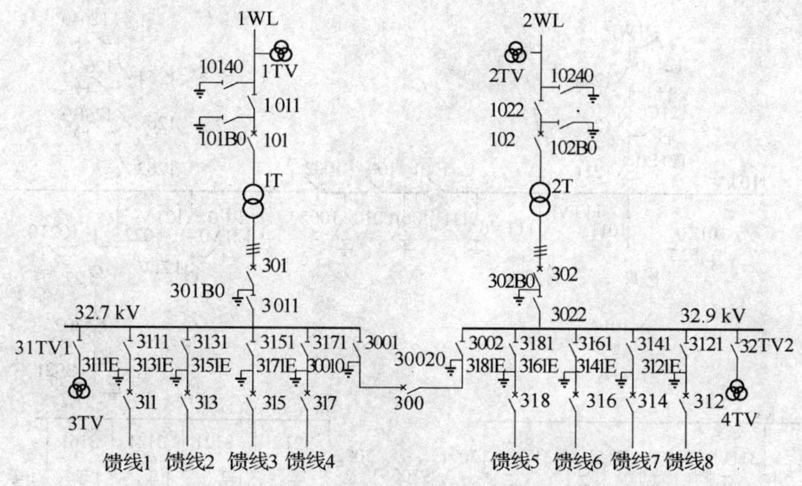

图 7-4　某线路—变压器组接线的主变电所主接线图

(1)高压侧电气主接线

线路—变压器组接线就是电源线路和变压器直接相连，是一种最简单的接线方式。正常运行方式下，两路线路各带一台主变压器。即 1 号进线电源 1WL 通过隔离开关 1011 和断路器 101 为 1 号变压器 1T 提供电能；2 号进线电源 2WL 通过隔离开关 1022 和断路器 102 为 2 号变压器 2T 提供电能。

如主变压器一、二级负荷的负载率较低，系统发生故障时，恢复供电操作十分方便。当一

台主变或者一条电源线路故障退出运行时，只需在主变电所中压侧做转移负荷操作，由另一路进线电源的主变压器承担本变电所范围内的全部一、二级用电负荷，如图中闭合母联断路器3000即可实现，对相邻变电所无影响。但当主变压器一、二级负荷的负载率高，一台主变或者一条电源线路故障退出运行时，需要通过相邻主变电所联络来转移部分负荷，实现相互支援。

线路变压器组接线只配置两个设备单元，断路器少，接线简单，系统接线简单，运行可靠、经济，有利于变电所实现自动化、无人化，造价省。但是，线路故障检修停运时，变压器将被迫停运，对变电所的供电负荷影响较大。

(2)中压侧电气主接线

主变电所中压侧均采用单母线断路器分段接线。图7-4中，母线分段断路器(简称母联断路器)3000将母线分成两段，分别称为Ⅰ段母线和Ⅱ段母线。1号变压器1T通过断路器301和隔离开关3011将中压电能输送至Ⅰ段母线，并通过馈线断路器311、313、315、317分别将中压电能输送至地铁沿线的降压变电所和牵引降压混合变电所。2号变压器2T通过断路器302和隔离开关3022将中压电能输送至Ⅱ段母线，并通过馈线断路器312、314、316、318分别将中压电能输送至地铁沿线的降压变电所和牵引降压混合变电所。

正常情况下，两段母线分列运行，即母联断路器3000断开。降压变电所和牵引降压混合变电所可以从不同母线段取得中压电源；当主变电所一段中压母线失电时，通过闭合母联断路器3000，另一段中压母线可以迅速恢复对降压变电所和牵引降压混合变电所供电。

2. 内桥接线的主变电所

某主变电所的电气主接线如图7-5所示。

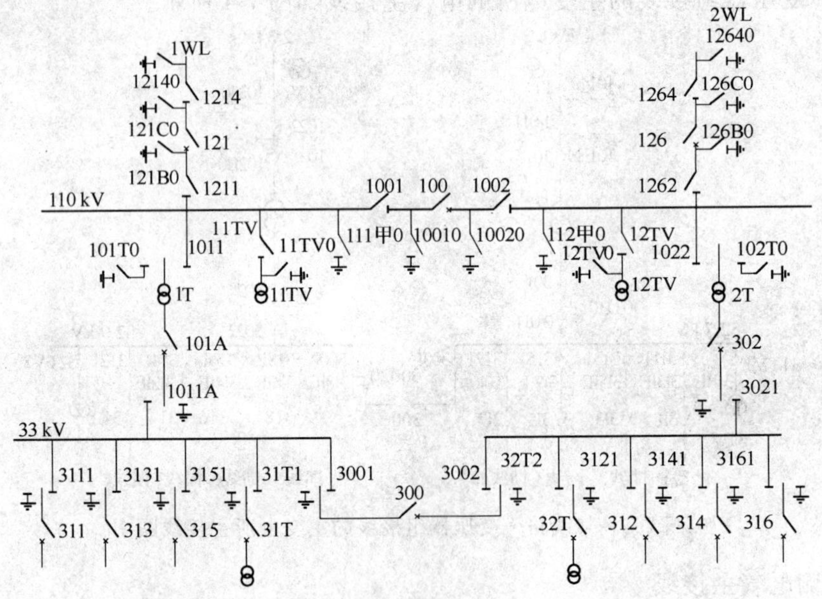

图7-5　某内桥接线的主变电所主接线图

(1)高压侧电气主接线

该主变电所110 kV电源采用内桥接线，即110 kV进线电源中，1号电源1WL经过1214隔离开关、121断路器、1211隔离开关、1011隔离开关联络1号主变压器1T，形成1号系统；2号电源2WL经过1264隔离开关、126断路器、1262隔离开关、1022隔离开关联络2号主变压

器 2T，形成 2 号系统；在 1 号系统和 2 号系统之间，由 1001 隔离开关、100 断路器、1002 隔离开关形成连接桥，构成内桥接线(连接桥与主变压器之间仅有隔离开关，与进线电源之间有断路器，称为内桥接线；连接桥与进线电源之间仅有隔离开关，与主变压器之间有断路器，称为外桥接线)。

正常运行时桥断路器 100 断开，类似于线路—变压器组接线，两路线路各带一台主变压器。

因内桥接线线路侧装有断路器，线路的投入和切除十分方便。当送电线路发生故障时，只需断开故障线路的断路器，不影响另一回路正常运行。需要时也可以合上桥断路器由一路进线带两台主变压器。但主变压器故障时，则与该变压器连接的两台断路器都要断开，从而影响了另一回未故障线路的正常运行。另外，桥断路器检修时，电源线路需较长时间停运；出线断路器检修时，电源线路也需较长时间停运。

(2)中压侧电气主接线

该主变电所中压侧也采用单母线断路器分段接线。结构与运行类似于线路—变压器组接线的主变电所。

第三节　中压供电网络

一、中压供电网络的概念与分类

中压供电网络是通过中压电缆，纵向把上级主变电所和下级牵引变电所、降压变电所连接起来，横向把全线各个牵引变电所、降压变电所连接起来的一种供电设施。

根据中压网络功能的不同，为牵引变电所供电的中压网络称为牵引供电网络(简称牵引网络)；同样，为降压变电所供电的中压网络称为动力照明供电网络(简称动力照明网络)。目前，国内城市轨道交通工程经常采用的形式有牵引动力照明混合网络与牵引动力照明独立网络。

牵引动力照明混合网络采用同一电压等级，并通过公用电源电缆同时向牵引变电所、降压变电所提供中压电能，供电系统的整体性比较好。牵引动力照明独立网络既可采用不同的电压等级，也可以采用同一个电压级，牵引网络与动力照明网络相对独立，彼此相互影响较小。牵引动力照明混合网络示意图如图 7-6 所示。

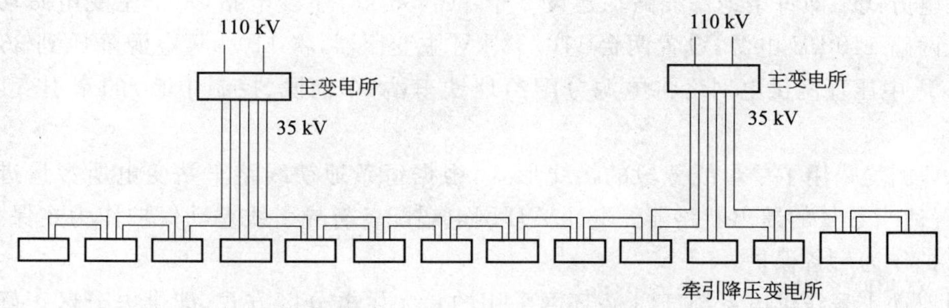

图 7-6　牵引动力照明混合网络示意图

对于集中式供电系统，牵引网络和动力照明网络可以采用相对独立的形式，即牵引动力照明各自独立网络，也可以共用混合网络。对于分散式供电系统，则采用牵引动力照明混合网络。中压网络内部结构形式涉及中压网络供电安全准则及其运行方式。牵引网络和动力照明网络相对独立示意图如图 7-7 所示。

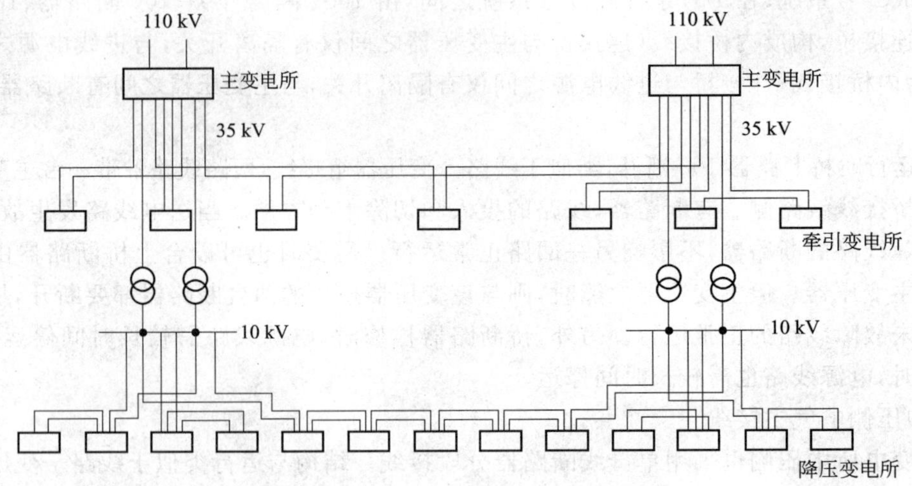

图 7-7 牵引网络和动力照明网络相对独立示意图

二、中压供电网络的电压等级

我国现行中压配电标准电压等级有:35 kV、20 kV、10 kV、6 kV 和 3 kV。国际标准中压配电标准电压等级有:33 kV 和 20 kV。城市轨道交通中压网络电压等级是采用 35 kV 还是采用 33 kV、20 kV 或者 10 kV,要结合外部电源、线路走向、运能、站点设置、设备供应情况等诸多因素,进行技术经济比较,选择适合工程实际的电压等级。例如上海、广州部分地铁线路由于历史条件限制成套引进国外设备,因此采用了 33 kV 电压等级;南京、深圳等城市采用了 35 kV 电压等级,北京、长春、大连等城市则采用了 10 kV 电压等级。

三、中压供电网络举例

1. 广州地铁 1 号线及 2 号线中压环网举例

广州地铁 1 号线及 2 号线供电系统高中压系统均采用(110～33) kV 二级电压制,全部采用集中供电方式。即每条地铁线路均建设 2 个 110/33 kV 主变电站,每个主变电站均从城市电网引入两路 110 kV 电源,设置两台 110/33 kV 主变压器,将 110 kV 电源降压到 33 kV,再通过 33 kV 中压环网供电网络将电源分配给地铁车站(车辆段、控制中心)的牵引变电所、降压变电所。

33 kV 侧均采用了单母线分段的接线形式,根据每条地铁线路车站变电所数量进行分区供电,配置适当数量的馈出断路器。33 kV 环网电缆配备有导引线差动保护作为主保护,延时过电流保护作为后备保护。

广州地铁 1 号线供电系统 33 kV 环网采用的是大供电分区方式,即供电分区正好是主变电站数量的 2 倍。地铁 1 号线设有坑口和广和两个主变电站,所以有坑口—西朗、坑口—公园前、广和—公园前和广和—广州东站共 4 个供电分区。两个主变电站馈出的 33 kV 电源在公园前站变电所通过环网分段断路器相联络(图 7-8)。

由图 7-8 可知,坑口主变电所 33 kV 2 段母线的 4 路馈线电缆分别交叉给坑口降压变电所的 2 段母线及花地湾 A、B 降压变电所供电;广和主变电所 33 kV 2 段母线 4 路馈线电缆分

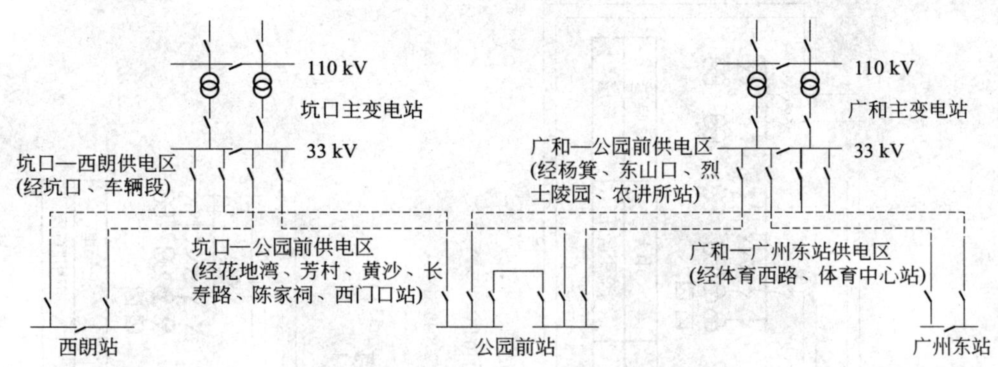

图 7-8　广州地铁 1 号线中压环网示意图

别交叉给体育西路 A、B 所及杨箕 A、B 所供电。公园前站的 A、B 变电所及控制中心变电所正常运行时，电源分别来自坑口和广和两座主变电所。各车站变电所依次分别环接，只有当一个主变电所全所解列时，才由控制中心通过电力监控(SCADA)系统将公园前环网分段断路器遥控合闸，由另一主变电所承担全线的Ⅰ、Ⅱ级牵引负荷及动力照明负荷用电。

广州地铁 2 号线及其他广州地铁线路(如 3、4 和 5 号线)供电系统 33 kV 环网采用的是小分区供电方式，即供电分区的数量比主变电站数量的 2 倍还要多。具体有多少供电分区视供电分区内串接的车站变电所数量而定(一般串接 2～4 个车站变电所)。地铁 2 号线设有瑶台和河南两个主变电站，但有瑶台—江夏、瑶台—越秀公园、瑶台—海珠广场、河南—市二宫、河南—中大、河南—琶洲共 6 个供电分区。由于河南主变电站靠近车辆段，所以车辆段变电所是单独一个供电分区，这样供电分区总数达到了 7 个。2 号线两个主变电站馈出的 33 kV 电源在市二宫站变电所通过环网分段断路器相联络。广州地铁 3、4 和 5 号线也类似。

广州地铁 2 号线工程供电系统示意图如图 7-9、图 7-10 所示。

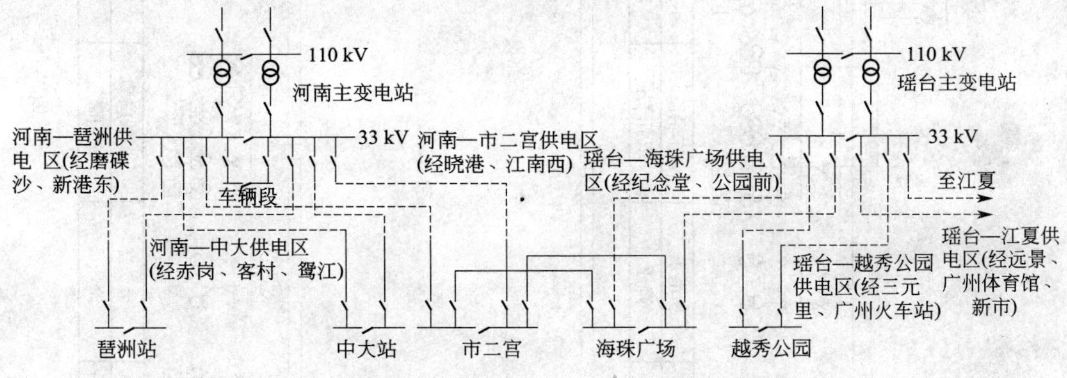

图 7-9　广州地铁 2 号线中压环网示意图(一)

2. 上海地铁 2 号线(一期工程)中压环网

(1)33 kV 牵引供电网络

①网络接线

上海地铁 2 号线一期工程设置了 7 座牵引变电所。如图 7-11、图 7-12 所示，其牵引网络构成为：中山公园站、静安寺站牵引变电所的两路 33 kV 电源分别来自静安寺主变电所的 33 kVⅠ、Ⅱ段母线；东方路站、中央公园站、停车场牵引变电所的两路 33 kV 电源分别来自中

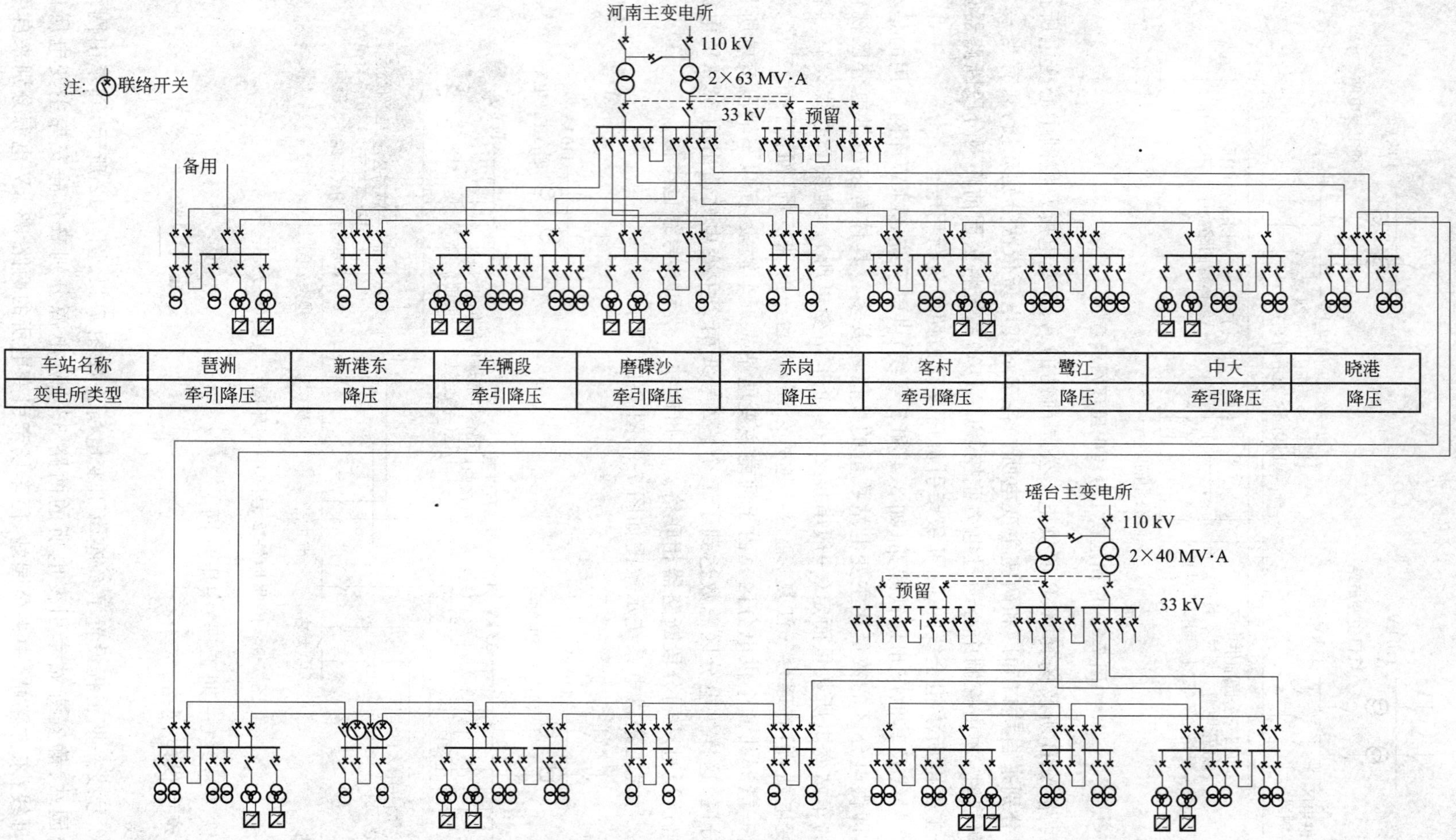

河南主变电所

110 kV

2×63 MV·A

33 kV

预留

备用

注：联络开关

车站名称	琶洲	新港东	车辆段	磨碟沙	赤岗	客村	鹭江	中大	晓港
变电所类型	牵引降压	降压	牵引降压	牵引降压	降压	牵引降压	降压	牵引降压	降压

瑶台主变电所

110 kV

2×40 MV·A

33 kV

预留

车站名称	江南西	市二宫	海珠广场	公园前	纪念堂	越秀公园	广州火车站	三元里
变电所类型	牵引降压	降压	牵引降压	降压	降压	牵引降压	降压	牵引降压

图 7-10　广州地铁 2 号线中压环网示意图(二)

央公园的主变电所的 33 kVⅠ、Ⅱ段母线；人民公园站牵引变电所的两路 33 kV 电源分别来自静安寺主变电所的 33 kVⅡ段母线和中央公园的主变电所的 33 kVⅠ段母线；陆家嘴站牵引变电所的两路 33 kV 电源中分别引自静安寺站主变电所的 33 kVⅠ段母线和中央公园的主变电所的 33 kVⅡ段母线。

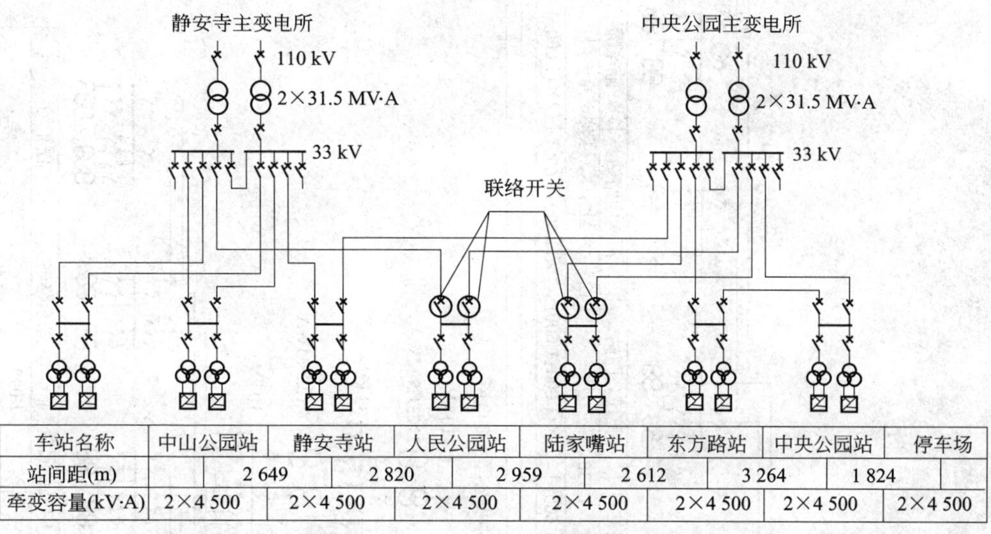

车站名称	中山公园站	静安寺站	人民公园站	陆家嘴站	东方路站	中央公园站	停车场
站间距(m)		2 649	2 820	2 959	2 612	3 264	1 824
牵变容量(kV·A)	2×4 500	2×4 500	2×4 500	2×4 500	2×4 500	2×4 500	2×4 500

图 7-11　上海地铁 2 号线一期工程牵引网络供电系统图

静安寺主变电所的 33 kVⅡ段母线用 33 kV 电缆经人民公园站牵引变电所的 33 kV 母线与中央公园的主变电所的 33 kVⅠ段母线联络；静安寺主变电所的 33 kVⅠ段母线用 33 kV 电缆经陆家嘴站牵引变电所的 33 kV 母线与中央公园的主变电所的 33 kVⅠ段母线联络。

②运行方式

正常情况下，每座主变电所的两路 110 kV 电源和两台主变压器分列运行。主变电所 33 kV母线分段开关打开，两段母线分列运行。主变电所 33 kV 馈线向牵引负荷供电。

(2)10 kV 动力照明网络

①网络接线

上海地铁 2 号线一期工程设置了 37 座降压变电所。共设有 6 个供电分区，如图 7-12 所示，其动力照明网络构成：静安寺主变电所为江苏路站和中山公园站、静安寺站和石门一路站、人民公园站和河南中路站及陆家嘴站三个供电分区供电，江苏路站、静安寺站、人民公园站的降压变电所两路 10 kV 电源分别来自静安寺主变电所的 10 kVⅠ、Ⅱ段母线，为电源引入点。中央公园主变电所为东方路站和东昌路站、中央公园站和杨高路站、龙东路站和停车场三个分区供电，东方路站、中央公园站、龙东路站的降压变电所两路 10 kV 电源分别来自中央公园主变电所的 10 kVⅠ、Ⅱ段母线，为电源引入点。陆家嘴站降压变电所的两路 10 kV 电源分别来自河南中路站降压变电所的 10 kVⅠ、Ⅱ段母线，并有两路 10 kV 电缆与相邻的东昌路站降压变电所的 10 kVⅠ、Ⅱ段母线进行联络。

②运行方式

正常情况下，每座主变电所的两路 110 kV 电源和两台总配电变压器分列运行。主变电所 10 kV 母线分段开关打开，两段母线分列运行。主变电所 10 kV 向动力照明负荷供电。

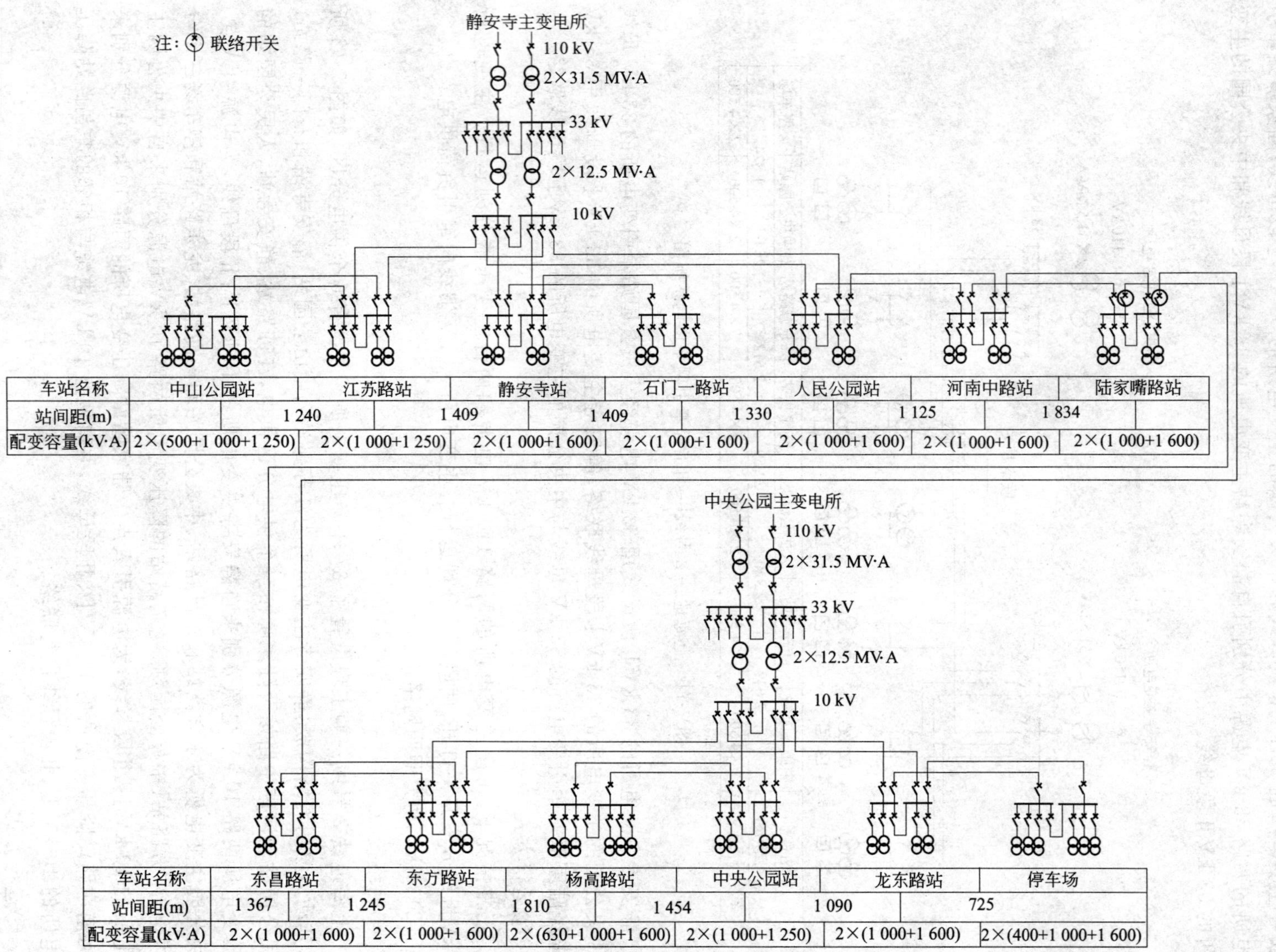

车站名称	中山公园站	江苏路站	静安寺站	石门一路站	人民公园站	河南中路站	陆家嘴路站
站间距(m)	1 240	1 409	1 409	1 330	1 125	1 834	
配变容量(kV·A)	2×(500+1 000+1 250)	2×(1 000+1 250)	2×(1 000+1 600)	2×(1 000+1 600)	2×(1 000+1 600)	2×(1 000+1 600)	2×(1 000+1 600)

车站名称	东昌路站	东方路站	杨高路站	中央公园站	龙东路站	停车场
站间距(m)	1 367	1 245	1 810	1 454	1 090	725
配变容量(kV·A)	2×(1 000+1 600)	2×(1 000+1 600)	2×(630+1 000+1 600)	2×(1 000+1 250)	2×(1 000+1 600)	2×(400+1 000+1 600)

图 7-12　上海地铁 2 号线一期工程动力照明网络供电系统图

第四节　牵引降压混合变电所

在城市轨道交通牵引供电系统中，电能从牵引变电所经馈电线、接触网输送给电动列车，再从电动列车经钢轨（称轨道回路）、回流线流回牵引变电所。牵引变电所是牵引供电系统的核心。牵引变电所的数量、容量和设置的距离是根据牵引计算的结果，并经过经济技术比较后确定的。它们一般设置在城市轨道交通沿线若干车站及车辆段附近。每个牵引变电所按其所需容量设置两组牵引整流机组并列运行，沿线任一牵引变电所故障解列，由两侧相邻的牵引变电所共同承担该区段的全部牵引负荷。

牵引变电所的容量和设置的距离一般需考虑以下设计原则和技术条件：

(1)正线任一牵引变电所故障时，其相邻牵引变电所应采用越区供电方式，负担起该区段的全部牵引负荷，此负荷应满足远期高峰小时负荷。

(2)牵引变电所的数量及其在线路上的位置，应满足在事故情况下越区或单边供电时，接触网的电压水平。

(3)在任何运行方式下，接触网最高电压不得高于最高值，高峰小时负荷时，全线任一点的电压不得低于最低值，具体数值参见表 7-1。

表 7-1　直流牵引供电系统电压值

系统电压(V)		
标称值	最高值	最低值
750	900	500
1 500	1 800	1 000

牵引变电所往往与降压变电所合建，成为牵引降压混合变电所。平面布置图如图 7-13 所示。

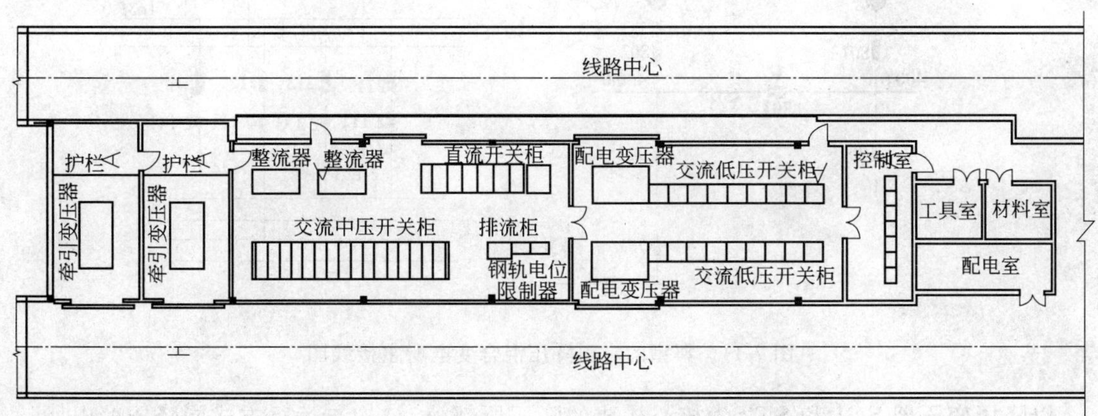

图 7-13　牵引降压混合变电所平面布置图

一、牵引降压混合变电所主要电气设备

1. 33 kV/0.4 kV 动力变压器

动力变压器是户内环氧树脂浇注型，采用无载调压、自然风冷。变比为(31.35～

34.65)kV/0.4 kV,连接组别△/Y-11。动力变压器的保护由热敏电阻组成的温度保护、过流保护以及热过载继电保护构成。

2. 开关柜

牵引降压混合变电所使用的开关柜主要有中压交流开关柜、0.4 kV 低压交流开关柜以及1 500 V 直流开关柜、排流柜、钢轨电位限制装置、负极柜等。中压交流开关柜采用 GIS 开关柜,其余均采用 AIS 开关柜,即空气开关柜。1 500 V 直流开关柜采用直流快速断路器,操作机构为电保持型。

3. 整流机组

整流机组是牵引降压混合变电所的重点设备,它包括整流变压器和整流器。整流变压器采用户内环氧树脂浇筑变压器,无载调压。

二、牵引降压混合变电所电气主接线及其运行方式

某牵引降压混合变电所的电气主接线如图 7-14 所示,矩形符号为断路器,圆形符号为隔离开关。35 kV 侧和 0.4 kV 均为单母线分段。

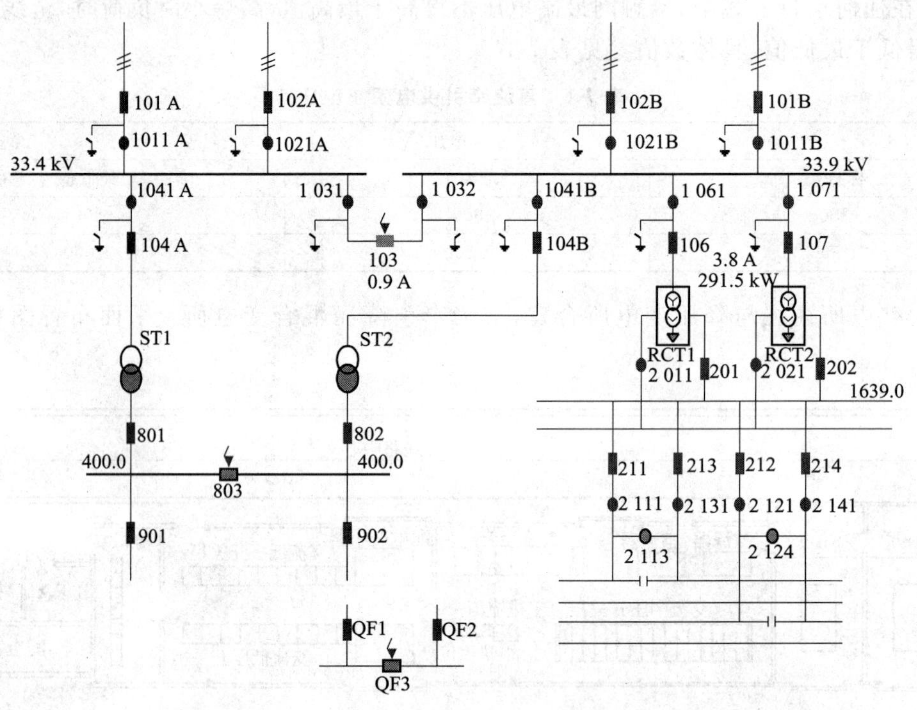

图 7-14 典型的牵引降压混合变电所主接线图

以降压变压器 ST1 和 ST2 为核心构成的降压所部分,结构与运行方式同降压变电所。

每个牵引降压混合变电所按其所需容量设置两组整流机组,如图 7-14 中的 RCT1、RCT2。两组整流机组均由相同的整流变压器和整流器组成,它们的交流测和直流侧均为并联工作。由于城轨交通供电系统的中压供电网络或者城市电网很难保证两路中压电源电压平衡,故在牵引变电所中,交流中压侧(35 kV)采用不分段的单母线,2 组整流机组并列运行,这样也可以使两套整流机组负荷均衡,也有利于构成等效 24 脉波整流。

此整流机组采用24相全波脉动整流，多相整流可获得比较平滑的直流电，并可减少对电网的谐波污染。整流器输出的直流电正极经断路器201(202)接到正母线，负极经隔离开关2011(2021)接到负母线。接到正母线的馈线经馈线断路器211(212、213、214)和隔离开关2111(2121、2131、2141)后再送到接触网上；负母线经回流线与钢轨相连。电动车组的受电弓与接触网接触滑行时，其牵引电动机就可从整流机组获得1 500 V(或者750 V)的直流电。

当其中一套机组因故退出运行时，另一套机组在具备运行条件时不应退出运行。该运行条件是指：牵引整流机组过负荷满足要求；谐波含量满足要求；不影响故障机组的检修。如果这些条件能满足，那么一套牵引整流机组维持运行，既可保持列车运行，还可降低能耗、降低轨电位、减少杂散电流的影响。

纵向电动隔离开关2113、2124作为牵引变电所4路馈线断路器211、212、213、214的备用开关。当牵引变电所电分段两侧上(下)行任何一路或两路直流馈线断路器故障退出运行时，由纵向电动隔离开关构成大双边供电，此时上(下)行牵引网可以是大双边供电；而下(上)行牵引网可仍是正常双边供电。牵引变电所直流侧不需另设备用开关。同时，也作为牵引变电所的备用开关，当整座牵引变电所(含隧道开关柜)故障解列退出运行时，由纵向电动隔离开关构成大双边供电，使地铁正常运行。当然，纵向电动隔离开关操作是有联锁条件的：其一，只有当确认纵向电动隔离开关两侧的牵引网没有电压时，才可以进行操作；其二，故障牵引变电所向上(下)行牵引网馈电的两路馈出开关与左右两侧相邻牵引变电所向同一馈电区供电的两路馈出开关皆处于分闸状态时，才可以操作。其三，故障牵引变电所向上(下)行馈电的两路馈出开关处于分闸状态，由调度确定该区间无车辆运行时才可以进行操作。

三、城轨交通牵引供电系统

1. 组成与要求

在城市轨道交通牵引供电系统中，电能从牵引变电所经馈电线、接触网输送给电动列车，再从电动列车经钢轨(称轨道回路)、回流线流回牵引变电所。由馈电线、接触网(接触轨)、轨道回路及回流线组成的供电网络称为牵引网。城轨交通牵引供电系统由牵引变电所或牵引降压混合变电所和牵引网系统构成，共同完成向城轨交通列车输送电能的任务。

城市轨道交通牵引供电系统示意如图7-15所示，其各部分功能简述如下。

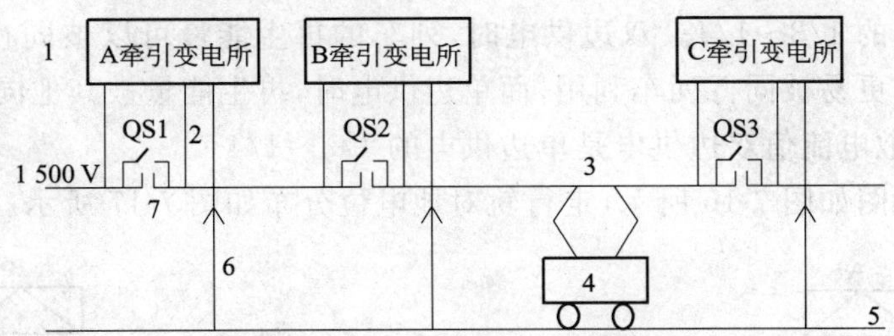

图7-15　牵引供电系统示意图

1—牵引变电所；2—馈电线；3—接触网(轨)；
4—电动列车；5—钢轨；6—回流线；7—电分段

牵引变电所：供给城市轨道交通一定区域内牵引电能的变电所。

接触网(或接触轨)：经过电动列车的受电器向电动列车供给电能的导电网(有接触轨方式和架空接触网两种方式)。

馈电线:从牵引变电所向接触网输送牵引电能的导线。

回流线:用以供牵引电流返回牵引变电所的导线。

电分段:为便于检修和缩小事故范围,将接触网分成若干段称为电分段。

轨道:列车行走时,利用走行轨作为牵引电流回流的电路。在采用跨坐式单轨电动车组时,需沿线路专门敷设单独的回流线。

牵引网系统负责将牵引变电所馈出的电能输送到列车上,一般有架空接触网和接触轨两种形式。接触网按其悬挂方式又可分为柔性(弹性)接触网和刚性接触网。习惯上,由于接触轨式是沿线路敷设的与轨道平行的附加轨,故又称第三轨。

从电压等级看,国内有DC 1 500 V和DC 750V三种等级,DC 1 500 V采用架空接触网形式,个别线路(如广州地铁四号线)采用接触轨形式,DC 750 V一般采用接触轨形式。直流牵引供电系统的电压及其波动范围应符合表1-1的规定。

采用DC 1 500 V接触网制式与DC 750 V接触轨形式相比,由于电压等级高,可以节省沿线牵引变电所的数量,并且由于接触网是架空悬挂,其安全性较好。但采用接触网形式对城市景观影响较大,运营后的维护工作量也较大。在具体的工程中可从一次投资、城市景观、安全因素和维护工作量等方面进行综合比选来确定受流方式。

在接触轨材料的选择上,国内已运行的城轨交通线路大多采用低碳钢,在国外,有些城轨交通采用钢铝复合轨。钢铝复合轨比低碳钢三轨载流量大,可以减少牵引变电所的数量,降低运营维修费用,减少运行损耗。

2. 牵引供电系统供电方式

牵引供电系统指的是牵引变电所对牵引网的供电方式。包括单边供电、双边供电和大双边供电三种。

单边供电是指任何一个馈电区(牵引网)仅能从一侧牵引变电所取得电源的供电方式。一般,车辆段内采用单边供电方式。

双边供电是指任何一个馈电区同时从两侧牵引变电所取得两路电源。地铁的牵引供电系统,正常运行时正线均应采用双边供电方式。

双边供电比单边供电具有明显的优点。牵引网的平均电压损失、列车带电运行时受流器上的电压损失、列车最大平均电压损失、列车起动时最大电压损失、牵引网的功率损失等,双边供电都是单边供电的1/3～1/4。双边供电时,列车的再生能量可以被同行列车吸收,当车流密度高时再生能量更易被同行列车利用;而单边供电时,再生能量被其他同行列车吸收的可能性极小。此外,杂散电流值双边供电是单边供电的1/3～1/4。

双边供电示意图如图7-16所示,走行轨对地电位分布如图7-17所示。

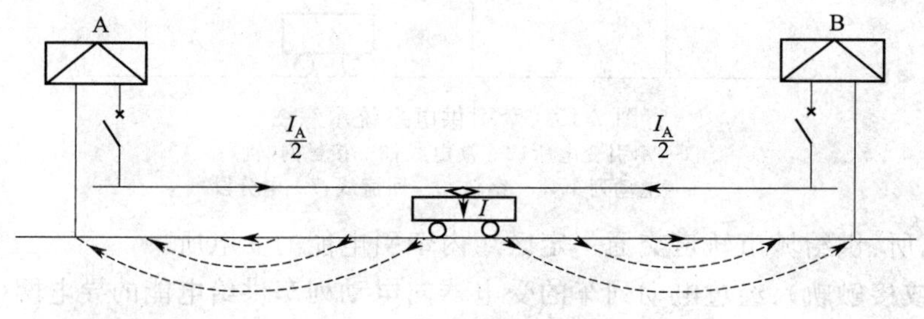

图7-16　双边供电示意图

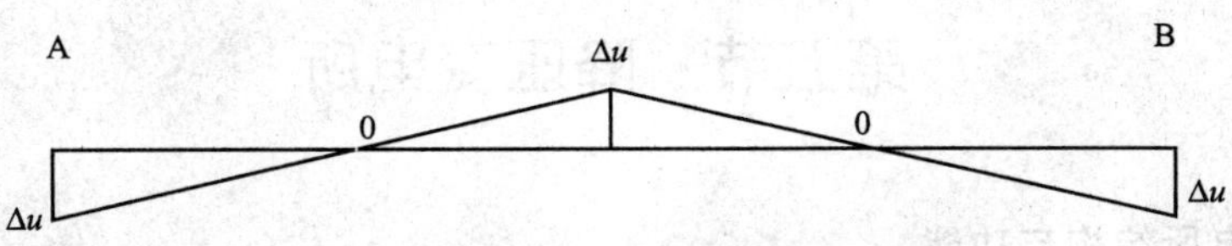

图 7-17　双边供电走行轨对地电位示意图

鉴于双边供电比单边供电有很多优点，系统中任何一座牵引变电所故障解列时，也应采取技术措施，实行大双边供电。实现大双边供电有以下两种方式：

(1)利用解列的牵引变电所的直流母线构成大双边供电

如图 7-18 所示，当牵引变电所只有两套整流机组退出运行，并且直流母线、上下行 4 路馈线开关及其二次回路完好无损且能正常运行时，可以实现该种大双边供电。

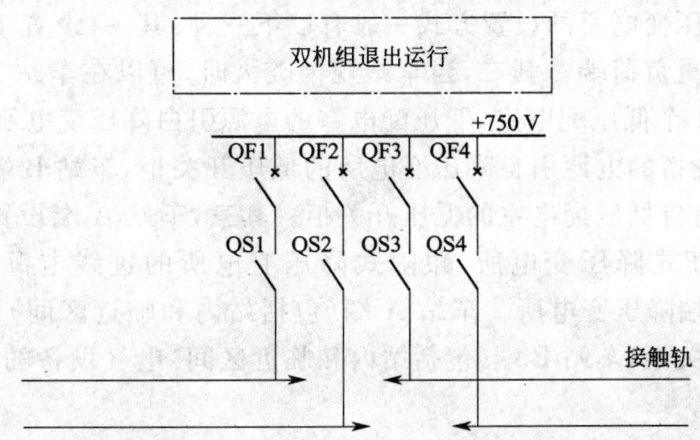

图 7-18　利用直流母线构成大双边供电

利用故障变电所的直流母线将上下行的接触轨并联起来，虽然改善了电压质量、降低了损耗，但同时也会扩大事故范围，因接触轨一点发生短路故障时，可能引起多路馈出开关跳闸，从而使事故范围扩大。

(2)利用纵向电动隔离开关构成大双边供电

当牵引变电所故障解列时，利用电分段处的纵向电动隔离开关构成大双边供电，使整座牵引变电所(含隧道开关柜)退出运行，牵引网运行不受故障牵引变电所的影响，图中两台纵向电动隔离开关 QS5、QS6 处于合闸状态，如图 7-19 所示。

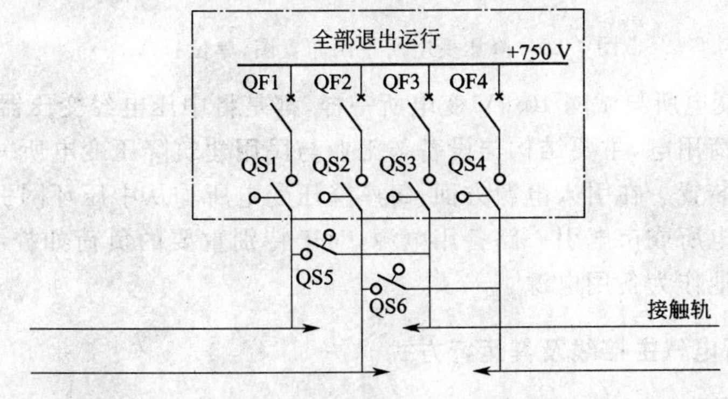

图 7-19　利用纵向电动隔离开关构成大双边供电

第五节　降压变电所

一、降压变电所结构与功能

城市轨道交通每个车站都应设降压变电所，它是保证旅客旅行中有良好秩序和良好环境的动力供应中心。降压变电所的位置应靠近负荷中心，尽量靠近大负荷空调设施的冷水机组，以缩短电缆长度和减小电缆截面，降低能耗。

降压变电所在有牵引变电所的车站一般与牵引变电所合建成牵引降压混合变电所；在没有牵引变电所的车站则单独建降压变电所。如为地面车站，则与地面站务用房合建。

地铁车站一般是中部为公共区，两端为设备区，主要电气设备多数集中在两端的设备区内。每座地铁车站降压变电所的设置方式一般有以下三种：其一，设置 1 座降压变电所，位置选在车站低压负荷的重负荷端。其二，当车站规模较大时，可以在车站 A 端设置 1 座降压变电所，车站 B 端设置 1 个低压配电室，低压配电室的电源引白降压变电所。车站 A 端(包括站内和临近区间)电气设备的电源引自降压变电所的低压开关柜，车站 B 端(包括站内和临近区间)电气设备的电源引自低压配电室的低压开关柜。其三，车站 A 端设置 1 座降压变电所，车站 B 端设置 1 座跟随式降压变电所，跟随式降压变电所的进线电源采用交流 35 kV(或 10 kV)，电源引自 A 端降压变电所。车站 A 端(包括站内和临近区间)电气设备的电源引自降压变电所的低压开关柜，车站 B 端(包括站内和临近区间)电气设备的电源引自跟随式降压变电所的低压开关柜。

降压变电所平面布置如图 7-20 所示。

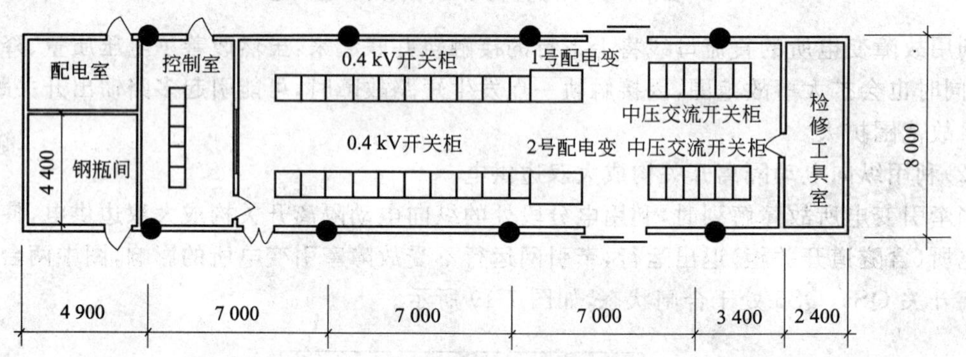

图 7-20　降压变电所平面布置图(单位：mm)

城轨交通降压变电所与城网 10 kV 变电所一样，都是将中压电经变压器变为 380 V/220 V 电源供动力照明负荷用电，主要结构与设备与工业与民用建筑降压变电所一样，所不同的就是设有钢轨电位限制装置。在引入电源方面，每座降压变电所均从中压环网引入两路电源，有条件时还应从相邻变电所或市电引一路备用电源，对于特别重要的负荷如控制系统计算机设备等负荷还应设蓄电池作为备用电源。

二、降压变电所电气主接线及其运行方式

某降压变电所的电气主接线如图 7-21 所示。35 kV 侧为单母线分段，而 0.4 kV 除跟随

式降压变电所外，均为单母线分段。每个降压变电所均设两台动力变压器，其中性点直接接地，分别负责向本变电所所在半个车站及半个区间内的动力照明负荷供电。正常运行时两台动力变分别运行同时供电，当任一台动力变压器因故障退出运行时，通过联络开关由另一台动力变压器负担全所一、二级动力照明负荷。

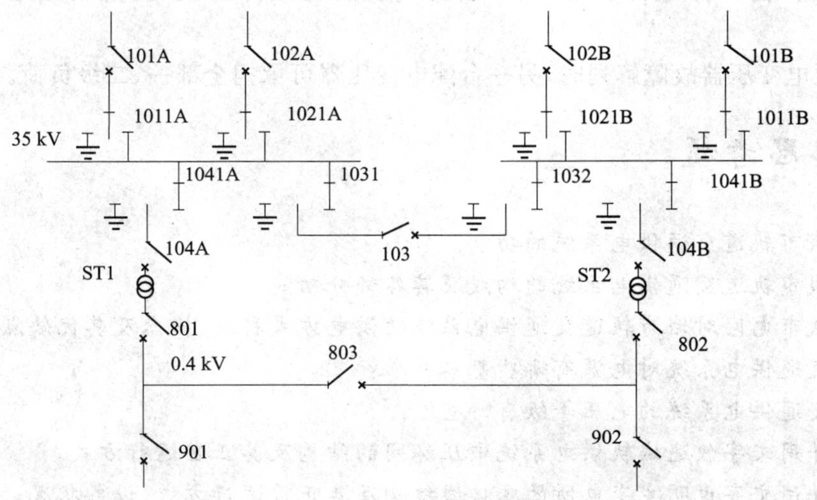

图 7-21　典型的降压变电所主接线图

三、动力照明供配电系统

动力照明供配电系统和牵引供电系统同样是城轨交通供电系统的重要组成部分，除了直流电动车辆外，其他所有交流低压负荷都由供配电系统供电。供配电系统由两部分组成：降压变电所和动力照明系统。供配电系统中压电源侧可以和牵引供电系统中压交流侧电压一致，采用混合网络，如北京地铁、大连轻轨采用 10 kV 电压级；广州地铁、南京地铁、深圳地铁采用 35 kV 电压级。也可以和牵引供电系统电压不一致，采用独立网络，如上海地铁 1、2 号线，牵引供电系统采用 33 kV 电压级，而供配电系统则采用 10 kV 电压级。供配电系统的低压侧则完全和地面工程相同，采用 380 V/220 V 三相四线制 TN-S 系统，中性线和接地线分开，即三根相线、一根中性线、一根接地线。

低压侧需设置有源滤波设备，一个作用是滤除大量电子变频设备产生的谐波，另外一个作用就是根据系统需求自动进行无功补偿。

低压负荷应按照动力、照明、广告照明、空调分别计量。低压开关柜一般选用抽出式开关柜。

低压负荷按其用途和重要性可分为三级。

①一级负荷：排烟风机、消防泵、主排水泵、自动售检票机、屏蔽门、电力监控、变电所操作电源、防灾报警、通信信号、人防系统、地下车站站台、站厅照明及应急照明等。

②二级负荷：局部通风机、普通风机、排污泵、自动扶梯、电梯等。

③三级负荷：空调、冷冻机、热风幕、广告照明、维修电源等。

对三种负荷供电的技术要求为：

一级负荷为双电源、双电缆，供电末端自动切换，来电自复；二级负荷为双电源、单电缆，在电源端自动切换，来电自复；三级负荷为单电源、单电缆，当电源失压时，可以自动切除。

对于一级负荷，大功率设备，双电源可以来自变电所两段母线，对小功率设备，双电源可来自不同母线上的配电箱。对二级负荷，两路电源，单回路供电，电源在变电所自动切换；对三级负荷，由一路电源供电，当一台配电变压器故障解列时，可根据运行需要自动切除。

当一台配电变压器故障解列时，另一台配电变压器可承担全部一、二级负荷。

复习思考题

1. 简述城市轨道交通供电系统的功能。
2. 简述城市轨道交通供电系统的构成及其各部分功能。
3. 简述城市电网对城市轨道交通供电系统的供电方式种类、概念及其优缺点。
4. 城轨交通供电系统对电源有哪些基本要求?
5. 城轨交通供电系统的电压等级有哪些?
6. 画图并用文字叙述城轨供电系统中压环网的结构及其正常运行方式。
7. 绘图并用文字说明主变电所的主接线结构及其正常运行方式、设备状况。
8. 绘图并用文字说明降压变电所的主接线结构及其正常运行方式、设备状况。
9. 绘图并用文字说明牵引降压混合变电所的主接线结构及其正常运行方式、设备状况。
10. 简述牵引变电所对牵引网的供电方式及其适用状况。
11. 解释:单边供电、双边供电、大双边供电。
12. 简述大双边供电的两种实现方式及其优缺点。

第八章 接地装置

第一节 接 地

一、接地的概念与分类

1. 接地

供电系统中电气装置或电气设备的某些导电部分与地的电气连接关系称为接地。接地的主要功能是：维护系统和设备运行可靠性、稳定性，保护设备和人身安全，防止雷电危害，抑制电磁干扰等。接地处理的正确与否，尤其对供电系统安全运行、保护设备绝缘免受异常过电压破坏、防止人身遭受电击有重要的作用。

2.“地”

“地”的概念包括大地或指范围更加广泛、能用来代替大地的等效导体，比如飞机、轮船的金属外壳等。

在城市轨道交通工程中，关于地的概念也很多，有大地（earth）、结构地（tunnel earth）、牵引系统地（traction system earth）等，其中牵引系统地即为直流牵引供电系统回流用的走行轨（the running rail）。

3. 接地体

埋入地中并直接与大地接触的金属导体，称接地体或接地极。专门为接地而人为装设的接地体，称为人工接地体。兼作接地体用的直接与大地接触的各种金属构件、金属管道及建筑物的钢筋混凝土基础等，称为自然接地体。连接于接地体与电气设备接地部分之间的金属导线，称为接地线；接地线与接地体合称为接地装置。由若干接地体在大地中相互用接地线连接起来的一个整体，称为接地网。接地线又分为接地干线和接地支线，接地干线一般应采用不少于两根导体在不同地点与接地网连接，如图 8-1 所示。

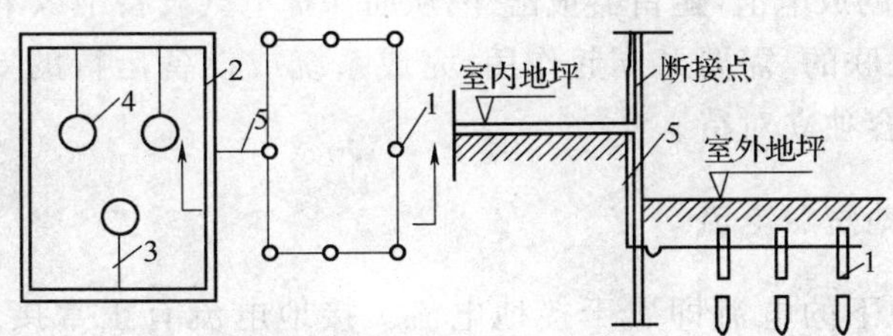

图 8-1 接地装置示意图

1—接地体；2—接地干线；3—接地支线；4—电气设备；5—接地引下线

4. 接地的分类

(1)不同的分类方式

按照供电系统电流制式和频率可划分为交流供电系统的工频接地、直流牵引供电系统的接地和雷电及过电压的冲击接地。

按照供电系统电压等级可划分为高压系统的接地、中压系统的接地和低压系统的接地。

接地按其作用可分为两类，其一为功能性接地，这是为了系统正常运行的可靠性及异常情况下保障系统的稳定性而设置的，如工作接地、电磁兼容接地等，主变压器、配电变压器的中性点接地就属于工作接地。其二为保护性接地，这是以人身和设备安全为目的的，如保护接地、防雷及过电压接地、防静电接地等。

(2)按其作用进行划分的接地的类型及其概念

目前接地的分类多按其作用进行划分。

工作接地：为了保证供电系统的正常运行，防止系统振荡，保证继电保护的可靠性而将系统内电源端带电导体进行的接地称为工作接地。如电力系统中性点直接接地，可在系统发生地故障时，产生较大的接地故障电流，使继电保护迅速动作，切除故障回路。

电磁兼容接地：为了避免器件、电路、设备或系统在其电磁环境中构成不能承受的电磁干扰，保证其正常工作而进行的接地。

保护接地：为了防止电气设备绝缘损坏，或产生漏电时，使正常运行不带电的电气设备、外露可导电部分或电气装置外露可导电部分带电而导致电击危险，将电气设备的金属外壳、配电装置的金属构架等进行的可靠接地称为保护接地。保护接地能够在设备绝缘破坏时，降低电气设备外露可导电部分对地的电压，从而降低人身接触该可导电部分对地的接触电压。保护接地还为接地故障电流提供了返回电源的通路，但只有系统接地为直接接地或小电阻接地时，才会形成较大的故障电流，保护装置快速动作切除故障回路。

防雷接地：为雷电流提供导入大地的通路，防止或减轻建筑物、构筑物、电气设备等遭受雷电流的破坏，防止人身遭受雷击。防雷接地分直击雷接地和雷击感应过电压保护装置的接地。直击雷通过防雷装置进行防护，由接闪器、防雷引下线和接地极组成，直击雷的接地就是将接闪器引导的雷电流经过防雷引下线引至接地极。对雷电感应过电压应设置避雷器保护，避雷器安装在配电装置(如开关柜)内，避雷器一端与相线连接，另一端接地，当雷电感应过电压超过避雷器的放电值，避雷器被击穿，从而保护电气设备绝缘不被损坏。

内部过电压设备的接地：为系统运行产生的异常电磁能量提供向大地释放的通路，避免设备绝缘破坏。内部过电压保护设备也是避雷器或阻容吸收装置，一端接在相线上，另一端接地，当内部过电压超过避雷器的放电值，避雷器被击穿，从而保护电气设备绝缘不被损坏。

各种接地是彼此关联的，需要共同起作用，完成系统或设备运行的要求，不应将功能性接地、保护性接地中的内容独立对待。

二、接地电流与接地短路电流

凡从带电体流入地下的电流即属于接地电流。接地电流有正常接地电流和故障接地电流。正常接地电流指正常工作时通过接地装置流入地下，借大地形成工作回路的电流；故障接地电流指系统发生故障时出现的接地电流。

系统一相接地可能导致系统发生短路，这时的接地电流叫做接地短路电流，如接地的380/220 V系统的单相接地短路电流。在高压系统中，接地短路电流可能很大，接地短路电流在200 A及以下的，称小接地短路电流系统；接地短路电流大于500 A的，称大接地短路电流系统。

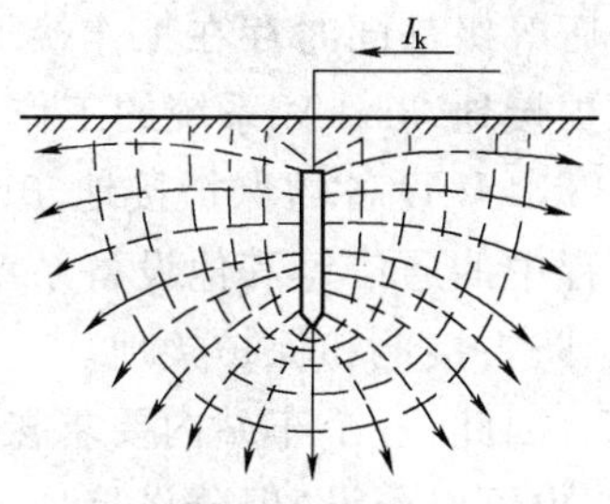

图 8-2　流散电阻

如图 8-2 所示，接地电流流入地下以后，就通过接地体向大地作半球形散开，这一接地电流就叫做流散电流。流散电流在土壤中遇到的全部电阻叫做流散电阻。

接地电阻是接地体的流散电阻与接地线的电阻之和。接地线电阻一般很小，可以忽略不计。因此，可以认为流散电阻就是接地电阻。

电流通过接地体向大地作半球形流散。在距接地体越远的地方球面越大，所以流散电阻越小。一般认为在距离接地体 20 m以上，电流就不再产生电压降了。或者说，至距离接地体 20 m 处，电压已降为零。

电工上通常所说"地"就是这里的地。通常所说的对地电压，即带电体同大地之间的电位差。也是指离接地体 20 m 以外的大地而言的。简单说，对地电压就是带电体与电位为零的大地之间的电位差。显然对地电压等于接地电流与接地电阻的乘积。如果接地体有多根钢管组成，则当电流自接地体流散时，至电位为零处的距离可能超过 20 m。

当电流通过接地体流入大地时，接地体具有最高的电压。离开接地体，电压逐渐下降，并且电压降落的速度逐渐降低。对于简单接地体，至离开接地体 20 m 处，电压将为零。

接触电势是指接地电流自接地体流散，在大地表面形成不同电位时，设备外壳、构架或墙壁与水平距离 0.8 m 处之间的电位差。

接触电压是指设备绝缘损坏时，在身体可同时触及的两部分之间出现的电位差。如人在发生接地故障的设备旁边，手触及设备的金属外壳，则人手与脚之间所呈现的电位差，即为接触电压，接触电压通常按人体离开设备 0.8 m 考虑。如图 8-3 所示，a 的接触电压为 U_c，故障设备对地电压为 U_d。

跨步电势是指地面上水平距离为 0.8 m(人两脚跨开的距离)的两点之间的电位差。跨步电压是指人站立在流过电流的大地上，加于人的两脚之间的电压，如图 8-3 中的 U_{b1}、U_{b2}。图 8-3 中，紧靠接地体位置，承受的跨步电压最大；离开了接地体，承受的跨步电压小一些，对于垂直埋设的单一接地体，离开接地体 20 m 以外，跨步电压接近于零。考虑人脚底下的流散电阻，实际跨步电压应降低一些。

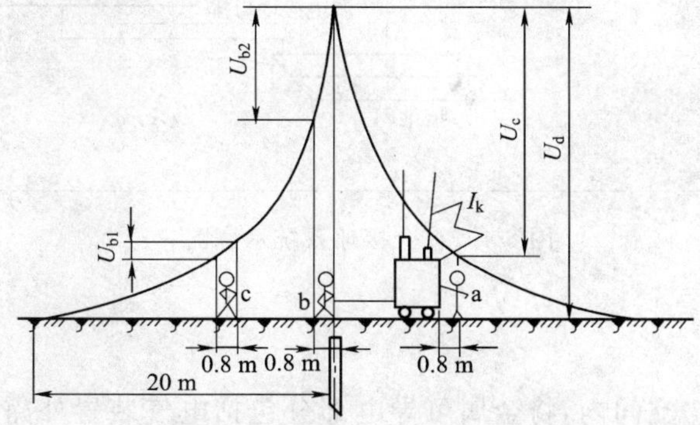

图 8-3　接触电压和跨步电压

三、综合接地

供电系统中，同时存在多个用于不同目的、不同用途的接地系统，例如，在交流系统中任一电压等级都同时存在工作接地和保护接地的问题，110/35 kV 主变电所中存在 110 kV 设备的保护接地、35 kV 系统的工作接地、35 kV 设备的保护接地；车站 35/0.4 kV 降压变电所中存在 35 kV 设备的保护接地、0.4 kV 系统的工作接地、0.4 kV 设备的保护接地。城市轨道交通工程中的通信等其他设备系统也需要设置用于设备正常工作以及设备和人身安全的工作接地、防雷接地和保护接地。

因此，一个车站内要求接地的系统和设备很多。从接地装置的要求上，可以共用接地装置，也可以分设，但分设接地装置时强电和弱电接地装置需要相距 20 m 以上。在分开设置不同的接地装置时，若距离不能满足要求，将导致由于接地装置电位不同所带来的不安全因素，不同接地导体之间的耦合影响也难以避免，会引起相互干扰，因此，目前城市轨道交通工程多采用综合接地系统。

综合接地系统是指供电系统和需要接地的其他设备系统的系统接地、保护接地、电磁兼容接地和防雷接地等采用共同的接地装置，并实施等电位联结措施。各类接地可以采用单独的接地线，但接地极和"等电位面"是共用的，不存在不同接地系统接地导体之间的耦合问题，也避免了采用不同接地导体时产生的电位不同问题。综合接地装置的接地电阻值按照接入设备的要求和人身安全防护的要求等方面综合确定，综合接地装置的接地电阻值必须不大于接入设备所要求的最小接地电阻值。

综合接地系统一般由共用接地极引出两个接地母排，即一个强电接地母排，一个弱电接地母排，分别用于供电系统和通信信号等弱电系统的各类接地，如图 8-4 所示。

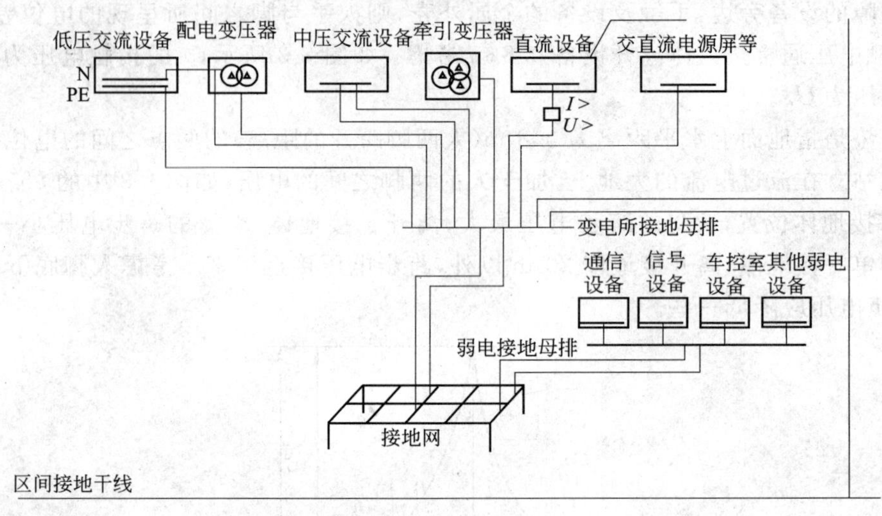

图 8-4　综合接地系统示意图

四、等电位联结

在电气装置间或某一空间内，将金属可导电部分包括电气装置外露可导电部分和电气装置外部可导电部分，以恰当的方式互相联结，使其电位相等或相近，此类联结称为等电位联结。

对设备和人身安全造成危害的电气问题，都不是因为电位的高或低引起的，人身遭受电击、电气火灾的发生和电子信息设备的损坏，主要原因是由电位差引起的放电造成的。消除或减少电位差，是消除此类电气灾害的有效措施。采用等电位联结可以有效消除或减小各部分之间的电位差，有效防止人身遭受电击、电气火灾等事故的发生。

等电位联结可分为总等电位联结、辅助等电位联结和局部等电位联结。

总等电位联结是将下列可导电部分包括总保护导体、总接地导体或总接地端子，建筑物内的金属管道（通风、空调、水管等）和可利用的建筑物金属部分进行连接，以降低车站、建筑物内间接接触电压和不同金属部件间的电位差，并消除自建筑物外经电气线路和各种结构管道引入危险故障电压的危害。

辅助等电位联结，是将可同时触及的两个或几个可导电部分，进行电气连通，使他们二者之间的故障接触电压小于接触电压安全限值。

局部等电位联结，是在某一个局部电气装置范围内，通过局部等电位联结板，将该范围内电气设备外露可导电部分和外部可导电部分等进行电气连通，使该局部范围内，故障接触电压小于接触电压安全限值。

当变电所中压设备发生漏电，将使共用接地极的电位升高，而且中压接地电流越大，接地装置的电位越高。当低压配电系统接地型式采用 TN 系统，高电位将随 PE 或 PEN 传导到低压配电设备，若没有等电位联结，可能存在人身安全问题。因此在综合接地系统中，等位联结是非常重要的。

低压配电系统内部发生接地故障，接地故障保护应在规定的时间内切除故障回路，当不能满足切除时间要求时，就需要采用辅助等电位联结。

对于泵房等潮湿场所，需要增加局部等电位联结，消除不同金属导体之间可能出现接触电压。

目前，城市轨道交通工程一般采用直流牵引供电并以走行轨作为回流，因此势必存在杂散电流腐蚀影响问题。按照现行行业标准《杂散电流腐蚀防护技术规程》(CJJ49—1992)，在正常运行杂散电流不超标的情况下，不同结构段之间的结构钢筋是要求绝缘的。在地下车站均设置有结构变形缝，变形缝两侧即为不同结构段。车站低压配电系统采用三相四线制配电，PE 或 PEN 线是整个车站贯通的。等电位联结需要将设备金属外壳和外部可导电部分如空调管线、钢筋混凝土结构实施电气联结，从而造成不同结构段形成了电气连通，这与杂散电流规定将不同结构段绝缘的要求不一致，此问题有待于业内进一步研究。

当城市轨道交通工程采用第四轨回流时，基本没有杂散电流和走行轨电位带来的问题，可以不考虑杂散电流腐蚀防护，也不需要设置钢轨电位限制装置。

当城市轨道交通工程采用交流牵引供电时，由于交流电流的交变性，交流杂散电流对金属物体的腐蚀极小，可以不考虑，因此也没有杂散电流腐蚀防护的问题。以上两种情况可以按照交流接地系统和接地安全的要求考虑采用结构钢筋等自然接地体作为接地装置并实施等电位联结。

第二节　城轨交通供电系统的接地

一、交流供电系统的接地

城轨交流供电系统的电压等级一般有 110 kV、35 kV、10 kV、0.4 kV 等，其接地内容包括工作接地、电磁兼容接地等功能性接地和电气装置的接地、防雷接地、过电压设备接地等保护性接地。

系统的工作接地包括电源中性点、中性线、保护中性线、电流互感器、电压互感器、三工位开关、接地开关等接地。电源中性点、中性线、保护中性线的接地是指主变压器、配电变压器中性点的接地方式，是与变电所接地母排直接连接关系。电流互感器、电压互感器、三工位开关、接地开关等设备或电气元件均设在成套开关设备中，这些接地不直接与变电所接地母排单独连接，而先与开关设备中的接地排相连，通过设备的保护接地线与变电所接地母排相连。

电气装置的保护接地为各种电气装置外露可导电部分与变电所接地母排的电气连接；防雷接地指接闪器通过防雷引下线与大地的连接；过电压设备的接地就是为防止过电压击穿设备绝缘而设置的避雷器的接地，避雷器也设在开关设备内，因此避雷器的接地端与开关设备接地排相连接，通过开关设备的保护接地线与变电所接地母排连接，实现接地。

电磁兼容接地就是屏蔽层的接地，它具有两面性。所谓两面性就是针对不同的设备，它体现出的用途不唯一，有功能性接地的成分，也有保护接地的成分。如对于继电保护装置金属外壳作为屏蔽层的接地就属于为设备正常运行而设置；但对于中压开关柜金属外壳的接地，有减小对外电磁干扰的作用，但主要还是保护性的接地。对于电缆屏蔽层的接地主要是减小对外电磁干扰的作用，保证设备正常运行，属于功能性接地。

1. 工作接地

对于不同电压等级的交流供电系统，其工作接地具有其特殊性，而保护性接地的要求和做法是基本相同的。

10 kV 及以上电压等级的工作接地方式是指系统电源中性点的接地方式，在本书的第一章第三节已经描述，这里不再重复。

低压系统的工作接地，分为中性点直接接地和不接地两种方式。在具体形式上，我国采用国际电工委员会(IEC)标准，将工作接地和低压电气设备接地进行组合，形成了 TN、TT、IT 三种接地形式。

TN、TT、IT 中的第一个字母表示电源端与地的关系：

T——电源端有一点直接接地，即中性点直接接地；

I——电源端所有带电部分不接地或有一点通过阻抗接地，即中性点不接地。

TN、TT、IT 中的第二个字母表示电气装置的外露可导电部分与地的关系：

T——电气装置的外露可导电部分直接接地，此接地点在电气上独立于电源端的接地点；

N——电气装置的外露可导电部分与电源接地点有直接电气连接。

下面对由 TN、TT、IT 三种接地形式构成的低压配电系统分别进行介绍。

(1)TN 系统

电源端有一点直接接地，电气装置的外露可导电部分通过中性导体或保护导体连接到此接地点。

根据中性导体和保护导体的组合情况，TN 系统有以下三种形式。

TN-S 系统：整个系统的中性导体和保护导体是分开的，如图 8-5 所示。

TN-C 系统：整个系统的中性导体和保护导体是合一的，如图 8-6 所示。

TN-C-S 系统：系统中一部分线路的中性导体和保护导体是合一的，如图 8-7 所示。

(2)TT 系统

电源端有一点直接接地，电气装置的外露可导电部分直接接地，此接地点在电气上独立于

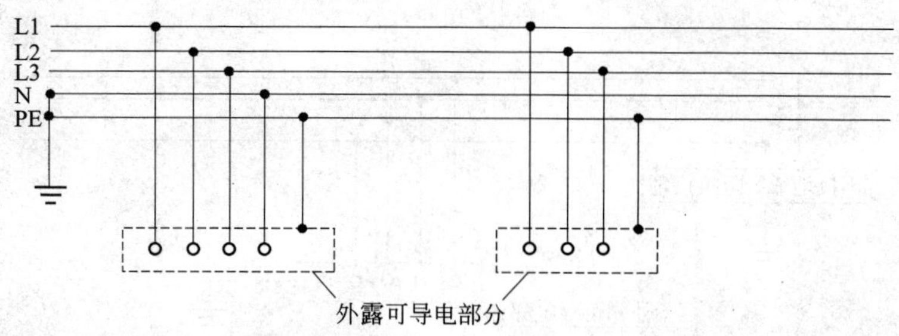

图 8-5 TN-S 系统

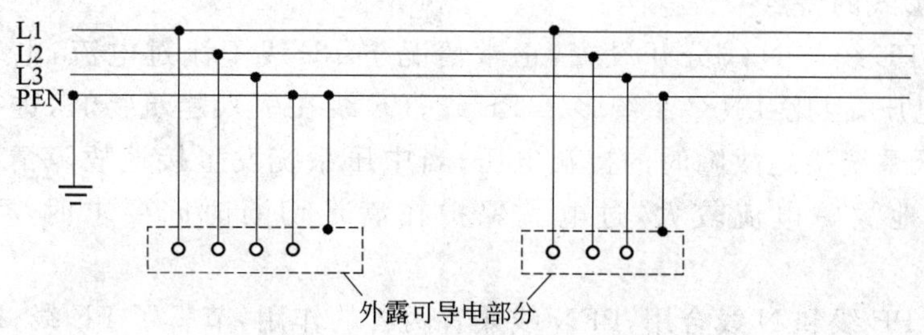

图 8-6 TN-C 系统

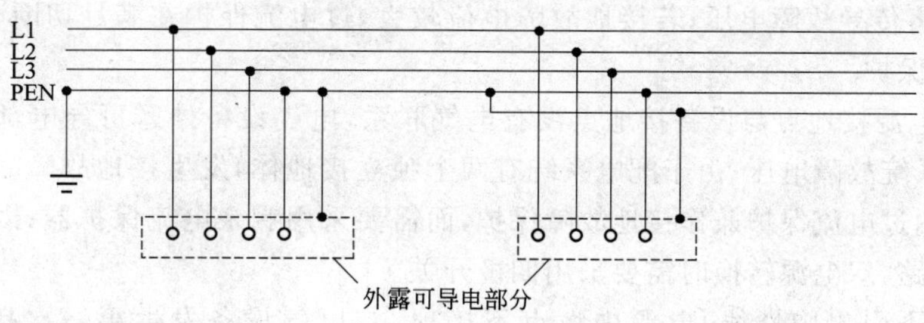

图 8-7 TN-C-S 系统

电源端的接地点,如图 8-8 所示。

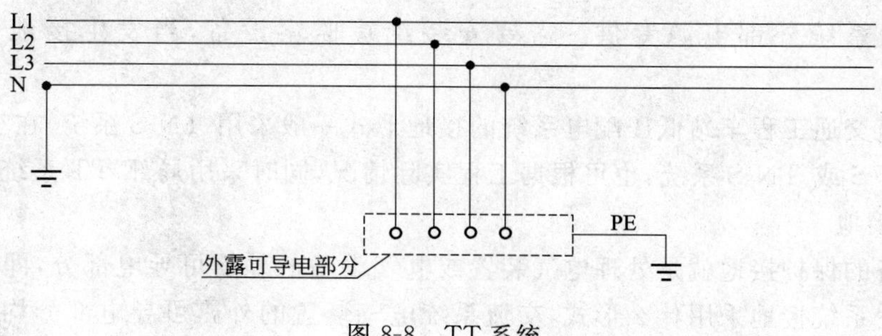

图 8-8 TT 系统

(3)IT 系统

电源端的带电部分不接地或有一点通过高阻抗接地,电气装置的外露可导电部分直接接地，如图 8-9 所示。

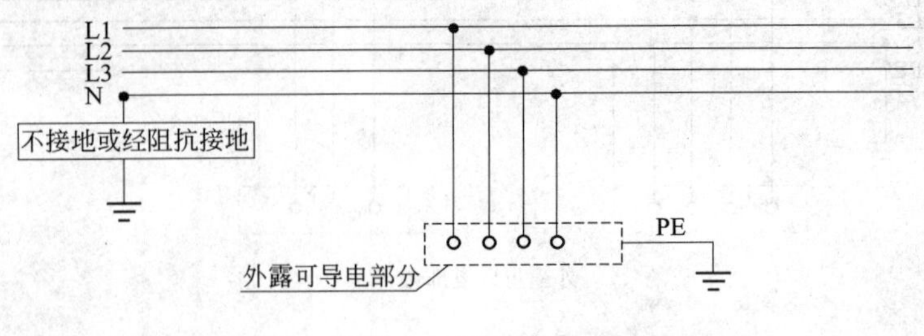

图 8-9　IT 系统

(4)各接地形式的特点

TN-S 系统 PE 线与 N 线分开设置，正常情况下 PE 线不流过电流，电气设备外露可见部分不带对地电压，但比 TN-C 系统多了 PE 线；PE 线在引入建筑物时，进行重复接地可减小建筑物内低压系统接地故障时的接触电压；当中压系统发生接地故障情况下，PE 线传导故障电压；若接地故障电流较大，过电流保护在满足切断时间要求时，可兼作接地故障保护。

TN-C 系统 PE 线和 N 线合用，PEN 线兼有两者的作用，节省了 PE 线；PEN 线在引入建筑物时，需要进行重复接地，可减小建筑物内低压系统接地故障时的接触电压；正常情况下 PEN 线通过电流，产生电压降，使设备外露可导电部分对地有电压；当中压系统发生接故障情况下，PEN 线将传导故障电压；若接地故障电流较大，过电流保护在满足切断时间要求时，可兼作接地故障保护。

TT 系统电源接地点与设备接地点没有电气联系，电气设备外露可导电部分有独立的接地，不会传导系统故障电压；由于配电系统有两个独立接地体，发生接地故障时接地故障电流较小，不能采用过电流保护兼作接地故障保护，而需要采用剩余电流保护器；因采用剩余电流保护器保护线路，双电源转换时需要采用四极开关。

IT 系统(不引出中性线)电源中性点不接地，当电气设备发生第一次接地故障时，接地故障电流仅为非故障相对地的电容电流，其值很小，电气设备外露可导电部分对地电压不超过 50 V，不需要立即切断故障回路，保证供电的连续性；但此时，非故障相的对地电压升高$\sqrt{3}$倍；由于 IT 系统没有引出中性线，为单相 380 V 配电。220 V 负荷需配降压变压器，或由系统外部电源专供。需要安装绝缘监察设备，当发生接地故障时，进行警示。

城市轨道交通工程车站低压配电系统的接地形式一般采用 TN-S 系统，在车辆段、停车场可采用 TN-C-S 或 TN-S 系统，也可根据工程实际情况，同时采用局部 TT 系统。

2. 保护接地

交流设备的保护接地就是处理电气装置或电气设备的外露可导电部分，即金属外壳与地的关系。无论系统接地采用什么形式，交流系统电气装置的外露可导电部分均要接地。实施保护接地可以降低预期接触电压，提供接地故障电流回路，为过电压保护装置接地提供条件，实施等电位联结。

对于变电所内的电气设备，接地做法为外露可导电部分直接通过接地线与接地母排进行

电气连接。

交流电气设备的接地范围：

①主变压器、牵引变压器、配电变压器的底座和外壳。

②交流高压封闭式组合电器(GIS)和箱式变电所的金属箱体。

③中压、低压开关设备的金属外壳。

④交直流电源屏的金属外壳。

⑤电气用各类金属构架、支架。

⑥电缆桥架和金属线槽。

⑦电力电缆、控制电缆穿线金属管。

二、直流牵引供电系统的接地

城市轨道交通工程的牵引供电制式多采用直流 750 V 或直流 1 500 V，直流牵引供电系统的主要设备有牵引整流器、直流开关设备、上网开关设备、钢轨电位限制装置、接触网、回流轨等。

1. 系统接地方式

城轨直流牵引供电系统的负极相当于交流系统的中性点，直流牵引供电的工作接地就是负极对地关系问题。为减小直流杂散电流对金属结构的腐蚀，直流牵引供电的工作接地采用不接地系统，即正常情况下系统设备的所有正极和负极均与地绝缘。这里的“地”包括大地和结构地。

采用走行轨回流，在直流大双边越区供电情况下，走行轨对地电位将高于正常双边供电，有时会超过允许值。另外在运行过程中，走行轨也可能出现不明原因的电位升高。此时为保护乘客及运行人员的安全，可通过钢轨电位限制装置将走行轨与地进行短时电气连接，以钳制走行轨对地电位。

走行轨对地电位超过允许限值时，为避免乘客上下车受到跨步电压的影响，钢轨电位限制装置本应将走行轨与结构地短时连接，但考虑到杂散电流问题，目前做法是将走行轨与电位同结构地基本相当的外引接地装置短时连接。

2. 牵引变电所内直流牵引供电设备的接地

牵引整流器、直流开关设备，包括直流进线柜、直流馈线柜、负母线柜、钢轨电位限制装置，都安装于牵引变电所内，其外露可导电部分即金属外壳不与地直接电气连接，而是通过直流框架泄漏保护装置与地形成单点电气连接。

金属外壳与基础槽钢之间设有硬质绝缘板，设备固定采用绝缘安装方法。当系统标称电压为 750 V 时，绝缘电阻一般不小于 50 kΩ；当标称电压为 1 500 V 时，绝缘电阻一般不小于 100 kΩ。各设备金属外壳之间采用电缆实现电气连接，一般在负母线柜接地端子单点通过电缆与直流框架泄漏保护装置连接后，接至变电所接地母排，实现变电所内直流牵引供电设备单点接地。

3. 区间直流上网开关设备的接地

区间直流上网开关(包括区间检修线隔离开关设备)的接地可以有以下四种方式：

①当上网开关设备设在站台的独立设备房间或牵引变电所内时，纳入直流开关柜的框架泄漏保护中，在发生设备外壳漏电时框架保护联跳直流馈出断路器。上网开关设备安装要求

与牵引变电所内直流牵引供电设备相同，金属外壳与基础槽钢之间设置硬质绝缘板。这种方式需增加接地电缆。

②采用非金属绝缘外壳，当柜内发生直流漏电时，设备外壳不会带直流异常电位，也没有杂散电流泄漏问题。这种方式设备投资较高。

③设备外壳与基础槽钢之间设置硬质绝缘板，设备外壳与附近走行轨电气连接，发生直流漏电时会产生系统正负短路，直流馈线保护动作并切除故障，这种方式要求设备操作维护只能在直流停电后进行，应用受限。

④设备金属外壳直接与附近结构钢筋电气连接，相当于交流低压 IT 系统的接地方式，这种方式需要保证并保持正极对外壳的绝缘，使正常泄漏的直流电流不能对结构钢筋产生腐蚀，并需要在正极碰壳发生时能迅速切除故障或进行报警。

4. 车辆段、停车场直流上网开关等设备的接地

车辆段、停车场范围大，直流上网开关设备与检修设备的数量多、分布广，内部金属管线较多。直流上网开关等设备的接地问题可通过柜内设置绝缘护板、绝缘电缆支架或采用非金属绝缘外壳等措施解决。

三、地铁综合接地系统的构成

(1)地下变电所接地装置利用结构钢筋作为自然接地体，因地下车站结构钢筋按杂散电流防护的要求，其横向主筋和纵向辅筋进行焊接，形成一个 50 000m^2 等电位法拉第笼，这个等电位法拉第笼深埋于地面 10 m 以下，这就是地铁的地，是地铁这个电磁环境中一切电气设备的地，它的接地电阻小于 0.5 Ω，无需另设接地装置。

(2)地下车站结构钢筋形成一个等电位体，是所有电气设备的综合接地装置，在变电所设综合接地母排与结构钢筋焊接，变电所内所有电气设备的地均接于此。

(3)地上变电所单独设接地装置，其接地电阻小于 0.5 Ω，是所有电气设备的综合接地装置，设综合接地母排。

(4)各地下车站变电所接地网通过接地扁钢连接，形成一个地下综合接地系统。

(5)各地上变电所接地网通过接地扁钢连接，形成一个地上综合接地系统。

(6)地上、地下综合接地系统不进行电气连接，如图 8-10 所示。

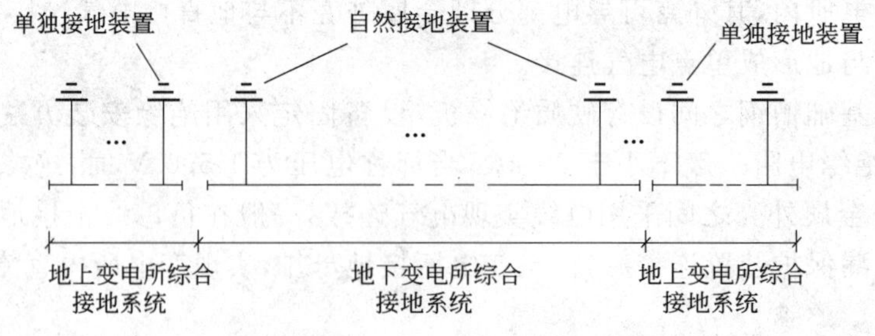

图 8-10　地铁综合接地系统示意图

这个地铁接地系统的构成方式与目前国内通行的作法有差异，其根本差异就在于是否把地铁结构钢筋作为自然接地装置。

复习思考题

1. 名词解释：接地、接地装置、人工接地体、自然接地体、工作接地、保护接地、对地电压、接触电压、跨步电压、接地电阻、电磁兼容接地、综合接地、等电位连结。

2. 电气装置中哪些部分必须接地，哪些部分不必接地？

3. 简述城轨交通供电系统中交流系统接地的主要内容。

4. 简述城轨交通供电系统中直流系统接地的主要内容。

5. 简述城轨交通供电系统综合接地系统的构成原则。

第九章　城市轨道交通杂散电流

第一节　杂散电流的形成与危害

一、杂散电流的形成

直流牵引供电系统在理想的状况下，牵引电流由牵引变电所的正极出发，经由接触网、电动列车和回流轨（即走行轨）返回牵引变电所的负极。但钢轨与隧道或道床等结构钢之间的绝缘电阻不是无限大，这样势必造成流经牵引轨的牵引电流不能全部经由钢轨流回牵引变电所的负极，有一部分的牵引电流会泄漏到隧道或道床等结构钢上，然后经过结构钢和大地流回牵引变电所的负极，这部分泄漏到隧道或道床等结构钢上的电流就是杂散电流，也称作迷流。图 9-1(a)为直流牵引杂散电流示意图。

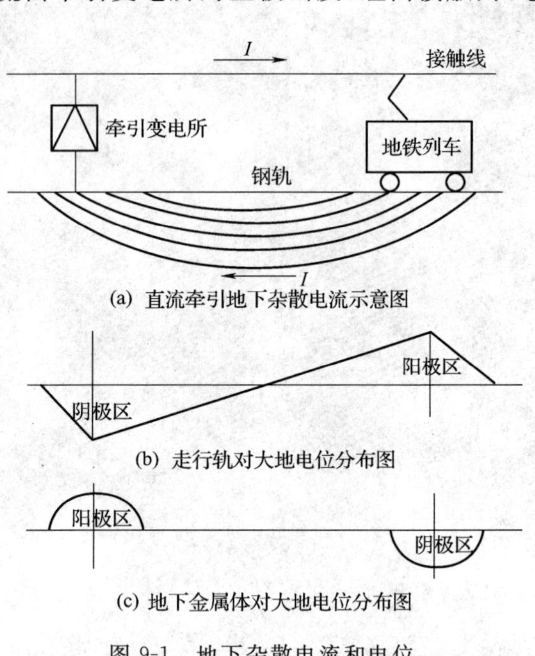

图 9-1　地下杂散电流和电位

走行轨铺设在轨枕、道砟和大地上，由于轨枕等的绝缘不良和大地的导电性能，地下的杂散电流如图 9-1(a)所示杂散地流入大地，然后在某些地方又重新流回钢轨和牵引变电所的负极。此时钢轨和地下金属各点对大地的电位分布如图 9-1 (b)和(c)所示。在走行轨附近埋有地下金属管道和其他任何金属结构时，杂散电流的一部分就会由导电的金属体上流过，如图 9-2 所示。

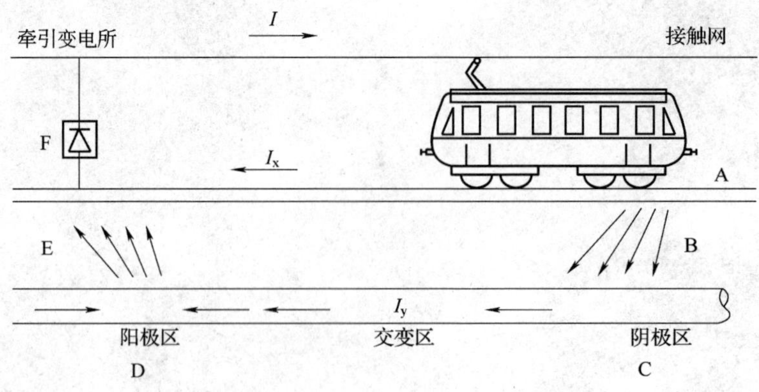

图 9-2　地铁杂散电流腐蚀原理图

二、杂散电流的影响和危害

城市轨道中的杂散电流是一种有害的电流，会对地铁中的电气设备、设施的正常运行造成不同程度的影响，以及对隧道、道床的结构钢和附近的金属管线造成危害。这种危害主要表现在如下几个方面。

1. 若地下杂散电流流入电气接地装置，将使接地电位过高，使某些设备无法正常工作。

2. 若钢轨（走行轨）局部或整体对地的绝缘变差，则此钢轨（走行轨）对大地的泄漏电流增大，地下杂散电流增大，这时有可能引起牵引变电所的框架保护动作。而框架保护动作，则整个牵引变电所的断路器会跳闸，全所失电，同时还会联跳相邻牵引变电所对应的馈线断路器，从而造成较大范围的停电事故，影响地铁的正常运营。

3. 对城市轨道隧道、道床或其他建筑物的结构钢筋以及附近的金属管线（如电缆、金属管件等）造成电腐蚀。如果这种电腐蚀长期存在，将会严重损坏地铁附近的各种结构钢筋和地下金属管线，破坏了结构钢的强度，降低了其使用寿命。

三、地下金属结构被杂散电流腐蚀的基本原理

1. 腐蚀过程

直流牵引供电方式所形成的迷流及其腐蚀部位如图 9-2 所示。图中的 I 为牵引电流，I_x、I_y 分别为走行轨回流和泄漏的杂散电流。

由图 9-2 可知，杂散电流所经过的路径可等效地看成为两个串联的腐蚀电池。其中电池Ⅰ为 A 钢轨（阳极区）→B 道床、土壤→C 金属管线（阴极区）；电池Ⅱ为 D 金属管线（阳极区）→E 土壤、道床→F 钢轨（阴极区）。

当杂散电流由图 9-2 中两个阳极区（钢轨 A 和金属管线 D）部位流出时，该部位的金属铁（Fe）便与其周围的电解质发生阳极过程的电解作用，此处的金属随即遭到腐蚀。这种腐蚀的过程，实际可能发生两种氧化还原反应：当金属铁（Fe）周围的介质是酸性电解质，即 pH 值<7时，发生的氧化还原反应是析氢腐蚀；当金属铁（Fe）周围的介质是碱性电解质，即 pH 值$\geqslant 7$时，发生的氧化还原反应为吸氧腐蚀。其腐蚀的化学反应方程式如下：

在析氢腐蚀时

阳极　$2Fe \Leftrightarrow 2Fe^{2+} + 4e^-$

阴极　$4H^+ + 4e^- \Leftrightarrow 2H_2\uparrow$（无氧的酸性环境）

　　　$4H_2O + 4e^- \Leftrightarrow 4OH + 2H_2\uparrow$（无氧环境）

在吸氧腐蚀时

阳极　$2Fe \Leftrightarrow 2Fe^{2+} + 4e^-$

阴极　$O_2 + 2H_2O + 4e^- \Leftrightarrow 4OH^-$（有氧的碱性环境）

上述两种腐蚀反应通常生成 $Fe(OH)_2$，而在钢筋表面或介质中析出，部分还可以进一步被氧化形成 $Fe(OH)_3$。生成的 $Fe(OH)_2$ 继续被介质中的 O_2 氧化成棕色的 $Fe_2O_3 \cdot 2\times H_2O$（红锈的主要成分），而 $Fe(OH)_3$ 可进一步生成 Fe_3O_4（黑锈的主要成分）。

2. 腐蚀特点

杂散电流腐蚀一般有腐蚀激烈、集中于局部位置；当有防腐层时，又往往集中于防腐层的缺陷部位。杂散电流腐蚀和自然腐蚀有较大的差异，具体见表 9-1 所示。

表 9-1 杂散电流腐蚀和自然腐蚀的差异

项目		自然腐蚀	杂散电流腐蚀
钢铁	外观	孔蚀倾向较小,有黄色或黑色的质地较疏松的锈层,创面边缘不整齐,清除腐蚀产物后创面较粗糙	孔蚀倾向大,创面光滑,有时是金属光泽,边缘较整齐,腐蚀产物似碳黑色细粉状,有水分存在时,可明显观察到电解迹象
	环境	几乎在土壤中均可发生	一般土壤电阻率大于 10 000 Ω·cm 环境下,腐蚀较困难
铅	外观	腐蚀均匀,有空洞时表现浅皿状,腐蚀物为不透明的粉状物	空洞内面粗糙,创面呈壕状,长行分布不匀或沿电缆呈一直线分布,腐蚀物为透明的或白色的结晶物
	环境	水的 PH 值一般在 6.8～8.5 范围之外,氯化物浓度大	地下水为中性,普遍会有氯化物,碳酸盐,硫酸盐

第二节 杂散电流腐蚀的防护与监测

一、杂散电流腐蚀防护的原则

城市轨道中杂散电流腐蚀防护应遵循以下基本原则:

(1)采取措施,以治本为主,将城市轨道杂散电流减小至最低限度;

(2)采取措施,限制杂散电流向轨道外部扩散;

(3)轨道附近的地中金属管线结构,应采取有效的防蚀措施。

二、杂散电流的防护措施

1. 杂散电流防护设计的原则应采取“以堵为主,以排为辅,防排结合,加强监测”

(1)堵。就是隔离和控制所有可能的杂散电流泄漏途径,减少杂散电流进入城市轨道的主体结构、设备及可能与其相关的设施。

(2)排。就是通过杂散电流的收集及排流系统,提供杂散电流返回至牵引变电所负母线的通路,防止杂散电流继续向本系统外泄漏,以减少腐蚀。

(3)监测。设计完备的杂散电流监测系统,监视、测量杂散电流的大小,为运营维护提供依据。

2. 杂散电流防护的措施

(1)确保牵引回流系统的畅通,使牵引电流通过回流系统流回牵引变电所,从根本上减少杂散电流的产生。

(2)为保护整体道床结构钢筋不受杂散电流腐蚀及减少杂散电流扩散,利用整体道床内结构钢筋的可靠电气连接,建立主要的杂散电流收集网,收集由钢轨泄漏出来的杂散电流,在阴极区经钢轨流回牵引变电所。

(3)对于需设置浮动道床的区段,浮动道床内的纵向钢筋也应电气连接,并和整体道床内的杂散电流收集网电气连接,使隧道内所有的道床收集网钢筋在电气上连为一体。

(4)在条件允许情况下,尽可能增强整体道床结构与隧道、车站间的绝缘。

(5)为保护地下隧道、车站结构钢筋不受杂散电流腐蚀及减少杂散电流向外部的扩散,利用隧道、车站结构钢筋的可靠电气连接,建立辅助杂散电流收集网,收集由整体道床泄漏出来的杂散电流,在阴极区经整体道床和钢轨流回牵引变电所。

(6)在盾构区间隧道，采用隔离法对盾构管片结构钢筋进行保护。在盾构区间相邻的车站，两车站的结构钢筋用电缆连接起来，使全线的杂散电流辅助收集网在电气上连续。

(7)在高架桥区段，桥梁与桥墩之间加橡胶绝缘垫，实现桥梁内部结构钢筋与桥墩结构钢筋绝缘，防止杂散电流对桥墩结构钢筋的腐蚀。为保护高架桥梁的结构钢筋及减少杂散电流的扩散，利用桥梁顶层结构钢筋和轨道梁内结构钢筋的可靠电气连接，建立杂散电流收集网，收集由钢轨泄漏出来的杂散电流，使之在阴极区经钢轨流回牵引变电所。

(8)在高架桥车站内，车站结构钢筋和车站内高架桥结构钢筋要求在电气上绝缘，防止杂散电流对车站结构钢筋的腐蚀。

(9)牵引变电所设置杂散电流排流装置，以便在轨道绝缘降低致使杂散电流增大时，及时安装排流装置使收集网(主收集网、辅助收集网)中杂散电流有畅通的电气回路。

(10)直流供电设备、回流轨采用绝缘法安装。

(11)各类管线设备应尽量从材质或其他方面采取措施，减少杂散电流对其腐蚀及通过其向轨道外部泄漏。

(12)轨道专业应采取以下的一些措施。

① 走行回流钢轨尽量选用重型轨(如 60 kg/m 型轨)并焊接成长钢轨。钢轨接头的电阻应小于 5 m 长的回流钢轨的电阻值，以减少回流电阻。若采用短钢轨，则应用鱼尾板连接，并在道岔与辙岔的连接部位的两根钢轨之间加焊一根 120 mm^2 及以上的绝缘铜电缆连接线，并应做到焊接可靠。

② 钢轨与轨枕或整体道床间采用绝缘法安装，保证钢轨对轨枕或整体道床的泄漏电阻不小于 15Ω/km。为了达到此要求，在钢轨与混凝土轨枕之间，在紧固螺栓、道钉与混凝土轨枕之间，以及在扣件与混凝土轨枕之间采取绝缘措施，加强轨道对道床的绝缘，以减少钢轨对地的泄漏电流。其具体做法是：

a. 钢轨下加绝缘垫；

b. 使用绝缘扣件；

c. 钢轨采用绝缘套管固定安装；

d. 轨枕下加绝缘垫；

e. 道岔处加强绝缘；

f. 在有导轨处，导轨与走行轨之间加绝缘。

③ 钢轨底部与整体道床之间的间隙不小于 30 mm。

④ 利用整体道床内结构钢筋形成杂散电流收集网。

(13)隧道、地下车站采取的措施。

① 隧道、地下车站主体结构的防水层，必须具有良好的防水性能和电气绝缘性能；车站、隧道内应设有畅通的排水措施，不允许有积水现象。

② 为保护隧道、地下车站结构钢筋不受杂散电流腐蚀及减少杂散电流向外扩散，利用这些结构钢筋的可靠电气连接，建立辅助杂散电流收集网。其所收集的由整体道床泄漏出来的杂散电流，经整体道床、钢轨或单向导通装置流回牵引变电所。

③ 在盾构区间隧道，采用隔离法对盾构管片结构钢筋进行保护。

④ 在过江隧道的轨道两端设立单向导通装置与其他线路单向隔离。

⑤ 车站动力照明采用 TN-S 系统接地形式。

⑥ 车站屏蔽门应绝缘安装并与钢轨有可靠的电气连接。

三、杂散电流的监测

(一)杂散电流腐蚀监测原理

1. 极化电压的正向偏移平均值

杂散电流难以直接测量,通常利用结构钢极化电压的测量来判断结构钢筋是否受到杂散电流的腐蚀作用。极化电压的正向偏移平均值不应超过 0.5 V。一般在电化学腐蚀测量中,测量管、地电位差的标准方法如图 9-3 所示。

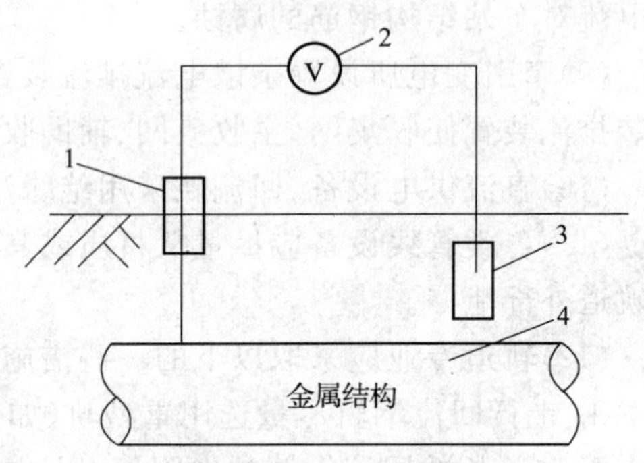

图 9-3 管、地电位的标准测量方法
1—测试桩;2—高阻电压表;
3—参比电极;4—覆盖层缺陷

此方法在电化学腐蚀测量中称为近参比法。目的是为了使测量结果更为精确。此法的测量要点是把参比电极(通常用长效铜/硫酸铜电极)尽量靠近被测构筑物或金属管路表面,如果被测表面带有良好的覆盖层,参比电极对应处应是覆盖层的露铁点。在地铁系统中,埋地金属结构对地电位的测量方法也采用如上所述的近参比法,需要使用长效参比电极作为测量传感器,在没有杂散电流扰动的情况下,测量的电位分布呈现一稳定值,此稳定电位我们称之为自然本体电位 U_0,当存在杂散电流扰动的情况下,测量电位出现偏离,所测电位为 U_1,其偏移值为 ΔU。一般情况下,我们将测量电压为正的称为正极性电压,测量电压为负的称为负极性电压。

埋地金属结构受杂散电流干扰的影响,其对地电位,也就是相对于参比电极的电压会偏离自然本体电位 U_0。在杂散电流流入金属结构的部位,金属结构呈现阴极,此部位的电位会向负向偏离,该部位的金属不受杂散电流腐蚀。在杂散电流流出金属结构的部位,金属结构呈现阳极性,此部位的电位会向正向偏离,该部位的金属受到杂散电流腐蚀影响。因为腐蚀是一个长期作用的结果,而瞬间杂散电流的变化是杂乱无序的,仅测量瞬间金属结构对参比电极的电压不能直接反映测量点杂散电流的腐蚀情况,所以应该测量计算在一定时间内偏移自然本体电位 U_0 的正向平均值,《地铁杂散电流腐蚀防护技术规程(CJJ49—1992)》规定:测量时间为半小时,其计算公式如下:

$$U_{\mathrm{a}}(+) = \sum_{i=1}^{p} U_i(+)/n - U_0 \tag{9-1}$$

式中 $\sum\limits_{i=1}^{p} U_i(+)$——所有正极性电压瞬时值和绝对值小于 U_0 值的负极性电压各瞬时值之和;

p——所有正极性电压瞬时值读取次数及绝对值小于 U_0 值的负极性电压各瞬时值读取次数之和;

n——总的测量次数;

U_0——自然本体电位;

$U_{\mathrm{a}}(+)$——极化电压的正向偏移平均值。

2. 半小时轨道电位最大值测量

由于杂散电流的泄漏受轨道电位的影响很大,所以轨道电位的测量监测也是非常重要的。轨道电位严格意义上来讲应是以无限远的大地为基准,而钢轨电位测量以无限远的大地是很难实现的,在测量中测量钢轨对埋地金属结构的电压来代表轨道电位。由于轨道电位的瞬时值变化很大,实际测量过程中,其监测和计算的参数为测量时间内的最大值 V_{max},即半小时轨道电位的最大值。

3. 自然本体电位 U_0 的测量

自然本体电位 U_0 是一个非常重要的测量参数,而我们探讨的测量方法最终要实现自动在线测量,所以测量装置本身应该能够测量自然本体电位 U_0。城市轨道交通的特点是一天内有几个小时的完全停止运营,在列车停止运行 2 h 后,可以进行自然本体电位 U_0 的自动测量。

(二)杂散电流监测系统

杂散电流监测系统有分散式监测系统和集中式监测系统两种。分散式杂散电流监测系统由参考电极、道床收集网测试端子、高架桥梁收集网测试端子、隧道收集网测试端子、测试盒、测试电缆、杂散电流综合测试端子箱及杂散电流综合测试装置构成。集中式杂散电流监测系统由参考电极、道床收集网测试端子、高架桥梁收集网测试端子、隧道收集网测试端子、传感器、数据转接器、测试电缆及杂散电流综合测试装置构成。

其中道床收集网测试端子、高架桥梁收集网测试端子、隧道收集网测试端子可利用伸缩缝处的连接端子,不单独引出测试端子。

1. 分散式杂散电流监测系统

如图 9-4 所示。在每个车站变电所的控制室或检修室内安装一台杂散电流测试端子箱,将该车站区段内的参考电极端子和测试端子接至接线盒,由统一的测量电缆引入至变电所测试端子箱内的连接端子,将来用移动式微机型综合测试装置分别对每个变电所进行杂散电流测试及数据处理。

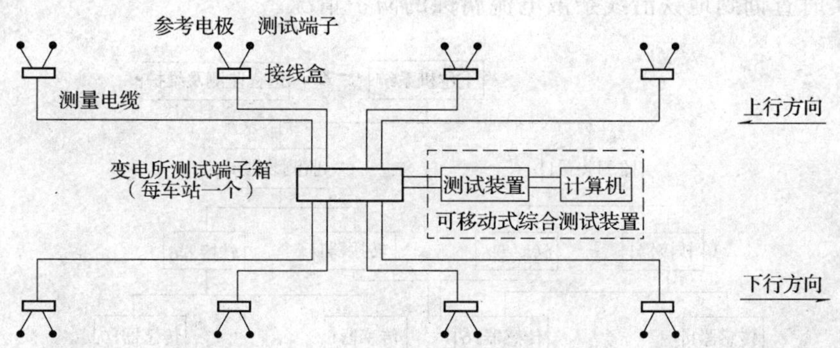

图 9-4 分散式杂散电流监测原理框图

2. 集中式杂散电流监测系统

如图 9-5 所示。在每个测试点,将参考电极端子和测试端子接至传感器。将该车站区段内的上下行传感器通过测量电缆,分别连接到车站变电所的控制室或检修室内的数据转接器。车站的数据转接器通过测量电缆接至固定式杂散电流综合测试装置。综合测试装置至传感器的传输距离最远不超过 10 km,由此来考虑每条线路需设置几个杂散电流综合测试室。

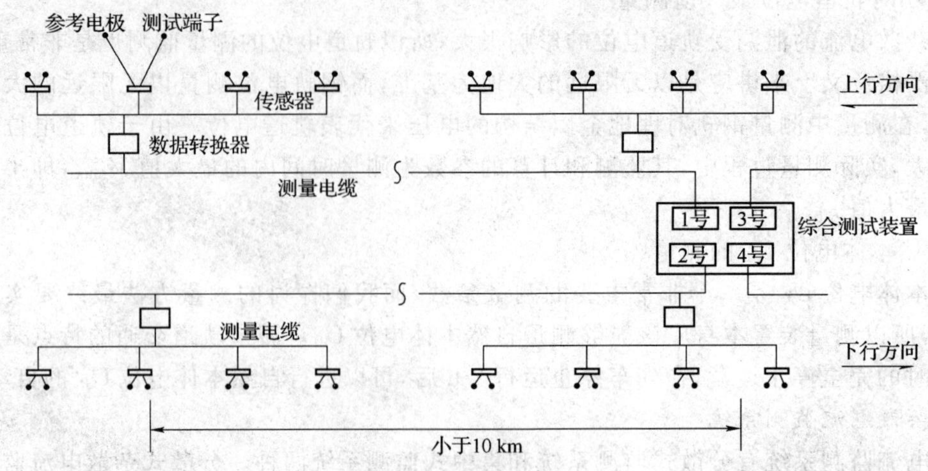

图 9-5　集中式杂散电流监测原理框图

以上两种监测系统均能满足杂散电流监测要求，采用哪种方案根据需要进行选择。

某地铁线的杂散电流监测系统构成原理如图 9-6 所示。主要监测整体道床排流网的极化电位、本体电位；隧道侧壁结构钢的极化电位、本体电位；监测点的轨道电位等。整个系统为一分布式计算机监测系统。传感器是一个以单片机为核心的数据采集处理系统，可以实时采集处理测量点排流网和结构钢的自然本体电位 U_0，正向平均值 $U_a(+)$，半小时内的轨道电压最大值 V_{max}，并把采集运算得到的参数送入指定的内存存储起来。由于整个地铁线路较长，通信距离比较长，为保证传感器的数据可靠传送到中央控制室的上位机，转接器起到了通信传输的中继作用。监测装置通过转接器向各个传感器要监测数据，同时可以计算各个供电区间的轨地过渡电阻和轨道纵向电阻。上位机与监测装置连接，把所有监测点监测和计算的有关杂散电流的信息参数以数据库的形式存入计算机。上位机软件具有查询、统计和预测功能，在上位机上可以实时查询到地铁沿线杂散电流腐蚀的防护情况。

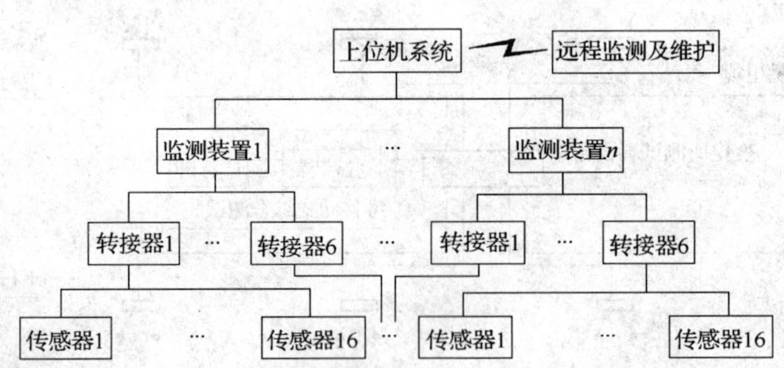

图 9-6　地铁杂散电流监测系统原理框图

第三节　杂散电流防护系统的维护

定期利用杂散电流综合测试装置（杂散电流监测系统）在高峰小时测试整体道床结构钢筋、车站隧道结构钢筋、高架桥梁结构钢筋相对周围混凝土介质平均电位，以此电位作为判断

有无杂散电流对结构钢筋腐蚀的依据。如测试到某段结构钢筋电位超过标准0.5 V的，则该区段杂散电流超标，应对钢轨回路及钢轨泄漏电阻进行测试检查，然后结合测试结果进行维护。

每月定期对全线轨道线路清扫，保持线路清洁干燥，尤其是轨道扣件及钢轨绝缘垫要保持清洁干燥，不能有易导电的物质在钢轨扣件和绝缘垫表面，因为这些物质将导致轨道对地的泄漏电阻下降。

在前面所述监测及测试后，针对测试结果，查出引起杂散电流腐蚀严重原因，若是钢轨回流系统出现电气导通"断点"所引起(如钢轨间的接续线是否连接良好和脱落等)，则应及时将"断点"处焊接及连接至设计要求标准；若是某处钢轨泄漏电阻太小，则应检查钢轨是否为积水、灰尘污染或钢轨安装绝缘设备破坏引起，并及时清扫或对绝缘设备维护。

如果全线钢轨泄漏电阻普遍降低，简单清扫或维护不能解决问题时，则应将牵引变电所的排流柜开通(如果牵引变电所内装有排流柜的话)，使杂散电流收集网与整流机组负极柜单向连通，以单向排流来保护结构钢筋免受杂散电流腐蚀。

定期检查各杂散电流收集网之间的连接线是否连接良好，连接螺栓是否生锈等，如果这些连接部件状态不良，则应及时进行修复。

定期检查负回流电缆及均流电缆的连接是否良好，如有问题，要及时修复。

定期检查并测试单向导通装置的工作状态是否良好(检查单向导通装置中的二极管、隔离开关、消弧角等的工作状态)，发现问题及时处理。

定期检查杂散电流监测系统的参比电极、智能传感器、转接器及其连接是否良好，发现问题予以处理。

第四节　钢轨电位异常的处理

在直流牵引供电系统中，不论是接触轨式系统还是架空接触网式系统均是利用走行钢轨作为牵引回流媒介流回变电所的负极。因此，钢轨也是牵引供电系统中的重要组成部分。同时，我们也知道钢轨除为列车提供走行导向外，还为轨道交通的信号系统提供通路，另外，在装设站台屏蔽门的系统中，为了保证乘客的安全，还将屏蔽门的非导电金属部分与钢轨相连。于是，为了运营安全和防护杂散电流，必须要求城市轨道交通供电部门与车辆维修、工务、信号等部门紧密联系、加强沟通，共同做好对钢轨的维护工作。下面介绍两例可能出现的钢轨电位异常及其处理方法。

一、钢轨电位升高造成电压型框架保护动作

在直流牵引供电系统中，为了防止直流牵引供电设备内部绝缘降低时造成设备危害而设置了直流系统框架泄漏保护，该保护包含反映直流泄漏电流的过电流保护和反映接触电压的过电压保护。当钢轨电位升高造成电压型框架保护动作时，该牵引变电所供电区域的牵引负荷全部失电。其故障引起的断电范围较大，因此对行车影响也较大，须引起足够的重视。

一般来说，引起钢轨电位升高的原因较复杂，可能与车辆的牵引特性、钢轨的绝缘程度(含信号装置)、屏蔽门绝缘程度、变电所牵引设备绝缘情况、变电所保护配置等情况有关。

在对整个系统进行检查时，需详细了解车辆的牵引状况；全面仔细检查钢轨的绝缘程度，

是否存在多个钢轨直接接地的情况；检查信号装置的安装情况，特别是道岔处信号装置的接地情况；检查屏蔽门非金属部分的接地情况是否良好等。

在运行的应急处理中，当确认电压型框架保护动作是由于该变电所牵引供电设备内部绝缘降低引起的，可将该牵引变电所退出运行，使用越区供电方式来保证牵引供电。而在判断为由于系统钢轨电位异常升高导致电压型框架保护动作时，作为临时应急措施，可强行合上钢轨电位限值装置，以抑制钢轨电位。

二、其他接口装置绝缘不佳，导致钢轨电位升高

当由于某种原因，信号装置、屏蔽门的非导电的金属框架的接地情况不佳、接触电阻增加时，可能引起该装置的接地处有放电现象，甚至起火，导致钢轨电位升高。此时应详细检查相关接口装置的接地良好情况及绝缘安装的情况。

复习思考题

1. 城轨供电系统杂散电流形成的原因是什么，有何危害？
2. 简述杂散电流监测的基本原理。
3. 杂散电流监测系统主要有哪些类型？根据给出的原理框图分析其工作原理。
4. 简述两种钢轨电位异常现象及其处理方法。

第十章　电气设备选择

第一节　短路的基本概念

一、短　　路

1. 短路的定义

供电系统的主要任务，是保证安全可靠地向用电设备供电。根据运行经验，影响供电系统正常供电的主要原因是短路故障。

所谓短路，是指供电系统中相与相之间，或在中性点接地系统中相与地之间的不正常连接。

根据短路点的电阻大小，短路分为金属性短路和非金属性短路。在本书中所讨论的短路，凡无特殊申明者，均指金属性短路。

2. 短路的类型

短路有三相短路、两相短路、两相接地短路、单相接地短路等多种类型。其中，三相短路为对称性短路，其余皆为不对称性短路。显然，单相接地短路和两相接地短路只会在中性点接地系统中发生。表 10-1 列出了各种短路的表示符号及发生概率。可见单相接地短路发生的概率最高，三相短路最少。

表 10-1　短路类型

短路类型	示意图	符号	概率
三相短路	 A B C	$k^{(3)}$	2.2%
两相短路	 A B C	$k^{(2)}$	2.2%
两相接地短路	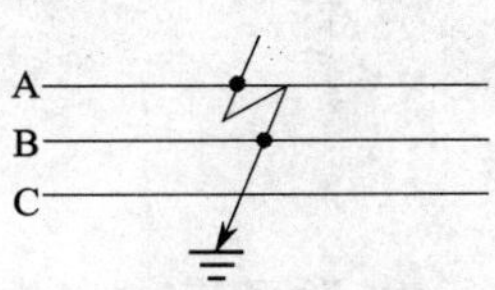 A B C	$k^{(1,1)}$	6.7% （断线 0.5%）
单相接地短路	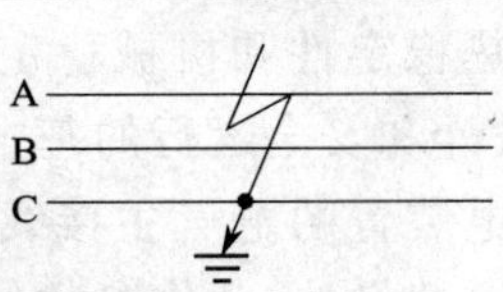 A B C	$k^{(1)}$	88.4%

3. 短路产生的原因

(1)自然灾害。例如,带电部分遭受雷击,或因风雪引起的倒杆、断线等。

(2)恶劣的工作环境。例如,供电设备位于污染严重地区,绝缘子因受污染而发生闪络。

(3)设备维护不善。例如,设备绝缘已老化,未及时更换而造成击穿。

(4)工作人员违章操作。例如,接触网工带电挂接地线,及未撤接地线就送电等。

4. 短路的危害

当供电系统发生短路时,由于系统的阻抗急剧减小,使系统各电气量偏离正常运行的波动范围。基本现象是电流急剧增加、系统电压降低。短路时电流可达额定值的几倍至几十倍,有时电流达几万至十几万安培;由于电流的增大而使线路电压损失严重,短路点附近电网电压严重下降。因此短路所引起的后果是破坏性的。主要的危害有以下几个方面:

(1)短路点产生的电弧将烧坏电气设备,或使设备的绝缘损坏。当很大的短路电流通过电气设备时,将使发热增加。如持续时间过长,将引起发热超过允许值,危害设备的绝缘或直接使绝缘损坏。

(2)很大的短路电流通过导体时,导体间产生很大的电动力。可能使导体及其支持装置产生变形,或遭受机械破坏。

(3)短路时,由于系统电压急剧下降,严重危及用户电气设备的正常运行,造成产品报废及设备损坏。当牵引供电系统短路时,电压下降到允许最低工作电压以下时,供电区段内的城轨车辆就不能启动,而使运输中断。

(4)接地短路时,要产生不平衡电流。这一不平衡电流产生的磁场,将在邻近的平行通信线路上感应出附加电势,干扰通信系统。严重时将危及通信设备及人身安全。

(5)电力系统短路最严重的后果是引起系统解列。因为短路后,并列运行的各电厂电压下降程度和功率输出不同,如持续时间较长,则会失去同步。破坏系统的稳定和正常运行,造成大片地区停电,使工农业生产和人民生活受到严重影响。

5. 短路的防范措施

(1)减少短路发生的可能,根除短路危害。通常的做法是正确设计、高质量地安装、精心维护、认真检修、定期进行绝缘预防性试验,及时消除设备缺陷、严明操作规程。

(2)限制短路电流,减轻危害程度。通常的做法是在线路上串接电抗器等。

(3)限制短路电流的危害时间和范围。通常的做法是在供电系统中装设性能良好的继电保护装置。继电保护装置能在短路发生时,快速地将短路部分有选择地从系统中切除,将故障部分与正常部分隔离,使正常部分照常工作,故障部分及时脱离电源。

(4)提高发电机的性能,增强系统稳定性。通常的做法是在发电机上装设自动调压装置。

二、短路的分析计算

1. 短路计算的目的

在变电所以及整个供电系统的设计和运行中,除了考虑正常运行时的最大长期工作电流和允许电压波动外,还必须以短路条件进行热稳定性和机械稳定性的校验。因而对短路过程的分析和短路电流的计算是供电系统合理设计和安全运行的基本技术课题之一。

短路计算的目的,就在于为变电所等供电装置的电气主接线及电器设备选择、比较,提供必要的数据;为供电系统继电保护与自动装置的设计、动作参数的整定,提供必要的数据;为保护接地装置的设计以及运行中的事故分析，提供必要的数据。

2. 短路计算的假设条件

在分析研究供电系统的短路过程中，各个物理量之间是互相影响、互相关联的，这些量有电气的，也有机械的。若在实际计算中，将这些因素都同时考虑，必将使计算十分复杂，而且在许多情况下，甚至使分析计算无法进行。因此，在工程实践中，通常在保证满足一定精度要求的前提下，采用一些基本假设，忽略一些次要因素，突出主要因素，将使计算和分析大大简化。在一般情况下，对于各种类型的短路和系统中的电气元件，采用如下的基本假设：

(1)电力系统中所有发电机电势相角都相同，发电机间无交换电流。

(2)电力系统中元件的磁路不饱和，即系统中元件参数恒定不变，为线性电路。在计算中可以应用迭加原理。

(3)一般将电气元件的电阻忽略不计。

对于高压网络，在整个短路回路中，元件总电阻 R_Σ 与总电抗 X_Σ 的值，一般总能满足 $R_\Sigma \leqslant \frac{1}{3}X_\Sigma$，忽略电阻后求得的短路电流仅增大 5%左右，这在工程实际中是允许的。

对于电缆线路和低压网络，由于 $R_\Sigma > \frac{1}{3}X_\Sigma$，则应计及电阻。但为方便计算，不用复阻抗，而用阻抗的绝对值 $Z(Z=\sqrt{R^2+X^2})$。

另外，当计算短路电流非周期分量的衰减时间常数时，应计及电阻的影响。

(4)330 kV 及以下电压等级的输电线路的电容忽略不计。

(5)变压器的激磁电流忽略不计。

(6)电力系统是对称的三相系统。

(7)短路点没有阻抗，即发生金属性短路。

在以上假设的基础上，计算结果稍偏大，一般误差为 10%～15%。

3. 短路计算的步骤

短路计算的一般程序是，根据已知条件、要求和系统接线图，首先编制计算所需的等效网络，并变换和化简至最简网络；然后按选定的计算方法进行短路分析和计算。

第二节　标幺值及其应用

在供电系统短路故障的分析计算中，由于故障点的电压等级和系统各元件所处地点的电压等级不同，使元件参数折算比较麻烦。为了简化计算，通常供电系统的各种参数均采用标幺值进行计算。

一、标 幺 值

(一)定义

任何电气量的标幺值，是该电气量的实际值与一预先选定的同一电气量的基准值的比值，即

$$\text{标幺值}=\frac{\text{实际值(任意量纲)}}{\text{基准值(与实际值同量纲)}} \tag{10-1}$$

（二）表示符号及表示方法

标幺值的表示符号，通常是在表示该电气量文字符号的右下角加注 * 号。例如，电抗的标幺值表示为 X_*，容量的标幺值表示为 S_*。但在有些场合，为了方便书写，也可省略不写 * 号，这时应注意区别，以免与实际值相混淆。

标幺值的数值有两种表示方法。一种是用实际比值表示，这个数可以表示成小数，也可以表示成百分数；例如，某同步发电机的次暂态电抗标幺值为 0.105，可表示为 $X''_{K*}=0.105$ 或 $X''_{K*}=10.5\%$。另一种是用百分值表示，即以比值百分数的分子数表示；例如，某变压器的短路电压标幺值为 0.05，用百分值表示为 $U_K=5\%$。

（三）基准值的选择原则及方法

由于标幺值是两个同类量的比值，是一个无量纲的相对值，所以当一个电气量被表示为标幺值时，必须同时指出其对应的基准值，否则标幺值无任何意义。

1. 选择原则

选择基准值的原则，应使由其所得的标幺值符合电路基本定律。为此，要求所选择的 4 个电气量（电压、电流、容量、阻抗）的基准值符合电路基本定律，即

对于单相系统
$$\begin{cases}U_d=I_dZ_d\\S_d=U_dI_d\end{cases}\tag{10-2}$$

对于三相系统
$$\begin{cases}U_d=\sqrt{3}I_dZ_d\\S_d=\sqrt{3}U_dI_d\end{cases}\tag{10-3}$$

式中 U_d——基准电压；

S_d——基准容量；

I_d——基准电流；

Z_d——基准阻抗。

通常总是习惯将电压 U_d 和 S_d 作为任选基准值，而 I_d 和 Z_d 由下式导出：

对于单相系统
$$\begin{cases}I_d=\dfrac{S_d}{U_d}\\Z_d=\dfrac{U_d}{I_d}=\dfrac{U_d^2}{S_d}\end{cases}\tag{10-4}$$

对于三相系统
$$\begin{cases}I_d=\dfrac{S_d}{\sqrt{3}U_d}\\Z_d=\dfrac{U_d}{\sqrt{3}I_d}=\dfrac{U_d^2}{S_d}\end{cases}\tag{10-5}$$

2. 选择方法

在实际应用中，通常总是选择元件所在电网的平均额定电压 U_{av} 作为基准电压，即 $U_d=U_{av}$。各电压等级电网的平均额定电压列于表 10-2 中，它们通常也用线电压表示。

表 10-2　电网的平均额定电压

U_N(kV)	0.38	3	6	10	25	35	60	110	220	330	500
U_{av}(kV)	0.4	3.15	6.3	10.5	27.5	37	63	115	230	345	525

这样选择主要是为了计算的简化。因为在电力系统中，有电网额定电压(受电端额定电压)，还有送电端额定电压，这两个电压相差10%。而电网往往总是以变压器耦合，使电网中各段的电压存在一定比例关系制约。在选取基准电压时会因电压换算而带来许多不便。若选取$U_d=U_{av}$，只要电网电压等级确定，相应的基准电压也就确定了，而且不受变压器耦合的影响，也不受选取顺序的影响。当然，选取$U_d=U_{av}$会给计算结果带来误差，但误差在允许范围之内。

当基准电压选为元件所在电网的平均额定电压时，自由选取的基准值就只有基准容量了。实际选取时，有两种方法：一种是选发电机额定容量S_{GN}为基准容量，即$S_d=S_{GN}$；另一种是选$S_d=100\ \text{MV}\cdot\text{A}$。本教材在分析计算中采用后者。

(四)电抗标幺值的换算

1. 实际值与标幺值的互换

若已知实际电抗X，选取了基准电压$U_d=U_{av}$、基准容量S_d，则标幺值电抗为

$$X_*=\frac{X}{X_d}=X\frac{S_d}{U_d^2}=X\frac{S_d}{U_{av}^2} \tag{10-6}$$

若已知标幺值电抗X_*及所对应的基准电压$U_d=U_{av}$、基准容量S_d，则实际电抗为

$$X=X_*X_d=X_*\frac{U_d^2}{S_d}=X_*\frac{U_{av}^2}{S_d} \tag{10-7}$$

2. 选取不同基准值时，标幺值的换算

对于同一个实际电抗值，由于在不同场合选用了不同的基准值，因而得到两个不同的标幺值。例如，同步发电机、变压器、电抗器在铭牌数据中，往往都给出了以本身额定容量为基准值的标幺值。而在电力系统分析计算中，选取的统一基准值不大可能为铭牌上的额定值，这就存在一个换算问题。假定两组基准值分别为U_{d1}、S_{d1}、I_{d1}、X_{d1}和U_{d2}、S_{d2}、I_{d2}、X_{d2}，则两个对应的标幺值电抗X_{*1}和X_{*2}为

$$X_{*1}=\frac{X}{X_{d1}}=X\frac{S_{d1}}{U_{d1}^2},\quad X_{*2}=\frac{X}{X_{d2}}=X\frac{S_{d2}}{U_{d2}^2}$$

将以上二式联立，消去X，得

$$X_{*1}=X_{*2}\cdot\frac{S_{d1}}{S_{d2}}\cdot\frac{U_{d2}^2}{U_{d1}^2} \tag{10-8}$$

当取$U_d=U_{av}$时，两组基准值中$U_{d1}=U_{d2}$，则

$$X_{*1}=X_{*2}\cdot\frac{S_{d1}}{S_{d2}} \tag{10-9}$$

即电抗标幺值与其对应的基准容量成正比。

若其中一组基准容量为设备的额定容量S_N，另一组为统一基准容量S_d，可得如下换算公式

$$X_{*d}=X_{*N}\cdot\frac{S_d}{S_N} \tag{10-10}$$

式中　X_{*d}——以S_d为基准容量的电抗标幺值；

X_{*N}——以设备的额定容量S_N为基准容量的电抗标幺值。

(五)标幺值的优点

1. 标幺值不用折算

系统中任意处的电压、电流、电抗、容量采用标幺值后,可以适用于其他任意电压等级,而不用折算。以电压和电抗为例予以说明。

有两个平均额定电压分别为 U_{av1} 和 U_{av2} 的电网,通过变压器相联。取基准容量为 S_d、基准电压为 $U_d=U_{av}$。

(1)设在 U_{av1} 的电网侧有一实际电压 U_1。则其在本侧的标幺值为

$$U_{1*}=\frac{U_1}{U_{av1}}$$

这一电压折算到电压为 U_{av2} 电网侧的实际电压为

$$U_2=U_1\cdot\frac{U_{av2}}{U_{av1}}$$

依据标幺值的定义,其在 U_{av2} 电网侧的标幺值为

$$U_{2*}=\frac{U_2}{U_{av2}}=\frac{U_1\cdot\frac{U_{av2}}{U_{av1}}}{U_{av2}}=\frac{U_1}{U_{av1}}=U_{1*}$$

即无论在哪一侧的电压标幺值均相等。

(2)设在 U_{av1} 的电网侧有一实际电抗 X_1。则其在本侧的标幺值为

$$X_{1*}=X_1\cdot\frac{S_d}{U_{av1}^2}$$

这一电抗折算到电压为 U_{av2} 电网侧的实际电抗为

$$X_2=X_1\cdot\frac{U_{av2}^2}{U_{av1}^2}$$

依据标幺值的定义,其在 U_{av2} 电网侧的标幺值为

$$X_{2*}=X_2\cdot\frac{S_d}{U_{av2}^2}=X_1\cdot\frac{U_{av2}^2}{U_{av1}^2}\cdot\frac{S_d}{U_{av2}^2}=X_1\cdot\frac{S_d}{U_{av1}^2}=X_{1*}$$

即无论在哪一侧的电抗标幺值均相等。

由于以上的性质,使一个具有多个电压等级的系统采用标幺值后,无论电压等级相同与否,均可直接联接,这为短路分析计算带来了极大方便。

2. 标幺值适用于电路基本定律

$$U_*=\frac{U}{U_d}=\frac{\sqrt{3}IZ}{\sqrt{3}I_dZ_d}=I_*Z_* \tag{10-11}$$

$$S_*=\frac{S}{S_d}=\frac{\sqrt{3}UI}{\sqrt{3}U_dZ_d}=U_*I_* \tag{10-12}$$

又因为 $U_l=\sqrt{3}U_\phi$、$U_{ld}=\sqrt{3}U_{\phi d}$,所以有

$$U_{l*}=\frac{U_l}{U_{ld}}=\frac{\sqrt{3}U_\phi}{\sqrt{3}U_{\phi d}}=U_{\phi*} \tag{10-13}$$

式中 U_l、U_ϕ——线电压、相电压的实际值;

U_{ld}、$U_{\phi d}$——线电压、相电压的基准值;

U_{l*}、$U_{\phi*}$——线电压、相电压的标幺值。

各电气量采用标幺值后，电路的基本定律仍然适用。可以应用实际值的电路基本原理进行分析和计算。

二、供电系统元件的阻抗及其标幺值

供电系统中有同步发电机、变压器、架空输电线、电抗器等元件，它们分别表现出不同的特性和阻抗。在进行供电系统短路分析和计算时，必须计算各元件的阻抗及其标幺值。

以下均取统一基准容量为 S_d、基准电压为 $U_d=U_{av}$，并且 $X_d=\dfrac{U_{av}^2}{S_d}$。

（一）同步发电机

在供电系统中，同步发电机相当于一个电势与电抗串联的有源支路。同步发电机的电抗，在稳态时为同步电抗 X_k，在次暂态时为次暂态电抗 X''_k，在暂态时为暂态电抗 X'_k，并且 $X_k>X'_k>X''_k$。在供电系统短路分析和计算中，由于本身分析的是次暂态过程，另外我们主要关心的是短路电流的较大值，所以总是用次暂态电抗 X''_k 作为同步发电机的电抗进行分析计算。

同步发电机已知的参数是额定容量 S_{GN}、额定电压 U_{GN}、次暂态电抗（或暂态电抗）以额定值为基准值的标幺值 X''_{kN*}（或 X'_{kN*}）。

次暂态电抗的实际值为

$$X''_k=X''_{kN*}X_N=X''_{kN*}\cdot\frac{U_{GN}^2}{S_{GN}} \tag{10-14}$$

统一基准值下的次暂态电抗标幺值为

$$X''_{kd*}=\frac{X''_k}{X_d}=X''_{kN*}\cdot\frac{U_{GN}^2}{S_{GN}}\cdot\frac{S_d}{U_{av}^2} \tag{10-15}$$

忽略 U_{av} 与 U_{GN} 的差别，上式可简化为

$$X''_{kd*}=X''_{kN*}\cdot\frac{S_d}{S_{GN}} \tag{10-16}$$

由上式可看出，电抗标幺值与所选基准容量 S_d 成正比。

需要注意的是，有的发电机已知参数为额定功率 P_{GN} 而不是额定容量 S_{GN}。此时，一定要用以下的功率关系式将额定功率换算成额定容量

$$S_{GN}=\frac{P_{GN}}{\cos\varphi_N} \tag{10-17}$$

式中　$\cos\varphi_N$——发电机的额定功率因数。

（二）变压器

在供电系统中，变压器相当于一个电抗，其值为变压器的短路电抗。

变压器已知的参数是额定容量 S_{TN}、额定电压 U_{TN}、短路电压百分值 $U_K\%$。现以三相变压器为例，讨论电抗的计算方法。

1. 双绕组变压器

三相变压器的短路电压百分值 $U_K\%$ 由下式得到

$$U_K\%=\frac{\sqrt{3}I_{TN}X_T}{U_{TN}}\times100=X_T\cdot\frac{S_{TN}}{U_{TN}^2}\times100 \tag{10-18}$$

式中　I_{TN}——变压器额定电流；

X_T——变压器每相绕组的实际电抗。则

$$X_{T}=\frac{U_{K}\%}{100}\cdot\frac{U_{TN}^{2}}{S_{TN}} \tag{10-19}$$

统一基准值下的变压器每相绕组电抗标幺值为

$$X_{T*}=\frac{X_{T}}{X_{d}}=\frac{U_{K}\%}{100}\cdot\frac{U_{TN}^{2}}{S_{TN}}\cdot\frac{S_{d}}{U_{av}^{2}} \tag{10-20}$$

忽略U_{av}与U_{TN}的差别，上式可简化为

$$X_{T*}=\frac{U_{K}\%}{100}\cdot\frac{S_{d}}{S_{TN}} \tag{10-21}$$

2. 三绕组变压器

三绕组变压器及等值电路如图 10-1 所示。三绕组变压器的短路电压百分值，是在其中一个绕组开路时，另外两个绕组按双绕组变压器的关系得到的，它们分别是$U_{K12}\%$、$U_{K13}\%$、$U_{K23}\%$。若以$U_{K1}\%$、$U_{K2}\%$、$U_{K3}\%$分别表示三绕组变压器高、中、低压绕组的短路电压百分值，则有

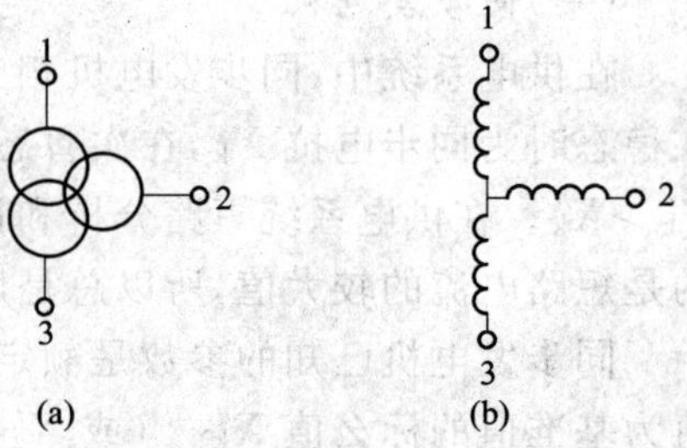

图 10-1　三绕组变压器及等值电路

$$\begin{cases}U_{K12}\%=U_{K1}\%+U_{K2}\%\\U_{K13}\%=U_{K1}\%+U_{K3}\%\\U_{K23}\%=U_{K2}\%+U_{K3}\%\end{cases} \tag{10-22}$$

联立求解，得

$$\begin{cases}U_{K1}\%=\frac{1}{2}(U_{K12}\%+U_{K13}\%-U_{K23}\%)\\U_{K2}\%=\frac{1}{2}(U_{K12}\%+U_{K23}\%-U_{K13}\%)\\U_{K3}\%=\frac{1}{2}(U_{K13}\%+U_{K23}\%-U_{K12}\%)\end{cases} \tag{10-23}$$

然后按式(10-19)和式(10-21)分别求出高、中、低压绕组电抗的实际值和在统一基准值下的标幺值。

单相变压器的电抗计算方法与三相变压器相同，计算公式同式(10-19)、式(10-21)。

(三)输电线

当忽略了输电线的电阻、电容之后，输电线在供电系统中就相当于一个具有一定电感的电抗。为了分析方便，认为输电线的电抗是按长度均匀分布的。有关手册直接给出其单位实际电抗值(Ω/km)。

计算输电线标幺电抗的方法，是先按长度计算出总的实际电抗，再将其换算成标幺值。即统一基准值下的输电线电抗标幺值为

$$X_{WL*}=\frac{X_{WL}}{X_{d}}=xl\cdot\frac{S_{d}}{U_{av}^{2}} \tag{10-24}$$

式中　X_{WL*}——长度为 l 的输电线标幺电抗；

X_{WL}——长度为 l 的输电线实际电抗；

x——输电线单位实际电抗；

l——输电线长度。

(四)电抗器

在供电系统中电抗器主要用来限制短路电流。电抗器已知的参数是额定线电压 U_{LN}、额定电流 I_{LN}、电抗百分值 $X_L\%$。且后者是由下式确定的

$$X_L\% = \frac{X_L}{X_N}\times 100 = \frac{X_L}{\frac{U_{LN}/\sqrt{3}}{I_{LN}}}\times 100 = \frac{\sqrt{3}I_{LN}X_L}{U_{LN}}\times 100 \tag{10-25}$$

式中　X_L——电抗器的实际电抗值。因此

$$X_L = \frac{X_L\%}{100}\cdot\frac{U_{LN}}{\sqrt{3}I_{LN}} \tag{10-26}$$

则统一基准值下的标幺值为

$$X_{Ld*} = \frac{X_L}{X_d} = \frac{X_L\%}{100}\cdot\frac{U_{LN}}{\sqrt{3}I_{LN}}\cdot\frac{S_d}{U_{av}^2} \tag{10-27}$$

值得注意的是，在上式中 $U_{LN}\neq U_{av}$，在这一点上电抗器与其他元件不同。若错将 U_{LN} 作 U_d 处理，将造成很大的误差。

【例 10-1】 如图 10-2(a)所示系统，分别用标幺值和实际值计算 k 点短路的等效网络总阻抗。

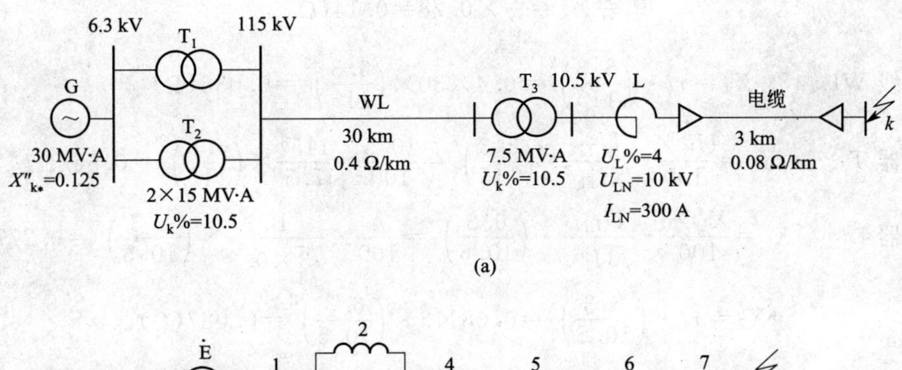

图 10-2　某系统接线图及等效网络图

(a)系统接线图；(b)等效网络

解：作出等效网络如图 10-2(b)，将各元件阻抗按次序编号。

1. 用标幺值计算

取 $S_d=100$ MV·A、基准电压 $U_d=U_{av}$。则各元件在统一基准值下的电抗标幺值为

发电机 G　　　　$X_{1*}=X''_{k*}\cdot\frac{S_d}{S_{GN}}=0.125\times\frac{100}{30}=0.417$

变压器 T_1、T_2　　$X_{2*}=X_{3*}=\frac{U_K\%}{100}\cdot\frac{S_d}{S_{TN}}=\frac{10.5}{100}\times\frac{100}{15}=0.7$

$$\frac{1}{2}X_{2*}=\frac{1}{2}\times 0.70=0.35$$

输电线 WL $X_{4*}=xl\cdot\frac{S_d}{U_{av}^2}=0.4\times30\times\frac{100}{115^2}=0.091$

变压器 T_3 $X_{5*}=\frac{U_K\%}{100}\cdot\frac{S_d}{S_{TN}}=\frac{10.5}{100}\times\frac{100}{7.5}=1.4$

电抗器 L $X_{6*}=\frac{X_L\%}{100}\cdot\frac{U_{LN}}{\sqrt{3}I_{LN}}\cdot\frac{S_d}{U_{av}^2}=\frac{4}{100}\times\frac{10}{\sqrt{3}\times0.3}\times\frac{100}{10.5^2}=0.7$

电缆 $X_{7*}=xl\cdot\frac{S_d}{U_{av}^2}=0.08\times3\times\frac{100}{10.5^2}=0.22$

总电抗标幺值 $X_{\Sigma*}=X_{1*}+\frac{1}{2}X_{2*}+X_{4*}+X_{5*}+X_{6*}+X_{7*}$

$$=0.417+0.35+0.091+1.4+0.7+0.22=3.18$$

2. 用实际值计算

以发电机处为基准段,将各元件电抗归算到基准段的实际电抗为

发电机 G $X_1=X''_{k*}\cdot\frac{U_{GN}^2}{S_{GN}}=0.125\times\frac{6.3^2}{30}=0.166(\Omega)$

变压器 T_1、T_2 $X_2=X_3=\frac{U_K\%}{100}\cdot\frac{U_{TN}^2}{S_{TN}}=\frac{10.5}{100}\times\frac{6.3^2}{15}=0.28(\Omega)$

$$\frac{1}{2}X_2=\frac{1}{2}\times0.28=0.14(\Omega)$$

输电线 WL $X_4=xl\cdot\left(\frac{6.3}{115}\right)^2=0.4\times30\times\left(\frac{6.3}{115}\right)^2=0.036(\Omega)$

变压器 T_3 $X_5=\frac{U_K\%}{100}\cdot\frac{U_{TN}^2}{S_{TN}}\cdot\left(\frac{6.3}{115}\right)^2=\frac{10.5}{100}\times\frac{115^2}{7.5}\times\left(\frac{6.3}{115}\right)^2=0.56(\Omega)$

电抗器 L $X_6=\frac{X_L\%}{100}\cdot\frac{U_{LN}}{\sqrt{3}I_{LN}}\cdot\left(\frac{6.3}{10.5}\right)^2=\frac{4}{100}\times\frac{10}{\sqrt{3}\times0.3}\times\left(\frac{6.3}{10.5}\right)^2=0.277(\Omega)$

电缆 $X_7=xl\cdot\left(\frac{6.3}{10.5}\right)^2=0.08\times3\times\left(\frac{6.3}{10.5}\right)^2=0.087(\Omega)$

总电抗 $X_\Sigma=X_1+\frac{1}{2}X_2+X_4+X_5+X_6+X_7$

$$=0.166+0.14+0.036+0.56+0.277+0.087=1.27(\Omega)$$

所得结果与第一种计算方法比较时,需将总电抗的实际值换算为标幺值。同样取统一基准值,则得

总电抗标幺值 $X_{\Sigma*}=X_\Sigma\cdot\frac{S_d}{U_d^2}=1.27\times\frac{100}{6.3^2}=3.21$

可见,两种计算方法求得的结果近似。

第三节 三相对称短路的分析计算

供电系统发生三相短路时,由于结构、参数的改变,系统将出现电磁暂态过程(过渡过程),然后进入短路后的稳定状态。暂态过程不仅和系统的参数有关,而且还和电源(同步发电机)的暂态过程有很大关系。为简化分析,在短路后的暂态过程中,电源电势近似地看作不变。

本节将在介绍暂态过程的物理概念及影响它的变化的各种因素的基础上，着重讨论三相对称短路电流计算的基本原理。因为三相对称短路的分析计算是其他不对称短路分析计算的基础，且三相对称短路的电流、电压是对称的，有助于对基本概念的理解。

一、由无限大容量电源供电的系统三相短路

（一）无限大容量电源

无限大容量电源是理想的电源，其输出电压不随输出电流而变化，为一恒定电压。由于电源电势固定不变，当输出电流任意变化，即负载电流任意变化时，输出电压不变，则电源内阻抗必然为零。因此，无限大容量电源具有以下特征：

$$E=U=\text{常量}$$

$$Z_x=0$$

$$S_x=\infty$$

式中　E——电源电势；

U——电源输出电压；

Z_x——电源内阻抗；

S_x——电源容量。

严格地讲，无限大容量电源是不存在的。因为任何电源的容量不可能为无限大，且总有一定的内阻抗。但在实际应用时，为简化分析，有些情况是可以作为无限大容量电源来处理的。这样近似处理后，将使计算出的短路电流较实际值偏大一些，但并不影响电器设备的选择和继电保护的整定。

在短路计算中，可当作无限大容量电源处理的几种情况：

(1)电源内阻抗小于短路回路总阻抗的 10%时；

(2)系统数据不祥时，可以按无限大容量电源处理，估算短路电流最大值；

(3)电源与短路点间的电气距离较远(计算电抗 $X_c \geqslant 3.45$)时；

(4)对于牵引供电系统，电力系统部分(发电厂至牵引变电所间)采用无限大容量电源串接一个外部电抗近似等效。这个串接的外部电抗为电力主管部门所提供的系统电抗(电力系统至牵引变电所高压引入线处的标幺电抗)。

（二）无限大容量系统三相短路时的过渡过程

图 10-3 表示无限大容量系统三相短路的三相图。图中，R_k、L_k 为电源至短路点的电阻、电感，R'、L'为负载电阻、电感。

由于系统在短路前后均是三相对称的，所以只需分析其中一相即可。单相图如图 10-4 所示。

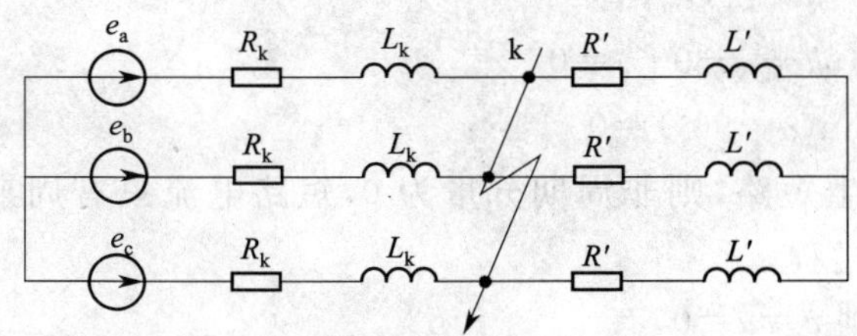

图 10-3　无限大容量系统三相短路

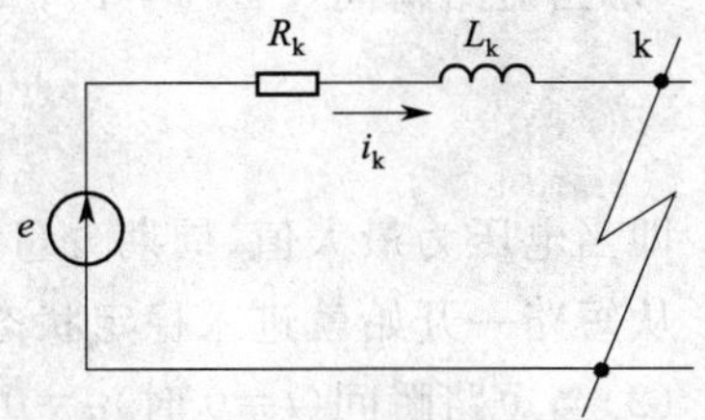

图 10-4　系统三相短路的单相图

在发生短路前，系统处于稳定的负载运行状态；短路以后，系统要从稳定的负载运行状态过渡到稳定的短路状态。这里讨论的就是这两个稳态之间的过渡过程。

设在 $t=0$ 时发生三相短路，此时电源电势的初相角为 α，短路电流为 i_k，则

$$e=\sqrt{2}E\sin(\omega t+\alpha)$$

短路时，系统电势平衡方程式为

$$i_k R_k + L_k \frac{di_k}{dt}=\sqrt{2}E\sin(\omega t+\alpha)$$

解此微分方程，得

$$\begin{aligned} i_k &= I_{pm}\sin(\omega t+\alpha-\phi_k)+i_{np0}e^{-t/\tau_f} \\ &= i_p + i_{np} \end{aligned} \tag{10-28}$$

式中　i_p——短路电流的周期分量；

i_{np}——短路电流的非周期分量。

即短路电流 i_k 由周期分量电流 i_p 和非周期分量电流 i_{np} 两部分组成。

①周期分量电流 $i_p=I_{pm}\sin(\omega t+\alpha-\phi_k)$

I_{pm} 为周期分量电流最大值，$I_{pm}=\dfrac{\sqrt{2}E}{|Z_k|}=\dfrac{\sqrt{2}E}{\sqrt{R_k^2+(\omega L_k)^2}}$。$\phi_k$ 为短路阻抗角，$\phi_k=\arctan\dfrac{\omega L_k}{R_k}$。一般的电网中，$R_k\leqslant\dfrac{1}{3}X_k$，电阻可以忽略不计，故取 $\phi_k\approx 90°$，因而有

$$i_p=I_{pm}\sin(\omega t+\alpha-90°) \tag{10-29}$$

可见，短路电流的周期分量 i_p 由系统参数（E、R_k、L_k）决定。在过渡过程中和过渡过程结束后，短路电流的周期分量均幅值恒定、正弦变化。

②非周期分量电流 $i_{np}=i_{np0}e^{-t/\tau_f}$

i_{np0} 为非周期分量电流初始值，$i_{np0}=-I_{pm}\sin(\alpha-\phi_k)=-I_{pm}\sin(\alpha-90°)$。$\tau_f$ 为非周期分量电流的时间常数，$\tau_f=L_k/R_k$。即

$$i_{np}=i_{np0}e^{-t/\tau_f}=-I_{pm}\sin(\alpha-90°)e^{-t/\tau_f} \tag{10-30}$$

可见，短路电流的非周期分量 i_{np} 除与系统参数有关外，还与短路发生时刻，即与电势初相角 α 有关。在过渡过程中，短路电流的非周期分量以一定的初始值 i_{np0} 按指数规律衰减。

综上所述，在过渡过程中，短路电流 i_k 由幅值恒定、正弦变化的周期分量 i_p 和以一定的初始值 i_{np0} 按指数规律衰减的非周期分量 i_{np} 两部分组成。非周期分量电流衰减到零后，短路的过渡过程结束，进入稳定的短路状态，这时的短路电流就是周期分量电流。

以下分析两种极端情况下的短路电流。

(1)当短路瞬间（$t=0$ 时）$\alpha=\pm 90°$，则 $e=u=\pm U_m$，有

$$i_{p0}=I_{pm}\sin(\omega t+\alpha-90°)=0$$

$$i_{np0}=-I_{pm}\sin(\alpha-90°)=0$$

即当电压为最大值、周期分量为 0 时发生短路，则非周期分量为 0，短路电流只有周期分量。从短路一开始就进入稳定状态，无过渡过程。

(2)当短路瞬间（$t=0$ 时）$\alpha=0$ 或 $180°$，则 $e=u=0$，有

$$i_{p0}=I_{pm}\sin(\omega t+\alpha-90°)=\mp I_{pm}$$

$$i_{np0} = -I_{pm}\sin(\alpha - 90^\circ) = \pm I_{pm}$$

即当电压为 0、周期分量为最大值时发生短路，则非周期分量初始值最大，情况最为严重。对应 $\alpha=0$ 的电流波形如图 10-5 所示。

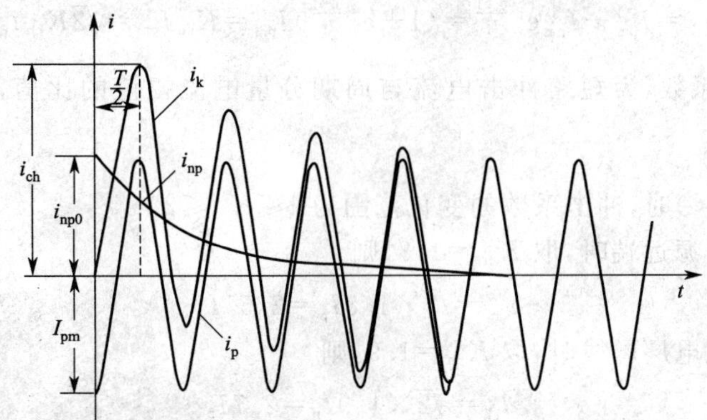

图 10-5　非周期分量为最大值时的短路电流波形

(三)有关电气量的计算

1. 周期分量电流有效值 I_p

在无限大容量电源供电的情况下，三相短路后，周期分量电流的幅值是恒定不变的，即短路初瞬时和任意其他时刻均相等，都等于稳定短路状态时的值。因此其有效值也有如下关系：

$$I_p = I''_p = I_{pt} = I_\infty \tag{10-31}$$

式中　I''_p——次暂态(初瞬时)周期分量电流有效值；

I_{pt}——t 时刻周期分量电流有效值；

I_∞——稳定短路状态时短路电流有效值。

因无限大容量电源输出电压恒定、内阻抗为零，取短路点处电网平均电压 U_{av} 为电源电压，且 $E=\frac{U_{av}}{\sqrt{3}}$(通过变比变换而得)，则周期分量电流有效值为

$$I_p = \frac{U_{av}}{\sqrt{3}X_\Sigma} \tag{10-32}$$

$$I_{p*} = \frac{I_p}{I_d} = \frac{\dfrac{U_{av}}{\sqrt{3}X_\Sigma}}{\dfrac{U_{av}}{\sqrt{3}X_d}} = \frac{X_d}{X_\Sigma} = \frac{1}{X_{\Sigma*}} \tag{10-33}$$

由式(10-33)也可得出

$$I_p = I_{p*} \cdot I_d = \frac{1}{X_{\Sigma*}} \cdot I_d \tag{10-34}$$

式中　I_p、I_{p*}——周期分量电流有效值的实际值、标幺值；

X_Σ、$X_{\Sigma*}$——短路回路综合电抗的实际值、标幺值；

I_d——基准电流。

2. 短路冲击电流 i_{ch}

短路电流可能出现的最大瞬时值，称为短路冲击电流，以 i_{ch} 表示。

由前面的分析可知，短路电流的周期分量幅值恒定，非周期分量是按指数规律衰减的。所

以非周期分量初始值越大，在过渡过程中，短路电流可能的最大瞬时值也越大。显然，当短路瞬间 $\alpha=0$ 或 $180°$ 的情况下，短路后经过约半个周期，即 $t=0.01\text{s}(f=50\text{Hz})$ 时，短路电流 i_k 出现最大瞬时值，即短路冲击电流 i_{ch}。其值为

$$i_{ch}=I_{pm}+I_{pm}e^{-\frac{0.01}{\tau_f}}=(1+e^{-\frac{0.01}{\tau_f}})I_{pm}=K_{ch}I_{pm}=\sqrt{2}K_{ch}I_p \tag{10-35}$$

式中　K_{ch}——冲击系数，为短路冲击电流与周期分量电流幅值的比值，即 $K_{ch}=\frac{i_{ch}}{I_{pm}}=(1+e^{-\frac{0.01}{\tau_f}})$。

当 τ_f 取值为 $[0,\infty)$ 时，冲击系数的变化范围为 $1\leqslant K_{ch}\leqslant 2$。

当短路发生在电源远端时，取 $K_{ch}=1.8$，则

$$i_{ch}=\sqrt{2}\times 1.8I_p=2.55I_p \tag{10-36}$$

当短路发生在发电厂母线时，取 $K_{ch}=1.9$，则

$$i_{ch}=\sqrt{2}\times 1.9I_p=2.7I_p \tag{10-37}$$

3. 短路电流的最大有效值 I_{ch}

在短路过程中，任一时刻 t 的短路电流有效值 I_{kt}，是指以时刻 t 为中心的一个周期内，瞬时电流的均方根值。显然，在短路后第一个周期内的短路电流有效值是短路电流的最大有效值 I_{ch}。由于非周期分量电流是随时间逐步衰减的，精确计算以 $t=0.01$ s 为中心的一个周期内瞬时电流的均方根值比较复杂。实用计算中，一般都假定非周期分量在以 t 为中心的一个周期内恒定不变，并且恒等于时间为 t 时的瞬时值。故得

$$I_{ch}=\sqrt{I_p^2+i_{npt=0.01}^2} \tag{10-38}$$

式中　$i_{npt=0.01}$——$t=0.01$ s 时非周期分量电流瞬时值。

$t=0.01$ s 时，非周期分量电流为 $i_{npt=0.01}=I_{pm}e^{-\frac{0.01}{\tau_f}}=i_{ch}-I_{pm}=\sqrt{2}(K_{ch}-1)I_p$，代入上式，得短路电流的最大有效值为

$$I_{ch}=\sqrt{I_p^2+[\sqrt{2}(K_{ch}-1)I_p]^2}=\sqrt{1+2(K_{ch}-1)^2}\cdot I_p \tag{10-39}$$

当短路发生在电源远端时

$$I_{ch}=1.52I_p \tag{10-40}$$

当短路发生在发电厂母线时

$$I_{ch}=1.62I_p \tag{10-41}$$

4. 系统中任意点 M 的残压 U_M

在无限大容量电源供电的系统中，发生三相对称短路后，电源处电压为电网平均额定电压，而短路点处电压为零。这样在短路回路中，从电源到短路点电压是逐步降低的。短路时，系统中任意点的实际电压通常称为该点的残余电压，简称残压。在短路稳态时，系统中任意点 M 处的残压为

$$U_{M*}=I_{p*}X_{M*} \tag{10-42}$$

$$U_M=U_{M*}U_{av} \tag{10-43}$$

式中　U_M、U_{M*}——M 点残压的实际值、标幺值；

I_{p*}——短路电流周期分量有效值的标幺值；

X_{M*}——M 点至短路点的电抗标幺值；

U_{av}——M 点所在电网的平均额定电压。

5. 三相短路功率 S_{kt}

三相短路后，系统中任意点在时刻 t 的短路功率定义为

$$S_{kt}=\sqrt{3}U_{av}I_{kt} \tag{10-44}$$

式中　U_{av}——该点电网的平均额定电压；

I_{kt}——该点在短路后 t 时刻的短路电流有效值。

显然，由于采用该点的电网平均额定电压 U_{av} 而不是采用该点的残余电压进行计算，因此三相短路功率是一个假定值。

若以标幺值表示，取 $U_d=U_{av}$，则得

$$S_{kt*}=\frac{S_{kt}}{S_d}=\frac{\sqrt{3}U_{av}I_{kt}}{\sqrt{3}U_dI_d}=I_{kt*} \tag{10-45}$$

由上式也可得出

$$S_{kt}=I_{kt*}S_d \tag{10-46}$$

【例 10-2】　在如图 10-6(a)所示的系统中，当降压变电所 10.5 kV 母线上发生三相短路时，可将电源看作无限大容量电源。试求此时短路点处的冲击电流 i_{ch}，短路电流的最大有效值 I_{ch} 和稳态短路功率 S_k。

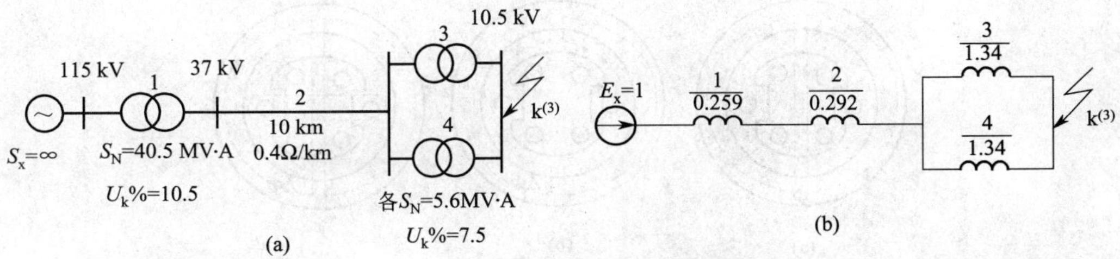

图 10-6　某系统接线图及等值网络图

(a)系统接线图；(b)等值网络

解：取 $S_d=100$ MV·A、$U_d=U_{av}$，$E_{x*}=1$。

$$X_1=\frac{10.5}{100}\times\frac{100}{40.5}=0.259$$

$$X_2=0.4\times10\times\frac{100}{37^2}=0.292$$

$$X_3=X_4=\frac{7.5}{100}\times\frac{100}{5.6}=1.34$$

等效网络如图 10-6(b)所示。

$$X_{\Sigma*}=X_1+X_2+\frac{X_3\cdot X_4}{X_3+X_4}=0.259+0.292+\frac{1}{2}\times1.34=1.221$$

短路电流周期分量有效值为

$$I_p=\frac{1}{X_{\Sigma*}}\cdot I_d=\frac{1}{1.221}\times\frac{100}{\sqrt{3}\times10.5}=4.5\text{ kA}$$

因短路点处于远端，则冲击电流为

$$i_{ch}=2.55I_p=2.55\times4.5=11.475\text{ kA}$$

短路电流的最大有效值为

$$I_{ch}=1.52I_p=1.52\times4.5=6.84\ \text{kA}$$

稳态短路功率为

$$S_k=\sqrt{3}U_{av}I_p=\sqrt{3}\times10.5\times4.5=81.84\ \text{MV}\cdot\text{A}$$

二、由有限容量电源供电的系统三相短路

供电系统的电源，一般总是由有限容量的发电机组成。系统中发生三相短路时，同步发电机内部将产生复杂的电磁过渡过程。它的电势和电抗均要发生复杂的变化，这与无限大容量电源电势恒定、内阻为零的情况大不相同。而同步发电机的过渡过程对整个系统的过渡过程起着主导作用，它将影响到短路电流周期分量幅值，使其并非维持不变，而是从某一最大初瞬值逐渐减小到最后的稳态值；与此同时，发电机的电抗不能忽略，它从稳态下的同步电抗转变为相应的暂态电抗。但非周期分量电流的产生原因、变化特性以及影响其变化的因素与前面的分析相同。

(一)同步发电机在发生三相短路时的过渡过程

为了简化分析，假定同步发电机磁路不饱和、转子对称、短路前为空载，在发电机出线端发生三相短路。

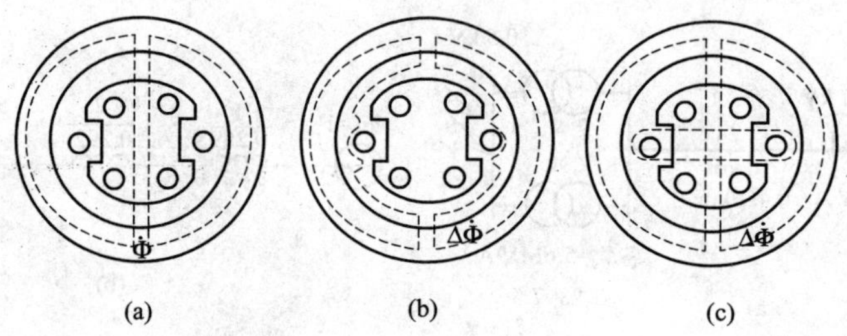

图 10-7　同步发电机磁路

(a)稳态时；(b)次暂态时；(c)暂态时

短路之前，同步发电机由激磁绕组产生磁通，磁通通路如图 10-7(a)所示。这时的发电机电抗为同步电抗 X_k，电势为空载感应电势 E_0。

短路开始时，定子绕组中通过近似纯感性的周期分量短路电流，短路电流产生的磁通对原磁通呈现去磁作用。由于磁链守恒的缘故，处于同一磁回路的阻尼绕组和激磁绕组对短路电流产生的磁通起阻碍作用，使该磁通不能通过转子，而是以空气隙为通路，如图 10-7(b)所示。这时发电机处于次暂态过程中。这种结构的磁路所对应的发电机电抗称为次暂态电抗 X''_k，所对应的发电机电势称为次暂态电势 E''_0。次暂态起始时刻，周期分量电流有效值为 $I''_p=\dfrac{E''_0}{X''_k}$。

经过一定时间(时间常数由阻尼绕组参数决定)，阻尼绕组对定子绕组磁通的阻碍作用消失，定子绕组所产生的磁通可以进入转子磁极部分。但由于激磁绕组的阻碍作用尚未消失，故磁通仍无法进入转子绕组所在处的铁芯(转子磁轭)，如图 10-7(c)所示。这时发电机进入暂态过程。这种结构的磁路所对应的发电机电抗称这为暂态电抗 X'_k，所对应的发电机电势称为暂态电势 E'_0。暂态起始时刻，周期分量电流有效值为 $I'_p=\dfrac{E'_0}{X'_k}$。

再经过一定时间(时间常数由激磁绕组参数决定)，激磁绕组对定子绕组磁通的阻碍作用

也消失。定子绕组产生的磁通可以完全以转子铁芯为通路，如图 10-7(a)所示。这时发电机进入短路稳态。所对应的发电机电抗为同步电抗 X_k，发电机电势为 E_0。稳态短路时，周期分量电流有效值为 $I_{p\infty}=\dfrac{E_0}{X_k}$。

从以上分析可知，同步发电机在发生三相短路时，由于阻尼绕组和激磁绕组对短路电流所产生的磁通的阻碍作用，首先进入次暂态；随着阻尼绕组阻碍作用的消失，进入暂态；随着激磁绕组阻碍作用的消失，最终进入短路稳态。

同步发电机在短路过程中，周期分量电流有效值的表达式为

$$\begin{aligned}I_p&=(I''_p-I'_p)e^{-t/\tau''_k}+(I'_p-I_p)e^{-t/\tau'_k}+I_{p\infty}\\&=\left(\frac{E''_0}{X''_k}-\frac{E'_0}{X'_k}\right)e^{-t/\tau''_k}+\left(\frac{E'_0}{X'_k}-\frac{E_0}{X_k}\right)e^{-t/\tau'_k}+\frac{E_0}{X_k}\end{aligned}\tag{10-47}$$

式中　τ''_k——阻尼绕组时间常数，$\tau''_k=\dfrac{L_D}{r_D}$($r_D$、$L_D$ 分别为阻尼绕组的电阻、电感)；

τ'_k——激磁绕组时间常数，$\tau'_k=\dfrac{L_f}{r_f}$(r_f、L_f 分别为激磁绕组的电阻、电感)。

上式表明，同步发电机在短路过程中，周期分量电流由三部分组成：次暂态附加电流、暂态附加电流、稳态电流。其中次暂态附加电流、暂态附加电流均按指数规律衰减。周期分量电流幅值的包络线如图 10-8 所示，图中清楚地描述了短路过程中周期分量电流幅值的衰变情况。

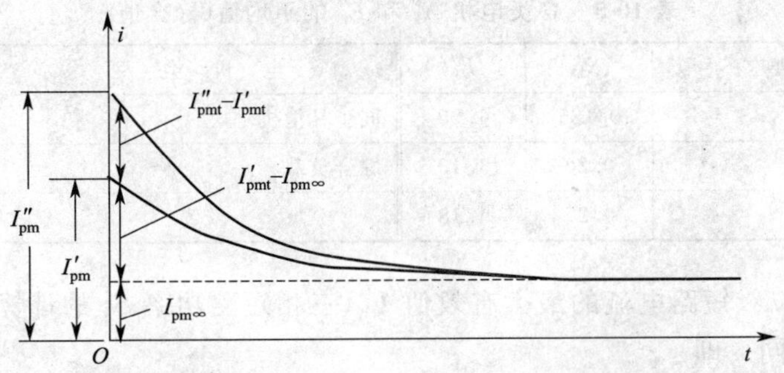

图 10-8　同步发电机周期分量电流幅值包络线

短路电流非周期分量的变化规律与无限大容量电源相似，按指数规律衰减。即

$$i_{np}=i_{np0}e^{-t/\tau_f}=\sqrt{2}I''_pe^{-t/\tau_f}\tag{10-48}$$

当短路瞬间($t=0$ 时)$\alpha=0$ 或 180°，情况最为严重。对应 $\alpha=0$ 时的短路电流及各电流分量波形图如图 10-9 所示。

(二)有限容量系统发生三相短路时的过渡过程及电气量的计算

有限容量系统发生三相短路时的过渡过程，由发电机的过渡过程决定，与在发电机出线端发生三相短路时的过渡过程完全类似。因此，只要将发电机端至短路点的电抗 X_w(外部电抗)串在发电机电抗上即可。即

系统次暂态电抗为　　$X''=X''_k+X_w$

系统暂态电抗为　　$X'=X'_k+X_w$

系统稳态电抗为　　$X=X_k+X_w$

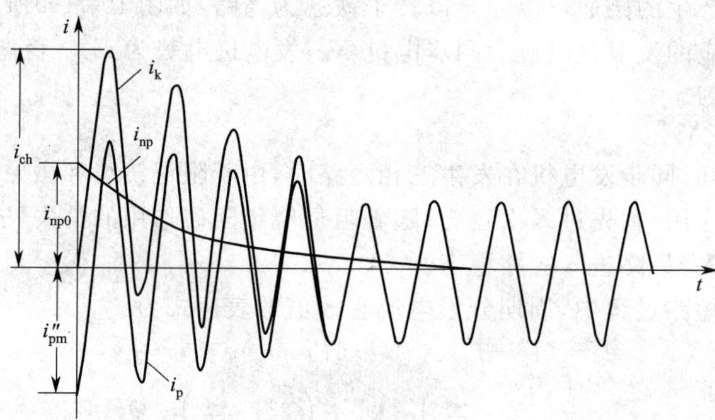

图 10-9　同步发电机非周期分量为最大值时的短路电流波形

次暂态起始时刻的短路电流周期分量有效值为

$$I''_p=\frac{E''_0}{X''_k+X_w} \tag{10-49}$$

式中　E''_0——次暂态电势标幺值，数值见表 10-3；

X''_k——发电机次暂态电抗标幺值，数值见表 10-3；

X_w——发电机端至短路点间的电抗标幺值。

表 10-3　各类电机 X''_k 和 E''_0 的平均值(标幺值)

电　机　类　型	X''_k	E''_0	电　机　类　型	X''_k	E''_0
汽轮发电机	0.125	1.08	同步补偿机	0.20	1.20
有阻尼绕组水轮发电机	0.20	1.13	综合负载	0.35	0.80
无阻尼绕组水轮发电机	0.27	1.18			

短路冲击电流 i_{ch}、短路电流的最大有效值 I_{ch}、三相短路功率 S_{kt} 的计算公式及方法与无限大容量系统基本相同。即

短路点在电源远端时　$$i_{ch}=2.55I''_p \tag{10-50}$$

短路点在发电机母线上时　$$I_{ch}=1.52I''_p$$

$$i_{ch}=2.7I''_p \tag{10-51}$$

$$I_{ch}=1.62I''_p$$

三相短路功率　$$S_{kt}=\sqrt{3}U_{av}I_{kt}=I_{kt*}S_d \tag{10-52}$$

对于复杂的多电源系统，可能同时存在无限大容量电源和有限容量电源，又通过公共电抗后发生三相短路。由于两类电源的电势变化规律、短路电流衰减规律均不相同，应分类合并为两类等效电源(无限大容量电源和有限容量电源)，并按网络化简的方法求出各类电源对短路点的转移电抗 X_{ik}，再分别求出各类电源供给的短路电流周期分量值。

有限容量电源的短路电流周期分量有效值(次暂态起始时刻的周期分量电流有效值)

$$I''_{p*}=\frac{E''_{0*}}{X_{ik*}} \tag{10-53}$$

无限大容量电源的短路电流周期分量有效值

$$I_{pt*}=I_{p*}=\frac{1}{X_{ik*}} \tag{10-54}$$

式中　I''_{p*}——次暂态起始时刻的周期分量电流有效值的标幺值；

I_{pt*}——任意时刻的周期分量电流有效值的标幺值；

E''_{0*}——次暂态电势的标幺值；

X_{ik*}——电源至短路点的转移电抗标幺值。

三、三相短路电流的实用计算法

有限容量系统短路电流的周期分量有效值是随时间衰减的。要计算任意时刻的周期分量电流有效值比较复杂和繁琐，在实际计算中，常常是通过查运算曲线，确定任意时刻短路电流的周期分量有效值。应用运算曲线计算任意时刻短路电流周期分量有效值的方法，称为运算曲线法。它是广泛采用的一种短路电流实用计算方法，具有简单方便的特点，且能满足工程精度的要求。

(一)运算曲线

所谓运算曲线，是指短路电流周期分量有效值 I_{pt*} 与时间 t、短路回路计算电抗 X_c之间的关系曲线。即

$$I_{pt*}=f(t,X_c)$$

计算电抗 X_c，就是以该回路发电机总容量为基准的转移电抗标幺值。由于计算电抗本身就定义为标幺值，所以表示符号一般都不再加 * 号。

我国制定的运算曲线是建立在统计平均的基础上的。将发电机分为汽轮发电机和水轮发电机两大类，分别将容量从 12～200 MW 的 18 台汽轮发电机的参数和容量从 12.5～225 MW 的 17 台水轮发电机的参数，作为两种类型发电机的子样，输入计算机，按一定的计算模型，在不同外部电抗的条件下，逐台求出某时刻 t 的周期分量电流有效值，取这些同类型但容量不同的发电机的周期分量电流有效值的平均值，作为运算曲线在某时刻 t 对应于计算电抗 X_c的周期分量电流有效值。

若将计算结果列成数表，就是运算曲线数据表，汽轮发电机和水轮发电机的运算曲线数据表见相关手册。若将计算结果绘制成曲线，就是运算曲线，汽轮发电机和水轮发电机的运算曲线见相关手册。

运算曲线只作到 $X_c=3.45$。当 $X_c>3.45$ 时，可认为属远点短路，在这种情况下，周期分量电流有效值随时间的变化很小，可以按无限大容量电源计算，即 $I_{pt*}=\frac{1}{X_{ik*}}$。

(二)运算曲线的应用

应用运算曲线，计算短路电流周期分量有效值的方法和步骤如下：

1. 根据已知的电力系统接线图和短路点，制定等效网络。
2. 计算各元件电抗标幺值。

取 $S_d=100$ MV·A 或电源实际容量，并取 $U_d=U_{av}$。

3. 根据电源类型和网络实际情况，确定相应的变化计算方法。

(1)同一变化计算法

若网络中各发电机在短路过程中，电源电势及供给的短路电流变化规律基本相同，为简化计算，可以将这些发电机合并为一台等效发电机。这种方法称为同一变化计算法，简称同一法。采用同一法处理的等效发电机容量 $S_{N\Sigma}$ 为各个发电机容量 S_{Ni} 之和，即

$$S_{N\Sigma}=\sum_{i=1}^{n}S_{Ni}$$

等效发电机的类型仍同原发电机的类型。

当系统中有无限大容量电源时，不能采用同一法。

(2)个别变化计算法

当网络中发电机的类型不同，或各电源与短路点的电气距离相差较大，甚至包括有无限大容量电源等情况时，短路后各电源所供给的短路电流周期分量随时间变化的规律差异较大。可根据具体情况将网络中条件相类似的电源分成为数不多的几个组，每组分别视为一个等效发电机，然后按各等效发电机分别利用该类型的运算曲线，求短路电流的周期分量，再将各组的电流相加，即得短路点总的短路周期分量电流。这种方法称为个别变化计算法，简称个别法。

各发电机能否进行分组合并，主要是依据它们的短路电流变化规律是否相同或相近。实用中，按以下几点判断：

①至短路点的电气距离大致相等的同类型发电机，可以合并。

②至短路点的电气距离较远($X_c>1$)的发电机，不论类型是否相同，只要电气距离相近，均可以合并。合并以后的等效发电机类型按容量较大的发电机类型处理。

③彼此无关联(各电源到短路点无公共电抗，通过转移电抗直接与短路点相连)的电源或无限大容量的电源，不宜合并。

④至短路点的电气距离相差较大，或电气距离相近但类型不同时，不宜合并。

4. 按照所确定的变化计算方法(同一法或个别法)，将网络化至最简形式。

5. 求各等效电源至短路点的计算电抗。

方法是将各等效电源支路的转移电抗，换算成以等效电源总容量为基准的标幺值，即

$$X_{ci}=X_{ik}\cdot\frac{S_{N\Sigma i}}{S_d} \tag{10-55}$$

式中 X_{ci}——第 i 个等效电源支路的计算电抗；

X_{ik}——第 i 个等效电源支路的转移电抗标幺值(以 S_d 为基准)；

$S_{N\Sigma i}$——第 i 个等效电源总容量。

6. 按所要求的时间 t 和计算电抗 X_{ci}，查对应类型发电机的运算曲线，读取该等效电源支路短路电流周期分量有效值的标幺值 I_{pt*i}，并计算其实际值。

$$I_{pti}=I_{pt*i}I_{N\Sigma i} \tag{10-56}$$

式中 I_{pti}、I_{pt*i}——第 i 个等效电源支路短路电流周期分量有效值的实际值、标幺值；

$I_{N\Sigma i}$——第 i 个等效电源的额定电流。其值为 $I_{N\Sigma i}=\dfrac{S_{N\Sigma i}}{\sqrt{3}U_{av}}$，$U_{av}$ 为短路点所在电网

的平均额定电压。

对于无限大容量电源支路，则直接由公式 $I_{pt*}=\dfrac{1}{X_{ik*}}$ 计算。

7. 计算短路点总的短路电流周期分量有效值。

短路点总的短路电流周期分量有效值，为各等效电源支路短路电流周期分量有效值之和。即

$$I_{pt}=\sum_{i=1}^{n}I_{pti} \tag{10-57}$$

第四节　不对称短路电流的计算

一、两相短路电流的计算

在无限大电力系统中发生两相短路时，如图 10-10 所示，其两相短路电流的计算周期分量有效值（简称两相短路电流）为

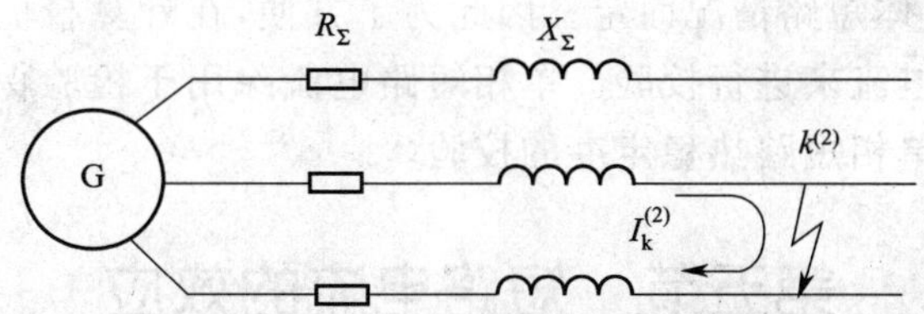

图 10-10　无限大容量系统发生两相短路

$$I_k^{(2)}=\frac{U_c}{2Z_\Sigma} \tag{10-58}$$

式中　U_c——短路点计算电压；

Z_Σ——电抗，因此，上式也可写成

$$I_k^{(2)}=\frac{U_c}{2X_\Sigma} \tag{10-59}$$

而三相短路电流可由下列公式求得

$$I_k^{(3)}=\frac{U_c}{\sqrt{3}Z_\Sigma} \tag{10-60}$$

所以

$$\frac{I_k^{(2)}}{I_k^{(3)}}=\frac{\sqrt{3}}{2}=0.866 \tag{10-61}$$

或

$$I_k^{(2)}=\frac{\sqrt{3}}{2}I_k^{(3)}=0.866I_k^{(3)} \tag{10-62}$$

式(10-62)说明，无限大容量电力系统中，同一地点的两相短路电流为三相短路电流的 0.866 倍，因此在求出三相短路电流后，可利用式(10-62)直接求得两相短路电流。

二、单相短路电流的计算

单相短路电流与三相短路电流的关系如下：

在远离发电机的用户变电所低压侧发生单相短路时，正序阻抗和负序阻抗接近相等。

$Z_{1\Sigma} \approx Z_{2\Sigma}$，因此单相短路电流为

$$\dot{I}_{\mathrm{k}}^{(1)}=\frac{3\dot{U}_{\phi}}{2Z_{1\Sigma}+Z_{0\Sigma}} \tag{10-63}$$

而三相短路时，三相短路电流为

$$\dot{I}_{k}^{(3)}=\frac{\dot{U}_{\phi}}{Z_{1\Sigma}} \tag{10-64}$$

因此

$$\frac{\dot{I}_{\mathrm{k}}^{(1)}}{\dot{I}_{\mathrm{k}}^{(3)}}=\frac{3}{2+\frac{Z_{0\Sigma}}{Z_{1\Sigma}}} \tag{10-65}$$

由于远离发电机发生短路时，零序阻抗大于正序阻抗，即 $Z_{0\Sigma}>Z_{1\Sigma}$，因此

$$I_{k}^{(1)}<I_{\mathrm{k}}^{(3)}$$

可见，在无限大容量系统中或远离发电机处发生两相短路或者单相短路时，它们的短路电流都比同一地方发生三相短路电流小。但两相短路电流可能比单相短路电流大，也可能比单相短路电流小，这要视具体短路情况而定。因此为了方便，在计算校验继电保护时，把两相短路电流作为最小的短路电流来进行校验。单相短路电流除用于检验保护灵敏度外，主要用于单相短路保护的整定及单相短路热稳定度的校验。

第五节　短路电流的效应

一、短路电流的热效应

电器和载流导体通过电流时，导体和其接触部分的电阻产生的功率损耗、导体周围的金属材料，特别是铁磁物质在交变磁场中因涡流产生的损耗、导体周围的绝缘材料在电场作用下产生的介质损耗等，几乎将全部转变为热能。这些热能中的一部分使导体本身发热，温度升高，当温度升高超过一定值后，将损坏电气设备。另一部分热能则因温差存在以传导、辐射或对流方式散失到周围介质中去。因此电能损耗产生的热量等于导体本身的吸热加导体散热。

电力设备流过负荷电流及短路电流时的温度变化曲线如图 10-11 所示。设备的环境温度为 θ_0，在零时刻到 t_1 时刻内，设备未投入运行，其本身温度等于环境温度 θ_0，在 t_1 到 t_2 时刻内设备投入运行，流过负荷电流 I_{L}，温度上升到 θ_{L}，t_2 时刻若发生短路，到 t_3 时刻短路被切除，温度由 θ_{L} 上升到 θ_{K}，t_3 时刻后若设备退出运行，则其温度由 θ_{K} 逐渐下降到 θ_0。

1. 电器和载流导体的负荷电流发热（正常发热）

电器和载流导体连续通过恒定负荷电流 I_{L} 时，其温度上升如图 10-11 中曲线 MA 所示。起初因温差小，散热少，因而吸热多，温度上升较快。以后随着温差增大而使散热增多，吸热减小，因而温度上升较慢。最后当温差增大到单位时间内的发热等于散热时，由于导体本身不再吸收热量，故温度不再升高，此时导体温度达到一个稳定值 θ_{L}。

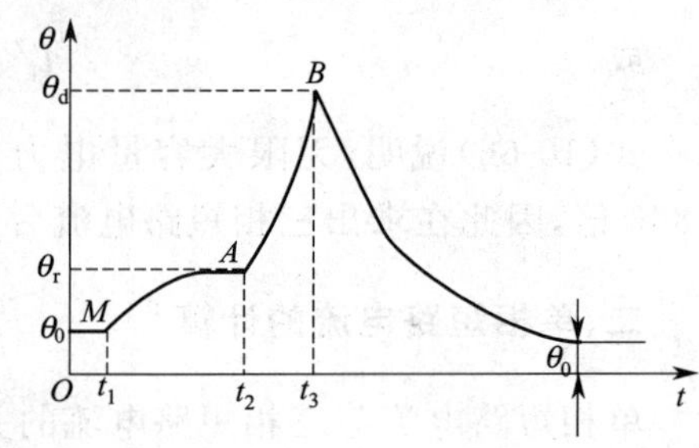

图 10-11　导体通过电流时的温度变化曲线

在规定的计算环境温度 θ_{0N}（电器设备 $\theta_{0N}=40$ ℃，空气中母线、导线、电缆 $\theta_{0N}=25$ ℃，埋入地中电缆 $\theta_{0N}=15$ ℃）下，电力设备流过额定电流 I_N 时，导体稳定温度将上升到正常发热允许温度 θ_{La}。所谓正常发热允许温度是指使导体和电器能保持正常的连续工作所允许的最高发热温度。正常发热允许温度实际上确定了电器与导体在连续发热情况下的允许电流值，此电流值定义为电气设备的额定电流 I_N。

电器和载流导体连续通过恒定负荷电流 I_L 时，起初因温差小，散热少，因而吸热多，温度上升较快。以后随着温差增大而使散热增多，吸热减小，因而温度上升较慢。最后当温差增大到单位时间内的发热等于散热时，由于导体本身不再吸收热量，故温度不再升高，此时导体温度达到一个稳定值 θ_L。

在规定的计算环境温度 θ_{0N}（电器设备 $\theta_{0N}=40$℃，空气中母线、导线、电缆 $\theta_{0N}=25$ ℃，埋入地中电缆 $\theta_{0N}=15$ ℃）下，电力设备流过额定电流 I_N 时，导体稳定温度将上升到正常发热允许温度 θ_{La}。所谓正常发热允许温度是指使导体和电器能保持正常的连续工作所允许的最高发热温度。正常发热允许温度实际上确定了电器与导体在连续发热情况下的允许电流值，此电流值即定义为电气设备的额定电流 I_N。

我国规定的各种载流部分长期发热（正常发热）的允许温度列于表 10-4。

表 10-4　各种载流部分长期发热的允许温度

序号	电器部分名称	最高允许发热温度		介质温度 40℃时的温升	
		在空气中（℃）	在油中（℃）	在空气中（℃）	在油中（℃）
1	不与绝缘材料接触的载流与不载流的金属部分	115	90	75	50
2	与绝缘材料接触的载流和不载流的金属部分以及由绝缘材料制成的零件，当绝缘等级为：Y	85		45	
	A	100	90	60	50
	E、B、F、H、C	115	90	75	50
3	最上层变压器油				
	1. 作为灭弧介质时	—	80	—	40
	2. 只作绝缘介质时	—	90	—	50
4	接触连接				
	1. 由钢或其合金制成，没有银覆盖层；用螺栓、螺纹、柳钉和其他能保证紧固连接方法压紧的	80	85	40	45
	2. 用弹簧压紧的	75	80	35	40
	3. 由铜和其合金制成，有镀银层	90	90	50	50
	4. 由银制成或表面带有焊接的银片	105	90	65	50

当流过设备的负荷电流不等于额定电流时，在计算环温下，负荷电流发热稳定温度 θ_L 可用下式计算：

$$\theta_L=\theta_{0N}+(\theta_{La}-\theta_{0N})\left(\frac{I_L}{I_N}\right)^2 \tag{10-66}$$

应用式(10-1)时必须注意。当环境温度不等于 θ_{0N} 时，其额定电流将发生变化，此时应将额定电流 θ_{0N} 乘以温度修正系数 K_θ，作为实际环境温度下的额定电流。公式中的 θ_{0N} 应修正为

θ_0 即

$$\theta_L=\theta_0+(\theta_{La}-\theta_0)\cdot(\frac{I_L}{K_\theta\cdot I_N})^2 \tag{10-67}$$

K_θ 可查表获得，也可用下式确定

$$K_\theta=\sqrt{\frac{\theta_{La}-\theta_0}{\theta_{La}-\theta_{0N}}} \tag{10-68}$$

例如，由产品目录查得 15×3 mm^2 的立放矩形铝母线。在计算环温（空气中）为 25 ℃，允许发热温度为 70 ℃时，额定电流为 165 A。当环温升高到 40 ℃时，由相关中查得温度修正系数 $K_\theta=0.81$。则当允许发热温度仍为 70 ℃时。其额定电流应为

$$I'_N=I_N\cdot K_\theta=165\times0.81=133.65\ (A)$$

2. 电器和载流导体通过短路电流的发热（短时发热）

图 10-10 中，t_2 到 t_3 的时间是短路电流发热时间，它等于主继电保护动作时间加断路器的分闸时间。由于这个时间很短，短路电流通过导体产生的热量来不及向周围介质散失，全部用于使导体温度升高。导体温度由 θ_L 升高到短路发热最终温度 θ_K。θ_K 必须小于设备允许的短时发热最高温度 θ_{Ka}，才认为电器设备是热稳定的。因为短路电流发热时间很短，设备绝缘材料的老化和金属机械强度的降低，除受温度影响外，还决定于短路发热持续的时间，故 θ_{Ka} 比正常发热允许温度要高。导体短时发热最高允许温度 θ_{Ka} 列于表 10-5。

表 10-5　短路时发热最高允许温度

导体的材料和种类		短时最高允许温度	导体的材料和种类		短时最高允许温度
母线	铜	300	充油纸绝缘电缆		150
	铜（有锡覆盖层接触面时）	200	（60～330）kV		
	铝	200	橡皮绝缘电缆		150
	钢（不和电器直接连接）	420	聚氯乙烯电缆		120
	钢（和电器直接连接）	320	交联聚乙烯电缆	铜芯	230
油浸纸绝缘电缆	铜芯 10 kV 及以下	250		铝芯	200
	铝芯 10 kV 及以下	200	有中间接头的电缆（不包括聚氯乙烯电缆）		150
	（20～30）kV	175			

（1）短路电流发热数据的计算

以 Q_{Kt} 表示任意时刻短路电流 i_K 的热效应。由于短路全电流可分解为周期分量电流与非周期分量电流两部分，则

$$Q_{Kt}=Q_P+Q_{np} \tag{10-69}$$

式中　Q_P——短路周期分量电流；

　　　Q_{np}——非周期分量电流的发热效应。

①短路周期分量电流热效应的计算

$$Q_P=\frac{I''^2_K+10I^2_{tK/2}+I^2_{tK}}{12}t_k\quad(A^2\cdot s) \tag{10-70}$$

其中，$t=0$ 时短路电流 I''^2_k，t_K 时的电流 I_{tK} 以及 $\frac{1}{2}t_K$ 时的电流 $I_{tk/2}$，即可计算出 Q_P。

②非周期分量电流发热计算

当 $t_K<0.1$ s 时

$$Q_{np}=2I_{K}''^{2}\cdot\frac{1}{2}T_{fi}(1-e^{-2t/T_{fi}})=I_{K}''^{2}T_{fi}(1-e^{-2t/T_{fi}})\quad(A^2\cdot s)\tag{10-71}$$

当 $t_K\geqslant 0.1$ s 时

$$Q_{np}=I_{K}''^{2}\cdot\frac{1}{2}T_{fi}\quad(A^2\cdot s)\tag{10-72}$$

(2)短路电流发热最终温度(热脉冲)的计算

反映短路最终(或起始)温度的"热脉冲",即导体短路发热达到的短时最高温度定义为 A_K(或 A_L)。它与导体的 ρ_0、C_0、γ、α 和 β 等参数有关。实用时,为简化计算,按常用导体材料(铜、铝、钢)的平均参数作成 $A_\theta=f(\theta)$ 曲线,如图 10-12 所示。

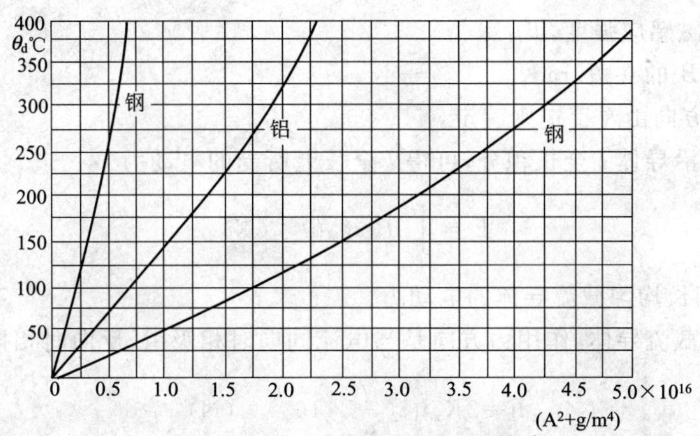

图 10-12　短路发热的 $A_\theta=f(\theta)$ 曲线

$$\frac{1}{S^2}(Q_P+Q_{np})=A_K-A_L$$

即

$$A_K=A_L+\frac{1}{S^2}(Q_P+Q_{np})\tag{10-73}$$

计算出 θ_L,查图 10-11 获得 A_L。计算得出 $\frac{1}{S^2}(Q_P+Q_{np})$,这样就可得出 A_K,再查图 10-11 曲线,得出所求得短时发热最高温度 θ_K。

二、短路电流的电动力效应

当导体中通过短路电流时,导体间的电动力将急剧增加。若导体和绝缘子的机械强度不够时,将产生变形或损坏,也可能使闭合状态下的电路触头打开,造成重大事故。为防止这种现象发生,必须研究短路电流电动力的大小和特征,以便选用适当强度的电气设备,使其具有足够的电动力稳定性。

载流导体之间电动力的大小和方向,取决于电流的大小和方向、导体的尺寸、形状和相互间的位置及周围介质的特性。

根据电工基础中学过的比奥—沙瓦定律,如图 10-13 所示。通过电流 i 的导体 l,处在外磁场 B 中,导体 l 上单元长度 dl 上所受的电动力 dF 为

$$dF=iB\sin\alpha\, dl\quad(N)\tag{10-74}$$

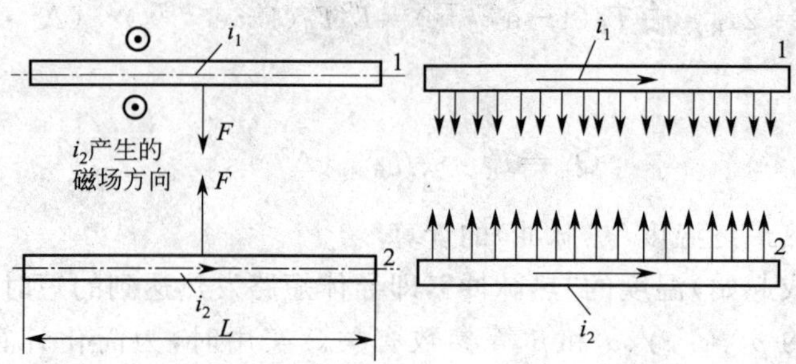

图 10-13　磁场对载流导体的电动力

式中　B——$\mathrm{d}l$ 处磁感应强度，T；

　　α——$\mathrm{d}l$ 与 B 的夹角，rad。

电动力 $\mathrm{d}F$ 的方向由左手定则确定。

对式(10—74)沿导体 l 全长积分，可得 l 全长上所受的电动力

$$F=\int_0^l iB\sin\alpha\mathrm{d}l \quad (\mathrm{N}) \tag{10-75}$$

1. 两根平行细长均匀截流导体的电动力

对两根平行的截流导体，作用力方向是当电流同向时相吸引、反向时相排斥。

$$F=2K_x i_1 i_2 \frac{l}{a}\times 10^{-7} \quad (\mathrm{N}) \tag{10-76}$$

常用的圆形，管形截面的导体，其形状修正系数 $K_x=1$。当矩形截面导体间的距离很小时(如大工作电流配电装置中的各相母线、有多条时、条间距离很小)，其形状系数可用图 10-11 所示的 $K_x=f(\frac{a-b}{b+h}\cdot\frac{b}{h})$ 函数关系曲线决定，式中的 a、b、h 分别为母线轴间距离、母线宽度、母线高度。

当导体通过短路电流时，通常按短路开始时的最大冲击短路电流计算导体或母线间的最大相互作用力。两相短路时，流到短路点的故障相电流，其大小相等、方向相反。当母线平行布置时，故障相导体间的电动力(斥力)最大值是

$$F^{(2)}=2K_x[i_b^{(2)}]^2\frac{l}{a}10^{-7} \quad (\mathrm{N}) \tag{10-77}$$

式中　$i_b^{(2)}$——两相短路冲击电流，A。

2. 同一平面内三相平行载流导体间的电动力

当三相导体平行布置在同一平面内时，每相导体的电流同时受另外两相电流磁场的作用。作用于每相导体的电动力，决定于该导体中的电流与其他两相电流的相互作用力。

载流导体通过交流电流时，受力呈正弦规律变化。变化的频率为电流频率的 2 倍。电流最大值时，导体受力有最大值。当三相导体平行布置在同一平面内时，中相导体受力最大，两边相受力大小相等，中相受力是边相受力的 1.07 倍。三相短路中相导体受力比两相短路导体受力大 15%。所以在校验三相母线动稳定时一般按三相短路中相导体受力的大小来校验。

第六节　电气设备选择

一、选择电气设备的原则

1. 按正常工作条件选择电气设备

正常工作条件是指电气设备的型式、额定电压和额定电流。

①选择型式

根据安装地点不同，电气设备一般制成户内型和户外型。一般讲户外型设备可用于户内，但户内型不能用于户外。

同一参数的电气设备。其结构型式可能不同，选用哪一种，应进行经济技术分析并根据设备供应情况确定。

②选择电气设备的额定电压

一般讲应使电气设备额定电压等于电气设备安装地点的电网额定电压。由于电网首端电压要比电网末端电压高5%～10%，因此，电气设备必须能在超过其额定电压10%～15%的电压下长期工作。此电压为电气设备的最高工作电压。如断路器额定电压为110 kV，其最高工作电压为121 kV。

③选择电气设备的额定电流

电气设备的额定电流应大于或等于流过电气设备的最大长期负荷电流。当环境温度不等于计算环境温度时，电气设备的额定电流必须予以修正。同时考虑电源电压下降5%的满载运行、电力变压器超负荷30%～40%运行、检修和故障情况下的过负荷运行以及母线中电流的分布等情况。

2. 按短路条件校验电气设备的热稳定和动稳定性

①短路热稳定校验

要求所选的电气设备，当短路电流通过它时，其最高温度 θ_k 不应超过电气设备允许的短路发热温度。即 $\theta_k \leqslant \theta_{ka}$。也可用短路电流发热数据进行校验，即短路电流通过时间内的发热 Q_{Kt} 不超过电气设备短时允许发热。因为某些电器制造厂一般给出 $t=1$、4、5、10 s内允许通过的最大电流 I_{Nt}（为 t s热稳定电流），因此电气设备的允许发热数据 $I_{Nt}^2 \times t$ 是已知的。校验热稳定时只需 $Q_{kt} \leqslant I_{Nt}^2 \times t$ 即可。

短路计算点应选择在正常接线方式下，通过导体或电器的短路电流为最大的地点。短路电流热效应计算时间 t_d 为继电保护动作时间 t_b 和相应断路器的全分闸时间 t_f 之和，即

$$t_d = t_b + t_f$$

式中　t_f——断路器的固有分闸时间和燃弧时间之和。

在验算裸导体的短路热效应时，宜采用主保护动作时间。如主保护有死区时，则采用能对该死区起作用的后备保护动作时间，并采用相应处的短路电流值。在验算电器的短路热效应时，宜采用后备保护动作时间。对于开断电器（如断路器、熔断器等），应能在最严重的情况下开断短路电流。故电器的开断计算时间 t_k 是从短路瞬间开始到断路器灭弧触头分离的时间。其中包括主保护动作时间 t_b 和断路器固有分闸时间 t_{gf} 之和。即

$$t_k = t_b + t_{gf}$$

②电动力稳定性

电动力稳定性是指电气设备承受短路电流引起机械效应的能力。在校验时，可用短路电流的最大幅值(i_b)与制造厂规定的最大允许电流 i_{Nes}(极限通过电流)进行比较，即 $i_b \leqslant i_{Nes}$。也可用短路冲击电流流过设备时所产生的机械应力 σ_c 与设备的允许应力 σ_N 进行比较。即按 $\sigma_N \geqslant \sigma_c$ 进行校验。

二、主要电气设备的选择与校验

由于各种高压电气设备具有不同的性能特点，选择与校验条件不尽相同，高压电气设备的选择与校验项目见表 10-6。

表 10-6　高压电气设备的选择与校验项目

电气设备名称	额定电压	额定电流	开断能力	短路电流校验		环境条件	其他
				动稳定	热稳定		
断路器	✓	✓	✓	○	○	○	操作性能
负荷开关	✓	✓	✓	○	○	○	操作性能
隔离开关	✓	✓		○	○	○	操作性能
熔断器	✓	✓	✓			○	上、下级间配合
电流互感器	✓	✓		○	○	○	
电压互感器	✓					○	二次负荷、准确等级
支柱绝缘子	✓			○		○	二次负荷、准确等级
穿墙套管	✓	✓		○	○	○	
母线		✓		○	○	○	
电缆	✓	✓			○	○	

注：表中“✓”为选择项目，“○”为校验项目。

(一)电力电缆的选择

在高压配电装置和供电装置中，有时因出线数量太多，用架空输电线路供电难以实现，或某些地点不宜敷设架空线，则往往采用电力电缆来输送电力。

1. 按结构类型选择电缆(即选择电缆规格型号)

根据电缆的用途、电缆敷设的方法和场所，选择电缆的芯数、芯线的材质、绝缘的种类、保护层的结构以及电缆的其他特征。最后确定电缆的型号时，应首先考虑以铝代铜、以铝包代铅包，以合成材料(塑料)代替橡胶等。

2. 按电压选择电缆

电力电缆一般均能在超过其额定电压 15% 的实际工作电压下长期可靠地工作。而电气装置的最高工作电压不会超过其额定电压的 5%～10%。所以，按电压选择电缆时，只需满足电缆额定电压 U_N 不小于电缆实际工作电压 U_W，即

$$U_N \geqslant U_W$$

3. 电缆截面的选择

一般根据最大长期工作电流 I_{Lmax} 选择电缆截面，并应满足电缆的发热温度不超过其长期发热容许温度的条件，即

$$I_{Lmax} \leqslant I_N \cdot K_m \cdot K_t \cdot K_d \quad (10\text{-}78)$$

式中　K_t——温度修正系数；

K_m——多根电缆校正系统；

K_d——不同土壤(热阻系数不同)的修正系数。

对于全年平均负荷和传输容量较大、电缆较长的大功率线路来说，运行费用是相当可观的，因此必须从经济上考虑截面的选择。

电缆的运行费用与截面的关系如图 10-14 所示。曲线 1 为全年的电能损耗费，它随截面的增大而减少。曲线 2 为电缆和附属设备的全年维修和折旧费，它随截面的增大而增大。曲线 3 为全年运行费用，它为曲线 1、2 的和。显然当截面为 S_j 时，全年总运行费用最少。S_j 就称为经济截面。

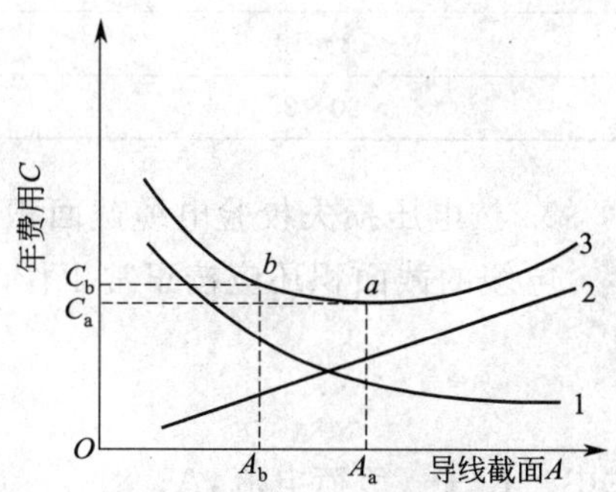

图 10-14　年运行费与电缆截面的关系

电缆的年电能损耗是随全年平均负荷的不同而变化的(曲线 1 变化)，从而得到的经济截面也不同。而电缆的负荷状态通常又用最大负荷利用小时 T_{max} 来表示，即假定全部以最大负荷工作时，它在 T_{max} 小时内的能耗与实际负荷在一年(8 760 h)内造成的能耗相同。很明显 $T_{max} \leqslant 8\ 760$ h，一般取 $T_{max}=3\ 000 \sim 5\ 000$ h。经济电流密度 j_n 是与最大负荷利用小时成反比变化的，其数值见表 10-7。

表 10-7　经济电流密度 j_n　　(单位：A/mm^2)

导体种类	最大负荷利用小时		
	3 000 h 以下	3 000～5 000 h	5 000 h 以上
铜裸导线和母线	3.0	2.25	1.75
铝裸导线和母线	1.65	1.15	0.9
铜芯电缆	2.5	2.25	2.0
铝芯电缆	1.92	1.73	1.54

按经济电流密度 j_n 选择电缆截面应满足关系

$$S_j = \frac{I_L}{j_n} \quad (10\text{-}79)$$

式中　I_L——正常工作情况下电路长期工作电流(不考虑任何过负荷)。

考虑到电缆正常负荷的发热、电流集肤效应及敷设时弯曲方便，所选择的电缆芯线截面积超过 150 mm^2 时，电缆的经济条数 n 由下式决定

$$n = \frac{S_j}{150}$$

式中　S_j——选择电缆时计算得到的芯面截面积，mm^2。

按经济电流密度选择的电缆截面，还必须同时满足最大长期工作电流持续发热条件。

4. 按短路时热稳定校验电缆截面

电缆截面热稳定的校验方法与母线热稳定的校验方法相同。当热稳定计算不能满足要求

时，也可按式 $S_{min} \geqslant \sqrt{Q_{kt}}/C$ 决定满足热稳定要求的最小截面。电力电缆的热稳定系数 C 见表 10-8。

表 10-8　电缆热稳定系数 C 值

导体与绝缘种类	铜（油浸纸绝缘）			铝（油浸纸绝缘）		
短路容许温度（℃） 系数额定电压（kV）	120	175	250	120	175	200
3～10	93.4	—	159	60.4	—	90
20～35	101.5	130	—	—	—	—

5. 按电压损失校验电缆截面积

电缆的截面积还应按正常工作时的负荷电流和线路中允许的电压损失进行校验，应使

$$S \geqslant \frac{K I_L \rho L}{U_N \Delta U\%} \times 100\% \tag{10-80}$$

式中　I_L——负荷电流，A；

K——系数，三相电路时取$\sqrt{3}$，单相电路时取 2；

L——电缆长度，m；

ρ——电阻系数，铜芯电缆 $\rho = 0.020\ 6\ \Omega \cdot mm^2/m$，铝芯电缆 $\rho = 0.035\ \Omega \cdot mm^2/m$（温度为 50 ℃）；

$\Delta U\%$——电网容许电压降百分值（三相电网一般为 $\Delta U\% = 5$）。

6. 电力电缆不进行短路时动稳定性校验。

（二）高压开关电器的选择

1. 高压断路器的选择

高压断路器主要是根据其技术参数来选择的。

①根据断路器的安装场所选择户内型或户外型。

②根据经济技术指标的比较、负荷种类及特点、供货条件等选择断路器的构造型式、灭弧介质的种类。

③断路器的额定电压 U_N 应不小于所在电网的额定电压 U_W，即 $U_N \geqslant U_W$。

④断路器的额定电流 I_N 应不小于电路中的最大长期工作电流 I_{Lmax}，即 $I_N \geqslant I_{Lmax}$。

⑤制造厂给定的断路器的额定开断电流 I_{Nk} 不小于断路器灭弧触头刚分离瞬间电路内短路电流的有效值 I_{Kt}，即 $I_{Nk} \geqslant I_{Kt}$。

为了确定 I_{Kt}，应正确选择短路计算点、短路类型以及短路计算时间 $t_k = t_a + t_0$。

对于设有快速保护装置（$t_a \leqslant 0.05$ s）的高速断路器（$t_{fo} \leqslant 0.04$ s，$t_k < 0.1$ s）。其开断短路电流应考虑非周期分量的影响。I_{Kt} 应按下式确定。

$$I_{Kt} = \sqrt{I_K''^2 + (\sqrt{2} I_K'' \cdot e^{-t/T_{fi}})^2} \tag{10-81}$$

对于设有快速保护装置（$t_a \leqslant 0.05$ s）的非高速断路器 $t_0 = 0.05 \sim 0.15$ s，$t_k = 0.05 + (0.05 \sim 0.15) = 0.1 \sim 0.2$ s，此时短路非周期分量电流接近衰减完毕，I_{Kt} 不会超过 I_K'' 故可按 $I_{Kt} = I_K''$ 来选择断路器。

若 $t_k>0.2$ s,可按 $I_{Kt}=I_{0.2}$ 来选择断路器。

⑥制造厂给定的断路器额定断流容量 S_{Nk} 应不小于短路功率 S_{Kt}。即

$$S_{Nk}=\sqrt{3}U_N \cdot I_{Nk} \geqslant S_{Kt}=\sqrt{3}U_N I_{Kt} \tag{10-82}$$

⑦校验高压断路器在短路时的动稳定性

制造厂给定的能保证机械稳定性的极限通过电流瞬时值 i_{Nes} 应不小于三相短路冲击电流 $i_b^{(3)}$,即 $i_{Nes}\geqslant i_b^{(3)}$ 便能满足短路时动热稳定性的要求。

⑧校验高压断路器短路时的热稳定性

制作厂给定的高压断路器在 t s(1、4、5、10 s)内允许通过的热稳定电流 I_{Nt} 产生的发热效应 $I_{Nt}^2 \cdot t$ 应不小于短路时产生的热效应 Q_{Kt},即

$$I_{Nt}^2 \cdot t \geqslant Q_{Kt}=Q_p+Q_{np} \tag{10-83}$$

便能满足短路时热稳定的要求。

⑨高压断路器操动机构的选择,应根据选用的高压断路器而定,通常在高压断路器产品样本中都有说明。

2. 高压隔离开关的选择

隔离开关应根据下列条件选择:额定电压、额定电流、安装地点、结构形式,此外还需要校验短路时的动稳定和热稳定。选择的方法和要求与选择断路器相同,但不需校验其断路能力。

3. 高压熔断器的选择

①首先根据安装地点选择户内式或户外式,根据保护对象选择结构形式。

②熔断器的额定电压 U_N 应不小于所在电网的额定电压 U_W,即 $U_N\geqslant U_W$。对于高压限流熔断器应使 $U_N=U_W$。

③按额定电流选择时,必须使熔断器的额定电流 I_N 大于熔件的额定电流 I_{Nj},大于电路中最大长期工作电流 I_{Lmax},即

$$I_N\geqslant I_{Nj}\geqslant I_{Lmax} \tag{10-84}$$

此外,高压熔断器熔件额定电流的选择还必须与网络中各分段、分支电路的熔断器熔件额定电流或与馈线继电保护之间,从时间特性上保证相互间动作的选择性和时限配合关系。

④熔断器断路能力的选择方法与高压断路器相同,断路能力决定于额定开断电流 I_{Nk},但其断路特性与断路器不同,故选择时所用的计算短路电流也不同。在选择一般没有限流作用的高压熔断器时,可采用冲击短路电流有效值 I_b(包括非周期分量电流)。选择有限流作用的高压熔断器时,由于电弧具有高电阻,使短路回路的功率因数接近于 1,因此可不考虑短路电流的非周期分量,采用 I_K''。即

$$I_{Nk}\geqslant I_b(\text{或 } I_K'') \tag{10-85}$$

⑤保护电压互感器用的高压熔断器,只需按额定电压及断流容量来选择,其熔件不按额定电流选择而按熔件的机械强度选择,因为其负荷电流太小,若按负荷电流选择,则熔件截面太小,熔件过细在安装时容易折断。

由于高压熔断器熔断时间很短,故由高压熔断器保护的电气设备不进行短路校验。

（三）电流互感器的选择

1. 应根据流互的安装地点和安装方式选择形式。如户内式、户外式、穿墙式、套管式、支柱式等。

2. 流互的原边额定电压 U_N 必须与流互安装处电网的额定电压 U_W（工作电压）一致，即 $U_N \geqslant U_W$。

3. 流互的原边的额定电流 I_N 应不小于流过流互原边的最大长期工作电流 I_{Lmax}，即 $I_N \geqslant I_{Lmax}$。

必须注意：当流互周围的实际环境温度 $\theta_0 > 40℃$ 时，I_N 应乘以温度修正系数 $K_\theta = \sqrt{\dfrac{75-\theta_0}{75-40}}$。

4. 应根据流互的用途确定流互的准确等级、级次组合及副绕组数（即铁芯数）。一般讲，流互铁芯不同时，准确度等级也不同。如电度表需 0.5 级，一般性仪表（如电流表）需 1.0 级，继电保护需 3 级。

5. 流互二次负载的计算与校验

流互某一准确度等级下有相应的额定二次负载 Z_{2n}。当流互实际所接的二次负载 $Z_2 > Z_{2n}$ 时，流互的准确等级下降，将不能满足需要，所以必须根据实际的二次负载来选择流互的额定二次负载，且必须满足下列条件：

$$Z_{2n} \geqslant Z_2 = Z_i + R_d + R_j \tag{10-86}$$

式中 Z_i——流互副边所串接仪表电流线圈的总阻抗；

R_j——流互副边连接导线接头处接触电阻，一般取 $R_j = 0.1\ \Omega$；

R_d——流互副边连接导线的总电阻。

式(10-86)中，Z_i、R_j 不变（已知参数），R_d 是可变的，即若要确定 Z_2 必须确定 R_d，而 $R_d = \dfrac{\rho L}{S}$。ρ 为导线电阻率，可查表获得；L 为流互付边连接导线的计算长度，L 与流互的接线方式有关。若流互至仪表的实际安装距离为 l(m)，则单相接线时，$L=2l$；两相 V 形接线时，$L=\sqrt{3}l$；三相星形接线时，$L=l$。即应选一定截面积 S 的导线以符合式(10-86)的要求，即

$$Z_{2n} \geqslant Z_i + \frac{\rho L}{S} + R_j$$

移项整理后可得

$$S \geqslant \frac{\rho L}{Z_{2n} - Z_i - R_j} \tag{10-87}$$

最后选出的导线截面，为保证机械强度的要求，对铜导线应不小于 1.5 mm^2，铝导线不小于 2.5 mm^2。

6. 校验短路时流互的热稳定性

流互的热稳定性，应按下式进行校验：

$$(I_N K_t)^2 t \geqslant Q_{kt} \tag{10-88}$$

式中 K_t——制造厂给定的流互热稳定倍数，即热稳定电流与额定一次电流之比。

t——热稳定电流通过时间。$t=1$ s。

7. 校验流互动稳定性

流互内部的动稳定性应按下式进行校验，即

$$\sqrt{2}I_{N}K_{u} \geqslant i_{b} \tag{10-89}$$

式中　K_{u}——流互允许承受的最大瞬时电流与额定电流振幅值之比，即流互的动稳定倍数。

在流互外部如果与之相连的是硬母线，则流互的绝缘子瓷瓶帽应进行相间电动力校验(当已知流互绝缘子瓷瓶帽允许抗弯破坏负荷时)。该校验与穿墙套管动稳定校验相同，在牵引变电所中流互的外部动稳定校验一般指 10 kV 系统。

(四)电压互感器的选择

电压互感器应根据下列条件来选择：

1. 压互的额定一次电压 U_{N} 必须与所接入的电网额定电压相一致，即 $U_{N}=U_{W}$。压互的副边额定电压可查表 10-9。

2. 根据安装地点选择户外式还是户内式。

一般讲，电压为 35 kV 以下时选用户内式，电压为 35 kV 及以上时选用户外式。

3. 根据用途、负荷性质选择压互的结构型式及其接线方式。

表 10-9　压互的副边额定电压

线圈	副绕组		接成开口三角形的附加绕组	
高压侧接线	接于原边线电压上	接于原边相电压上	在中性点接地系统中	在中性点不接地系统中或经消弧线圈接地系统中
副边电压(V)	100	$100/\sqrt{3}$	100	100/3

例如，电压在 35 kV 及以上时，可选用单相的油浸瓷箱结构，采用 Y_{N}，Y_{N}，d_{11} 接线；电压为 10 kV 且需设绝缘监察装置时，可采用油浸的三相五柱式钢箱结构，采用 Y_{N}，Y_{N}，d_{11} 接线等。

4. 根据所接仪表的要求，确定压互的准确度等级

如电度表需用 0.5 级，一般仪表需用 1 级，继电保护装置需用 3 级。

5. 根据所需的最高准确度等级确定压互的副边额定容量

$$S_{n} \geqslant S_{2} \tag{10-90}$$

式中　S_{n}——最高准确度等级下压互二次每相的额定容量，V·A；

　　　S_{2}——压互二次每相所接仪表的总容量，V·A。

压互二次每相的额定容量一般为压互总容量的 1/3，V·A。压互二次各相负荷一般不相等。

6. 压互二次负荷的计算

压互二次各相负载的具体数值与压互的接线方式及仪表的接入方式有关(表 10-10)。

表 10-10　电压互感器二次绕组负荷计算公式

接线及相量

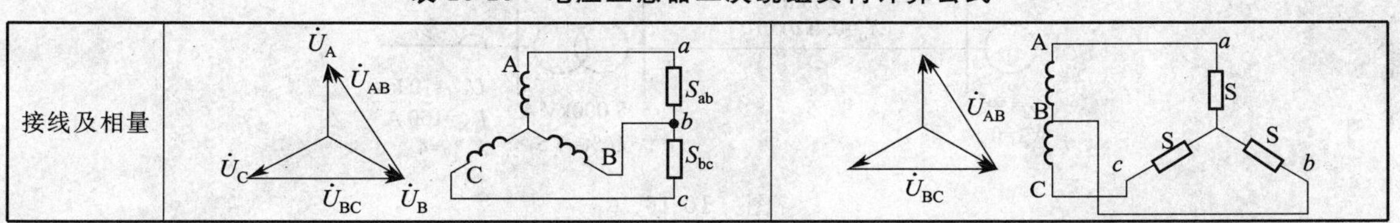

续上表

A	$P_A=[S_{ab}\cos(\varphi_{ab}-30°)]/\sqrt{3}$ $Q_A=[S_{ab}\sin(\varphi_{ab}-30°)]/\sqrt{3}$	AB	$P_{AB}=\sqrt{3}S\cos(\varphi+30°)$ $Q_{AB}=\sqrt{3}S\sin(\varphi+30°)$
B	$P_B=[S_{\varphi}\cos(\varphi_{ab}+30°)+S_{bc}\cos(\varphi_{bc}-30°)]/\sqrt{3}$ $Q_B=[S_{\varphi}\sin(\varphi_{ab}+30°)+S_{bc}\sin(\varphi_{bc}-30°)]/\sqrt{3}$	BC	$P_{BC}=\sqrt{3}\cos(\varphi-30°)$ $Q_{BC}=\sqrt{3}\sin(\varphi-30°)$
C	$P_C=[S_{bc}\cos(\varphi_{bc}+30°)]/\sqrt{3}$ $Q_C=[S_{bc}\sin(\varphi_{bc}+30°)]/\sqrt{3}$		

7. 由于压互总与电网并联，当电网发生短路时，压互一次不会流过短路电流，故压互不需进行短路时的热、动稳定性校验。

8. 压互二次连接导线考虑到压降不超过其额定电压的 3%(若二次接有瓦时计时，应不超过其额定电压的 0.5%)，同时满足机械强度的要求。铜导线截面应不小于 1.5 mm^2，铝导线不应小于 2.5 mm^2。

复习思考题

1. 短路有什么危害？引起短路的原因是什么？

2. 短路有哪些类型？各有什么特点？

3. 短路计算中采用标幺制计算有什么优点？

4. 短路计算中如何确定基准量？

5. 什么是无限大容量电力系统？其基本特点是什么？

6. 无限大容量系统中发生短路和有限容量系统中发生短路时，短路电流的变化有何不同？解释短路冲击电流、短路次暂态电流和短路稳态电流。

7. 计算图 10-15 电路中 k_1、k_2、k_3 点以前的总阻抗标幺值。

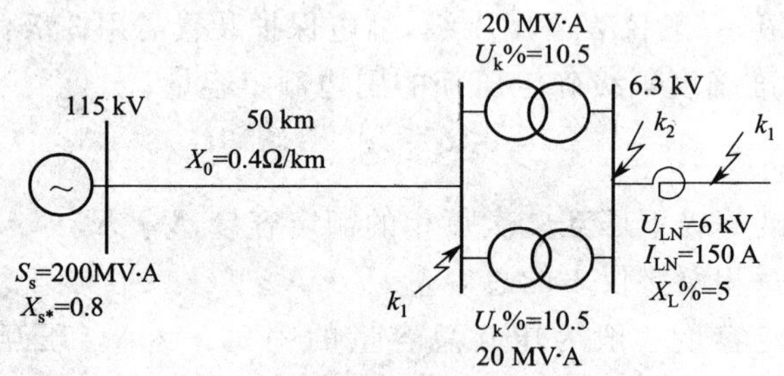

图 10-15

8. 计算图 10-16 电路中 k 点发生三相短路时的 I''、$I_{0.2}$、I_∞、i_{ch}、I_{ch} 和 $S_{0.2}$。

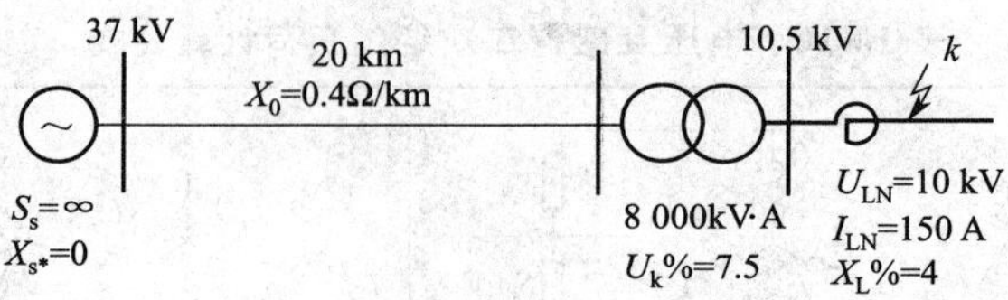

图 10-16

9. 计算图 10-17 电路中 k 点发生三相短路时的 I''、$I_{0.2}$、I_{∞}、i_{ch}、I_{ch}和 $S_{0.2}$。图中发电机为装有自动电压调整器的汽轮发电机。

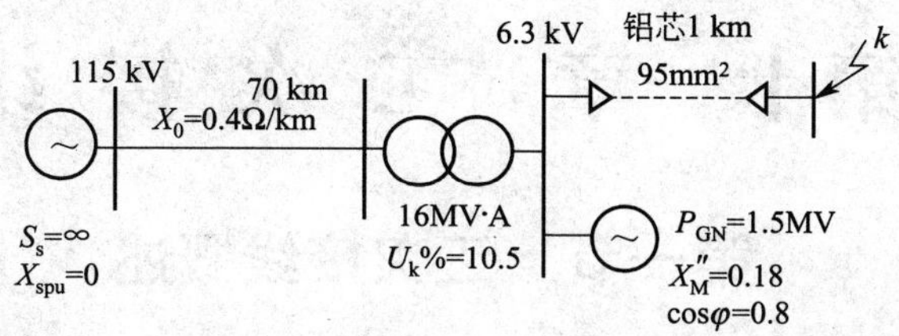

图　10-17

10. 导体通过电流时发热的主要原因危害是什么?

11. 电气设备的额定电流应怎样定义?

12. 短路电流发热的主要特点是什么?

13. 同一平面内三相载流导体所受电动力有什么特点?

14. 选择电气设备总的原则是什么?

15. 选择电气设备的一般方法步骤是什么?

第十一章 二 次 接 线

第一节 二次接线概述

一、二次接线的概念、功能与分类

二次设备是指对一次设备的工作状态进行控制、保护、监视和测量的一系列低压、弱电设备，又称为辅助设备。包括测量、控制和信号装置、继电保护装置、自动装置、操作电源、控制电缆及熔断器等。二次设备通过电压互感器和电流互感器与一次设备取得电的联系。变电所中的二次设备按一定顺序相互连接而成的电路称为二次电路，也称为二次接线。

二次接线是供电系统电气接线的重要组成部分，它附属于一定的一次接线或一次设备，二次接线的基本任务是：反映一次设备的工作状况，控制一次设备；当一次设备发生故障时，能将故障部分迅速退出工作，以保持电力系统处在最佳运行状态。

二次接线按电流制分为直流回路和交流回路。按工作性质分为监视测量单元、控制单元、信号单元、调节单元、继电保护和自动装置、远动化以及操作电源系统等几个部分。

1. 监视、测量单元

主要由测量元件及其相关回路组成，其作用是监视、测量一次设备的工作状态，以便运行人员掌握一次设备运行情况，为运行管理、事故分析提供参数。

2. 控制单元

主要由控制开关、相应的控制继电器组成，其作用是对一次高压开关设备进行合、分闸操作。控制回路按自动化程度可分为手动控制和自动控制两种；按控制距离可分为就地控制和距离控制两种；按操作电源性质可分为直流操作和交流操作两种。

3. 信号单元

变电所信号单元主要有开关设备的位置信号、继电保护和自动装置的动作信号和中央信号三部分组成。其主要作用是反映一次设备和二次设备的工作状态。

4. 调节单元

调节单元是指调节型自动装置，主要有测量机构、传送机构、调节器和执行机构组成。其作用是根据一次设备运行参数的变化，实时在线调节一次设备的工作状态，以满足运行要求。

5. 继电保护与自动装置单元

电力系统发生故障或出现不正常运行状态时，能够自动反应和处理故障。例如：测定故障的参数和位置，切除故障设备，投入备用设备等，这些设备统称为电力系统的继电保护与自动装置，主要有继电保护、自动装置和相应的辅助元件组成。其作用是：自动判别一次设备的工作状态；在事故和不正常运行状态时，继电保护装置能够自动跳开断路器（切除故障）和消除不良状态并发出报警信号；当事故或不正常运行状态消失后，快速投入断路器，恢复系统正常

运行。

6. 远动单元

为了完成变电所与调度所之间远距离信息的实时自动传输，必须应用远动技术，采用远动装置。远动技术即调度所与各被控端(包括变电所等)之间实现遥控、遥测、遥信和遥调技术的总称。远动化的主要任务：其一是集中监视，提高安全经济运行水平。正常状态下实现合理的系统运行方式。事故时，及时了解事故的发生和范围，加快事故处理；其二是集中控制，提高劳动生产率。调度人员可以借助远动装置进行遥控或遥调，实现无人化或少人化，并提高运行操作质量，改善运行人员的劳动条件。

变电所中的继电保护和远动装置属于二次接线范畴，但因为它们自成一个完整的体系，将其独立看待，专门研究。此处所讲的二次接线仅为变电所的控制、信号、监测等电路，不包括测控单元、继电保护单元的内部接线和原理。

7. 操作电源系统

主要有电源设备和供电网络组成，它包括直流电源和交流电源系统。其作用是供给上述各单元工作电源。变电所的操作电源多采用直流电源系统，简称为直流系统，部分小型变电所也可采用交流电源或整流电源(如硅整流电容储能或电源变换式直流系统)。

二、电气图形文字符号

电气图中元件、部件、组件、设备、装置、线路等一般是采用图形符号、文字符号和项目代号来表示。图形符号、文字符号和项目代号可看成是电气工程语言中的“词汇”。阅读电气图，首先要了解和熟悉这些符号的形式、内容、含义，以及它们之间的相互关系。

(一)图形符号

通常用于图样或其他文件以表达一个设备或概念的图形、标记或字符，统称为图形符号。

电气图中所用的图形符号主要是一般符号和方框符号。

1. 一般符号。用以表示一类产品和此类产品特征的一种通常很简单的符号。

2. 方框符号。用以表示元件、设备等的组合及其功能的一种简单图形符号。即不给出元件、设备的细节，也不考虑所有连接，例如：正方形、长方形、圆形图形符号。

根据国家标准《电气图用图形符号》的规定，将电气图形符号分为 11 类，常用的图形符号参见附录二。

图形符号均是按无电压、无外力作用的正常状态表示的，所谓正常状态是指电气元件的受电量和非电气元件的受力量均未达到动作值的状态。例如，继电器、接触器的线圈未通电；断路器、隔离开关未合闸；按钮未按下；行程开关未到位等。因此，常开接点是指设备在正常状态时断开着的接点，也称为动合接点或正接点；常闭接点是指设备在正常状态时闭合着的接点，也称为动断接点或反接点。

在选用图形符号时，应尽可能采用优选形；在满足需要的前提下，尽可能采用最简单的形式；在同一图号的图中只能选用同一种图形形式。大多数图形符号的取向是任意的。在不会引起错误理解的情况下，可根据图面布置的需要将符号旋转或取其镜像放置。

(二)文字符号

在电气图中，除了用图形符号来表示各种设备、元件等外，还在图形符号旁标注相应的文字符号，以区分不同的设备、元件，以及同类设备或元件中不同功能的设备或元件。电气常用文字符号参见附录一。

文字符号分为基本文字符号和辅助文字符号。基本文字符号分为单字母符号和双字母符号。

1. 单字母符号。单字母符号是用拉丁字母将各种电气设备、装置和元器件划分为 23 大类,每大类用一个专用单字母符号表示。由于拉丁字母“I”和“O”易同阿拉伯数字“1”和“0”混淆,因此不把它们作为单独的文字符号使用。字母“J”也未采用。

2. 双字母符号。双字母符号是由一个表示种类的单字母符号与另一字母组成,其组合形式是以单字母符号在前,另一字母在后的次序列出。只有当用单字母符号不能满足要求,需要将大类进一步划分时,才采用双字母符号,以便较详细和更具体地表述电气设备、装置和元器件。

3. 辅助文字符号。辅助文字符号是用以表示电气设备、装置和元器件以及线路的功能、状态和特征的,通常是由英文单词的前一两个字母构成。辅助文字符号一般放在基本文字符号的后边,构成组合文字符号,也可单独使用,如“ON”表示接通,“OFF”表示关闭。

文字符号的组合形成一般为:

基本符号+辅助符号+数字序号

例如:第 3 组熔断器,其符号为 FU3;第 2 个接触器,其符号为 KM2。

三、二次接线图的类型

用来表明二次设备的配置、相互连接关系和工作原理的电气接线图,称为二次电路图,即二次接线图。按照用途,一般将二次接线图分为归总式原理接线图、展开式原理接线图和安装接线图。

(一)归总式原理接线图

归总式原理接线图简称原理图,是以整体的形式表示各二次设备之间的电气连接及其工作原理的接线图,一般与一次接线中有关部分画在一起。

1. 原理图主要特点

(1)二次接线和一次接线的有关部分画在一起,且电气元件以整体的形式来表示,能表明各二次设备的构成、数量及电气连接情况,图形直观形象,便于设计构思和记忆,并可清晰地表明二次接线对一次接线的辅助作用。

(2)用统一的图形和文字符号表示,按动作顺序画出,便于分析整套装置的动作原理,能使我们对整套保护装置的工作原理有一个整体概念,是绘制展开式原理接线图等其他工程图的原始依据。

(3)其缺点是交、直流回路画在一起,连线交叉零乱,又没有元件间的内部连线、端子号码和回路的标号等,对于较复杂的装置很难用原理接线图表现出来,即使画出了图,也很难看清楚,安装接线时容易出差错,不便于现场查找回路及调试,依靠它排除故障较困难。

2. 下面以图 11-1 所示某输电线路过电流保护原理接线图为例,说明这种接线图的特点。

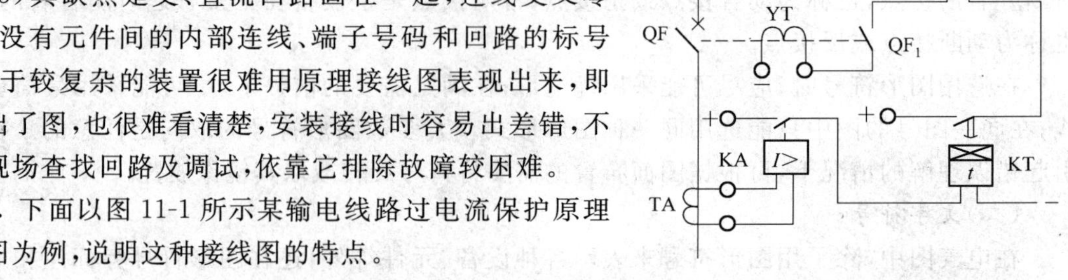

图 11-1 某输电线路过电流保护原理图

由图 11-1 可见,过电流保护装置由一个电流继电器

KA、时间继电器 KT、信号继电器 KS 组成，并通过电流互感器 TA 和断路器分闸线圈 YT 与主电路联系在一起。正常时，由于负荷电流经电流互感器变流后流入电流继电器线圈的电流值小于 KA 的动作值，所以导致各继电器均处于正常状态，常开接点断开。断路器处于合闸位置的动作状态，其常开辅助接点闭合。

当一次电路发生短路故障时，馈线电流增大，TA 的二次电流也随之增大。当二次电流增大至 KA 的整定动作值时，KA 动作，其常开接点闭合，接通了 KT 线圈的直流回路，其带时限的常开接点延时闭合，使直流电源的正极经 KT 的常开接点、KS 的线圈、断路器常开辅助接点、分闸线圈与直流电源的负极接通，分闸线圈受电，断路器操动机构动作，使断路器跳闸，自动切除故障线路。同时，信号继电器受电动作，其接点转换，发出分闸信号。

(二)展开式原理图

详细内容见本章第二节所述。

(三)安装接线图

详细内容见本章第三节所述。

第二节　展开式原理图

展开式原理接线图是将二次设备按其线圈和接点的接线回路展开分别画出，将整体形式的二次电路按其供电电源的性质不同，分解成交流电压、交流电流和直流回路等相对独立的部分，组成多个独立回路，表示二次电路设备配置、连接关系和工作原理的二次接线图。简称展开图。

一、展开图结构及特点

展开图的主要特点是以分散的形式表示二次设备之间的电气连接。

1. 按不同电源回路划分成多个独立回路。例如：直流与交流回路分开绘制，直流回路又分控制回路、测量回路、保护回路和信号回路等；交流回路又分电流回路和电压回路。

2. 同一元件的线圈、接点按其通过电流性质的不同，分别绘入对应的直流回路、交流回路中去。例如：交流电流线圈接入电流回路，交流电压线圈接入电压回路。为了避免看图时产生混淆，属于同一元件的线圈和接点标有相同的文字符号。

图 11-2 为在图 11-1 的基础上绘制的某输电线路电流保护展开式原理图。该馈线过电流保护装置的接线，可用交流电流回路、直流回路两部分图来表示，同样能说明该保护装置的工作原理(略)。

展开图中，属于同一性质电路内的线圈、接点按电流通过的方向顺序(该顺序应便于接线)连接构成各自的回路。在同一回路里，继电器的线圈、接点及其他二次设备按电流流通的顺序从左至右依次连接，称为展开图的“行”。并在各行的右侧标出回路作用的文字说明。各回路的排列顺序一般是先交流电流回路、交流电压回路，后直流回路。在每个回路当中，对交流回路来说按 U、V、W、N 相序分行排列的；对直流回路则是按各元件动作的先后顺序由上而下逐行垂直排列的。

比较图 11-1 和 11-2 可见，展开图 11-2 接线清楚，全图从左到右，从上到下层次清楚，动作顺序层次分明，便于读图和分析，特别在复杂电路中优点更为突出。

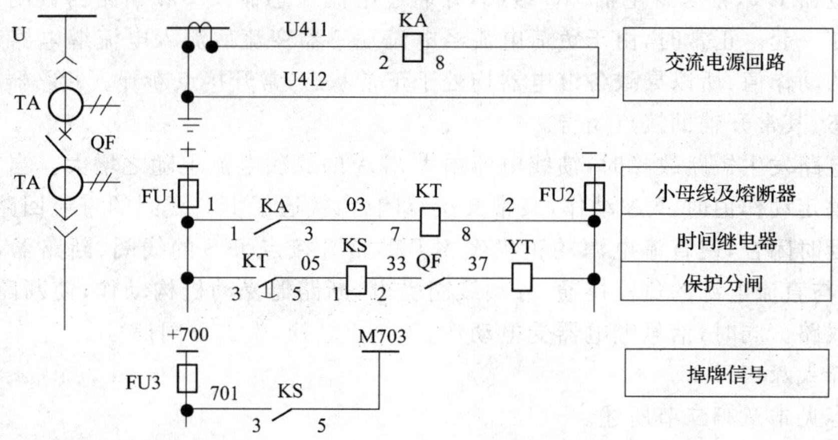

图 11-2　某输电线路过电流保护展开图

二、看二次接线图的基本方法

二次接线图的逻辑性很强，在绘制时遵循着一定的规律，所以看图时若能抓住规律就很容易看懂。看图的基本方法如下。

1. 根据展开图右侧的文字说明，了解各回路的性质，然后从上到下逐个回路看通。

2. 先交流、后直流；交流看电源，直流找线圈，抓住接点不放松，一个一个全查清。"先交流、后直流"是指先看二次接线图的交流回路，把交流回路看完弄懂后，根据交流回路的电气量以及在系统中发生故障时这些电气量的变化特点，向直流逻辑回路推断，再看直流回路。一般说来，交流回路比较简单，容易看懂。"交流看电源，直流找线圈"是指交流回路要从电源(交流回路的电流互感器和电压互感器的二次绕组)入手。交流回路有交流电流和电压回路两部分，先找出电源来自哪组电流互感器或哪组电压互感器，再由此顺回路接线往后看：交流沿闭合回路依次分析设备的动作；直流从正电源沿接线找到负电源，并联系与交流回路有关的线圈分析各设备的动作。"抓住接点不放松，一个一个全查清"是指继电器线圈找到后，再找出与之相应的接点。根据接点的闭合或开断引起回路的反应情况，再进一步分析，直至查清整个逻辑回路的动作过程。

3. 先线圈，后接点。即先查起动元件，后查起动元件的接点通断的电路。因为只有到继电器或装置的线圈通电(并达到其起动值)，其相应接点才会动作；由接点的通断引起回路的变化，进一步分析整个回路的动作过程。

4. 先上后下、先左后右，盘外设备一个也不漏。"先上后下，先左后右"可理解为：一次接线的母线在上而负荷在下；在二次接线的展开图中，交流回路的互感器二次侧线圈(即电源)在上，其负载线圈在下；直流回路正电源在上，负电源在下，驱动接点在上，被起动的线圈在下；端子排图、盘后接线图一般也是由上而下；单元设备编号，则一般是由左至右的顺序排列的。某一完整功能的实现，要通过若干"行"完成，各"行"可能在不同的图纸上，应找全与该功能相关的所有图纸。

由于展开图结构清楚，标号明确，所以其应用较为广泛。它不但便于施工安装接线，也有利于变电所的运行维护、检修调试及故障分析处理。因此，要求从事变电所工作的有关人员都

要学会看展开图，并且熟练的掌握。特别是变电所的值班人员，更要加倍熟悉展开图，对它做到了如指掌。当变电所内发生故障时，才能做到迅速、正确地判断和处理故障，使之尽快恢复正常运行。

展开图是二次接线装置施工、运行维护以及故障分析和处理的重要图纸，也是绘制安装接线图的主要依据。但现场安装施工还需更具体的安装接线图。

第三节　安装接线图

为了安装施工和维修试验的方便，在前述原理接线图、展开接线图的基础上，还需要绘制用于具体安装施工接线用的安装施工图，用来表明二次接线的实际安装情况。

用于表明配电盘的类型，各二次设备在盘上的安装位置以及设备间的尺寸及二次设备接线情况的图叫安装接线图。在安装接线图中，各种仪表、继电器和端子排，都是按国标图形绘制的。为了便于安装接线和运行中检查，所有设备的端子和连接导线都加上走向标志。安装接线图一般包括盘面布置图、端子排图和盘后接线图。有时盘后接线图和端子排图画在一起。

安装接线图是生产厂家制造控制盘、保护盘以及现场施工安装接线所依据的主要图纸，也是变电所运行维护等项工作的主要参考图。

一、盘面布置图

根据配电盘及各二次设备的实际尺寸，按一定比例绘制而成的盘面设备布置图，称为盘面布置图。它表示了配电盘正面各安装单位二次设备的实际安装位置，是正视图，并附有设备明细表，列出盘中各设备的名称、型号、技术数据及数量等，以便制造厂备料和安装加工。

盘面布置总的原则是：应便于监视、操作、检修、试验且保证安全，设备应布置的对称、整齐、美观、紧凑，并留有余地，以利扩建。

二、端子排图

在测控保护屏（盘）的屏后左右两侧面，通常垂直布置了接线端子排，也有的端子排采用水平布置方式，安装在盘后的下部。端子排由各种形式的单个接线端子（简称端子）组合而成，是二次接线中各设备间接线的过渡连接设备。表示各接线端子的组合及其与盘内外设备连接情况的图称为端子排图。端子排图是背视图，它反映了配电盘上需要装设的端子数目、类型、排列次序、导线去向以及端子与盘上设备及盘外设备连接情况，是变电所配电盘的生产、安装以及运行维护必不可少的图纸。

三列式端子排图如图 11-3 所示。与电缆相连接侧的标号，标明所接盘外设备的二次回路标号和所接盘顶设备的名称符号。端子排中间列的编号是表明端子顺序号及端子类型。与盘内设备相连侧的标号是到盘内各设备的编号（或回路标号）。注意：端子排两侧的标记在安装接线中是标在连接导线所套的胶木头或塑料套管上的。端子排的起始、终端端子上，标注端子排所属的回路名称、文字符号及安装单位。同盘内有多个安装单位时，端子排按各安装单位划分成段，并以终端端子分隔。同类安装单位的端子排的结构、接线顺序相同。

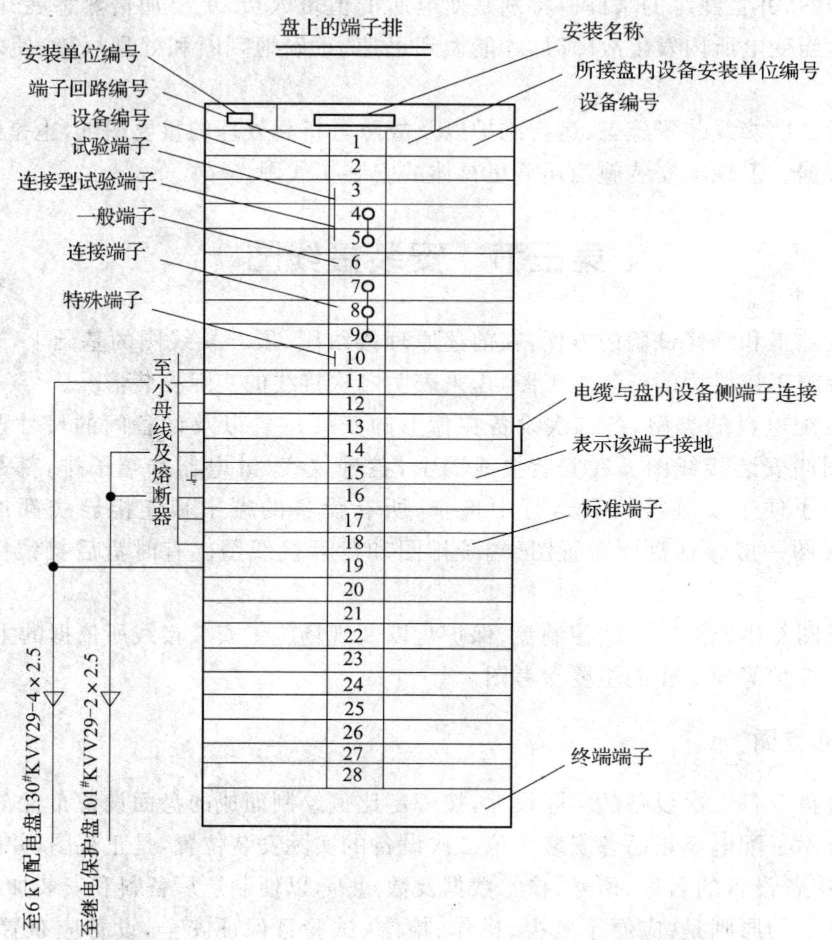

图 11-3　端子排表示方法示意图

一般端子用于连接盘内外导线(电缆)。试验端子用于需要接入试验仪表的电流回路中,可以在不切断二次回路的情况下检校测量表计和继电器,一般交流回路应设置试验端子。连接型试验端子同时具有试验端子和连接端子的作用,用于端子上需要彼此连接的电流试验回路中。连接端子用于同一导线编号的多根分支线连接。此端子的绝缘隔板在正中螺钉处开置一缺口,以便通过连接片将相邻的端子连接起来。终端端子用于固定或分隔不同安装单位的端子排,终端端子不接线,上面打有文字符号,表明端子排的归属。标准端子直接连接盘内外导线用。特殊端子用于需要很方便断开的回路中。如闪光母线、预告音响小母线等回路。隔板在不需要标记的情况下作绝缘隔板,并作增加绝缘强度用。

(一)端子排的设计及接线原则

端子排的设计应满足运行、检修、调试的要求,并适当与盘内设备的位置对应,一般布置在盘后的两侧。

1. 端子排的设置应与盘内设备相对应,如当设备位于盘的上部时,其端子排也最好排于上部;靠近盘左侧的设备接左侧端子排,右侧设备接右侧端子排。盘外引出线接端子排外侧,盘内引出线接端子排内侧。以便节省导线、便于查找和维修。

2. 同一盘内不同安装单位设备间的连接、盘内设备与盘外设备间的连接以及为节省控制电缆需要经本盘转接的回路(也称过渡回路),需经过端子排。其中交流电流回路应经过试验端子,事故音响信号回路、预告信号回路及其他在运行中需要很方便地断开的回路(例如至闪光小母线的回路)需经过特殊端子或试验端子。

3. 同一盘上相邻设备之间的连接不经过端子排;而两设备相距较远或接线不方便时,需经过端子排。

4. 盘内设备与盘顶设备间的连接需经过端子排。

5. 各安装单位主要保护的正电源一般均由端子排引接。保护的负电源应在盘内设备之间接成环形,环的两端应分别接至端子排。

6. 端子排的上、下两端应装终端端子,且在每一安装单位端子排的最后预留 2～5 个端子作为备用。当端子排长度许可时,各组端子之间也可适当地留 1～2 个备用端子。正、负电源之间,经常带电的正电源与合闸或跳闸回路之间的端子应不相邻或者以一个空端子隔开,以免在端子排上造成短路使断路器误动作。

7. 一个端子的每一端一般只接一根导线,在特殊情况下最多接两根。连接导线截面一般不超过 6 mm^2。

(二) 端子排的排列方法

每一安装单位都应有独立的端子排。不同安装单位的端子应分别排列,不得混杂在一起,每排端子一般不宜超过 20 只,最多时不应超过 145 只。为接线方便,规定端子排垂直布置时,从上到下,水平布置时从左到右按下列回路分组顺序地排列。

1. 交流电流回路(不包括自动调整励磁装置的电流回路):按每组电流互感器分组。同一保护方式下的电流回路(例如差动保护)一般排在一起,其中又按回路标号数字大小的顺序由上而下排列,数字小的在上面,然后再按相别 U、V、W、N 排列。

2. 交流电压回路(不包括自动调整励磁装置的电压回路):按每组电压互感器分组。同一保护方式下的电压回路一般排在一起,其中又按回路标号数字大小的顺序及相别 U、V、W、N 自上而下排列。

3. 控制回路:同一安装单位内按熔断器配置原则分组。按回路标号数字范围排列,其中每段里先排正极性回路(单号),顺序为由小到大;再排负极性回路(双号),顺序为由大到小。

4. 信号回路:按预告信号、位置信号及事故信号分组,每组按数字大小排列,先排正电源,后排负电源。

5. 转接回路:先排本安装单位转接端子,再排其他安装单位的转接端子,最后排小母线兜接用的转接端子。

6. 其他回路:其中又按远动装置、励磁保护、自动调整励磁装置的电流和电压回路、远方调整及联锁回路等分组。每一回路又按极性、编号和相序顺序排列。

三、盘后接线图

盘后接线图是以展开图、盘面布置图和端子排图为原始资料而绘制的实际接线图。它是背视图,即是从盘的背后看到的设备图形。盘后接线图标明了盘上各个设备引出端子之间的连接情况,以及设备与端子排之间的连接情况,是制造厂生产盘过程中配线的依据,也是施工和运行的重要参考图纸,它由制造厂的设计部门绘制并随产品一起提供给用户。

(一)盘后接线图的布置

图 11-4 是常见的盘后接线图的布置形式,对安装在盘正面的设备,在盘后看不见设备轮廓者以虚线表示;在盘后看得见设备轮廓者以实线表示。由于盘后接线图为背视图,看图者相当于站在盘后,所以左右方向正好与盘面布置图相反。安装于盘后上部的设备,如熔断器、小刀闸、电铃、蜂鸣器等在盘后接线图中也画在上部,但对这些设备来说,相当于板前接线,应画成正视图。盘后的左、右端子排画在盘的左右两边,端子排上面画小母线。

画盘后接线图时,应先根据盘面布置图,按在盘上的实际安装位置把各设备的背视图画出来。设备形状应尽量与实际情况相符。因盘上设备的相对位置尺寸已在盘面布置图确定,所以盘后接线图不要求按比例尺绘制,但要保证设备间相对位置的准确。盘后接线图设备图形内有设备内部接线和接线柱的实际安装位置和顺序编号。成套装置和仪表可以只画出外部接线端子的实际排列顺序。

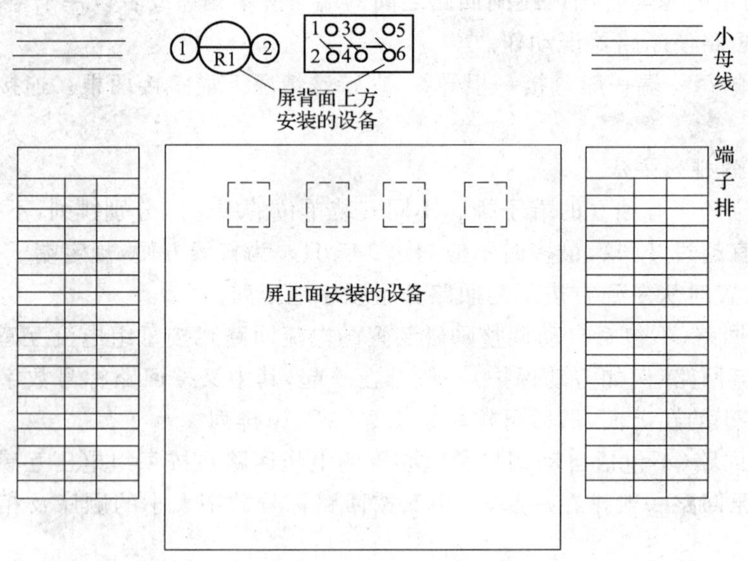

图 11-4 盘后接线图的布置

(二)设备图形的标示

盘后接线图中在各个设备图形的上方应加以标号,如图 11-5 所示。标号包括下列内容。

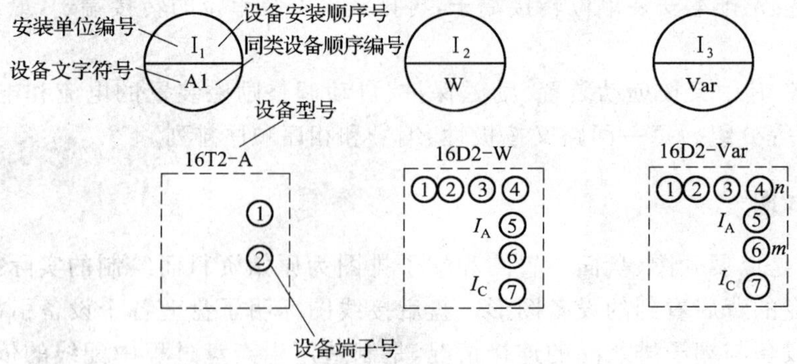

图 11-5 盘后接线图中设备图形标志法

1. 与盘面布置图相一致的安装单位编号及设备顺序号，如 I_1、I_2、I_3 等，其中罗马数字 Ⅰ 表示安装单位代号，阿拉伯数字脚注 1、2、3 表示设备安装顺序。

2. 与展开图相一致的该设备的文字符号和同类设备编号，如 A 表示电流表，A 后面的 1 表示第一块电流表。

3. 与设备表相一致的设备型号。

（三）接线端子的编号

将盘上安装的各设备图形画好之后，下一步是根据订货单位提供的端子排图绘制端子排。将其布置在盘上的一侧或两侧，给端子加以编号，并根据订货单位提供的小母线布置图，在端子排的上部，标出盘顶的小母线，并标出每根小母线的名称。最后，根据展开图对盘上各设备之间的连接线及盘上设备至端子排间的连接线进行标号。

在变电所中，二次设备是十分复杂的，其接线数目很多，如采用对每个连接线都从起点到终点用线条直接连起来的画法，不但制图很费时间，而且在配线时也很难分辨清楚，极易造成错误。所以普遍采用在各设备的端子旁及端子排旁进行标号的方法，用符号注明该端子应该连接到哪里去。盘后接线图及端子排图都是以二次展开图为依据，利用“相对标号法”对应标号画出的。

相对标号法就是在每个接线端子处标明它所连接对象的编号，以表明二者间相互连接关系的一种方法。如甲、乙两端子需相连接时，就在甲端子处标明乙端子的标号，在乙端子处标明甲端子的标号。由于是相互标注连接对方的标号，故称为相对标号法。这样，在接线和维修时就可以根据图纸，对盘上每个设备的任一端子，都能找到与它连接的对象。如果在某个端子旁边没有标号，那就说明该端子是空着的，没有连接对象；如果有两个标号，那就说明该端子有两个连接对象，配线时应用两根导线接到两处去。按规定，每个端子上最多只能接两根导线。如图 11-6 所示为相对标号法。

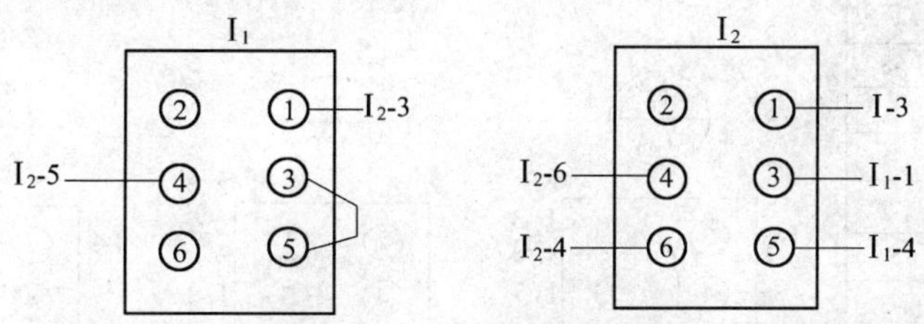

图 11-6　相对标号法接线

相对标号法标记符号含义如图 11-7 所示。

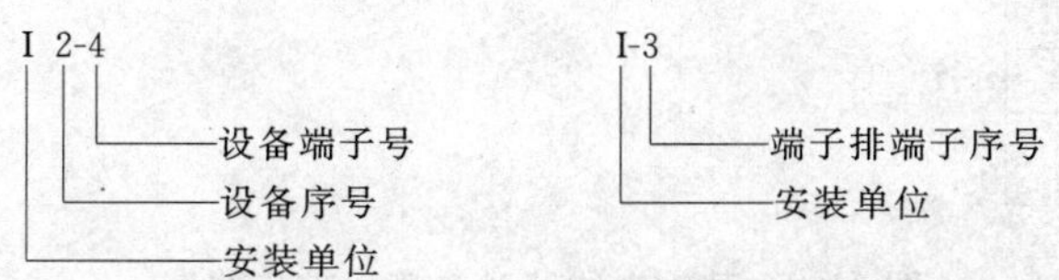

图 11-7　相对标号法标注符号含义图

相对标号法具有表示简单、清晰，查线方便等优点，当二次接线复杂时尤为突出。因此，目前广泛采用相对标号法。

四、安装接线图举例

安装接线图是最具体的施工图。城市轨道交通供电系统的变电所中，采用了微机型成套测控保护单元，常见的二次接线图纸为展开接线图和端子排图，是变电维修人员进行日常维护与故障查找排除重要的图纸依据。

根据某输电线路过电流保护展开图(图 11-2)而绘制的馈线保护盘盘后接线图如图 11-7 所示。

本安装单位内设有三个继电器(KA、KT、KS)，分别安装在盘面上，在盘后接线图中布置在中间相对应的位置。设备序号分别编为I_1、I_2、I_3。左侧为端子排，经电缆与盘外的电流互感器、断路器及馈线控制盘端子排相连，采用等电位标号法表示。左上侧为小母线，上部中间为盘顶设备(如电阻)。盘内设备与端子排间、盘内设备与设备间的连接关系采用相对标号法表示。

图 11-8 中交流电流回路中，电流互感器 TA 二次侧端子 TA-1 和 TA-2 经试验端子与电流继电器线圈 KA 相连。即电流继电器 KA 的端子②通过端子排的端子 1 与 TA-1 相连，KA 的端子⑧通过端子排的端子 2 与 TA-2 相连。图 11-8 用相对标号法表示在端子排的端子 1 内侧标 I_1-2，电流继电器端子②处标记Ⅰ-1，这表明了二者的相互连接关系。同理，在端子排的端子 2 内侧标 I_1-8，电流继电器端子②处标记Ⅰ-2，这也表明了二者的相互连接关系。而在端子排的外侧，端子 1 和端子 2 都连接到电流互感器上。

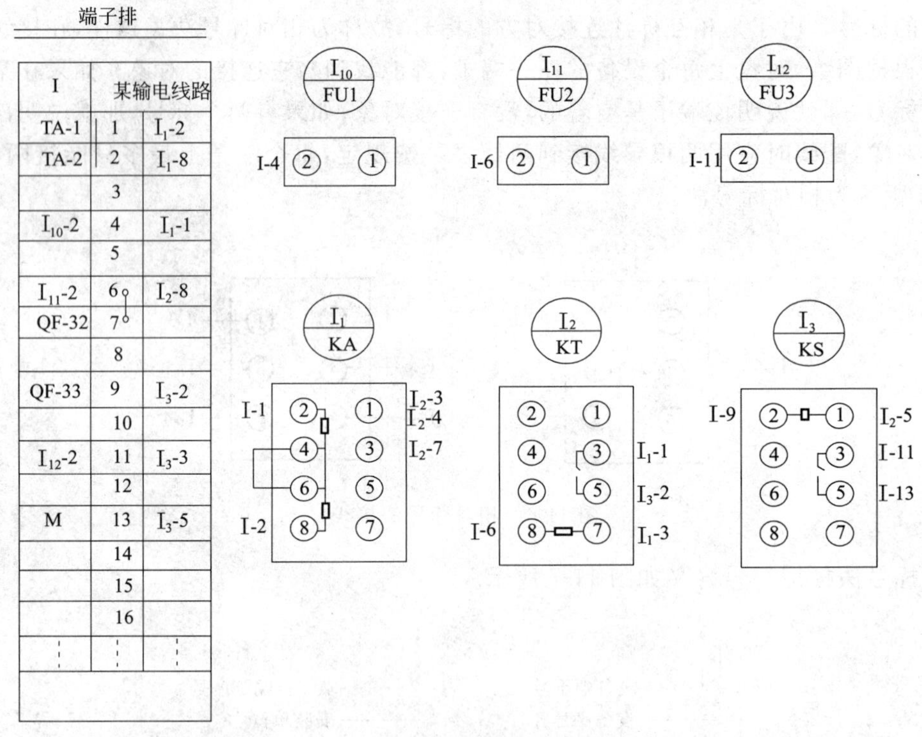

图 11-8　某输电线路过电流保护接线图

控制回路和信号回路的直流正、负电源由馈线控制盘引来，经端子排分别与相应的设备连接。例如控制回路正电源由端子排的端子 4 与电流继电器的端子①相连，并经端子①转接至时间继电器的端子③，满足了二次回路中正电源与设备的相互连接关系。其他接线的连接原理同上，如图 11-7 所示。

同设备端子相连的电流继电器端子④和⑥因回路简单，且两端子相邻，故采用线段直接连接的方法，这能清晰地表达连接关系。

第四节　控制电路概述

一、控制电路的基本构成

变电所的断路器、隔离开关的控制电路一般是由指令单元、闭锁单元、联锁单元、中间传送放大单元、执行单元和连接它们的导线等二次电气设备组成。

指令单元一般由控制开关、转换开关、按钮、保护出口继电器和自动装置等构成，其作用是发出断路器、隔离开关分、合闸命令脉冲。

闭锁单元一般是由闭锁继电器接点、断路器的辅助接点组成，其作用是当一次设备发生重故障时，闭锁接点打开，切断分合闸回路，避免断路器重合闸于故障设备，防止事故范围进一步扩大。例如，当主变压器发生重瓦斯保护动作时，闭锁继电器的接点打开，闭锁断路器的人工合闸或自动合闸回路。

断路器、隔离开关实行联动操作时，通常在控制回路中设置联锁单元，有效地保证断路器、隔离开关操作顺序的正确性。

中间传送、放大单元是由继电器、接触器及其接点组成，其作用是将指令单元发出的命令脉冲放大，并按一定程序送给执行机构。

执行单元是断路器、隔离开关的操动机构，其作用是按命令驱使断路器分合闸。

断路器、隔离开关的控制电路结构如图 11-9 所示。

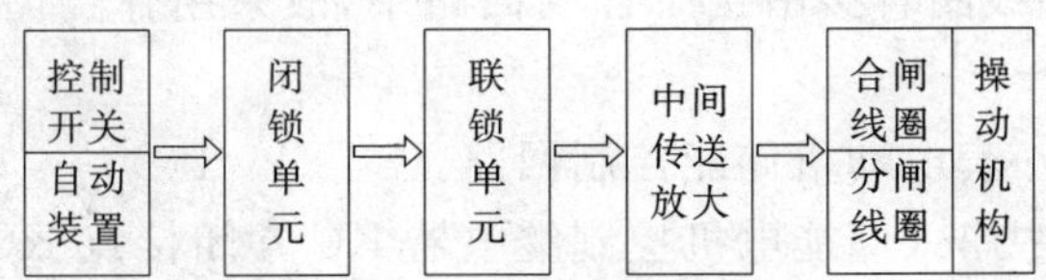

图 11-9　断路器、隔离开关的控制电路结构框图

二、控制电路的类型

按指令电器与操作机构之间距离的远近，电气控制的方式可分：远动控制、距离控制、就地控制三种。

远动控制：由电力调度通过微机集中控制操纵高压断路器和隔离开关分合闸，改变各变电所的运行方式，也称为遥控。

就地控制：操作人员在断路器及隔离开关操动机构箱内通过按钮或转换开关，或者用手直接操作手动机构控制断路器和隔离开关分、合闸。

距离控制：在变电所主控室中，通过监控主机或者控制开关对电器进行操作控制。故距离控制又称所内控制。断路器距离控制的操作方法有手动控制（如手操纵鼠标键盘、按钮、控制开关等）和自动控制（如继电器或自动装置自动发出分、合闸命令脉冲）两种。

三、控制电路的基本技术性能

1. 能进行正常的人工分闸与合闸，又能进行故障时的自动分闸或自动重合闸。分、合闸操作执行完毕后，应能自动解除命令脉冲，断开分、合闸回路，以免分、合闸线圈长期受电而烧毁。

2. 能够指示断路器的分、合闸位置状态，自动分、合闸时应有明显的信号显示。

3. 能监视控制电源及下一次操作电路的完整性。

4. 无论断路器的操动机构中是否设有防止跳跃的机械闭锁装置，控制电路中均应设防止跳跃的电气闭锁装置。

5. 对于采用气动、弹簧、液压操动机构的断路器，其控制电路中应设相应的气压、弹簧(压力)、液压闭锁装置。

6. 当隔离开关采用电动操作时，断路器与隔离开关控制电路中设置相应的联锁措施，保证其联动操作顺序的正确性。

7. 接线应力求简单，可靠，联系电缆的条数、芯数应尽量减少。

第五节　采用弹簧操动机构的断路器控制及信号电路

在城轨交通供电系统中，中压(35 kV 或者 10 kV)系统断路器一般采用真空断路器，配用弹簧储能操动机构，变电所综合自动化系统中的测控单元(computer measurement and control unit)承担对该断路器的测量、控制功能，电缆光纤纵联差动保护(fiber longitudinal differential protection unit)监测电缆故障并作用于断路器跳闸。

一、电路结构要点

图 11-10 为应用弹簧储能操动机构的断路器的测控装置原理图。该电路图特点是：

1. 合闸电流小，合闸线圈直接串接于合闸回路中，故采用弹簧储能操动机构的断路器所配备的蓄电池容量很小。

2. 控制电路中设了一套电动机储能控制回路。

3. 断路器合闸回路中串入储能电机控制继电器 KC 常闭接点 KC_1(该接点在弹簧压紧时是闭合的)，以确保只有在弹簧储能完毕并压紧的情况下才允许合闸。

4. 电路中设置了的二极管，其中正向二极管(例如 VD_2、VD_6 等)起到单向导通的作用；与线圈并联的反向二极管(例如 VD_4、VD_5 等)一方面为突然失电的线圈提供放电回路，另一方面当出现过电压时首先造成二极管的反向击穿引起直流电源空气开关跳闸，起到保护线圈的作用。与触点的并联电容 C_1、C_2 是为了熄灭触点在通断电流时产生的电弧。

二、电路原理分析

1. 合闸操作

电力调度中心传送远方合闸命令，或者由值班员在当地监控单元发出合闸命令，都可以使微机测控保护装置输出端子 MCU_{19} 和 MCU_{20} 瞬间导通，若合闸弹簧已储能完毕，则使：

$+ \rightarrow MCU_{19\text{-}20} \rightarrow XB1 \rightarrow QF_1$ 和 $QF_3 \rightarrow S_4 \rightarrow KCF_3 \rightarrow KC_1 \rightarrow$ YC 线圈 $\rightarrow VD6 \rightarrow -$；

电路接通。合闸线圈 YC 受电，操动机构驱使断路器合闸。

断路器合闸完毕，常闭辅助接点 QF_1、QF_3、QF_5 断开，常开辅助接点 QF_2、QF_4、QF_6 闭合。QF_1、QF_3 打开，切断了合闸命令脉冲使合闸线圈 YC 失电，QF_5 断开和 QF_6 闭合，分别通过微机测控保护装置开关量输入回路，为监控系统提供断路器位置状态信息。QF_2、QF_4 闭合，为

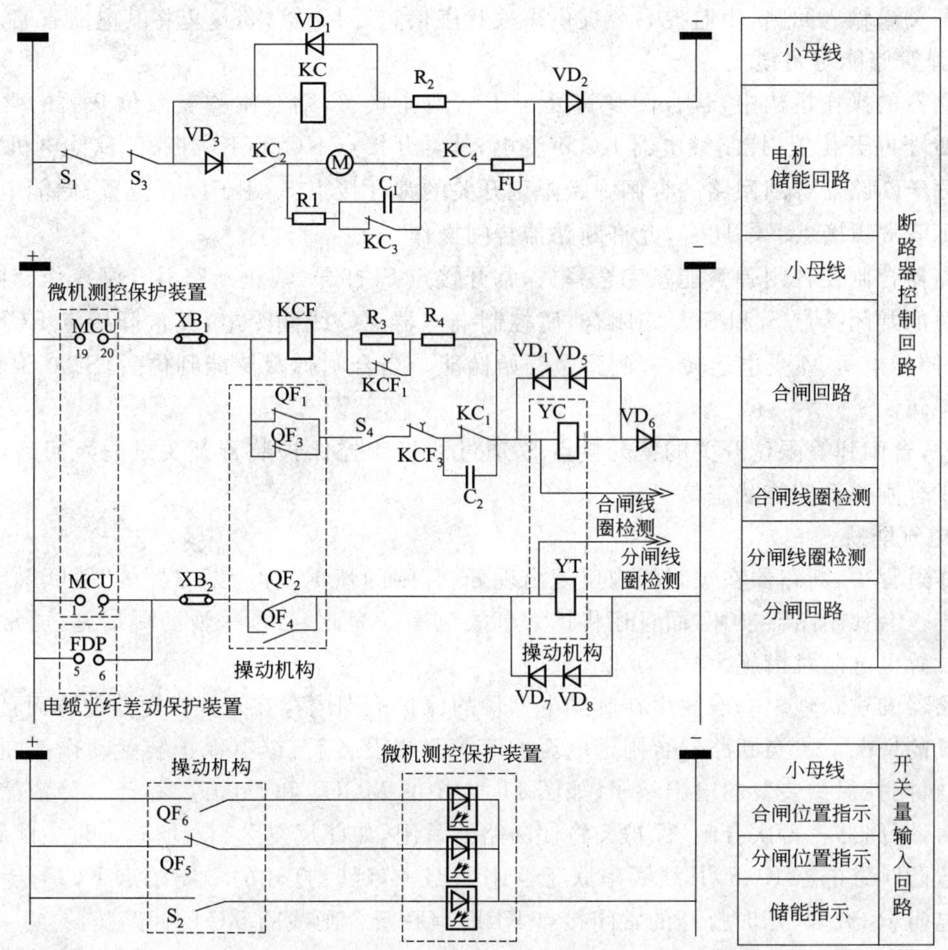

图 11-10　应用弹簧储能操动机构的降压所真空断路器控制原理图

分闸回路动作做好准备。

2. 分闸操作

电力调度中心传送远方分闸命令，或者由值班员在当地监控单元发出分闸命令，都可以使微机测控保护装置输出端子 MCU_1 和 MCU_2 瞬间导通，则使：

$+\rightarrow MCU_{1\text{-}2}\rightarrow XB_2\rightarrow QF_2$ 和 $QF_4\rightarrow$ YT 线圈 $\rightarrow -$；

电路接通，YT 受电动作，操动机构驱使断路器分闸。

断路器分闸到位，常闭辅助接点 QF_1、QF_3、QF_5 闭合，常开辅助接点 QF_2、QF_4、QF_6 打开。QF_2、QF_4 打开，切断了分闸命令脉冲使合闸线圈 YT 失电，QF_5 闭合和 QF_6 断开，分别通过微机测控保护装置开关量输入回路，为监控系统提供断路器位置状态信息。QF_1、QF_3 闭合，为合闸回路动作做好准备。

若在断路器处于合闸送电的状态下发生电缆短路事故，将由电缆光纤差动保护装置动作，其端子 FDP_5 和 FDP_6 瞬间导通，则使：

$+\rightarrow FDP_{5\text{-}6}\rightarrow XB_2\rightarrow QF_2$ 和 $QF_4\rightarrow$ YT 线圈 $\rightarrow -$；

电路接通，YT 受电动作，操动机构驱使断路器事故跳闸。

断路器辅助接点转换情况如上所述。电缆光纤差动保护装置的动作也将通过微机测控保护装置开关量输入回路，为监控系统提供事故状态信息，限于篇幅，这里将其电路省略。

3. 弹簧储能与闭锁

断路器的操作机构中，若合闸弹簧处于压缩储能状态，则合闸弹簧限位开关的常闭接点 S_1 和 S_3 处于断开位置，控制继电器 KC 不受电，其常开接点 KC_2 和 KC_4 断开，储能电机 M 不运转。串联于断路器合闸回路的合闸弹簧限位开关的常开接点 S_4 处于闭合位置，储能电机控制继电器 KC 常闭接点 KC_1 闭合，允许断路器合闸操作。

断路器合闸使合闸弹簧能量完全释放，常开接点 S_4 打开，禁止断路器合闸操作。同时，其限位开关的常闭接点 S_1 和 S_3 复归闭合，使控制继电器 KC 线圈受电，其常开接点 KC_1 和 KC_2 闭合，使储能电机 M 受电运转，合闸弹簧开始储能。当合闸弹簧储能到位后，S_1 和 S_3 断开，储能电机停转。

此外，合闸弹簧限位开关的常开接点 S_2 通过微机测控保护装置开关量输入回路，为监控系统提供合闸弹簧储能状态信息。

4. 电气防跳

操作过程中，断路器在短时间内反复出现分、合闸的情况，称为断路器的“跳跃”。多次频繁跳跃不仅会使断路器损坏，而且还将扩大事故范围。为此，必须采取防跳措施，通常在控制回路中设置电气防跳措施。

断路器的跳跃现象一般发生在其继电保护的保护范围内存在永久性短路故障而且合闸回路断不开的情况下。当断路器合闸送电至故障线路或设备后，继电保护装置动作使断路器跳闸，若微机测控保护装置的输出端子（如图 11-10 中的 MCU_{19} 和 MCU_{20}）由于故障依然处于接通状态时，断路器将再次合闸，保护又将使断路器跳闸，如此反复分、合动作，即发生跳跃现象。

设置防跳继电器 KCF，其线圈串联于合闸回路中，延时打开的常闭接点 KCF_1 与 3.4 kΩ 的高阻电阻 R_3 并联，延时打开的常闭接点 KCF_3 串联于合闸线圈 YC 的回路。

防跳继电器 KCF 线圈电阻极小，对合闸回路影响甚微，防跳继电器接点 KCF_1 处于闭合状态时（电阻 R_3 被短接）KCF 与 YC 可以同时受电动作。

如图 11-9 所示控制回路中，当断路器合闸于永久性故障点时，合闸过程中，KCF 与 YC 同时受电动作，但延时打开的常闭接点 KCF_1 和 KCF_3 均未达到延时时间仍处于闭合状态。断路器动静触头接近并预击穿后，电缆光纤差动保护装置动作，其端子 FDP_5 和 FDP_6 瞬间导通，断路器跳闸，若在此过程中微机测控保护装置的输出端子（如图 11-10 中的 MCU_{19} 和 MCU_{20}）由于故障始终处于接通状态，则延时打开的常闭接点 KCF_1 和 KCF_3 均达到延时时间而断开，KCF_3 打开使合闸线圈 YC 无法直接受电，KCF_1 打开使 3.4kΩ 的高阻电阻 R3 串入电路，分压后使合闸线圈 YC 达不到动作电压，有效避免了再次合闸。

只有当微机测控保护装置的输出端子（如图 11-10 中的 MCU_{19} 和 MCU_{20}）解除故障导通后，防跳继电器线圈断电返回，电路才能恢复合闸功能。

第六节　采用弹簧储能液压机构的断路器控制及信号电路

本节选用某高压开关厂生产的 110 kV SF_6 组合电器（GIS）中的 SF_6 断路器（配用弹簧储能液压操动机构）控制信号电路，电路图如图 11-11 所示。

一、断路器的手动控制

1. 手动操作合闸

合闸前，断路器在分闸位置；断路器辅助联动常闭接点 $QF_{19\text{-}20}$ 和 $QF_{23\text{-}24}$ 闭合。

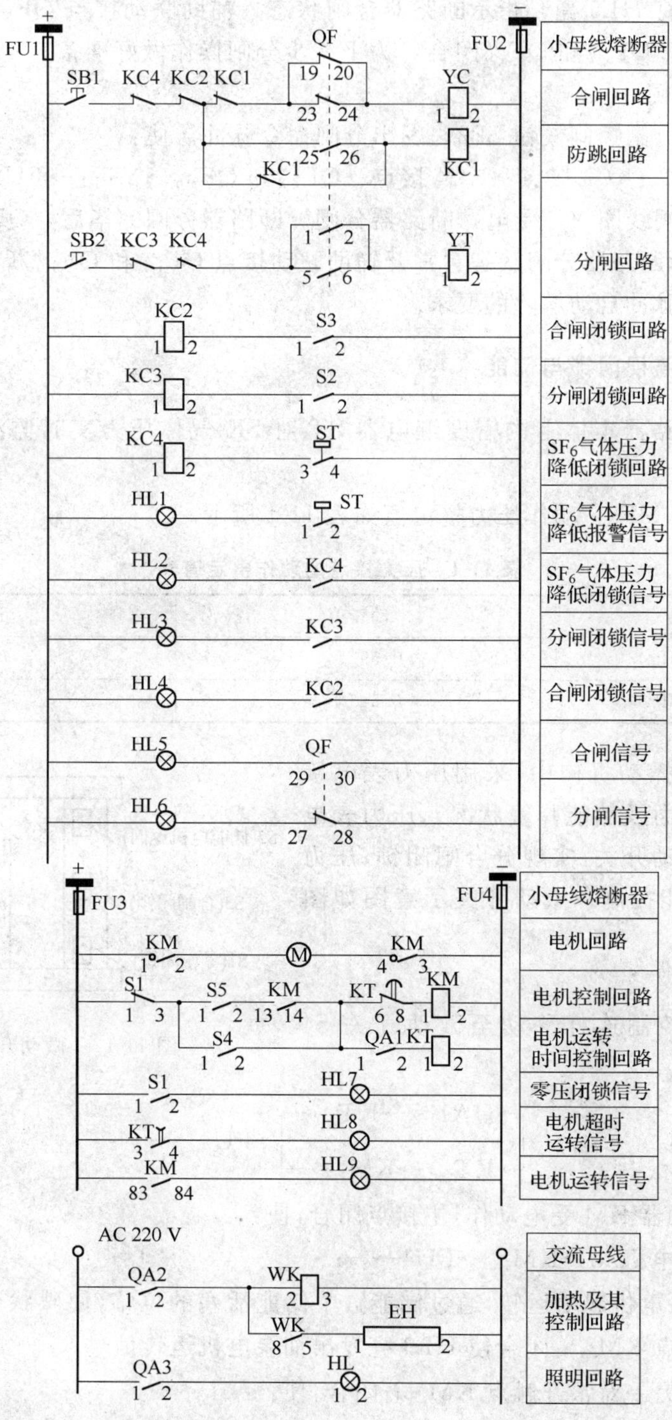

图 11-11　应用弹簧储能液压机构的断路器控制和信号回路展开图

合闸时，按下合闸控制按钮SB1，发出合闸命令脉冲。使：

+→FU1→SB1→KC4接点→KC2接点→KC1接点→QF_{19-20}和QF_{23-24}→YC_{1-2}→FU2→－；

电路接通，合闸线圈YC受电，操动机构驱动断路器合闸。断路器合闸完毕，QF_{29-30}闭合，合闸位置信号灯HL5亮，指示断路器合闸状态，辅助联动接点QF_{19-20}和QF_{23-24}断开，合闸线圈失电复归。QF_{1-2}和QF_{5-6}闭合，为下一步分闸操作做好准备。

2. 手动操作分闸

分闸时，按下分闸控制按钮SB2，发出分闸命令脉冲。使：

+→FU1→SB2→KC3接点→KC4接点→QF_{1-2}和QF_{5-6}→YT_{1-2}→FU2→－；

电路接通，分闸线圈YT受电，断路器分闸。断路器分闸完毕后，QF_{27-28}闭合，位置信号灯HL6亮，指示断路器分闸状态，常开辅助联动接点QF_{1-2}和QF_{5-6}断开，切断分闸线圈回路，达到了命令脉冲自动解除的要求。

二、断路器的监视闭锁与储能

安装在SF_6断路器本体上的密度继电器ST对SF_6气体压力实时监测，并实现分合闸闭锁。

额定气压0.64 MPa，动作压力整定值如表11-1所示。

表11-1　压力接点的动作整定值表

	动作值	返回值
ST_{1-2}报警值(MPa)	$0.59^{+0}_{-0.02}$	≤0.62
ST_{3-4}闭锁值(MPa)	$0.54^{+0}_{-0.02}$	≤0.57

弹簧储能液压操动机构中，采用压力表电接点监视液压系统压力及储能弹簧状况。压力表电接点中设置系列微动开关，实现分合闸闭锁、压力异常监视、自动储能控制。微动开关示意图如图11-12所示。

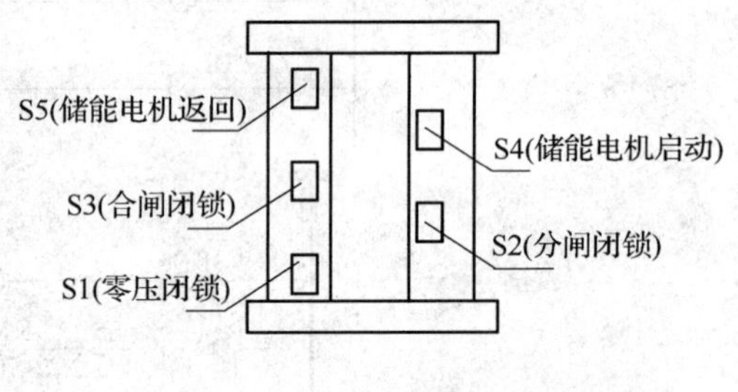

图11-12　微动开关示意图

1. 储能与控制

当油压降低，控制连杆移动至微动开关S4时，S4闭合，使：

+→FU3→$S1_{1-3}$→$S4_{1-2}$→{→$QA1_{1-2}$→KT_{1-2}；→KT_{6-8}→KM_{1-2}}→FU4→－

电路接通，接触器KM受电动作，主接点闭合，使：

+→KM_{1-2}→电机M→KM_{4-3}→FU4→－；

电路接通，油泵电机起动运转，通过储能缸中储能活塞的位移，使碟状合闸弹簧组压缩储能。接触器常开触点KM_{83-84}闭合使HL9亮发出油泵电机运转信号。

同时接触器的另一对常开触点KM_{13-14}闭合，使：

+→FU3→$S1_{1-3}$→$S5_{1-2}$→KM_{13-14}→KT_{6-8}→KM_{1-2}→FU4→－；

电路接通，接触器KM进入自保持状态。＋通过$S1_{1\text{-}3}$接点和$S5_{1\text{-}2}$接点向接触器线圈供电。当油压升高$S4_{1\text{-}2}$断开，但压力接点$S5_{1\text{-}2}$仍然闭合，油泵电机继续保持运转。油压继续升高，$S5_{1\text{-}2}$断开后，接触器KM失电返回，油泵电机停止工作。当因机械故障经过一段时间仍不能使合闸弹簧储能到位时，由时间继电器KT的延时打开的常闭接点$KT_{6\text{-}8}$动作使电动机停转，并通过信号灯HL8发出电机超时运转信号。

因油路泄漏等原因，造成油压异常下降使微动开关S1动作，其常闭接点$S1_{1\text{-}3}$打开，闭锁储能回路，同时，由信号灯HL7发出零压闭锁信号。

2. 分合闸闭锁与监视

液压系统的油压过低，会对操作产生不良影响，如合闸时会因功率不够而造成慢合现象，这是不允许的。

在合闸回路中串入合闸闭锁继电器KC2常闭接点，当液压系统压力降低，控制连杆移动，使微动开关S3的常开接点$S3_{1\text{-}2}$闭合，KC2动作，KC2常闭接点打开，闭锁合闸回路，禁止合闸。同时，信号灯HL4亮，指示合闸闭锁状态。

在分闸回路中串入分闸闭锁继电器KC3常闭接点，当液压系统压力降低，控制连杆移动，使微动开关S2的常开接点$S2_{1\text{-}2}$闭合，KC3动作，KC3常闭接点打开，闭锁分闸回路，禁止分闸。同时，信号灯HL3亮，指示分闸闭锁状态。

SF_6气体压力下降，SF_6气体压力降低至0.54 MPa时，$ST_{3\text{-}4}$闭合，KC4动作，KC4常闭接点打开，同时闭锁分、合闸回路，禁止分、合闸。信号灯HL2亮，指示SF_6气体压力降低闭锁状态。

SF_6气体压力降低至0.59 MPa时，$ST_{1\text{-}2}$闭合，信号灯HL1亮，指示SF_6气体压力降低报警状态。

三、加热与照明

为确保操动机构工作在合适的温湿度环境，设立温湿度控制仪WK，闭合空气开关QA2可投入此项功能，并由加热器EH实现自动加温。

闭合空气开关QA3，可以实现操动机构箱局部照明。

四、电气防跳

由继电器KC1实现，原理不再详述。

第七节　电动操作隔离开关与接地开关的控制及信号电路

城市轨道交通供电系统中，中压(35 kV或10 kV)的进线或出线间隔一般采用如图11-13所示的主接线，高压开关采用断路器、隔离开关、接地开关，当然，也可以使用三工位开关(即开关具有分闸、合闸、接地三个工作位置)替代隔离开关与接地开关。本节介绍这种配用电动机操动机构的隔离开关与接地开关的控制与信号电路。

一、隔离开关与接地开关控制电路构成原则

隔离开关与接地开关控制回路图如图11-14所示。隔离开关与接地开关各自有一套相互

独立的电动机型操动机构，但其操动机构控制回路结构与原理完全相同，因此，这里仅给出一套电路，如图 11-15 所示，为隔离开关（接地开关）控制原理图。隔离开关与接地开关的开关量输入原理图如图 11-16 所示。

1. 由于隔离开关、接地开关没有灭弧机构，不允许用来切断和接通负载电流，因此控制回路必须受相应断路器的闭锁，以保证断路器在合闸状态下，不能操作隔离开关。如图 11-14 所示，由断路器 101 操动机构中的常闭接点 QF_7 串入隔离开关 1011 的控制电路，常闭接点 QF_{11} 串入接地开关 1011E 的控制电路，当断路器在合闸状态时其常闭接点 QF_7、QF_{11} 断开，隔离开关控制电路、接地开关控制电路均处于闭锁状态。

2. 依靠隔离开关控制回路中控制继电器的主触点切换，来改变直流串激式电动机励磁绕组的受电极性，使电动机改变转向而达到分、合闸目的，如图 11-15 所示。

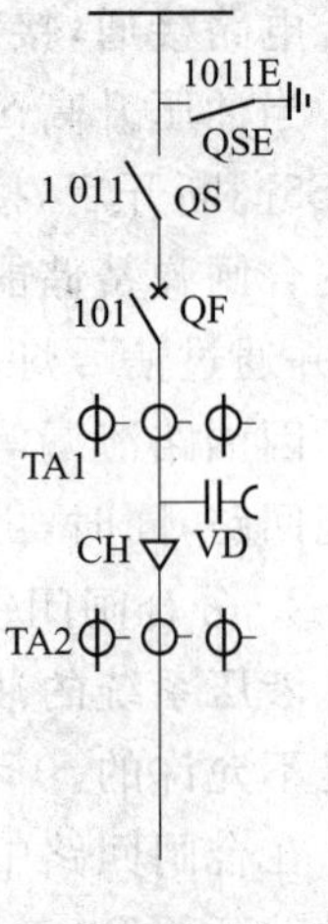

图 11-13　降压变电所中压开关柜主接线图

3. 如图 11-15 所示，QS_5（QSE_5）是隔离开关（接地开关）的手动/电动操作转换行程开关，它受手摇分合闸操作挡板控制。正常时，挡板处于电动位置，QS_5（QSE_5）不受挡板抵压，QS_{51}（QSE_{51}）闭合，隔离（接地）开关能进行电动操作分合闸。当电气控制回路故障或检修时，把挡板转换至手动操作位，挡板抵压 QS_5（QSE_5），常闭接点 QS_{51}（QSE_{51}）断开，切断电动操作分合闸回路。此时，隔离（接地）开关通过机械手柄能进行当地手摇分合闸操作，而不能进行电动操作；常开接点 QS_{54}（QSE_{54}）闭合，为联锁电磁铁 KM3 提供受电通路。

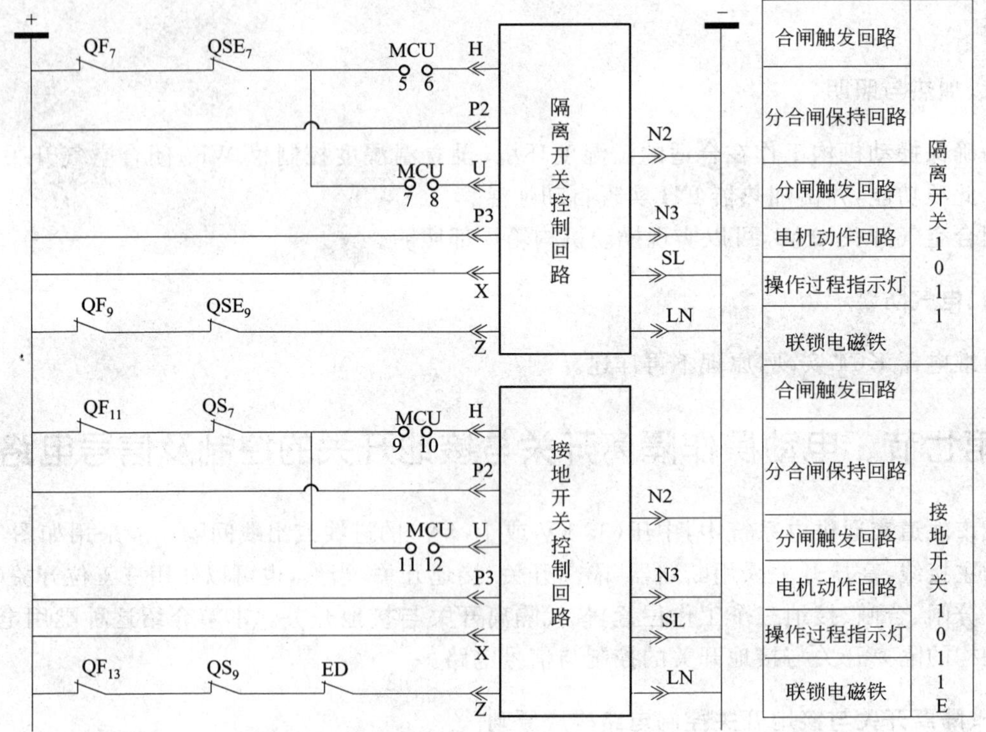

图 11-14　应用电动操动机构的隔离开关与接地开关控制回路图

4. 分、合闸操作脉冲是暂时的，操作完毕后，能自动解除。如图 11-15 所示电路通过控制继电器接点转换，实现上述功能。

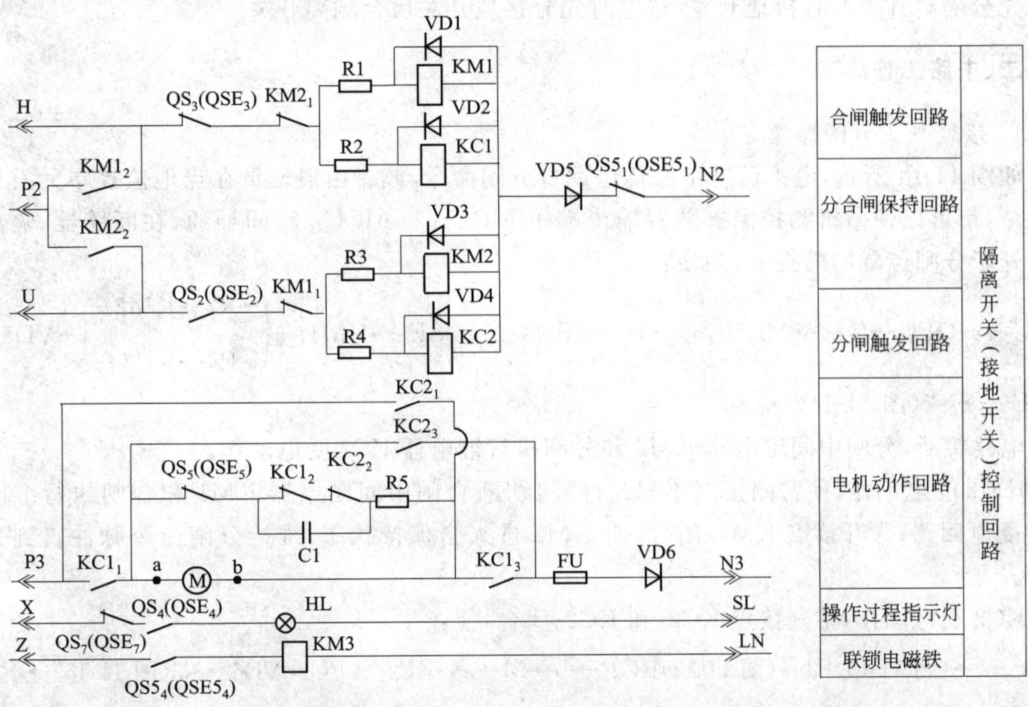

图 11-15　应用电动操动机构的隔离开关（接地开关）控制原理图

5. 隔离（接地）开关应有所处状态的位置信号，通过微机测控保护装置开关量输入回路，为监控系统提供状态信息，如图 11-16 所示。

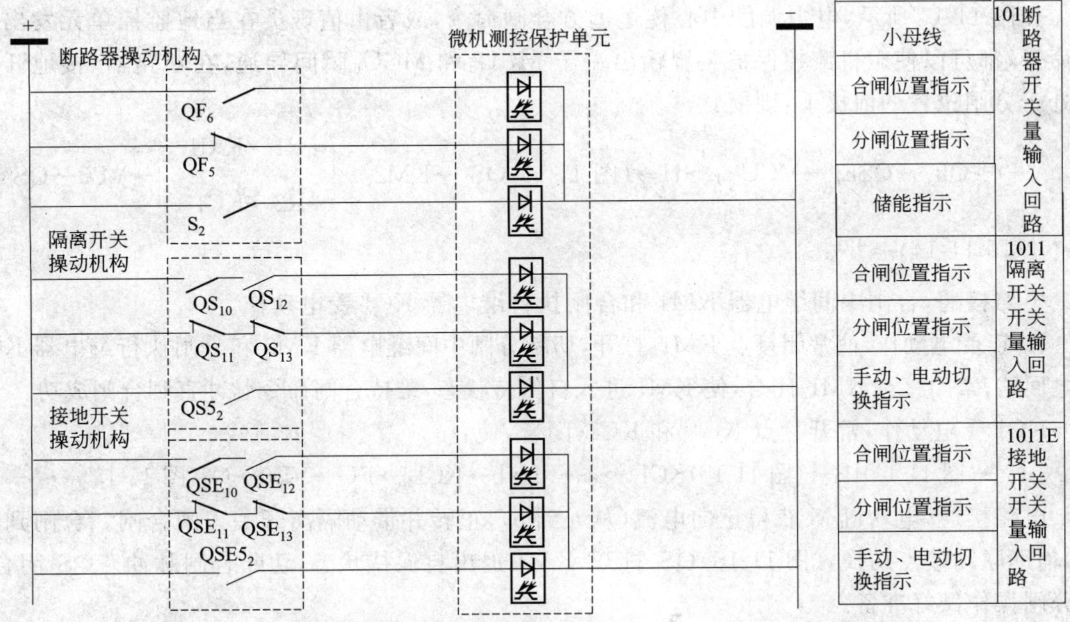

图 11-16　应用电动操动机构的隔离开关与接地开关的开关量输入原理图

6. 隔离开关与接地开关的操作应当相互闭锁。如图 11-14 所示，由隔离开关的常闭接点 QS_7 串入接地开关的控制电路，接地开关的常闭接点 QSE_7 串入隔离开关的控制电路，确保断电时先分隔离开关后合接地开关，送电时先分接地开关后合隔离开关。

二、电路工作原理

1. 接地开关分闸操作

如图 11-14 所示，电力调度中心传送远方分闸命令，或者由值班员在当地监控单元发出分闸命令，都可以使微机测控保护装置输出端子 MCU_{11} 和 MCU_{12} 瞬间导通，在断路器、隔离开关均处于分闸位置的前提下，则使：

+→QF_{11}→QS_7→$MCU_{11\text{-}12}$→U→(图 11-15)QSE_2→$KM1_1$→{R3→KM2 ; R4→KC2}→VD5→

$QSE5_1$→N2(图 11-14)→－

电路接通，分闸中间继电器 KM2 和分闸执行继电器 KC2 受电动作。

KM2 受电动作，使常闭接点 $KM2_1$ 打开，切断合闸中间继电器 KM1 和合闸执行继电器 KC1 受电回路；常开接点 $KM2_2$ 闭合，使 KM2 进入自保持状态，维持分闸命令脉冲直到分闸成功。

KC2 受电动作，常开接点 $KC2_1$ 和 $KC2_3$ 闭合，使：

+→(图 11-15)P3→(图 11-15)$KC2_1$→b→M→a→$KC2_3$→FU→VD6→N3(图 11-15)→－ ；

电路接通，电动机 M 获得反向电流(从 b 到 a)，反转并带动接地开关刀闸分闸。分闸到位后，辅助联动接点切换，(图 11-15)QSE_2 打开，KM2 退出自保持状态，切断合闸脉冲。QSE_3 闭合，为分闸操作做好准备。

2. 隔离开关合闸操作

如图 11-14 所示，电力调度中心传送远方合闸命令，或者由值班员在当地监控单元发出合闸命令，都可以使微机测控保护装置输出端子 MCU_5 和 MCU_6 瞬间导通，在断路器、接地开关均处于分闸位置的前提下，则使：

+→QF_7→QSE_7→$MCU_{5\text{-}6}$→H→(图 11-15)QS_3→$KM2_1$→{R1→KM1 ; R2→KC1}→VD5→$QS5_1$

→N2(图 11-14)→－；

电路接通，合闸中间继电器 KM1 和合闸执行继电器 KC1 受电动作。

KM1 受电动作，使常闭接点 $KM1_1$ 打开，切断分闸中间继电器 KM2 和分闸执行继电器 KC2 受电回路；常闭接点 $KM1_2$ 闭合，使 KM1 进入自保持状态，维持合闸命令脉冲直到合闸成功。

KC1 受电动作，常开接点 $KC1_1$ 和 $KC1_3$ 闭合，使：

+→(图 11-14)P3→(图 11-15)$KC1_1$→a→M→b→$KC1_3$→FU→VD6→N3(图 11-13) → － ；

电路接通，电动机 M 获得正向电流(从 a 到 b)，正转并带动隔离开关刀闸合闸。合闸到位后，辅助联动接点切换，(图 11-15)QS_3 打开，KM1 退出自保持状态，切断合闸脉冲。QS_2 闭合，为分闸操作做好准备。

3. 隔离开关分闸操作

如图 11-14 所示，电力调度中心传送远方分闸命令，或者由值班员在当地监控单元发出分闸命令，都可以使微机测控保护装置输出端子 MCU_7 和 MCU_8 瞬间导通，在断路器、接地开关均处于分闸位置的前提下，则使：

+ → QF_7 → QSE_7 → $MCU_{7\text{-}8}$ → U →（图 11-15）QS_2 → $KM1_1$ —┬→ R3 → KM2 —┬→ VD5 → $QS5_1$
　　　　　　　　　　　　　　　　　　　　　　　　　└→ R4 → KC2 —┘

→ N2（图 11-15）—；

电路接通，分闸中间继电器 KM2 和分闸执行继电器 KC2 受电动作。

KM2 受电动作，使常闭接点 $KM2_1$ 打开，切断合闸中间继电器 KM1 和合闸执行继电器 KC1 受电回路；常开接点 $KM2_2$ 闭合，使 KM2 进入自保持状态，维持分闸命令脉冲直到分闸成功。

KC2 受电动作，常开接点 $KC2_1$ 和 $KC2_3$ 闭合，使：

+ →（图 11-14）P3 →（图 11-15）$KC2_1$ → b → M → a → $KC2_3$ → FU → V6 → N3（图 11-14）→ —；

电路接通，电动机 M 获得反向电流（从 b 到 a），反转并带动隔离开关刀闸分闸。分闸到位后，辅助联动接点切换，（图 11-15）QS_2 打开，KM2 退出自保持状态，切断合闸脉冲。QS_3 闭合，为分闸操作做好准备。

4. 接地开关合闸操作

如图 11-14 所示，电力调度中心传送远方合闸命令，或者由值班员在当地监控单元发出合闸命令，都可以使微机测控保护装置输出端子 MCU_9 和 MCU_{10} 瞬间导通，在断路器、隔离开关均处于分闸位置的前提下，则使：

+ → QF_{11} → QS_7 → $MCU_{9\text{-}10}$ → H →（图 11-15）QSE_3 → $KM2_1$ —┬→ R1 → KM1 —┬→ VD5 →
　　　　　　　　　　　　　　　　　　　　　　　　　　└→ R2 → KC1 —┘

$QSE5_1$ → N2 →（图 11-14）→ —；

电路接通，合闸中间继电器 KM1 和合闸执行继电器 KC1 受电动作。

KM1 受电动作，使常闭接点 $KM1_1$ 打开，切断分闸中间继电器 KM2 和分闸执行继电器 KC2 受电回路；常闭接点 $KM1_2$ 闭合，使 KM1 进入自保持状态，维持合闸命令脉冲直到合闸成功。

KC1 受电动作，常开接点 $KC1_1$ 和 $KC1_3$ 闭合，使：

+ →（图 11-14）P3 →（图 11-15）$KC1_1$ → a → M → b → $KC1_3$ → FU → V6 → N3（图 11-14）→ —；

电路接通，电动机 M 获得正向电流（从 a 到 b），正转并带动接地开关刀闸合闸。合闸到位后，辅助联动接点切换，（图 11-15）QSE_3 打开，KM1 退出自保持状态，切断合闸脉冲。QSE_2 闭合，为分闸操作做好准备。

5. 联锁与指示

当选择手动操作模式时，图 11-15 中 $QS5_4$（$QSE5_4$）闭合，为联锁电磁铁 KM3 提供受电通路。如图 11-14 所示，当满足断路器和接地开关均处于分闸位时，允许手动操作隔离开关；当满足断路器和隔离开关均处于分闸位且带电显示装置（ED）监测无电时，允许手动操作接地开关。

如图 11-16 所示，断路器、隔离开关、接地开关的操动机构中的接点分别通过微机测控保护装置开关量输入回路，为监控系统提供断路器、隔离开关、接地开关的位置状态信息。

图 11-15 中，接点 QS_7（QSE_7）在隔离开关（接地开关）完全合闸时打开，操作途中和完全分闸时闭合；接点 QS_4（QSE_4）在隔离开关（接地开关）完全分闸时打开，操作途中和完全合闸时闭合。这样，无论是分闸操作还是合闸操作，在其操作途中，QS_7（QSE_7）、QS_4（QSE_4）同时闭合，HL 受电点亮，指示操作过程正在进行。

第八节　变电所信号系统概述

变电所中，运行人员为了及时发现与分析故障，迅速消除和处理事故，统一调度和协调生产，除了依靠测量仪表或监视系统监视设备运行外，还必须借助灯光和音响信号装置反映设备正常和非正常的运行状态。

一、信号装置的分类

变电所中的信号装置按其用途不同一般分为下列三种。

1. 位置信号

它主要指示开关电器的位置状态，一般由亮平光的红、绿信号灯组成，位置信号安装在相应的控制盘上。

2. 继电保护和自动装置动作信号

它主要指示故障对象和故障性质，一般由信号继电器和告警文字组成。

3. 中央信号

变电所运行中，除了正常运行状态外，还有故障状态和不正常运行状态。故障状态是指电路发生短路故障，并导致断路器自动跳闸而中断供电的情况。例如当电气设备和线路发生短路故障引起断路器自动跳闸。断路器自动跳闸时，应发出事故音响信号和说明事故性质的告警文字信号。此外，已跳闸断路器的绿色信号灯（图标）闪光，表示事故发生的对象。不正常运行状态是指主电路、二次电路发生故障，但未引起断路器自动跳闸的运行状况。如主变压器油温过高、过负荷、直流系统接地等。变电所运行中发生不正常运行状态时，应发出电铃音响信号，同时相应的告警文字有灯光显示，表明其性质和不正常运行设备的所在。事故音响信号、预告音响信号、全所共用的告警文字信号等合称为中央信号。

装置按发出信号的性质分为事故信号和预告信号。故障状态时中央信号装置发出的相应信号称为事故信号。事故信号分为事故音响信号（蜂鸣器）、事故灯光信号及告警文字信号。

不正常运行状态时中央信号装置发出的相应信号称为预告信号。预告信号一般由电铃音响信号、掉牌信号和告警文字信号组成。

（1）瞬时预告信号

某些不正常运行状态一经出现，就立即发出的信号称为瞬时预告信号。如主变压器轻瓦斯动作，主变油温过高、主变通风故障、操动机构的油气压力降低、直流电压异常、操作熔断器动作等不正常运行状态，均发出瞬时预告信号。

（2）延时预告信号

某些不正常运行状态出现后，需经一定的延时，经确认后，再发出的信号称为延时预告信号。如主变过负荷、压互二次断线、直流控制回路断线、交流回路绝缘损坏等不正常运行状态，均发出延时预告信号。

因为当主电路发生短路故障时，将同时引起某些不正常的运行状态的出现，事故信号和预告信号将同时发出，不便于工作人员判断故障性质。若这类预告信号延时发出，延时时间大于外部短路的最大切除时间，则当外部短路故障切除后，这类不正常运行状态也随之消失，与事故信号同时启动的预告信号将自动返回，这样可以避免误发预告信号，便于工作人员分析处理事故。

二、信号装置的功能

1．事故信号装置功能

事故信号是变电所发生事故时断路器的跳闸信号，引起断路器事故跳闸的原因如下：

(1)线路或电气设备发生故障，由继电保护装置动作跳闸。

(2)继电保护或自动装置误动作跳闸。

(3)控制回路故障误跳闸。

无论何种原因引起的事故跳闸，事故信号装置均应满足：

(1)当断路器事故跳闸时，无延时发出事故音响信号，同时并使相应断路器的位置信号灯闪光或亮白灯，监控主机主接线画面中相应断路器图标闪烁。

(2)事故时应立即起动远动装置，发出遥信。

(3)事故音响信号应能手动复归或自动复归。

音响信号的复归方式可分为就地复归、中央复归、手动复归、自动延时复归等方式。

就地复归：在电气设备安装所在地进行个别信号单独复归；

中央复归：在主控制室内监控主机上集中复归；

手动复归：值班人员在相应配电盘上进行复归；

自动延时复归：信号发出后，经一定时间的延时，电路自动复归有关信号。

(4)事故时应有指明继电保护和自动装置动作情况的光信号和其他形式信号。

(5)能自动记录发生事故的时间。

(6)事故时，应能启动计算机监控系统。

(7)事故音响、灯光信号装置应能进行完好性检查试验。

2．预告信号装置的功能

预告信号是变电所中电路或电气设备出现不正常运行状态的信号，包括以下内容：

(1)各种电气设备的过负荷。

(2)各种带油设备的油温升高超过极限。

(3)交流小电流系统接地故障。

(4)各种电压等级的直流系统接地。

(5)各种液压或气压机构压力异常、弹簧机构的弹簧未拉紧。

(6)用 SF_6 气体绝缘设备的 SF_6 气体密度或压力异常。

(7)各种继电保护和自动装置的交、直流电源断线。

(8)断路器的控制回路断线。

(9)电流互感器和电压互感器的二次回路断线。

(10)继电保护和自动装置的信号继电器动作未复归。

(11)其他一些值班员需要了解的运行状态也可发出预告信号。

当变电所中电路或电气设备出现不正常运行状态时，值班人员通过预告信号装置应立即知道，并及时记录与处理，防止事故发生。因此，对预告信号装置提出以下要求：

(1)预告信号出现时，应能瞬时或延时发出与事故信号有区别的音响信号，同时有灯光信号指出不正常运行内容。

(2)能手动复归或自动复归音响信号，显示故障性质的灯光信号应保留，直至故障排除。

(3)预告信号装置应具有重复动作的功能。

所谓重复动作，主要是对音响信号而言，能重复动作是指当第一个故障出现时的音响信号解除之后，灯光信号未复归之前，也就是第一个故障未排除前，如果又出现不正常工作状态，中央信号装置仍能按要求发出音响及灯光信号。在上述时间范围内不能连续发出若干音响信号，而只有当前一个故障排除后，才能发出后续故障的音响信号时，称为不重复动作。

(4)预告音响、灯光信号装置应能进行完好性检查试验。

复习思考题

1. 断路器、隔离开关控制电路的结构包括哪几部分？

2. 断路器的控制信号回路应满足哪些要求？

3. 断路器控制回路为什么要设置电气防跳措施？防跳原理是什么？

4. 断路器分、合闸控制回路为什么要用其操动机构中辅助接点？

5. 继电器线圈并联反向二极管的目的是什么？

6. 分析弹簧操动机构断路器控制信号电路分合闸操作工作原理。

7. 分析弹簧操动机构断路器控制信号电路中储能电机工作过程。

8. 分析弹簧储能液压操动机构断路器控制信号电路分合闸操作工作原理。

9. 分析弹簧储能液压机构断路器控制信号电路中液压监视、闭锁与储能原理。

10. 分析隔离开关、接地开关控制信号电路分合闸操作工作原理。

11. 变电所常见预告信号有哪些？哪些预告信号延时发出？哪些预告信号瞬时发出？为什么？

12. 变电所一般装设哪些信号系统？各起什么作用？

第十二章　自用电系统

第一节　自用电系统概述

变电所设备及附属设备的正常运行需要低压电源，这些设备的用电称为变电所自用电。变电所自用电的可靠性直接影响变电所的可靠运行。

变电所自用电设备分为交流用电设备和直流用电设备，供电电压等级为220 V及以下。

变电所照明、通风设备、开关设备电加热、开关设备内部照明等需要交流电源；变电所内开关设备操作机构、继电保护设备、变电所自动化设备等一般需要直流电源。

变电所自用电系统由交直流电源屏等设备构成。交流电源屏提供交流电源，直流电源屏提供直流电源。

在城市轨道交通供电系统中，有主变电所、牵引变电所和降压变电所。变电所位置的不同使自用电内容和供电要求略有差别。变电所自用电的配置要满足各级负荷的供电要求，满足负荷所需电流制式、电压等级要求，满足负荷对电源切换时间的要求，满足负荷容量的要求，满足负荷所需供电时间的要求。主变电所和独立牵引变电所，所内没有配电变压器及其低压配电设备，自用电系统需要设置所用变压器，以得到低压交流电源；牵引降压混合变电所或降压变电所的所用低压交流电源可由所内低压配电设备提供。低压电源均引至交流电源屏。

交流电源屏的主接线一般为单母线接线，通过电源自动转换装置引入低压电源。直流电源屏由整流设备和蓄电池组成，整流设备以往采用三相桥式整流设备，目前一般采用整流模块，并采用 $N+1$ 冗余配置。直流电源屏的交流输入电源一般引自交流电源屏。

应急照明是在正常照明因故熄灭的情况下，供暂时继续工作、保障安全或人员疏散用的照明，包括疏散照明、备用照明等。疏散照明用于正常电源失电时，为乘客安全撤离出车站提供条件，另外当发生火灾时，保障乘客及管理人员安全撤离。变电所、通信和信号机房内的应急照明属于备用照明，用于在正常电源故障时，进行故障检修或灾害情况下维持机房设备继续运行。

应急照明是一级负荷中特别重要负荷，除要求正常双路电源外，还需要有独立于正常电源的备用电源。备用电源根据不同的负荷性质、负荷容量和电源切换时间的要求，可采用独立于正常电源的其他交流电源、蓄电池或发电机组等。

应急照明的正常电源引自车站低压配电系统，备用电源可引自相邻车站的低压配电系统或采用蓄电池供电。采用蓄电池供电时，蓄电池的安装形式可分为分散式安装和集中式安装。分散式安装即应急照明灯具自带蓄电池；集中式安装即将蓄电池集中设置，构成应急照明电源系统，分别为各应急照明回路提供电源。

变电所自用电系统中开关设备的控制、信号、保护等电源采用直流供电，负荷等级为一级负荷中的特别重要负荷，备用电源多采用蓄电池组。因直流操作电源和集中式应急照明电源的备用电源均可采用蓄电池组，从设备资源共享的角度出发，变电所自用电直流电源屏和集中式应急照明电源存在整合的条件，可将整流和蓄电池部分进行共享设置，馈出部分各自独立。

若实现交流供电应急照明回路需要设置逆变器。

一、主变电所自用电配置

地面或地下城轨主变电所，这两种情况下其自用电设备内容有所不同，主要差异在于地下变电所设置有气体灭火系统。

主变电所电气设备主要有：高压交流开关设备、中压交流开关设备、有载调压主变压器、接地变压器等。自用电的服务对象为主变电所操作电源、检修电源、照明、通风系统、主变电所综合自动化系统等。

1. 自用电设备

主变电所自用电设备包括：变电所的照明，变电所的通风设备，变电所的空调，变电所的检修设备，开关设备柜内的照明及电加热器，主变压器温控器，开关设备的操作与继电保护，综合自动化设备，火灾报警设备，气体灭火及排气设备(仅地下主变电所设置)。

2. 自用电设备负荷分级和供电制式

照明包括正常照明和应急照明(备用照明)，采用交流供电，其中地面主变电所正常照明为二级负荷，地下主变电所正常照明为一级负荷。应急照明为一级负荷中特别重要负荷。应急照明在正常照明失效时应能保证主变电所正常运行和设备检修所需要的照度要求。

通风设备为二级负荷，采用交流供电，正常的通风条件可保证主变电所电气设备正常运行的温度、湿度环境要求。

空调为二级负荷，采用交流供电。空调一般设于值班控制室和蓄电池室，用于保障运行人员的工作环境条件，保持蓄电池室适宜的环境温度，维持蓄电池的正常使用寿命。

检修设备为二级负荷，采用交流供电，当电气设备出现故障时，为维护、检修提供电源，及时解决电气设备的故障，保证电气设备运行的冗余度。

开关柜内部照明及电加热器为二级负荷，采用交流供电，为设备维护检查、查找故障隐患提供视觉条件，电加热器用于开关设备除湿，保障设备正常运行。

温控器为一级负荷，属于继电保护的基础设备，采用交流供电，为变压器的温度保护提供报警和跳闸信号。

开关设备的操作和继电保护的电源，属于一级负荷中特别重要的负荷，采用直流供电。具体设备有高压和中压开关设备的电动操作机构，微机综合保护装置，各种信号指示等。

综合自动化设备为一级负荷，采用交流供电，为远方电力调度中心的控制、监视以及故障的判断处理提供条件。

火灾报警设备为一级负荷中特别重要负荷，属于消防设备，正常采用交流供电，报警主机设有直流备用电源。发生火灾时及时报警和控制火情，为避免或减少生命与财产损失创造条件。

气体灭火及排气设备为一级负荷，属于消防设备，采用交流供电。用于电气设备发生火灾时的灭火和火灾后灭火气体的排出。

3. 自用电设备的供电

自用电设备均为低压供电，交流供电设备的负荷等级为一级负荷，因此需要两路低压电源。由于主变电所没有低压开关设备，自用电所需要的交流低压电源需要设置所用变压器。

因自用电中有一级用电负荷，这对电源可靠性的要求很高，因而主变电所设置两台所用变压器。两台所用变压器分接在中压配电系统的不同母线上，变压器中性点直接接地。所用变压器低压侧接至交流电源屏，作为两路交流进线电源。

根据主变电所自用电设备中存在消防负荷的情况，低压交流接线一般采用单母线分段接线。每段母线为消防负荷提供一路电源，消防末级配电设备实施双电源切换。

自用电各设备的馈出回路独立设置，为三相四线制放射式配电。进线开关与各馈出开关具备馈出回路过负荷和短路情况下的全选择性。低压配电接地型式采用 TN-S。

为消防设备配电的馈出开关，过负荷保护动作于报警而不跳闸。

一级负荷中的特别重要负荷，增设蓄电池作为备用电源，如开关设备所需的直流操作电源、继电保护装置电源，由设置的直流电源屏提供。

交流电源屏为直流电源屏提供交流电源，直流电源屏采用高频开关电源模块将交流电源整流为所需直流电源，增设的蓄电池组正常处于在线浮充状态，待交流电源全部失电时，蓄电池放电实现不间断供电。

交流电源全部失电，蓄电池容量应满足规定时间内全所直流设备运行的容量要求，且应满足在蓄电池放电末期最大冲击负荷容量的要求。按照《35～110 kV 变电所设计规范》(GB 50059—1992)的要求，蓄电池容量满足全所事故停电的时间为 1 h。

主变电所自用电接线如图 12-1 所示。

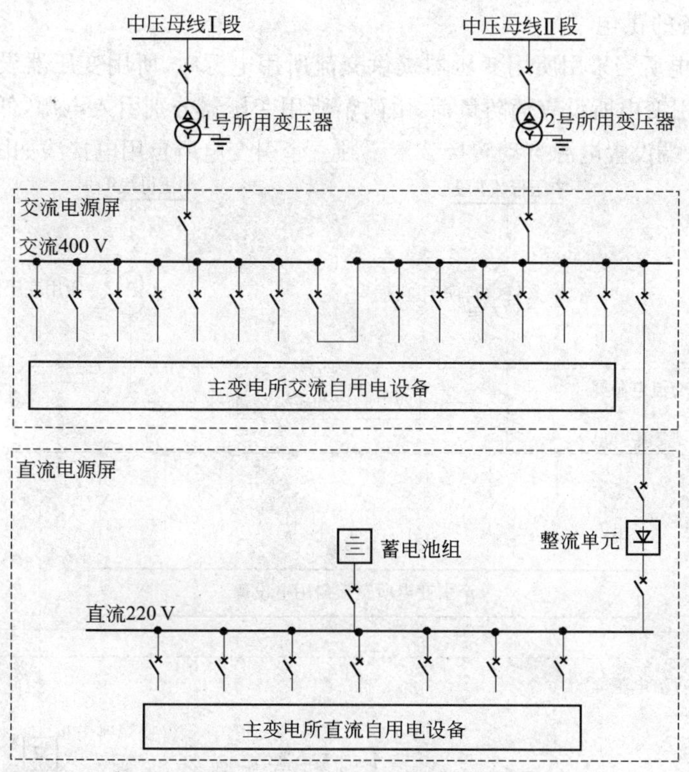

图 12-1　主变电所自用电接线示意图

二、牵引变电所自用电配置

牵引变电所可独立设置或与车站、车辆段、停车场降压变电所合建为牵引降压混合变电所，牵引变电所既可设于地面也可设于地下。地面牵引变电所可独立设置或采用箱式牵引变电所。不同的设置方式，自用电的内容也不同。

牵引变电所主要电气设备有:中压交流开关设备、牵引变压器、整流器、直流开关设备。若合建为牵引降压混合变电所,电气设备还有配电变压器和低压开关设备。

自用电的服务对象为牵引变电所操作电源、检修电源、牵引变电所综合自动化系统等。

1. 自用电设备

牵引变电所自用电设备包括:变电所的照明,变电所的通风设备(仅独立牵引变电所设置),变电所的空调(仅独立牵引变电所设置),变电所的检修设备,开关设备柜内的照明及电加热器,牵引变压器温控器,整流器温控设备,配电变压器温控器(仅牵引降压混合变电所设置),中压、直流开关设备的操作与继电保护,低压开关设备的操作(仅牵引降压混合变电所设置),变电所综合自动化设备,气体灭火及排气设备(仅地下牵引变电所设置)。

2. 自用电设备负荷分级和供电制式

与主变电所相比较,牵引变电所或牵引降压混合变电所的自用电设备,没有火灾自动报警设备,其余的负荷种类是相同的,只是有些设备的名称不同,如温控设备,在主变电所中为主变压器温控器,牵引变电所中为牵引变压器、整流器和配电变压器的温控设备。同类负荷的负荷等级和供电制式与主变电所的相同。

3. 自用电设备的供电

独立的牵引变电所当采用所用变压器提供交流所用电源时,所用变压器设置情况与主变电所相同。由于地面牵引变电所没有消防负荷,由两个所用变压器分别引入电源,低压接线一般采用单母线接线方式,引入端设置电源自动转换装置。独立牵引变电所自用电接线如图 12-2 所示。

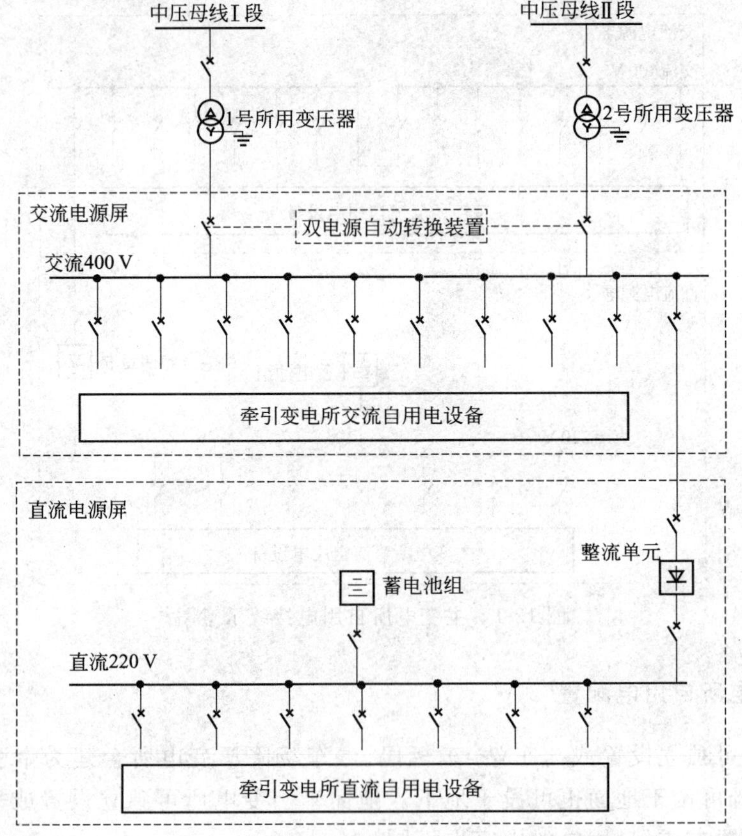

图 12-2　独立牵引变电所自用电接线示意图

牵引降压混合变电所自用电的交流电源引自所内低压开关设备的不同母线，一般采用单母线接线方式，引入端设置电源自动转换装置。牵引降压混合变电所自用电接线如图 12-3 所示。其余内容同主变电所。

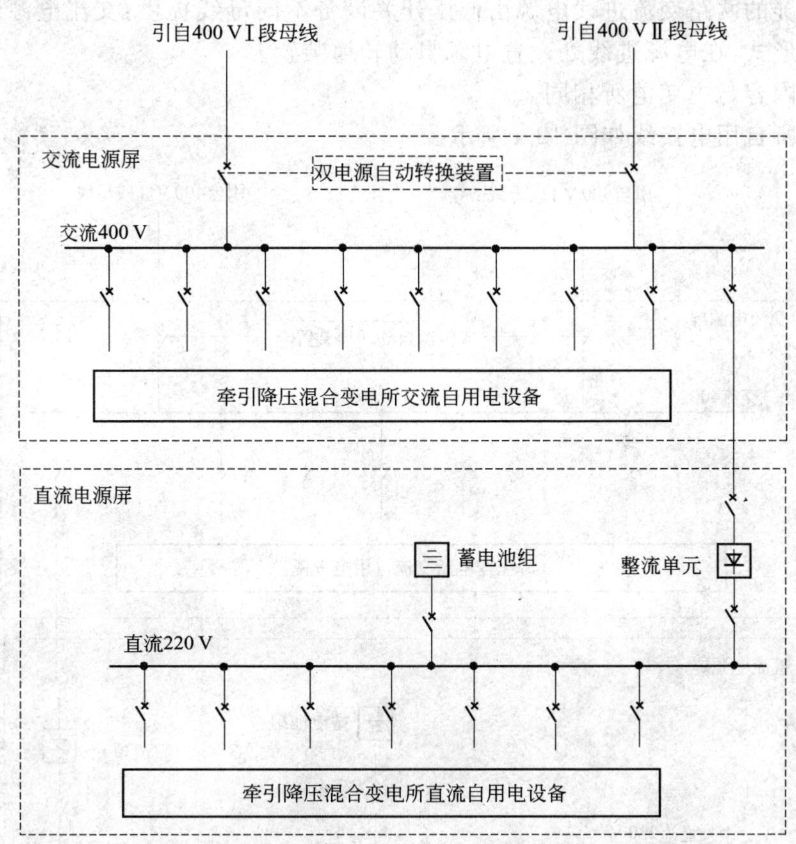

图 12-3　牵引降压混合变电所自用电接线示意图

三、降压变电所自用电配置

城市轨道交通工程降压变电所的土建工程一般不独立建设，而设于车站内和车辆段、停车场的某个建筑物内。

降压变电所电气设备主要有：中压、低压交流开关设备，配电变压器等。

自用电的服务对象为变电所操作电源、变电所综合自动化系统等。

1. 自用电设备

降压变电所自用电设备包括：变电所的检修设备，开关设备柜内的照明及电加热器，配电变压器温控器，中压开关设备的操作与继电保护（采用断路器），变电所综合自动化设备，气体灭火及排气设备（仅地下变电所设置）。

2. 自用电设备负荷分级和供电制式

与主变电所相比较，降压变电所的自用电设备减少了火灾报警系统、变电所照明、通风和空调设备等。中压开关设备采用断路器作为分断设备时，其操作和继电保护的电源属于一级负荷中特别重要的负荷，采用直流供电。若采用电动隔离开关，其操作电源为一级负荷，可采用交流供电。其余的负荷种类是相同的。同类负荷的负荷等级和供电制式与主变电所的相同。

3. 自用电设备的供电

交流电源屏的两路交流进线电源由低压开关设备不同母线提供;交流电源屏低压接线采用单母线接线形式,在电源进线处设置电源自动转换装置。

其余相关内容与主变电所相同。

降压变电所自用电接线如图 12-4 所示。

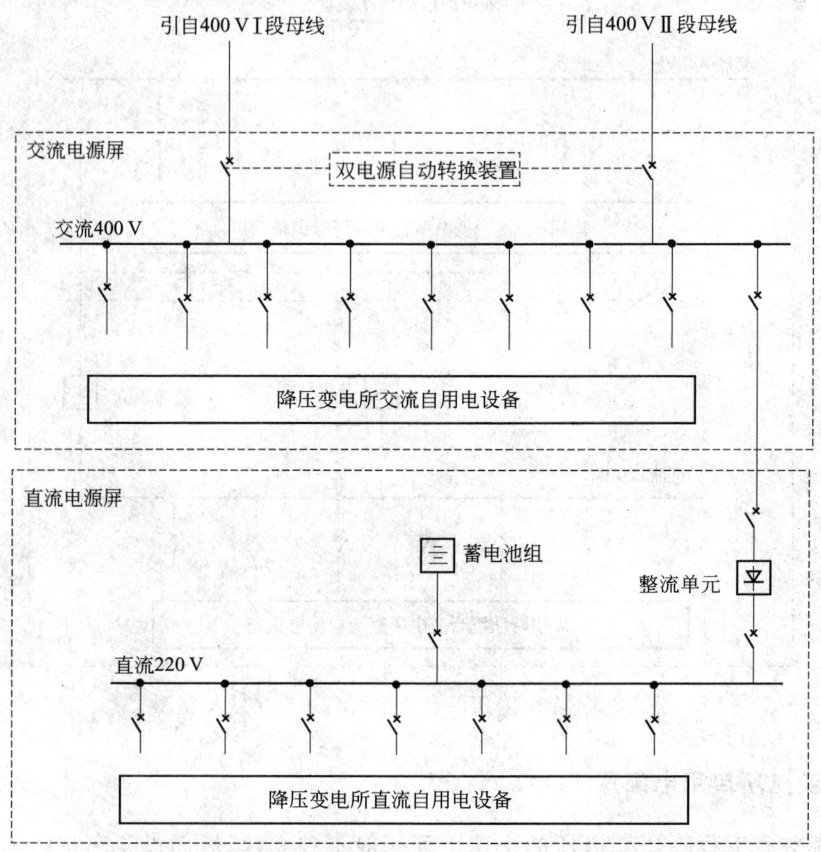

图 12-4　降压变电所自用电接线示意图

第二节　自用电交流屏

图 12-5 为自用电交流屏一次接线图。图 12-6 为自用电交流屏二次接线图。下面阐述其工作原理。

一、互投操作

将图 12-5 中互投/同投转换开关 SA1、SA2 置于上侧“互投”位置。合上开关 QK1,则接触器 KM1 受电,动合触点 $KM1_1$ 闭合,交流电源通过动合触点 $KM1_1$ 送一路电源至母线。动断触点 $KM1_2$ 断开,闭锁接触器 KM2 不能受电。同时,图 12-6 中的动合触点 $KM1_3$ 闭合,交

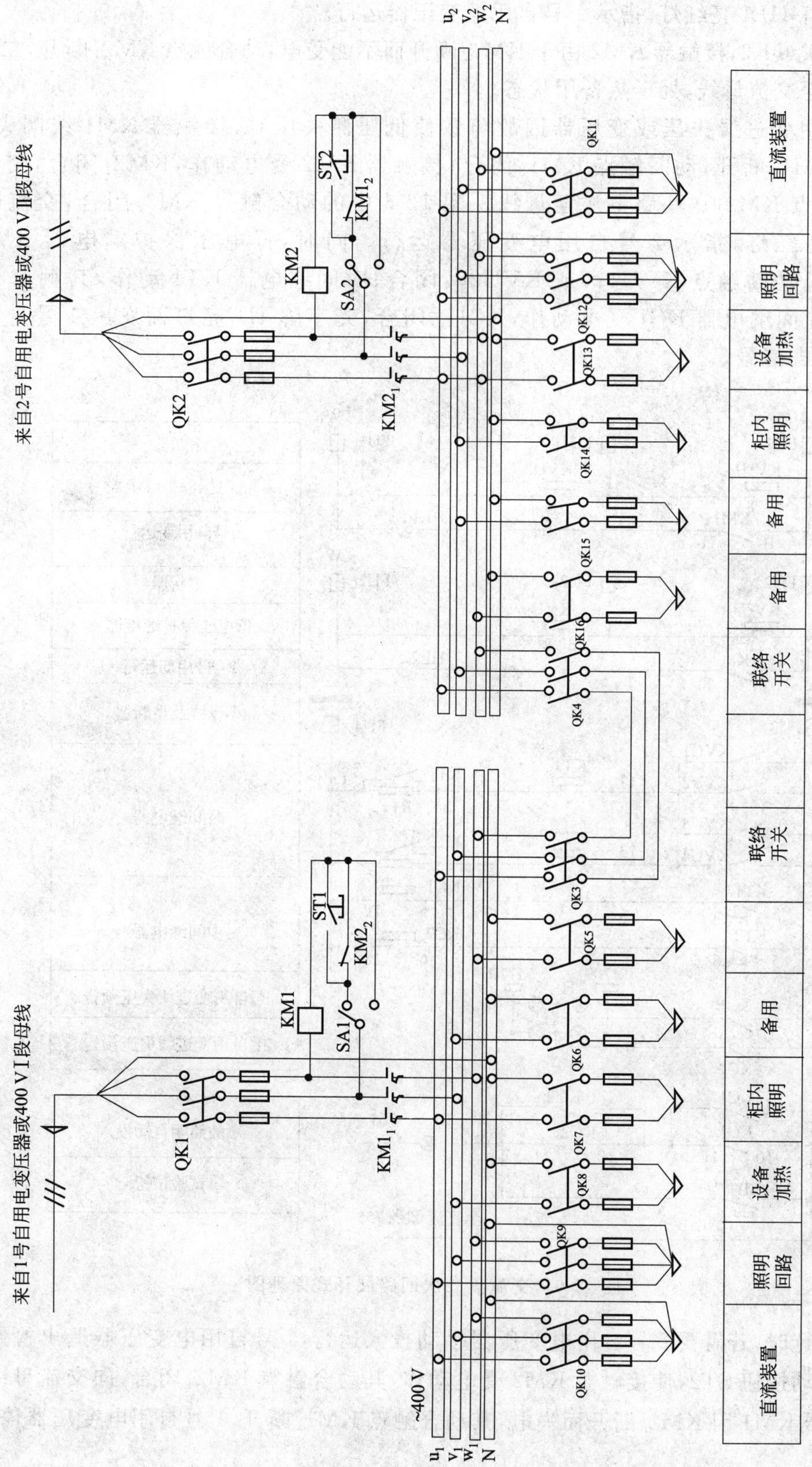

图 12-5　交流盘一次接线图

SA1、SA2—同投与互投转换开关；ST1、ST2—电源起动按钮；QK1～QK16—刀开关

流电源信号灯 HL1 亮红灯,指示 1 号自用电变压器运行。

合上开关 QK2,接触器 KM2 由于 $KM1_2$ 断开而不能受电,动合触点 $KM2_1$ 断开,二号交流电源不能送至交流母线,处于热备用状态。

1 号自用变进线失压或变压器因故障致使低压侧失压时,接触器 KM1 线圈失电,其动合触点 $KM1_1$ 断开,动断触点 $KM1_2$ 闭合;接触器 KM2 受电动作,$KM2_1$ 闭合,交流电源通过动合触点 $KM2_1$ 送一路电源至母线。图 12-6 中的动合触点 $KM2_3$ 闭合,交流电源信号灯 HL2 亮红灯,指示 2 号自用电变压器运行。同时,低电压保护继电器 KVU1 或 KVU2 失压,动断触点 $KVU1_{3\text{-}4}$ 或 $KVU2_{3\text{-}4}$ 闭合;时间继电器 KT1 动作,其触点 $KT1_{5\text{-}6}$ 延时闭合,中间继电器 KC1 受电动作,$KC1_{4\text{-}5}$ 闭合,光字牌 H1 亮灯而发出 1 号自用电变压器失压预告信号。

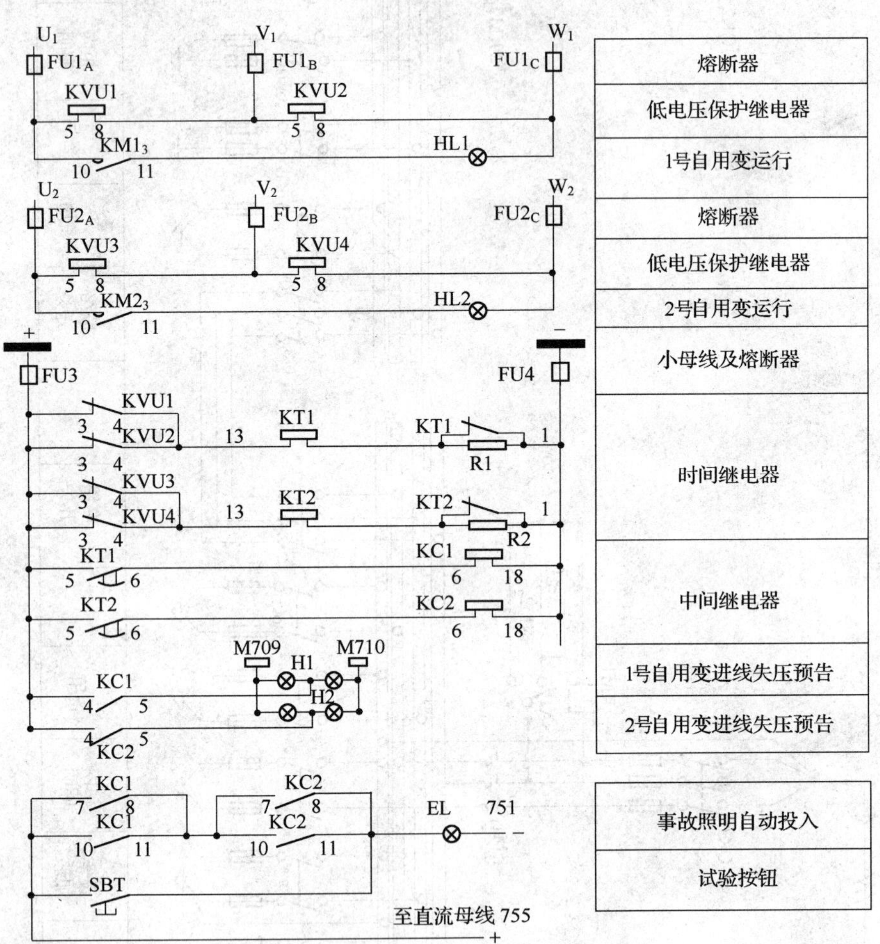

图 12-6　交流盘二次回路展开式原理图

正常运行时,若需要 2 号自用电变压器手动投入运行,1 号自用电变压器退出检修,只要按下电源启动按钮 ST2,使接触器 KM2 受电动作,其动合触点 $KM2_1$ 闭合,向交流母线供电。同时,接触器 KM1 因 $KM2_2$ 断开而失电,其动合触点 $KM1_1$ 断开,1 号自用电变压器停止向交流母线供电。

二、同投操作

当变电所交流自用电系统负荷增加而导致1台自用电变压器运行容量不足时，两台自用电变压器可以同时投入运行。送电时，先将互投/同投选择开关SA1、SA2置于下侧“同投”位置，合上开关QK1、QK2，则接触器KM1、KM2受电动作，动合触点$KM1_1$、$KM2_1$闭合，两台自用电变压器同时向交流母线供电。两台自用电变压器并联供电时，通常将交流母线联络开关QK3、QK4断开，此时在交流馈线发生短路故障时，可缩小事故范围。

值得注意的是，当交流自用电来自两个不同的电源时，两台自用电变压器电压相位的不同，则不允许两台自用电变压器并列运行，故自用电系统不能进行同投操作。若必须进行同投操作，则在同投操作前应先断开母线联络开关QK3、QK4，然后才能进行同投操作。

三、全所失压

当变电所全所停电时，低压继电器KVU1、KVU2、KVU3、KVU4失压，它们的动断触点闭合，时间继电器KT1、KT2受电动作，动合触点$KT1_{5\text{-}6}$、$KT2_{5\text{-}6}$延时闭合，中间继电器KC1、KC2受电动作，$KC1_{4\text{-}5}$、$KC2_{4\text{-}5}$闭合使光字牌H1、H2亮灯，发出自用电变压器进线失压信号。同时，动合触点$KC1_{7\text{-}8}$、$KC1_{10\text{-}11}$与$KC2_{7\text{-}8}$、$KC2_{10\text{-}11}$闭合，使：

$$+\begin{cases}\rightarrow KC1_{7\text{-}8}\longrightarrow KC2_{7\text{-}8} \\ \rightarrow KC1_{10\text{-}11}\rightarrow KC2_{10\text{-}11}\end{cases}\rightarrow \text{事故照明灯 EL}\rightarrow -;$$

电路接通，事故照明灯EL亮。

在变电所运行中，需要试验事故照明回路完好性时，按下试验按钮SBT即可。若事故照明灯EL亮，说明事故照明回路完好。事故照明灯EL不亮，则说明事故照明灯烧毁或其二次回路故障，值班人员应进行故障查找及处理。

第三节　阀控式密封铅酸蓄电池(VRLA蓄电池)

铅酸蓄电池在蓄电池家族中历史最悠久。1859年由法国普兰特发明，至今已有150年历史。百年来，铅酸蓄电池的制造工艺、结构、生产、性能和应用都在不断发展，主要标志是20世纪70年代发展起来的阀控式密封铅酸蓄电池，简称VRLA(Valve Regulated Lead Acid)蓄电池。VRLA蓄电池能量高、成本低、寿命长(10年)、容量更大(是普通铅酸蓄电池的两倍)、不漏液、不污染、可回收、免维护。

一、VRLA蓄电池的工作原理

VRLA蓄电池的基本结构如图12-7所示。它由正负极板、隔板、电解液、安全阀、气塞、外壳等部分组成。充电后的正极板上有效物质是二氧化铅(PbO_2)，负极板上有效物质是海绵状纯铅(Pb)，电解液由蒸馏水和纯硫酸按一定比例配置而成。

VRLA蓄电池的工作原理如图12-8所示，与普通铅酸蓄电池的工作原理基本没有什么变化。其正常充放电的化学反应式为

$$PbO_2+2H_2SO_4+Pb \underset{\text{充电}}{\overset{\text{放电}}{\rightleftharpoons}} 2PbSO_4+2H_2O$$

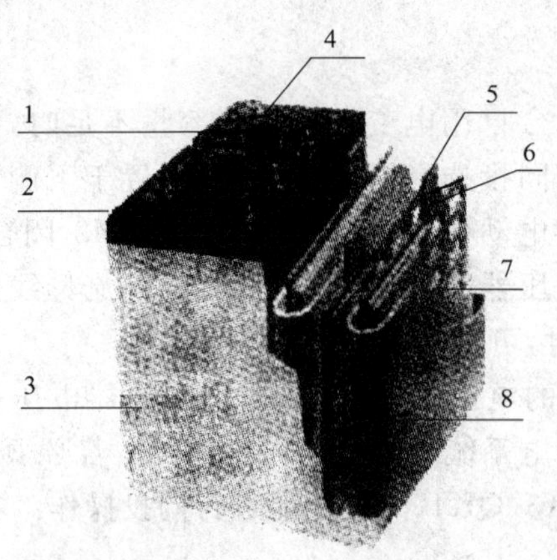

图 12-7　VRLA 蓄电池基本结构

1—安全阀；2—电池盖；3—电池壳；
4—极柱；5—负极板；6—正极板；
7—U 形隔膜；8—C 形隔膜

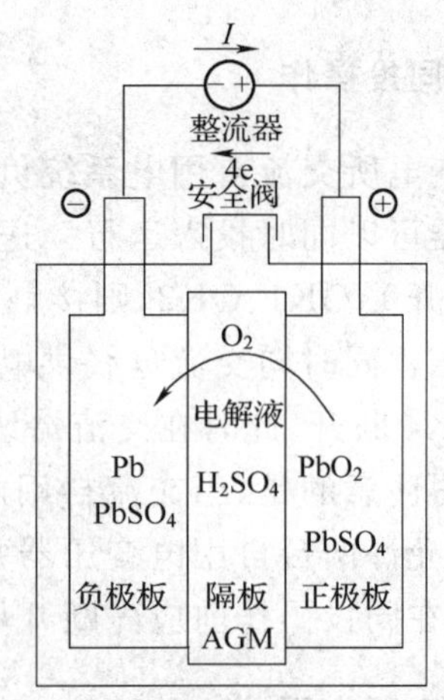

图 12-8　VRLA 蓄电池工作原理示意图

在充电时，正极由硫酸铅（$PbSO_4$）转化为二氧化铅（PbO_2）后将电能转化为化学能存在正极板中，负极由硫酸铅（$PbSO_4$）转化为海绵状铅（Pb）后将电能转化为化学能存在正极板中；在放电时，正极由二氧化铅（PbO_2）转化为硫酸铅（$PbSO_4$）后将化学能转化为电能向负载供电，负极由海绵状铅（Pb）转化为硫酸铅（$PbSO_4$）后将化学能转化为电能向负载供电。

普通铅酸蓄电池的难点就是充电时水的电解。当充电达到一定电压时（一般在 2.30 V/单体以上）在蓄电池正极上放出氧气，负极上放出氢气。一方面释放气体带出酸雾污染环境，另一方面电解液中水分减少，必须隔一段时间进行补加水维护。

VRLA 蓄电池从结构上克服了以上缺点。其一，阀控式铅酸蓄电池的极栅主要采用铅钙合金，以提高其正负极析气（H_2 和 O_2）过电位，达到减少其充电过程中析气量的目的。同时，让负极有比正极多 10% 的容量，正极板在充电时氧气的析出先于负极板充电时氢气的析出。其二，极板之间采用超细玻璃纤维（或硅胶）取代普通隔板，吸储电解液，同时为正极上析出的氧气向负极扩散提供通道，其孔率由普通隔板的 50% 提高到 90% 以上，从而使氧气利于流通到负极。这样，氧气一旦扩散到负极上，立即被负极吸收，重新生成水，从而抑制了负极上氢气的产生，导致浮充电过程中产生的气体 90% 以上被消除（少量气体通过安全阀排放出去）。氧气为负极吸收所重新生成的水在蓄电池密封的情况下不能溢出，因而 VRLA 蓄电池可免除补加水维护，这也是 VRLA 蓄电池称为“免维护”蓄电池的由来。其三，采用密封式阀控滤酸结构，电解液不会泄漏，使酸雾不能溢出；壳体上装有安全气阀，当 VRLA 蓄电池内部压力超过阀值时自动开启，达到安全、环保的目的。

二、VRLA 蓄电池的主要技术指标

VRLA 蓄电池的主要技术指标包括 VRLA 蓄电池的额定容量和额定电压、终止电压等。常见单体 VRLA 蓄电池的额定电压为 2 V。具体参数可阅读有关产品说明书。

1. 蓄电池的电势

不同导电材料制成的正负极放入同一电解液中时，由于有效物质的电化次序不同，极板上

将产生不同电位，正负极板在外电路断开时的电位差就是蓄电池的电势。蓄电池电势的大小主要决定于极板上有效物质的性质，和极板的大小无关。

2. 额定容量

额定容量是指将充满电的蓄电池按规定的放电电流，在正常放电时间内连续放电到规定的终止电压时止，所放出的电量。其单位是安培小时（A·h）。当放电电流恒定时，其额定容量为

$$Q_N = I_f t_f$$

式中　Q_N——额定蓄电池容量，A·h；

I_f——恒定放电电流，A；

t_f——持续放电时间，h。

蓄电池容量的大小，主要决定于参加化学反应的活性物质的种类及数量，并且与许多因素有关，如极板的类型、面积的大小和数量；放电电流的大小；放电终止电压的高低；电解液的密度和数量以及环境温度。

3. 额定电压

蓄电池在正常放电过程中正负极板间应保持的电压值为额定电压，按国际标准规定单体酸性蓄电池的额定电压为 2 V。

4. 终止电压

终止电压是为防止蓄电池出现过放电现象以致造成极板损伤，所规定的放电最低电压值。蓄电池以不同的放电倍率放电时，终止电压略有不同，采用小电流放电时，终止电压定的高些，采用大电流放电时，终止电压定的低些。电池放电电压低于终止电压时，将影响蓄电池的寿命。

三、VRLA 蓄电池的特性

1. 充电特性

蓄电池的充电过程，就是电能转换为化学能的过程，也是电池正负极板的有效物质还原的过程。

所谓充电率，就是蓄电池在某种充电情况下所充入的电量和充电电流的比值。若以蓄电池的充入电量为额定容量计时，其充电率为

$$f_c = \frac{Q_N}{I_c} \tag{12-1}$$

式中　f_c——充电率；

Q_N——蓄电池额定容量，A·h；

I_c——充电电流，A。

由式（12-1）可见，充电率的实质就是用电流充电至蓄电池额定容量时，所需要的时间。当容量一定时，充电率越大，充电电流就越小，充电特性曲线变化缓慢。充电率越小，充电电流就越大，充电特性曲线变化急剧。

VRLA 蓄电池常见的充电方式包括浮充电和均充电。

①浮充电

电源系统采用整流设备和 VRLA 蓄电池组并联冗余供电方式，VRLA 蓄电池组作为备用电源。直流系统的开关电源提供的浮充电流对阀控式蓄电池而言有三个作用：供日常性负载电流、补充蓄电池自放电的损失、维持蓄电池内氧循环。对于单体电池来说，温度每上升 1℃，

其所要求的浮充电压下降约 4 mV。同时,当环境温度一定时,如果实际浮充电压比要求的电压高 100 mV,充电电流将增大数倍,导致 VRLA 蓄电池热失控和过充损坏;浮充电压比要求的电压低 100 mV,又将引起电池充电不足。因此,浮充电流与浮充电压直接影响蓄电池的工作性能与使用寿命。除了按照说明书要求准确选择浮充电压(如单体 2 V 的 VRLA 蓄电池浮充电压为 2.25 V)以外,直流系统还应采用浮充电流与浮充电压可实时调节的智能型充电方式。

②均充电

所谓均充电,是把每个单体 VRLA 蓄电池单元并联起来,用统一的充电电压充电。均充电一般在两种情况下进行:蓄电池组在浮充过程中存在落后的蓄电池(单体电压低于额定值)在均充过程中,均充电压一般高于浮充电压,如单体 2 V 的 VRLA 蓄电池均充电压为2.35 V,均充电流一般选额定容量的 0.3 倍或 0.3 倍以下,均充时间 6~8 h,然后调回到浮充电压,若均充过程中充电电流 3 h 保持不变,应立即转入浮充电状态,否则将造成过充电。

均充电完毕后,应观察落后电池电压状况,若电压仍未到位,相隔两周后再均充电一次。

2. 放电特性

充满电的蓄电池放电至终止电压的快慢叫蓄电池的放电率。放电率用放电时间的长短表示时叫小时率。一般采用 1、3、5、8、10、20 小时率。放电率用放电电流表示叫时安率,放电率不同时,蓄电池的放电终止电压数值不同。

变电所中,VRLA 蓄电池作为备用电源使用,要求在全所停电时能够立即转入放电状态,以保证电源不间断。其放电时需要注意的是 VRLA 蓄电池的放电速率和放电终止电压。尤其是不同环境温度下放电速率和放电终止电压的设定。

此外,蓄电池运行半年或一年后,为了检查 VRLA 蓄电池容量是否正常,应做一次核对性充放电循环。试验放电一般采用 10 小时速率放电,可以采取断开直流系统,由蓄电池单独供电的方式进行,放电深度一般控制在 30%~50%为宜,每小时监测一次单体 VRLA 蓄电池电压,通过计算放出 VRLA 蓄电池容量,对照表 12-1 的电压值,判断 VRLA 蓄电池是否正常。若容量不满足要求,反复循环充放电,直至蓄电池容量合格,核对性放电结束。

表 12-1 VRLA 蓄电池放出容量的标准电压值(10 小时率)

放出容量(%)	10	20	30	40	50	60	70	80	90	100
支持时间(h)	10	20	30	40	50	60	70	80	90	100
单体 VRLA 蓄电池电压(V)	2.05	2.04	2.03	2.01	1.99	1.97	1.95	1.93	1.88	1.80

VRLA 蓄电池放出容量为电流乘以时间。在相应放出容量下,测出的单体 VRLA 蓄电池电压值应等于或大于相应电压值,即 VRLA 蓄电池容量正常,反之即为容量不足。

3. 自放电特性

蓄电池的自放电是电池在无外接负载而静止时的内部自行放电。其产生的主要原因是极板间隔材料有杂质,电解液不纯,充电完毕后部分活性物质不稳定等。如极板上含有杂质,将在极板上形成局部小电池,小电池两极短路,产生短路电流引起蓄电池自放电,电解液中若混进杂质,如铁、铜及其他金属杂质,使自放电量增大。

4. 影响阀控式蓄电池使用寿命的主要因素

在放电终止电压下蓄电池组能放出的最少电量是衡量蓄电池寿命的主要指标,而与蓄电

池容量有关的因素较多，如设计不周密、制造不精良、安装不正确、维护不完善等均对蓄电池的使用寿命有一定的影响。下面主要从使用维护的角度分析影响阀控式蓄电池使用寿命的主要因素。

(1)温度

VRLA 蓄电池充电时其内部气体复合本身就是放热反应，使电池温度升高，电池本身“贫液”、装配紧密，内部散热困难，如不及时排除热量，将造成热失控。

环境温度过高对蓄电池使用寿命的影响很大，温度升高时，蓄电池的极板腐蚀将加剧，同时将消耗更多的水，从而使电池寿命缩短。蓄电池在 25 ℃的环境下可获得较长的寿命，长期运行温度若升高 10 ℃，使用寿命约降低一半。

(2)过充电

长期过充电状态下，正极因析氧反应，水被消耗，H^+ 增加，从而导致正极附近酸度增加，板栅腐蚀加速，使板栅变薄加速电池的腐蚀，使电池容量降低；同时因水损耗加剧，将使蓄电池有干涸的危险，从而影响蓄电池的寿命。

(3)过放电

蓄电池过度放电主要发生在交流电源停电后，蓄电池长时间为负载供电。当蓄电池被过度放电到其电压过低甚至为零时，会导致电池内部有大量的硫酸铅被吸附到蓄电池的阴极表面，在电池的阴极造成“硫酸盐化”。因硫酸铅是一种绝缘体，它的形成必将对蓄电池的充、放电性能产生很大的负面影响，因此在阴极上形成的硫酸盐越多，蓄电池的内阻越大，电池的充、放电性能就越差，蓄电池的使用寿命就越短。

(4)长期浮充电

若蓄电池在长期浮充电状态下，只充电而不放电，势必会造成蓄电池的阳极极板钝化，使蓄电池内阻增大，容量大幅下降，从而造成蓄电池使用寿命下降。

综合分析表明，各种晶闸管整流型、变压器降压整流型电源对 VRLA 蓄电池以恒压或恒流方式进行充电，缺少温度补偿、充放电的智能监控，是无法满足 VRLA 蓄电池的严格技术要求，势必直接影响其使用寿命。

四、VRLA 蓄电池的技术维护

VRLA 蓄电池俗称为“免维护电池”，“免维护”只是运行中不需补加水维护，也是制造商的广告用语，当作不用维护就错了。

近几年来在电力部门得到广泛的应用，但由于不了解阀控式密封铅酸蓄电池的特性，往往几年就报废了，给企业造成极大的损失。在使用阀控式密封铅酸蓄电池时，需要注意下面几点。

1. 日常维护

(1)阀控式密封铅酸蓄电池由于结构特殊，它对周围环境和温度较为敏感，如果电池长期在高温条件下运行，其使用寿命将会大打折扣。所以机房温度应控制在至少 25 ℃以下，正确的维护使用，可以使电池的使用寿命长达 10～15 年。在使用中应注意观察电池的温度情况，随时注意观察浮充电压，若充电设备没有补偿温度的功能，就应按温度每上升 1 ℃，每单体电池浮充电压下降 3 mV 进行修正。

(2)平时保持电源室和电池本身的卫生，清洁工作应用湿布进行，若用干燥的东西擦拭，容易产生静电，而静电电压有时会高达数千至上万伏，有引发爆炸的危险。

(3)VRLA 蓄电池的日常维护中需经常检查的项目有：

①检测 VRLA 蓄电池两端电压；

②检测 VRLA 蓄电池的工作温度；

③检测 VRLA 蓄电池连接处有无松动、腐蚀现象，检测连接条的压降；

④检测 VRLA 蓄电池外观是否完好，有无外壳变形和渗漏；

⑤极柱、安全阀附近有无酸雾析出；

⑥安装好的 VRLA 蓄电池极柱应涂上中性凡士林，防止腐蚀极柱，定期清洁，以防止VRLA蓄电池绝缘降低；

⑦平时每组 VRLA 蓄电池至少应选择几节电池作标示，作为了解全 VRLA 蓄电池组工作情况的参考，对标示 VRLA 蓄电池应定期测量并作好记录；

⑧当在 VRLA 蓄电池组中发现电压反极性、压降大、压差大和酸雾渗漏现象的 VRLA 蓄电池时，应及时采用相应的方法恢复或修复，对不能恢复或修复的要更换，对寿命已过期的 VRLA 蓄电池组要及时更换。

2. 定期检查

(1)月度检查和维护项目：保持 VRLA 蓄电池房的清洁卫生，测量和记录 VRLA 蓄电池房内环境温度；逐个检查 VRLA 蓄电池的清洁度、端子的损伤痕迹、外壳及壳盖的损坏或过热痕迹；检查壳盖、极柱、安全阀周围是否有渗液和酸雾析出；VRLA 蓄电池外壳和极柱温度；单体和 VRLA 蓄电池组的浮充电压，VRLA 蓄电池组的浮充电流。

(2)每半年检查一次 VRLA 蓄电池组中各 VRLA 蓄电池的端电压和内阻，若单个 VRLA 蓄电池的端电压低于其最低临界电压或 VRLA 蓄电池内阻大于 80 mΩ 时，应及时更换或进行均衡充电。同时应检查 VRLA 蓄电池连线牢固程度，主要防止由于 VRLA 蓄电池充放电过程中的温度变化导致连线处松动或接触电阻过大。

(3)每年以实际负荷作一次核对性放电，放出额定容量的 30%～40%，并作均充；每三年作一次容量试验放电深度为 80%Q_{10}，若该组 VRLA 蓄电池实放容量低于额定容量的 80%，则认为该 VRLA 蓄电池组寿命终止。

3.“三防、一及时”

(1)防高温。在没有空调的环境里，要设置换气通道并安装防尘和防雨罩。安装在机柜内的 VRLA 蓄电池组在夏季可卸掉机柜侧面板，VRLA 蓄电池单体之间避免紧密排列，以增加空气的流动。

(2)防过充电。VRLA 蓄电池生产厂家通常在使用手册中给出浮充电压值，要按照说明要求来设定。阀控式密封铅酸蓄电池的单只电池电压正常为 2.23～2.25 V，多数厂家的推荐值为 2.25 V。浮充电压高低的选择是使用电池的关键所在，因为电池的自放电系数极小，所以不需要太高的电压。如果浮充电压过高，不仅会使浮充电流偏大，增加能耗，还会加速正极板栅腐蚀，使电池寿命缩短。但如果浮充电压过低，则会使电池因充电不足，处在亏电的状态而导致电池加速报废。用户可以结合自己的实际情况对浮充电压进行调整，使之工作在最佳状态。

(3)防过放电。过放电电压的设定：对于 VRLA 蓄电池组的放电时限为 10 h，为了避免 VRLA 蓄电池深度放电，设定欠压告警门限为 1.9 V 单体。

(4)及时充电。在VRLA蓄电池放电后必须尽快充电，在充电过程中充电电流2～3 h不变化可认为充电完毕，充入的电量应是放出容量的1.2倍左右(放出容量可由放电时间和放电电流进行估算)，充电未结束或充电过程中不要停止充电。禁止VRLA蓄电池组在深放电后长时间不充电(特殊情况下不超过24 h)，否则将会严重降低VRLA蓄电池的容量和寿命。

4. 对于容量不同，新旧不同，厂家不同，规格不同的蓄电池，由于其特性值有差异，不能混合连接使用。

5. 由于新电池在运输存放的过程中因自放电难免损失部分能量，所以安装后不宜立即投入运行，应当在使用前进行必要的充电以恢复电池的能量。

6. 对于闲置长期不使用的电池，每半年要对其进行一次充电，不能放任自放电，最终会因丧失能量而损坏。

7. 由于观察不到阀控式密封铅酸蓄电池内部的情况，因此在使用中应定期对其进行放电试验，以检测蓄电池容量，避免因其容量下降而起不到备用电源的作用。需要注意的是蓄电池在放电时不要过放电，放电后必须在1 h内补充电，否则将造成蓄电池的永久损坏。

VRLA蓄电池常见故障和处理方法见表12-2。

表12-2　VRLA蓄电池常见故障处理方法

故　障	原　　因	处理方法
漏液	阀失控，电解液过量；VRLA蓄电池外壳变形，温度过高，VRLA蓄电池极柱密封不严	与供应商联系更换处理
酸雾严重	阀失控，过滤片质量不佳或堵塞，充电电流过大或过充，外壳破裂	与供应商联系处理
浮充电压不均匀	VRLA蓄电池内阻不均匀，极柱与连接条接触不良，新VRLA蓄电池运行3～6个月内有不均匀现象	均衡充电12～24 h后，拧紧
单体浮充电压偏低	VRLA蓄电池内部有微短路现象	均衡充电12～24 h
容量不足	失水严重，内部干涸，内部有微短路现象，极柱与连接条接触不良，长期欠充，早期容量损失等	均衡充电12～24 h后，若容量依然不足时更换或补充电解液处理
VRLA蓄电池极柱或外壳温度过高	螺丝松动或浮充电压过高	检查螺丝，检查充电设备和充电方法
VRLA蓄电池浮充电压忽高忽低	螺丝松动	拧紧螺丝
VRLA蓄电池组接地	VRLA蓄电池上部有灰尘或VRLA蓄电池漏液残留物导电	清洁VRLA蓄电池组，VRLA蓄电池组地面加绝缘垫
VRLA蓄电池鼓胀	气体复合效率差；阀失控；室温高；充电电流大或过充；外壳材质耐温差	与供应商联系处理
极板腐蚀	电解液浓度大；电解液层化；电解液杂质多；过充电；极板太薄或铸造不良	与供应商联系处理

第四节　高频开关直流操作电源系统

发电厂和变电站中，为控制、信号、保护和自动装置(统称为控制负荷)以及断路器电磁合闸、直流电动机、交流不停电电源、事故照(统称为动力负荷)等供电的直流电源系统，通称为直流操作电源。直流操作电源与直流自用电负荷馈线连接构成直流系统。

变电所直流系统按获得直流电能方式的不同，一般有下面两种类型。

1. 整流式直流系统

整流式直流操作电源分为相控整流和高频开关整流两种，前者依靠改变晶闸管的导通相位来控制整流器输出电压。后者采用功率半导体器件，通过周期性通断开关、控制开关元件的占空比来调整输出电压。整流式直流操作电源，维修工作量小，容量大，使用寿命长、造价低。但整流装置受交流系统运行情况影响大，供电可靠性不强。

2. 蓄电池组直流系统

变电所的直流系统是一个不间断的直流电源，要求配置蓄电池系统。蓄电池组是一种独立的电源，不受交流电源的影响，因而整流系统交流失电或发生故障时，蓄电池继续给控制、信号、继电保护和自动装置供电，同时还可以保证事故照明用电。由于蓄电池电压平稳、容量大，既适合于各种较复杂的继电保护和自动装置，也适合于对各类型断路器的操作控制。

一、直流系统的构成

高频开关直流操作电源系统是由交流配电单元、高频开关整流模块、蓄电池组、硅堆降压单元、电池巡检装置、绝缘监测装置、充电监控单元、配电监控单元和集中监控模块等部分组成。其系统原理接线图如图 12-9 所示。

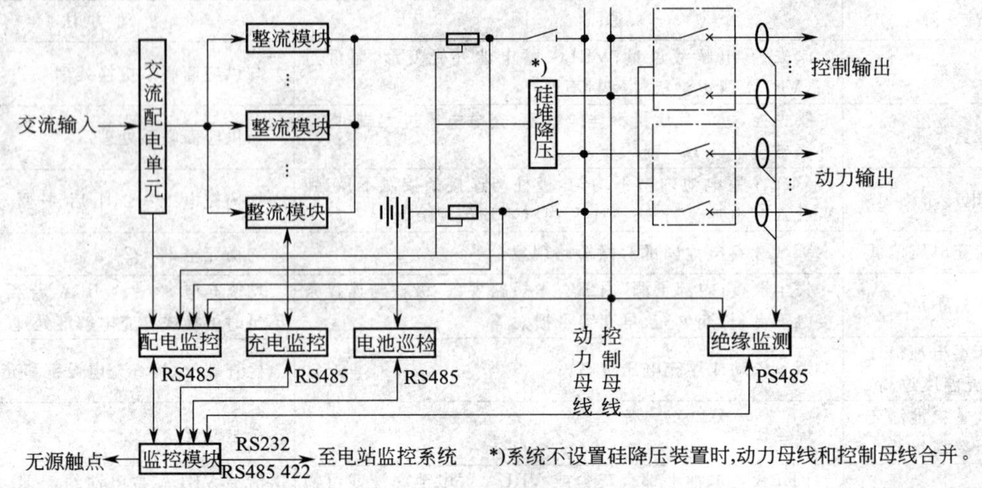

图 12-9　直流系统原理图

二、直流系统的工作过程分析

1. 交流正常工作状态

系统的交流输入正常供电时，通过交流配电单元给各个整流模块供电。高频整流模块将交流电变换为直流电，然后经保护电器（熔断器或断路器）输出，一方面给蓄电池组充电，另一方面经直流配电馈电单元给直流负载提供正常工作电源。

交流配电单元：将交流输入电源分配给各个整流模块，并装设 C 级和 D 级防雷模块，能有效吸收电网浪涌电压，将雷电感应和线路操作产生的过电压危害降至最小，保障整流模块安全工作。对具备两路交流输入电源的系统，可实现两路电源的自动转换。

高频整流模块:将交流输入电源变换为直流电输出,正常受监控装置的控制,实现对蓄电池组的恒压限流充电和自动均充/浮充转换等操作。当集中监控装置故障退出时,充电模块自动进入安全模式,按预设的浮充电压值继续运行。

硅堆降压单元:根据蓄电池组输出电压的变化自动调节串入降压硅堆的数量,使直流控制母线的电压稳定在规定的范围内。当提高蓄电池的容量,减少整组串联的个数时,可以取消硅堆降压单元,达到简化系统接线、提高可靠性的目的。

绝缘监测装置:实时在线监测直流母线的正负极对地的绝缘水平,当接地电阻下降到设定的告警电阻值时,发出接地告警信号。对于带支路巡检功能的绝缘监测装置,还可以定位接地故障点发生在哪一条馈电支路中。

电池巡检装置:实时在线监测蓄电池组的单节电压和内阻,当单体电池出现开路时,发出单体异常告警信号。通过该装置可以使维护人员随时了解蓄电池组的运行状况,提高蓄电池运行管理的自动化水平。

配电监测单元:采用数字变送测量仪表实时采集系统中的交流配电回路,充电装置、蓄电池组和直流配电回路的运行参数(模拟量);采用开入模块采集各配电回路设备的状态和告警触点信号(开关量)。数据上传到监控装置进行显示、告警等处理。

电源监控模块:采用集散方式对电源系统进行监测和控制。通过 RS485 串口分别与系统各配电回路的智能设备(高频整流模块、绝缘监测装置、电池巡检装置、数字变送仪表和开关量采集模块)连接,接收处理上传信息,通过 LCD 实时显示系统中各设备的运行状态、运行参数、告警信息等内容,系统运行的相关参数可通过 LCD 进行设置和维护。同时监控模块可通过 RS485 串口、光纤或以太网接入电站自动化系统,实现对电源系统的远程监控,满足"四遥"和无人值守的要求。

此外,监控装置具备完善的智能电池管理功能,它能对电池的端电压、充放电电流、电池房环境温度等参数作实时的在线监测,可准确地根据电池的充放电情况估算电池容量的变化,还能在电池放电后按用户事先设置的条件和运行参数,通过调节整流器的输出电流和电压,自动完成电池的限流充电和均浮充转换,并可以自动完成电池的定时均充维护和均/浮充电压温度补偿工作,实现了全智能化,不需要任何人工干预,保证蓄电池组能正常工作,最大限度地延长电池的使用寿命。

2. 交流失电工作状态

系统交流输入故障停电时,充电模块停止工作,由蓄电池组不间断地给直流负载供电。微机监控装置时实监测蓄电池组的放电电压和电流,当电池放电至设定的终止电压时,监控装置告警。

3. 系统工作能量流向

系统工作时的能量流向如图 12-10 所示。

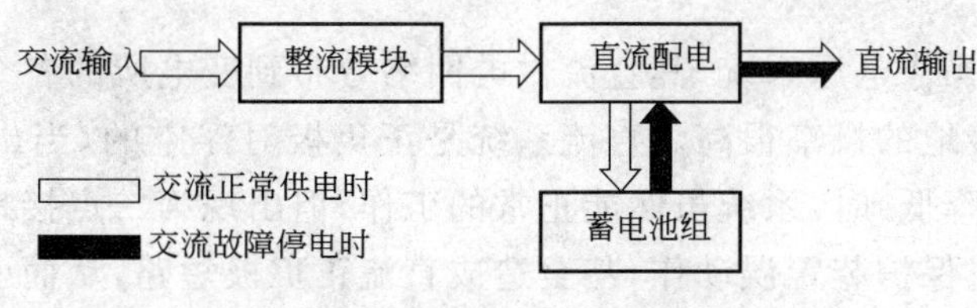

图 12-10　直流系统能量流向图

三、高频开关整流模块工作原理

高频开关型整流器原理框图如图 12-11 所示，三相交流电输入后，先整流成高压直流电，再逆变、整流为 40 kHz 的可调脉宽的脉冲电压波，经滤波后输出 220 V 的直流电。CPU 部分完成与外部数据通信、参数的设定及运行状态的控制。脉宽调制控制部分根据 CPU 的指令控制主回路输出指定的电压和电流值。

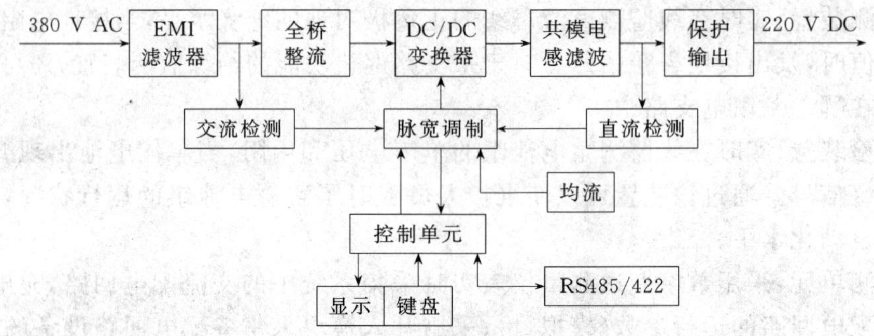

图 12-11　高频开关型整流器原理框图

四、硅堆降压单元功能

对于蓄电池组的个数选择大于 104 只（110 V 系统大于 52 只）的阀控式铅酸直流系统，由于整流器在对蓄电池进行充电时，与蓄电池并联的直流母线电压超出控制直流负荷电压不大于＋10％的要求，因此需要这样一个降压装置把直流母线的电压调节到控制直流负荷要求的范围内。二极管硅堆可自动或手动调节电压降，从而使控制直流母线的电压稳定在规定的范围内。

降压硅堆是由多只大功率硅整流二极管串接而成，利用 PN 结基本恒定的正向压降作为调整电压，通过改变串入线路的硅管数量获得适当的压降，达到电压调节的目的。相比于其他形式的电压调节方式，采用硅堆调压具有抗电流冲击性好、安全、可靠的优点。

降压硅堆均分为 4 节串联而成，在每节硅堆两端并联调压执行继电器的常闭触点，若驱动执行继电器动作，令其触点断开，使得该节硅堆被串入线路，降压单元的压降增大；反之，若执行继电器返回，其触点闭合，使得串入线路中的硅堆数量减少，降压单元的压降减小。

硅堆降压装置的控制单元采用单片机控制，通过检测控制直流母线的电压，与给定的继电器动作电压比较，经放大驱动继电器的动作，使控制直流母线的电压保持在一定的范围内；硅堆监视电路实时监测各节硅堆的电压降，如果串入线路中的某节硅堆出现开路的情况，控制单元自动闭锁与该节硅堆并联的继电器，使该节硅堆被短接旁路，实现控制母线不间断供电。

五、绝缘监测单元功能与原理

变电所内的直流操作电源系统，其直流供电网络分布到变电所的各个一次和二次设备处，支路纵横交错，发生接地的概率很高。直流系统是正负极对浮空的，当出现一点接地（正负极直接接地或对地绝缘降低）时，系统虽然能正常的工作，但出现第二点接地时，则可能造成信号装置、控制回路和继电保护装置误动作，甚至造成直流正负极短路，从而引发严重的电力事故。因此直流系统对地应有良好的绝缘，必须对其进行实时的在线监测，当某一点出现接地故障

时,立即发出告警信号,提醒运行人员查找并排除接地故障,从而杜绝直流系统接地故障可能引发的电力事故。

直流系统的绝缘监测装置由母线绝缘检测和支路绝缘检测两部分组成。

1. 母线绝缘检测原理

如图 12-12 所示,母线绝缘检测采用不平衡电桥检测电路,由微处理器控制电桥开关 S1 和 S2 轮流导通,分别测得两组直流母线正负极对地的电压值,然后通过方程式计算出直流母线正负极对地的绝缘电阻值。

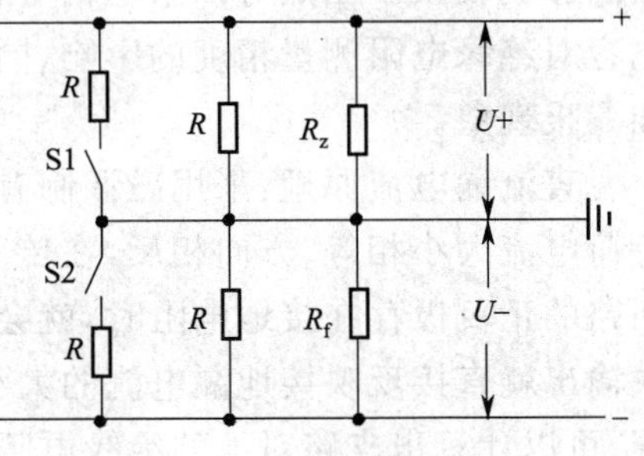

图 12-12　母线绝缘监测原理图

根据欧姆定律在开关 S1 和 S2 全部断开时得到方程式一

$$U_z(R+R_z)/(RR_z)=U_f(R+R_f)/RR_f \tag{12-2}$$

在开关 S1 闭合,S2 断开时得到方程式二

$$U_{z1}(R+2R_z)/(RR_z)=U_{f1}(R+R_f)/RR_f \tag{12-3}$$

在开关 S2 闭合,S1 断开时得到方程式三

$$U_{z2}(R+R_z)/(RR_z)=U_{f2}(R+2R_f)/RR_f \tag{12-4}$$

已知电压 U_z、U_f、U_{z1}、U_{f1}、U_{z2}、U_{f2} 的测量值和电阻 R 的值,联立解方程组(12-2)和(12-3)或(12-2)和(12-4),可以求出直流母线正负极对地的绝缘电阻 R_z 和 R_f 的值。这一技术的母线对地电压检测精度直接影响绝缘电阻的计算结果,而且电桥开关在切换过程中,母线正负极对地分布电容的充放电过程会直接影响对地电压的采样值,因此应针对不同容量的电源系统设置不同的检测速度,以保证绝缘监测的精度。另外,采用这种电桥测量技术虽然可以准确地计算出直流系统正负极对地总的绝缘电阻值,但由于电桥电路在直流正负极与地之间人为接入了一定值的接地电阻,必然会对直流系统的绝缘水平产生一定的影响,因此,在保证一定测量精度的前提下,电桥电路 R 的取值应尽可能大,而电桥电路在切换时自动选择正负极对地电压较大一侧的开关闭合;同时采用实时比较正负极对地电压变化量的方法,结合定时处理,减少电桥开关切换的次数,大大降低电桥电路对直流系统的影响。

2. 支路绝缘检测原理

以上母线绝缘检测技术虽然可以测量出直流系统正负极对地总的绝缘电阻,但不能确定直流系统各供电支路(直流馈电输出)的正负极对地的绝缘电阻值。如果直流系统出现接地故障时,对接地故障点的查找只能采用逐路断开馈电支路开关,顺着支路逐级查找以确定接地故障点。这种方法既费时又费力,而且断开支路上的各种装置要暂时退出工作,存在引起电力事故的危险。

对直流系统各馈电支路正负极对地绝缘电阻的检测,是在各馈电支路回路安装电流互感器,采用低频叠加或直流漏电流的检测原理,计算出各馈电支路正负极对地的绝缘电阻值。这两种原理各有自己的优缺点。

低频叠加原理:由低频信号源产生的超低频信号通过隔直电容对地耦合到直流正负母线,采用无源交流小电流传感器,感应流过各馈电支路中接地电阻和接地电容的超低频信号电流,其大小直接反映出支路接地电阻的变化。感应电流信号经过放大、相位比较、滤波和 A/D 转换后,进行数据处理并计算出相应的接地电阻值,判断出直流馈电支路的接地故障。这一技术的电流传感器不受一次侧电流和温度变化的影响，缺点是检测精度受分布电容和低频信号衰减的影响较大。当然可以采用信号相位比较技术进行超前校正及跟踪，消除馈电支路的分布电容对绝缘电阻测量精度的影响，同时过滤直流母线上非同步交流信号的干扰，解决支路误报和漏报现象。

直流漏电流原理：采用磁调制有源直流小电流传感器，馈电支路正负极穿过传感器的正常负荷电流大小相等、方向相反，在传感器中的合成直流电磁场为零，其二次输出也为零；当支路回路的正负极存在接地电阻时，就会感应产生漏电流，并且在传感器中合成漏电流磁场，其二次输出就直接反映接地漏电流的大小，结合母线绝缘检测不平衡电桥电路的对地电压测量数据，可以计算出支路对地的绝缘电阻值，从而判断出直流馈电支路的接地故障。这一技术无需在直流母线上叠加任何信号，对直流系统不会产生任何不良影响，检测精度不受直流系统对地分布电容的影响，且灵敏度高，巡检速度快。缺点是有源直流传感器的二次接线复杂，且其中的电子电路容易受温度变化和直流回路大电流冲击的影响产生零点漂移，影响测量精度。当然，可以采取校正技术，消除零点漂移，保证检测精度。另外，支路漏电流参数的变化量，也可以作为母线绝缘电桥检测电路的启动条件。

六、蓄电池组的充放电运行管理

蓄电池组是直流系统中重要的组成部分，对蓄电池组良好的维护和监测显得尤其重要。智能高频开关直流系统具有先进的电池管理功能，可以严格按照电池的充放电曲线对电池进行管理。整流监控严格按照电池的充放电曲线对电池进行充放电，具有实时性、准确性、快速性的特点。

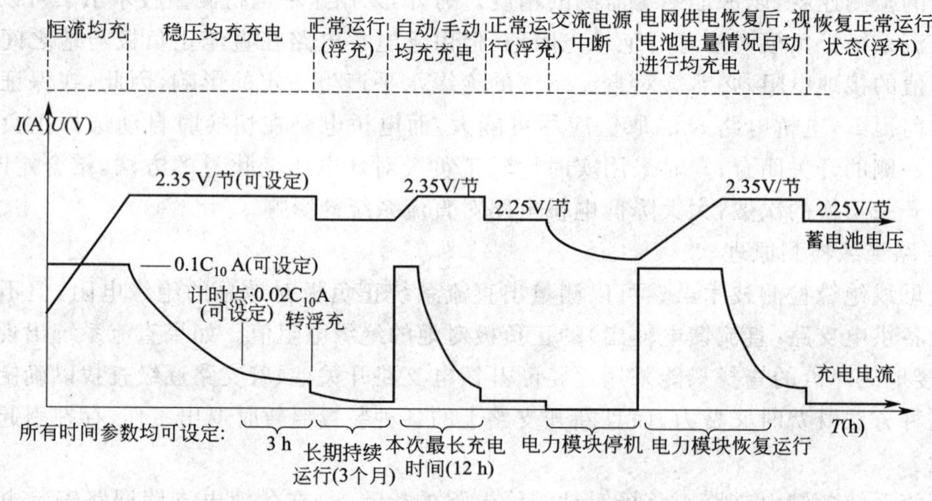

图 12-13　阀式密封铅酸蓄电池运行示意图

阀式密封铅酸蓄电池运行如图 12-13 所示。VRLA 蓄电池开始用 0.1Q_{10} A(可设置)恒流充电，当电压达到 n(2.30～2.40)V(n 为单体电池数)时，自动(或手动)转入恒压充电。充电电流开始逐渐减小，减小至 0.01Q_{10} A(可设置)时开始计时，3 h 后，微机自动控制充电浮电装置转入浮充电运行。正常运行浮充 1～3 个月，微机自动控制充电浮电装置转入恒流充电运行，按 VRLA 蓄电池正常充电程序运行。

当因为电网事故等原因发生交流电源中断时，停止充电浮充电装置，蓄电池通过降压模块不间断向二次控制母线供电。当蓄电池电压低于设定值时发出声光报警，恢复交流供电后按VRLA蓄电池正常充电程序运行。

七、高频开关电源系统运行维护常识

高频开关电源在正常使用情况下，主机的维护工作量很少，主要是防尘和定期除尘。特别是气候干燥的地区，空气中的灰粒较多，灰尘将在机内(主要在整流模块内)沉积，当遇空气潮湿时会引起主机控制紊乱造成主机工作失常，并发生不准确告警，另外大量灰尘也会造成器件散热不好。

一般每季度应彻底清洁一次，同时在除尘时检查各连接件和插接件有无松动和接触不良的情况。定期核实智能高频开关电源系统的参数有无变化，防止人为或无意中改变所设置的参数。每半年应对智能高频开关电源系统的运行方式进行实验检查，以防止均充状态与浮充状态不能及时转换而造成对蓄电池的损坏。检查主机设备是否正常，保证直流母线经常保持合格的电压和电池的放电容量；对主机出现击穿、熔断保险或烧毁器件的故障，一定要查明原因并排除故障后才能重新启动，否则会造成更严重的故障。

当智能高频开关电源系统出现故障时，应先查明原因，分清是负载部分还是电源系统，是主机还是电池组。虽说开关电源系统主机有故障自检功能，但它对面而不对点，更换配件很方便，但要维修故障点，仍需做大量的分析、检测工作。如果自检部分发生故障，显示的故障内容也可能有误。

第五节　应急照明电源

顾名思义，应急照明电源是为应急照明服务的设备，一般特指在正常电源失去后，为应急照明提供的备用电源。

一、应急电源的种类

1. 独立于正常电源的发电机组

提供交流应急电源，包括应急燃气轮机发电机组、应急柴油发电机组。快速自启动的发电机组适用于允许中断供电时间为30 s以内的负荷。

发电机组由于其动力来源都是可燃性物质，并为了满足规定时间内的供电需要应储存一定的数量，而城轨车站规模相对于大型民用建筑工程要小得多，人员密集程度高，对城轨工程尤其是地下消防安全不利。快速自启动的发电机需要30 s以内的时间，如果应用于应急照明电源，还需要和其他电源系统配合使用。虽然国外城轨工程中有采用，但目前国内城轨工程尚没有采用发电机组用作应急电源的实例，也没有单独用作应急照明电源。

2. UPS(Uninterruptable Power Supply)

即不间断电源，保护意外断电数据丢失的一种备用电源设备，可以在交流电断开的情况下，保证短时间的工作。适用于允许中断供电时间为毫秒级的负荷，以蓄电池和逆变器作为备用电源。

UPS一般用于精密仪器负载(如电脑、服务器等负载)等要求供电质量较高的场合,强调逆变切换时间短、输出电压及频率稳定、输出波形的纯正、无各种干扰等。城轨工程控制调度相关系统和自动清分结算系统等采用计算机设备的重要系统,一般采用UPS不间断电源。而应急照明电源一般不采用UPS装置。

3. EPS(Emergency Power Supply)

即应急电源装置,提供交流应急电源,以蓄电池和逆变器作为备用电源,多用于允许中断供电时间为0.25 s以上的负荷。

EPS装置多用于应急照明电源,也可用于消防用电设备,如应急照明灯、标志灯、消防电梯、消防水泵、防火卷帘、防火门、排烟风机等或其他供电质量相对要求不高的用电设备,强调能持续供电这一功能。但不可用于计算机、交换机、服务器等精密仪器负载,以免出现数据丢失的情况。

4. 带有自动投入装置而有效独立于正常电源的专用馈电回路

适用于允许供电中断时间1.5 s或0.2 s以上的负荷。可用于应急照明电源,目前北京地铁某些既有线路使用这种方式。

5. 蓄电池

适用于容量不大的特别重要负荷,并要求采用直流电源,如变电所直流操作电源。由于蓄电池直接接在直流母线上,交流电源正常时为浮充状态,因此由交流电源经高频开关装置供电转为蓄电池直接供电,没有转换时间。也可采用正常由高频开关供电,在有冲击负荷时由蓄电池放电。在直流操作电源屏的输出回路增设逆变器可用于提供应急照明电源。在应急照明灯具内也可直接设置蓄电池,作为备用电源。

按照现行国家标准《地下铁道照明标准》(GB/T 16275—1996)的要求,城市轨道交通工程应急照明由正常电源切换到应急电源的允许时间为不大于5 s。

二、典型应急照明电源装置

1. EPS应急电源

(1)EPS的工作原理

EPS应急电源由充电器、逆变器、蓄电池、隔离变压器、切换开关、监控器、保护装置等和机箱组成。相对于UPS来讲,EPS均为离线式。由于采用不同形式的切换开关,EPS的切换时间是不同的,切换开关可采用接触器、静态旁路开关等。

当交流电源正常时,由电源经过EPS装置的交流旁路给重要负载供电,同时进行电源检测及蓄电池充电管理,然后再由电池组向逆变器提供直流能源。在此,充电器是一个仅需向蓄电池组提供相当于10%蓄电池组容量(A·h)的充电电流的小功率直流电源,它并不具备直接向逆变器提供直流电源的能力。此时,交流电源经由EPS的交流旁路和转换开关所组成的应急电源系统向用户的各种应急负载供电。同时,在EPS的逻辑控制板的调控下,逆变器停止工作处于自动关机状态。用户负载实际使用的电源是来自电网的交流电,EPS应急电源也是通常说的一直工作在睡眠状态,可以有效地达到节能的效果。

当交流电源供电中断或电压超限(如±15%或±20%额定输入电压)时,切换开关将投切至逆变器供电,在蓄电池所提供的直流能源的支持下,用户负载所使用的电源是通过EPS的逆变器转换的交流电源。

当交流电源电压恢复正常工作时，EPS 的监控装置发出信号对逆变器执行自动关机操作，同时还通过它的转换开关执行从逆变器供电向交流旁路供电的切换操作。EPS 在经交流旁路供电通路向负载提供交流电源的同时，还通过充电器向电池组充电。

EPS 工作原理如图 12-14 所示。

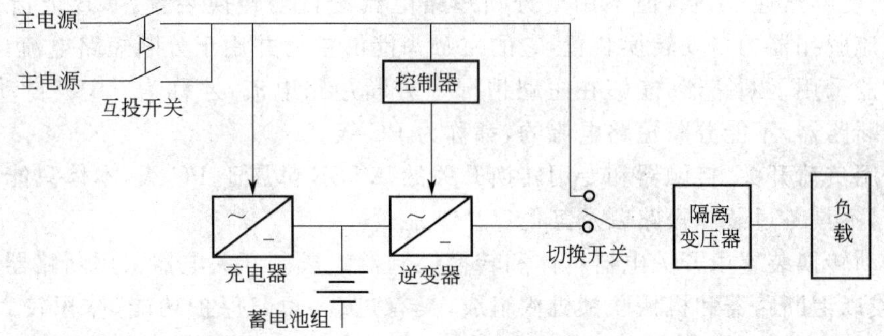

图 12-14　EPS 工作原理框图

EPS 装置较多用于应急照明电源，它也可作为消防动力的电源。不同的供电对象，EPS 装置的要求也有不同。下面对 EPS 作为应急照明电源的一般要求进行说明。

①向应急照明灯供电的 EPS，供电中断时间小于 5 s。

②为尽可能地利用正常交流电源，减少 EPS 的能耗，当交流电源电压在 187～242 V (220 V，－15％，＋10％)的范围内，EPS 允许仍为交流旁路供电，而不采用逆变器供电。

③EPS 配置蓄电池的容量，应满足在交流电源供电中断时，保证应急照明的供电时间要求。对于地下车站和控制中心不小于 60 min，对于地面车站等建筑物不小于 30 min。

(2)EPS 的容量及选择

在交流供电正常时，EPS 是通过交流旁路向负载供电。原则上，它可以带具有各种不同功率因数的负载，但在交流供电中断或电压或频率超限时，则是由 EPS 中的逆变器来供电的。因此：EPS 的承载能力不仅要考虑逆变器在不同功率因数值负载时的降额度输出特性，而且还要根据所使用的应急照明灯具的不同来选配 EPS 的输出功率和机型。

①应急照明灯具光源为白炽灯：由于应急照明的功耗是用有功功率 P(kW)来标注的，而 EPS 逆变器的输出功率是用功率因数 $\cos\psi=0.8$(滞后)时的视在功率 S(kV・A)来标注的，实际选用 EPS 的满载输出功率应为 $s=p/0.8$。

②应急照明灯具光源为荧光灯：由于荧光灯启动时存在较大的“启动浪涌”电流。EPS 满载输出功率应为 $s=(1.3\sim1.5)P/0.8$。

③应急照明灯具的光源也可采用为高压气体灯，但城轨工程目前尚未使用。此时宜选用切换时间小于 20 ms 的 EPS 设备。因为，如果对高压气体灯的供电中断时间超过 20 ms 时，就有可能致使气体灯中的放电电弧“熄灭或中断”。一旦发生放电电弧中断现象，即使马上恢复供电也可能导致长达数分钟的黑灯现象，因为需要足够长时间来重新预热高压气体灯中的灯丝。

2. 电源自动转换装置

所谓电源自动转换装置(ATSE)，是由两个或几个转换开关电器和其他必需的联锁、控制设备组成，用于监视电源，并在特定条件下，将负载设备从一个电源自动转换到另一个电源的电器设备。它主要由开关转换电器、联锁设备和转换控制电器组成。

根据 IEC-60947-6 国际标准规定，自动转换装置可分为 PC 级或 CB 级两个级别。根据采用转换开关电器的不同可分为四种，接触器式、断路器式、负荷开关式、专用转换开关式。按照转换控制电器的不同分为电磁继电器和数字控制器。

PC 级指能够接通、承载，但不用于分断短路电流的自动转换装置。CB 级指采用断路器并配备过电流脱扣器的自动转换装置，它的主触头能够接通并用于分断短路电流。因此，只有转换开关电器采用了断路器，能够在短路情况下分断短路电流，才称为 CB 级自动转换装置，其余不采用断路器，不能分断短路电流的，都称为 PC 级。

因此采用负荷开关、接触器和专用转换开关的 ATSE 都属于 PC 级，本体只能作为自动转换开关使用，不具备过载和短路以及其他保护功能。

电源自动转换装置由开关电器本体和转换控制器组成。开关电器采用断路器时，即为 CB 级，由两台或以上断路器和机械联锁机构组成，具有过载、短路保护功能，体积较大，切换时间一般为 1.5 s 以上。PC 级开关电器为一体式结构（二进一出），体积小，转换速度较快，一般在 0.2～1.3 s 之间。

由传统的电磁式继电器构成的转换控制器，优点是成本低，但存在性能单一、体积大的缺点。数字电子式转换控制器，可根据用户要求设定产品参数，具有精度高、体积小、使用方便的特点。

三、应急照明电源方案

在城轨工程中，应急照明电源方案可能是一种形式，也可能是几种形式的组合。如地下车站的应急照明电源采用 EPS 应急电源系统，而在地面独立设置的变电所，其应急照明电源也可采用分散式安装的蓄电池。

1. 独立设置的变电所

对于主变电所及独立设置牵引变电所，其应急照明电源是独立考虑的，与城轨车站的应急照明电源没有联系。它有三种方案可供选择。

方案一：考虑到应急照明灯具数量不多，容量不大，可以采用分散设置于应急照明灯具的蓄电池作为应急电源。应急照明灯具采用三线制，当正常电源失电时，由灯具自带的蓄电池继续供电，供电时间不小于 60 min。应急照明灯具的交流电源引自变电所交流电源屏，馈出回路与正常照明分开，避免正常照明回路故障对应急照明供电造成影响。为保证应急照明灯具可靠工作，需对蓄电池进行维护。由于蓄电池分散布置，其维护工作量比蓄电池集中设置或采用 EPS 应急电源略大。

方案二：在变电所中设置较小容量的 EPS 应急电源，应急电源的交流电源引自变电所交流电源屏，为单独馈出回路。EPS 的馈出回路接至应急照明灯具。EPS 应急电源的供电时间不小于 60 min。此方案造价较高。

方案三：在变电所直流操作电源屏的馈出回路中加装逆变器，为应急照明提供交流电源。正常交流电源失电，由蓄电池放电后继续供电，供电时间不小于 60 min。这需要加大操作电源屏的高频开关电源及蓄电池的容量。

2. 车站内牵引变电所、降压变电所

由于变电所处于车站内，变电所与车站的应急照明电源应统一考虑。主要有以下三个

方案。

方案一：在车站配电室设置。EPS应急电源。应急电源的交流输入电源引自车站消防配电系统。EPS引出若干回路为变电所应急照明提供电源，应急照明的供电时间不小于60 min。

方案二：采用独立于正常电源的第三路电源作为应急电源。在变电所内设置应急照明电源柜，由变电所交流电源屏提供正常双路电源，应急的第三路电源由相邻车站引入，并向另一相邻车站提供备用电源。应急照明电源柜提供若干馈出回路分别引至变电所、车站应急照明设备。当本车站变电所双路低压电源失电，自动切换至应急电源后继续供电。本方案的优点在于应急电源的供电时间不受限制。

方案三：在变电所直流操作电源屏的馈出回路中加装逆变器，为应急照明提供交流电源。

其他同独立设置的变电所中的方案三。

3. 车辆段、停车场内的牵引变电所、降压变电所

当降压变电所独立设置或与之合建的建筑物没有应急照明时，应急照明电源方案同独立设置的变电所。合建建筑物设置应急照明时，可有以下两个方案。

方案一：在建筑物内配电室设置EPS应急电源。应急电源的交流输入电源引自建筑物消防配电系统或照明配电系统独立馈出回路。EPS引出若干回路为变电所应急照明提供电源。应急照明的供电时间不小于60 min。

方案二：在变电所直流操作电源屏的馈出回路中加装逆变器，为应急照明提供交流电源。正常交流电源失电，由蓄电池放电后继续供电，供电时间不小于60 min。

复习思考题

1. 列举城轨供电系统中各种类型变电所的自用电设备、负荷分级和供电制式以及电源供电方案。

2. 分析自用电交流屏互投操作、同投操作的工作过程。

3. 分析阀控式密封铅酸蓄电池在结构、原理、充放电特性、运行维护常识。

4. 分析高频开关直流系统在结构、原理、工作特性、运行维护等方面的区别。

5. 简述城轨工程中应急照明电源方案。

附录一　常用电气设备新旧文字符号对照表

名　称	新符号		旧符号
	单字母	多字母	
重合闸装置		APR	ZCH
电源自动投入装置		AAT	BZT
中央信号装置		ACS	
故障距离探测装置		AUD	
电容器	C		
避雷器	F		
熔断器		FU	RD
蓄电池		GB	
绿灯		GN	
警铃		HAB	
蜂鸣器、电喇叭		HAU	
信号灯、光指示器		HL	
跳闸信号灯		HLT	
合闸信号灯		HLC	
光字牌	H		
继电器	K		J
电流继电器		KA	LJ
电压继电器		KV	YJ
过电压继电器		KVO	
欠电压继电器		KVU	
差动继电器		KD	CJ
阻抗继电器		KI	ZKJ
重合闸继电器		KCA	
极化继电器		KP	JJ
干簧继电器		KRD	
时间继电器		KT	SJ
信号继电器		KS	XJ
控制(中间)继电器		KC	ZJ
防跳继电器		KCF	TBJ
出口继电器		KCO	BCJ
跳闸位置继电器		KCT	TWJ
合闸位置继电器		KCC	HWJ
事故信号继电器		KCA	SXJ
预告信号继电器		KCR	YXJ
电源监视继电器		KVS	JJ
接触器		KM	C
闭锁继电器		KCB	BSJ
瓦斯继电器		KG	WSJ
合闸继电器		KOH	HJ
跳闸继电器		KTP	

续上表

名 称	新符号		旧符号
	单字母	多字母	
电抗器;电感器;线圈;永磁铁	L		
电动机	M		
电流表		PA	
电压表		PV	
有功电能表		PJ	
无功电能表		PRJ	
有功功率表		PPA	
无功功率表		PPR	
断路器		QF	DL
隔离开关		QS	G
接地刀闸		QSE	
刀开关		QK	DK
灭磁开关	Q		MK
电阻器;变阻器	R		R
电位器		RP	
红灯		RD	
控制回路开关	S		
控制开关(手动);选择开关		SA	KK
按钮开关		SB	AN
变压器;调压器	T		B
电力变压器		TM	B
自耦调压器		TT	ZT
电流互感器		TA	LH
电压互感器		TV	YH
整流器		UF	ZL
半导体器件:晶体管、二极管	V	VD	D
三极管		VT	T
连接片;切换片		XB	LP
端子排		XT	
合闸线圈		YC	HQ
跳闸线圈		YT	TQ

附录二　电气设备常用图形符号

元件名称	图形符号（新）	元件名称		图形符号（新）
变压器		机电型位置指示器		
电压互感器	形式1 形式2	断路器，自动开关		
电流互感器 有两个铁芯和两个二次绕组	形式1 形式2	隔离开关		
		负荷开关		
电流互感器 有一个铁芯和两个二次绕组	形式1 形式2	三级开关 单线表示		
		三级开关 多线表示		
电铃	或	击穿保险器		
电警笛，报警器		熔断器		
蜂鸣器	或	避雷器		
电喇叭		接触器 （具有灭弧 触点）	常开（动合） 触点	
灯和信号灯，闪光型信号灯			常闭（动断） 触点	

续上表

元件名称		图形符号（新）
按钮	动合	不闭锁
		闭锁
	动断	不闭锁
		闭锁
手动开关		
位置开关，限位开关	常开（动合）接点	
	常闭（动断）接点	
非电量触点	常开（动合）触点	
	常闭（动断）触点	
电阻		
可变电阻		

元件名称		图形符号（新）
电容	一般形式	
	电解电容	+
电感，线圈，扼流圈，绕组 —带磁芯的电感器		
二极管	一般符号	
三级管	PNP 型	
	NPN 型	
蓄电池		
桥式全波整流器		
整流器		
整流器／逆变器		
连接片	闭合	形式1 形式2
	断开	
切换片		
端子	一般符号	
	可拆卸的端子	
继电器，接触器线圈		
继电器电压线圈		

续上表

元件名称		图形符号(新)
继电器电流线圈		
极化继电器线圈		
继电器缓放线圈		
继电器缓吸线圈		
继电器—开关	常开(动合)触点	形式1 形式2
继电器—开关	常闭(动断)触点	
单级转换开关中间断开的双向触点		
接触器	常开灭弧接点	
接触器	常闭灭弧接点	
继电器接触器	被吸合时延时闭合的常开触点	形式1 形式2
继电器接触器	被释放时延时断开的常开触点	形式1 形式2
继电器接触器	被释放时延时闭合的常闭触点	形式1 形式2
继电器接触器	被吸合时延时断开的常闭触点	形式1 形式2
仪表的电流线圈		
仪表的电压线圈		
电压表		V
电流表		A
有功功率表		W
无功功率表		var
有功电能表		Wh
无功电能表		varh
信号继电器	机械保持的常开(动合)触点	
信号继电器	机械保持的常闭(动断)触点	

参 考 文 献

[1] 黄德胜,张巍.地下铁道供电.北京:中国电力出版社,2010.
[2] 李晓江.城市轨道交通技术规范实施指南.北京:中国建筑工业出版社,2009.
[3] 郑瞳炽,张明锐.城市轨道交通供电系统.北京:中国铁道出版社,2000.
[4] 何宗华.城市轨道交通供电系统运营与维修.北京:中国建筑工业出版社,2006.
[5] 中铁电气化勘测设计研究院.9 号线供电初步设计.2007.
[6] 宋奇吼,李学武.城市轨道交通供电 .2 版.北京:中国铁道出版社,2011.
[7] 周志敏,周纪海,纪爱华.阀控式密封铅酸蓄电池实用技术. 北京:中国电力出版社,2004.
[8] 白忠敏,於崇干,刘百震,等.现代电力工程直流系统.北京:中国电力出版社,2004.
[9] 何永华.发电厂及变电站的二次回路.北京:中国电力出版社,1997.
[10] 邹仉平.实用电气二次回路 200 例.北京:中国电力出版社,2000.
[11] 文锋.电气二次接线识图.北京:中国电力出版社,2000.
[12] 袁乃志.发电厂和变电站电气二次回路技术.北京:中国电力出版社,2004.
[13] 黄栋,吴铁群.发电厂及变电站二次回路.北京:中国水利水电出版社,2004.